Christine Thürmer

Auf 25 Wegen um die Welt

CHRISTINE THÜRMER

AUF 25 WEGEN UM DIE WELT

Vom Wohlfühlweg bis zum Wildnis-abenteuer

Mit 89 farbigen und einer Schwarz-Weiß-Abbildung sowie 27 Karten

MALIK

Mehr über unsere Autorinnen, Autoren und Bücher: *www.malik.de*

Wenn Ihnen dieses Buch gefallen hat, schreiben Sie uns unter Nennung des Titels »Auf 25 Wegen um die Welt« an *empfehlungen@piper.de,* und wir empfehlen Ihnen gerne vergleichbare Bücher.

Von Christine Thürmer liegen im Malik Verlag vor:
Laufen. Essen. Schlafen.
Wandern. Radeln. Paddeln.
Weite Wege Wandern

Die im Buch dargestellten Erlebnisse, Dialoge und Personen basieren auf Erinnerungen und können von den Erinnerungen anderer Personen abweichen. Namen und Merkmale einzelner Personen wurden zum Schutz der Privatsphäre mitunter geändert.

Die Autorin lehnt Sponsoring für sich persönlich ab. Auswahl und Bewertung der vorgestellten Wege wurden daher nicht durch finanzielle Unterstützung oder Sachzuwendungen von Sponsoren beeinflusst.

MIX
Papier | Fördert gute Waldnutzung
FSC® C083411

PRODUZIERT MIT VERANTWORTUNG

ISBN 978-3-89029-556-5
4. Auflage 2025

Für einen direkten Kontakt und Fragen zum Produkt wenden Sie sich bitte an: *info@piper.de*
Bildteilfotos: Christine Thürmer, mit Ausnahme der Fotos auf Seite 2 und 3: Christian Biemann (www.biemann-photography.at); 5 oben links: Mitchell Library, State Library of New South Wales; 7 oben rechts: Derry Brabbs; 14 oben: Camino Lituano; 19 unten rechts: Uschi Groos; 23 oben rechts und 24 oben rechts: Andrew Burns
Karten: Marlise Kunkel, München
Satz: Uhl + Massopust, Aalen
Gesetzt aus der Minion Pro und der Garden Grown
Litho: Lorenz & Zeller, Inning am Ammersee
Druck und Bindung: CPI books GmbH, Leck
Printed in the EU

INHALT

WIE ES ZU DIESEM BUCH KAM

»Und jetzt, liebes Publikum, kommt der spannendste Teil des Abends!«, kündige ich im grellen Scheinwerferlicht auf der riesigen Bühne des Zürcher Volkshauses an. Über eine Stunde habe ich dem Publikum von meinem Weg zur meistgewanderten Frau der Welt erzählt, dabei meine Ausrüstung und meinen Alltag unterwegs beschrieben und vor allem erklärt, warum mich das auch nach mehr als 15 Jahren Outdoorleben immer noch begeistert. Jetzt sind die Fragen an der Reihe, die die Zuschauer in der Pause für mich aufgeschrieben haben. Ich lese den ersten Zettel vor: »Wie ist das mit Sex auf dem Trail?« Im Saal wird es schlagartig still.

Innerlich muss ich schmunzeln. Dieses Thema kommt auf meiner Vortragstour durch die Schweiz fast jeden Abend auf – zumindest, wenn die Fragen anonym gestellt werden können. Die Deutschen hingegen wollen eher wissen: »Zahlst du Steuern?« oder »Bist du sozialversichert?« (Die Antwort lautet in beiden Fällen »ja«.) In Österreich sorgt man sich vor allem um meine Gesundheit: »Leiden Sie unter Mangelerscheinungen?« oder »Bekommt man von der vielen Schokolade nicht Durchfall?« (Antwort jeweils »nein«.)

Nachdem ich mein Publikum über die Tücken des Liebeslebens unterwegs aufgeklärt habe, ziehe ich die nächste Frage aus der Tüte: »Was ist Ihr Lieblingsweg?« Ich lasse meine Outdoorlaufbahn vor meinem geistigen Auge Revue passieren, doch bei über 60 000 Wanderkilometern kann ich beim besten Willen keinen besten, schönsten oder liebsten Weg nennen. Stattdessen gibt es Spitzenreiter in unterschiedlichen Kategorien, was ich mit einem Beispiel erkläre: »Der abenteuerlichste Weg ist ganz bestimmt nicht der erholsamste und umgekehrt. Je nachdem, welche der beiden Eigenschaften mir gerade besonders wichtig ist, finde ich das anstrengende Wildnisabenteuer oder den technisch einfachen Wohlfühlweg besser. Oder anders ausgedrückt: Ein Weg, der mir in einer bestimmten Lebenslage besonders gefällt, kann in einer anderen zum Flop werden.«

Es folgt die Frage, die mir wirklich in jedem Land von jedem Publikum gestellt wird und die mich besonders freut – zeigt sie doch, dass die Menschen wanderbegeistert sind: »Welchen Weg können Sie denn empfehlen?« Das Scheinwerferlicht blendet mich so stark, dass ich im voll besetzten Saal nur die Zuschauer in den ersten Reihen erkennen kann: eine Gruppe Frauen im besten Alter, eine Familie mit halbwüchsigen Kindern, zwei junge Männer im Outdooroutfit. Sie befinden sich in ganz unterschiedlichen Lebensphasen und bringen völlig verschiedene Erwartungen an eine Wanderung mit. Genau wie es für mich selbst keinen besten Weg gibt, kann ich auch keine pauschale Empfehlung für alle anderen geben.

Der Erfolg einer Wanderung hängt nämlich von zahlreichen individuellen Faktoren ab: dem finanziellen und zeitlichen Budget, den Komfortansprüchen, der Vorliebe für bestimmte Klimazonen oder der individuellen Wandererfahrung. Und je länger die Tour, umso mehr dieser Bedürfnisse und Voraussetzungen sollte sie erfüllen. Von den unzähligen Gesprächen am Signiertisch weiß ich allerdings, dass Wanderinteressierte vor allem zwei Ziele anstreben: einen spanischen Camino, »weil den doch so viele machen«, oder eine Alpenüberquerung »wegen der Landschaft«.

Natürlich kann man auch auf diesen beiden Trails sein Glück finden. Aber Popularität und spektakuläre Ausblicke sind nur zwei Faktoren von etlichen, und wenn der Rest nicht stimmt, können selbst beliebte Strecken zur Enttäuschung werden: Wer besinnliche Einsamkeit sucht, wird von den Pilgerscharen Richtung Santiago abgeschreckt, und für einen untrainierten Wanderanfänger kann eine Bergtour schnell zur Tortur werden.

Schwärmerische Berichte von Bekannten oder tolle Instagram-Fotos allein sind also keine guten Ratgeber. Wichtiger ist die Frage: Passt dieser Trail zu mir ganz persönlich? Aber kaum jemand hat die Zeit, das detailliert zu recherchieren. Oft lässt sich auch gar nicht erahnen, welche Abenteuer sich wo verbergen. Und so landen die meisten Wanderinteressierten doch wieder auf den populären Trails, die dadurch noch überlaufener werden. Oder sie bleiben im schlimmsten Fall einfach zu Hause. Dabei würde sich die Gruppe fünfzigjähriger Frauen auf einer neu entdeckten Pilgerroute bestimmt sehr wohlfühlen, für die Familie gäbe es einige kindertaugliche Strecken, und die beiden jungen Männer könnten sich auf herausfordernden Wildnistrails austoben.

Leider habe ich bei meinen Vorträgen nie genügend Zeit für eine ausgiebige und individuelle Antwort auf die Frage nach meiner Wanderempfehlung. Das soll sich mit diesem Buch ändern! In den folgenden Kapiteln erzähle ich Ihnen, was ich auf 25 eher unbekannten Wegen erlebt habe und worauf Sie sich beim Nachwandern freuen können. Alle Trails sind von mir begangen und so ausgewählt, dass jede Schwierigkeitsstufe, Jahreszeit, Länge, jedes Budget und zahlreiche Special Interests abgedeckt sind. Denn egal, wie fit oder erfahren Sie sind, ob Sie eine Woche oder ein Jahr unterwegs sein können oder welchem Hobby Sie dabei frönen wollen: Kein Weg passt für alle, aber ein Weg passt ganz bestimmt zu Ihnen!

Für Pilgeranfänger:

PILGERWEG BERLIN–BAD WILSNACK

Land: Deutschland | *Länge:* 120 km
Schwierigkeit: * | *Budget:* €€ | *Jahreszeit:* ganzjährig
Natur: * | *Kultur:* ** | *Special Interest:* Schnupperpilgern

»Sie müssen auf dem Fußboden des Gemeindesaals schlafen, also bringen Sie besser eine Isomatte und einen Schlafsack mit!«, schnarrt die resolute Stimme von Schwester Anneliese aus meinem Handy. Ich zögere eine Sekunde, denn eigentlich will ich mit leichtem Gepäck, sprich ohne meine halbe Campingausrüstung, von einer Unterkunft zur nächsten pilgern. »Sie brauchen erst gar nicht woanders anfragen. Jetzt in der Hochsaison kommen Sie in Linum sowieso nur noch bei mir unter«, unterbricht die Diakonisse meine Überlegungen. »Okay, dann bis morgen«, reserviere ich die spartanische Schlafgelegenheit und frage mich beim Packen verwundert, warum ausgerechnet an einem stinknormalen Werktag mitten im trüben Spätherbst alles ausgebucht sein soll.

Bei meiner Ankunft in dem winzigen Dorf in der brandenburgischen Ostprignitz wird mir der Grund jedoch schlagartig klar: Hunderte von Kranichen ziehen in der Abenddämmerung majestätisch über den Himmel und jagen mir mit ihrem durchdringenden Trompeten eine Gänsehaut über den Rücken. Linum ist im Herbst der größte europäische Binnenrastplatz von

Kranichen und Gänsen auf ihrem Weg nach Süden. Mitte Oktober werden hier bis zu 72 000 Kraniche gezählt – an einem einzigen Tag! Und die Vögel ziehen wiederum die 40 000 Touristen an, die den 750-Seelen-Ort jedes Jahr besuchen.

Ich pilgere aber nicht zu den Kranichen, sondern nach Bad Wilsnack, einem der populärsten Pilgerziele der westlichen Christenheit, ja sogar das wichtigste in ganz Nordeuropa! Zumindest war es das im Mittelalter. Aus aller Herren Länder strömten Hunderttausende zur Wunderblutkirche, bis der Ort mit der Reformation in Vergessenheit geriet. Erst vor wenigen Jahren hat ein Förderverein einen 120 Kilometer langen Abschnitt wiederbelebt und markiert. Auf der Website zum Weg gibt es einen Pilgerführer und ein Unterkunftsverzeichnis.

Der offizielle Startpunkt befindet sich im Zentrum meiner Wahlheimat Berlin, genauer gesagt an der mittelalterlichen Marienkirche am Alexanderplatz. Wie die meisten Pilger habe ich mir die zwanzig Kilometer lange innerstädtische Strecke gespart und bin mit der S25 bis zur Endhaltestelle in Hennigsdorf gefahren, wo die Großstadt fast übergangslos in die freie Landschaft Brandenburgs übergeht. Dort beginnt die Wegmarkierung mit den drei gelben Punkten, schon seit dem Mittelalter das Pilgerzeichen und bildliches Symbol des Blutwunders, das sich am 16. August 1383 zugetragen haben soll.

Während die Wilsnacker damals das Patronatsfest im benachbarten Havelberg feierten, zerstörte Ritter Heinrich Bülow den menschenleeren Ort und brannte sogar die Kirche bis auf die Grundmauern nieder. Dennoch befahl eine nächtliche Stimme dem wiedergekehrten Dorfpfarrer, in den Trümmern nach drei zurückgelassenen, geweihten Hostien zu suchen. Der Legende nach fand er sie nicht nur unversehrt inmitten von Schutt und Asche, sie hatten zudem noch je einen Blutstropfen ausgeschwitzt – was natürlich sofort einen Pilgerboom auslöste.

Obwohl viele kirchliche Stellen dieses Wunder schon damals skeptisch betrachteten, begann im folgenden Jahr der Bau einer großen Wallfahrtskirche, die aufgrund der stetig wachsenden Besucherzahlen ein Jahrhundert später erweitert wurde. Straftäter im Büßergewand kamen genauso nach Wilsnack wie betuchte Adlige zu Pferd, besonders begüterte Herrscher ließen gegen Bezahlung »fremdpilgern«. Ja, es kam sogar zu spontanen Massenwallfahrten, dem sogenannten Wilsnacklaufen, bei dem die halbe Einwohnerschaft ganzer Städte einfach alles stehen und liegen ließ, um zur Wunderblutkirche zu eilen.

Während ich im Nieselregen durch den einsamen Hennigsdorfer Forst nach Linum wandere, stelle ich mir die einstigen Wallfahrerströme ähnlich vor wie den aktuellen Andrang auf den spanischen Caminos. Bis zu 350 000 Pilger laufen jährlich nach Santiago, nach Wilsnack sind heutzutage nur etwa 1000 unterwegs – und an diesem regnerischen Herbsttag bin ich ganz allein.

Schwester Anneliese, deren fast schon biblisches Alter ich nicht zu schätzen wage, empfängt mich in der traditionellen schwarzen Tracht der Diakonissen einschließlich gestärkten Häubchens auf den weißen Haaren und eines riesigen Schlüsselbundes in der Hand. »Es ist noch gut geheizt im Gemeindesaal«, erklärt sie mir auf dem Weg zu meinem Nachtquartier. »Die Konfirmandengruppe ist gerade erst gegangen.« Nachdem ich es mir auf meiner Isomatte bequem gemacht habe, bringt sie mir eine evangelische Kirchenzeitung als Nachtlektüre vorbei und erzählt, warum Linum im Sommer die Störche und im Herbst die Kraniche anzieht: »Schon der Alte Fritz hat das Rhinluch, das Moorgebiet rund um den Ort, für den Torfabbau durch ein Grabensystem entwässern lassen. Später entstand auf den abgetorften Flächen eine riesige Teichlandschaft. Das knietiefe Wasser ist ein idealer Schlafplatz für die Vögel, die sich dann tagsüber auf den abgeernteten Feldern die nötigen Reserven für ihren Flug nach Süden anfressen.«

Nachdem sie sich verabschiedet hat, lege ich mich – nach 32 Kilometern rechtschaffen müde – schlafen und denke dabei noch an das berühmte Lied der bekanntesten Tochter Linums, der romantischen Dichterin Luise Hensel: »Müde bin ich, geh zur Ruh, / schließe meine Äuglein zu…« Gute Nacht!

Die Luchlandschaft der Prignitz ist brettflach, und durch die schnurgeraden Entwässerungskanäle zwischen den riesigen Feldern wirkt sie ziemlich geometrisch. Lediglich die Baum- und Heckenalleen an den Feldrainen und Gräben verhindern, dass man heute schon das Wanderziel von morgen sehen kann. Es ist fast totenstill, nur bei der Überquerung der Autobahn Hamburg–Berlin werde ich kurzzeitig daran erinnert, dass ich im 21. Jahrhundert unterwegs bin. Heinrich von Kleist nannte seine brandenburgische Heimat einen langweiligen Landstrich, bei dessen Erschaffung der liebe Gott offenbar eingeschlafen sei. Der 2020 verstorbene DDR-Schriftsteller Günter de Bruyn bringt es etwas positiver auf den Punkt. Das Besondere dieser Landschaft liege in dem, was ihr fehle: Menschen, Reize und Geräusche. Beim Wandern kann man hier nicht nur den Blick, sondern auch die Gedanken schweifen lassen, denn es gibt keinerlei technische Schwierigkeiten. Ohne nennenswerte Steigung spaziere ich über lehmige Wiesenwege, unbefestigte Forststraßen, Wirtschaftswege mit Betonplatten und manchmal verkehrsarme Nebenstraßen. Dieser Pilgerweg kann selbst von blutigen Anfängern begangen werden – und das zu jeder Jahreszeit.

Die kopfsteingepflasterten Chausseen und alten Feldsteinhäuser wirken wie aus der Zeit gefallen, sie gäben eine hervorragende Filmkulisse für einen Roman von Theodor Fontane ab. Bis auf ein paar ältere Herrschaften sind die Dörfer fast ausgestorben. Kein Wunder, hier gibt es außer ein paar landwirtschaftlichen Betrieben kaum Arbeitsplätze. Die Kirchen am Wegesrand sind zwar durchweg verschlossen, doch ist im Pilgerführer stets eine Telefonnummer oder Adresse angegeben, wo der Schlüssel abgeholt werden kann. Auch wenn es mich manchmal etwas Überwindung kostet, bei wildfremden Menschen zu klingeln, erwarten mich dabei die schönsten Erlebnisse. Manchmal wird mir der Schlüssel nur kurz angebunden herausgereicht: »Werfen Sie ihn einfach in den Briefkasten, wenn Sie fertig sind!« Doch der Brandenburger hat unter der harten Schale einen weichen Kern. Auf interessiertes Nachfragen bekomme ich meist eine persönliche Kirchenführung und eine kurze Dorfchronik obendrein. Von einer Schlüsselverwalterin werde ich angesichts der herbstlichen Temperaturen sogar mit heißem Tee und selbst gebackenen Plätzchen begrüßt!

Die kleinen Kirchen sind sicherlich keine kunsthistorische Weltklasse, warten für den neugierigen Besucher aber mit ein paar Überraschungen auf. In Tarnow steht ein anmutiger Schinkelbau, dessen Campanile man eher in der Toskana als in Brandenburg erwarten würde. In der unscheinbaren Dorfkirche von Protzen schwebt ein strahlender Barockengel über dem Taufbecken. Und in der mittelalterlichen Feldsteinkirche in Barsikow kann man seit 2012 sogar in zehn Stockbetten übernachten!

Als ich völlig durchgefroren ankomme, freue ich mich besonders über die heiße Dusche, die genauso ins Kirchengebäude integriert ist wie eine Kochnische mit Kühlschrank. »Gottesdienste finden nur noch zweimal im Monat statt«, erklärt mir Herr Grützmacher, der auf Anfrage sogar ein Frühstück serviert. Der Herbergsbetreuer steigt am nächsten Morgen mit mir in die luftigen Höhen des Kirchturms empor und zeigt mir die Pilgerzeichen an den Glocken, anhand derer die Route rekonstruiert wurde. Den Pilgersegen gibt er mir zurück auf festem Boden im Altarraum. Auch in der Kyritzer Marienkirche geht es hoch hinaus: Hier kann man in der ehemaligen Türmerwohnung übernachten.

In Barenthin kommt mir Frau Unger in der Abenddämmerung schon entgegengelaufen, denn ich bin spät dran und sie will noch mal weg. Schnell öffnet sie den Pfarrsaal und überlässt mir den riesigen Kirchenschlüssel. Nachdem ich das kleine Gotteshaus damit am nächsten Morgen besichtigt habe, treffe ich die Schlüsselverwalterin ganz zufällig auf der Straße wieder, mit einer riesigen Tüte Brötchen in der Hand.

Was nun mit einem fröhlichen »Guten Morgen!« meinerseits beginnt, endet in einem dreistündigen Gespräch über die Geschichte der DDR im Allgemeinen und des Ortes Barenthin im Speziellen. Wie ich nämlich sogleich erfahre, stehen wir vor dem ehemaligen Tante-Emma-Laden, in dem Frau Ungers Mutter die knapp 400 Einwohner seit 1949 mit Lebensmitteln versorgte. Mehr als fünfzig Jahre stand sie hinter dem Ladentisch, während Tochter Christa das Dorf verließ und Lehrerin für Mathematik und Physik wurde. Erst nach ihrer Pensionierung kehrte sie in ihre Heimat zurück und verwandelte das unrentabel gewordene Geschäft in eine »Klönstube« für die Nachbarschaft.

»Das ist jetzt zwar kein Laden mehr, aber immer noch eine Art Dienstleistungszentrale. Manchmal gebe ich dem Nachwuchs Nachhilfe, die Nachbarn treffen sich einmal im Monat zum Klönen und Spielen, und sie können auch Einkaufsbestellungen abgeben«, erklärt die ehemalige Lehrerin die Riesenmenge an Brötchen in ihrer Tüte. »Wollen Sie mal reinschauen?«

Und ob ich das will! In der Klönstube stehen Brettspiele für den Nachbarschaftstreff neben alten Registrierkassen, Waagen und Kassenbüchern aus dem früheren Lebensmittelgeschäft. Ich wundere mich über die vielen Fotografien an der Wand, auf denen ausschließlich Gebäude zu sehen sind. Frau Unger erläutert: »Für die 675-Jahr-Feier des Ortes habe ich alle Einwohner gebeten, mir Bilder ihrer Häuser zu schicken, von früher und von heute. Darauf habe ich dann die Daten zur Geschichte der einzelnen Anwesen vermerkt.«

Fasziniert betrachte ich die kleine Vorher-Nachher-Ausstellung und stelle Frage um Frage. Während Frau Unger geduldig antwortet, gerät mein Zeitplan für den Tag komplett aus den Fugen. Egal, es sind ja genau solche Gespräche, die diese Wanderung so interessant machen. Spannende Begegnungen sind fast vorprogrammiert, weil man täglich einem Herbergsbetreuer oder einer Schlüsselverwalterin begegnet. Und für die ist man nicht der hundertste Pilger, der pro Tag vorbeiläuft, sondern immer noch etwas Besonderes.

Neben den preiswerten Pilgerherbergen in Kirchen und Gemeindesälen wird die ganze Bandbreite touristischer Unterkünfte angeboten, vom Heuhotel über Ferienwohnungen bis zu Pensionen und Hotels, teilweise sogar mit Gepäcktransport. Was man in Brandenburg dagegen nicht an jeder Ecke findet, sind Bars mit Tapas oder *menú del peregrino.* Wenn es im Übernachtungsort keine Gaststätte gibt, muss man sich sein Abendessen eben selbst mitbringen. Dafür können Sie hier seit Neuestem sogar #Biopilgern! Unter diesem Hashtag haben sich 16 Hofläden, Bistros und Cafés zusammengeschlossen, die den Pilgern Wassernachschub und Bioproviant anbieten: Obst und Gemüse aus zertifizierter Landwirtschaft, Vollkornbrot, Biowurst und sogar Stutenmilch vom Pferdegestüt.

Als ich am vierten Tag meiner Wanderung in Bad Wilsnack ankomme, wirkt die riesige Wallfahrtskirche in dem unbedeutenden Städtchen komplett überdimensioniert. Das »Santiago des Nordens« erlebte im Zuge der Reformation einen jähen Absturz: Der neue protestantische Prediger des Ortes, Joachim Ellefeld, verbrannte die wundertätigen Hostien am 28. Mai 1552 und wurde dafür in der nahe gelegenen Plattenburg festgesetzt. Noch während die Obrigkeit über eine angemessene Strafe für seine Freveltat stritt und ihn letztendlich in die Verbannung schickte, ließ der Markgraf von Brandenburg alle Kunstschätze der Wunderblutkirche einschließlich Glocke nach Berlin schaffen. Sämtliche Hinweise auf das Blutwunder wurden getilgt, nur den bemalten Holzschrank, in dem die Hostien früher zur Anbetung ausgestellt waren, kann ich zusammen mit einer Ausstellung zur Geschichte des Wallfahrtsortes noch besichtigen.

Am Eingang der Kirche hole ich mir meinen letzten Stempel für den Pilgerpass und frage die Aufsicht, wer denn eigentlich so alles hierherkomme. »Deutlich mehr Frauen als Männer, viele sogar allein«, weiß die Dame durch die Auswertung von

Pilgerfragebögen zu berichten und ergänzt stolz: »Die meisten würden sogar lieber ein zweites Mal nach Wilsnack pilgern als noch mal einen der spanischen Caminos laufen!« Das geht mir ganz genauso!

Bevor ich in den stündlichen Regionalexpress zurück nach Berlin steige, mache ich einen Abstecher zum zweiten Wunder von Wilsnack: 1906 entdeckte der Stadtförster Gustav Zimmermann eisenoxidhaltige Moorerde, was den Ort 1929 zur Kurstadt machte und ihm den Titel »Bad« einbrachte. In der Therme mit Saunalandschaft strecke ich meine müden Glieder ins solehaltige Heilwasser. Ein so würdiger Abschluss war den mittelalterlichen Pilgern wohl eher nicht vergönnt.

Für wen:

- Wer schon immer mal einen Camino laufen wollte, kann hier ohne lange Anreise hervorragend ein paar Tage **»schnupperpilgern«** – Sie benötigen weder viel Wandererfahrung noch ein großes Budget. Alleinwandernde Frauen werden sich besonders wohlfühlen, weil die Mehrzahl der Pilger weiblich ist.
- Dieser Pilgerweg ist **familientauglich:** Wenn der Nachwuchs nicht selbst laufen kann (oder will), können Sie ihn sogar im Kinderwagen schieben. Und die größeren Sprösslinge finden es bestimmt spannend, mal in einem Kirchturm zu übernachten oder eine Reitstunde im Pferdegestüt zu bekommen.
- Wer **Zeit zum Nachdenken** braucht, kann beim Wandern in dieser meditativen Landschaft die Gedanken frei schweifen lassen, ohne durch schlechte Wegbeschaffenheit, steile Anstiege oder Navigationsprobleme abgelenkt zu werden. Auch einsames Wildzelten ist in dieser dünn besiedelten Gegend kein Problem.

Für Weintrinker:

WELTERBESTEIG WACHAU

Land: Österreich | *Länge:* 180 km
Schwierigkeit: * | *Budget:* €€ | *Jahreszeit:* ganzjährig
Natur: ** | *Kultur:* *** | *Special Interest:* Wein und Brettljausen

Wer oder was zum Teufel sind die Welter, frage ich mich verwirrt, als ich zum ersten Mal vom österreichischen Welterbesteig lese. Spontan tippe ich auf ein alpenländisches Adelsgeschlecht oder einen ausgestorbenen Handwerksberuf. Angesichts der Vielzahl von Steigen, Pfaden und Traumschleifen in der deutschsprachigen Wanderwelt wundere ich mich auch nicht über den Begriff Besteig, sondern halte ihn für eine misslungene Marketingidee. Ein Bindestrich hätte meine Verwirrung verhindert: Hinter dem Namen **Welterbe**-Steig steckt nämlich die Aufnahme der niederösterreichischen Wachau in die Liste der UNESCO-Weltkulturerbestätten im Jahr 2000.

Der so geadelte Landstrich an der Donau ist zwischen den Orten Melk und Krems gerade mal 35 Kilometer lang. Der Welterbesteig, der als Rundweg auf beiden Seiten des Flusses verläuft, misst jedoch knapp 180 Kilometer. Ein Blick auf die Wanderkarte zeigt den Grund für diese wundersame Streckenvermehrung: Während der populäre Donauradweg gradlinig am Ufer entlangführt, schlägt der Welterbesteig in jeder Etappe gewaltige Schlaufen hinauf zu den Donauhängen und dann gleich wieder zurück ans Wasser. Wer bei diesem Flusswanderweg also eine gemütliche Tour ohne nennenswerte Steigungen erwartet, wird schnell eines Besseren belehrt. 7500 Höhenmeter sind insgesamt zu bewältigen, höchster Punkt ist mit 960 Metern der Jauerling, die größte Erhebung in der Wachau. Die schweißtreibenden Aufstiege werden allerdings mit traumhaften Ausblicken versüßt, die den Radlern am Ufer versagt bleiben.

Das Postkartenidyll der Wachau ist so kitschig-schön, dass mir schon auf der ersten Etappe fast die Augen schmerzen. Von den vielen Rastplätzen am Weg aus bewundere ich die akkurat gepflanzten Weinstöcke, die sich in perfekten geometrischen Linien schachbrettartig über die steilen Hänge erstrecken, dazwischen immer wieder Bildstöcke und farbenfroh blühende Rosensträucher. Unter mir liegen die engen Gassen der historischen Altstadt von Krems, am anderen Ufer thront hoch über dem Dunkelsteiner Wald das imposante Stift Göttweig, und auf dem Fluss ziehen schwer beladene Schubboote vorüber.

In diesem Wanderparadies quält mich zu Beginn allerdings eine ganz spezielle Frage: Wo soll ich in dieser intensiv genutzten Kulturlandschaft wild zelten? Die steilen Hänge sind zwar mit kunstvoll geschichteten Trockensteinmauern terrassiert und böten somit perfekte Lagerplätze zwischen den Weinstöcken, doch wären die Winzer sicher nicht begeistert, mich und mein Zelt morgens dort vorzufinden …

Während meiner einwöchigen Tour löst sich diese Sorge zum Glück schnell in Wohlgefallen auf, denn am Welterbesteig wechseln sich die unterschiedlichsten Landschaftsformen ab. Mich erwarten Weinberge, Obstgärten und wogende Getreidefelder, aber auch ausgedehnte Waldgebiete und schroffe Felsformationen, an denen ich sogar Kletterer beobachten kann; dazwischen immer wieder Rastplätze und Aussichtstürme mit Panoramablick. Mit ein wenig Geduld finde ich jede Nacht ein diskretes Plätzchen, wo mich morgens Vogelgezwitscher und kein aufgebrachter Winzer weckt. Nur einmal schreckt mich beim

Abendessen eine unerklärliche Knallerei auf. Ein wild gewordener Jäger? Vogelschreck? Oder ein Feuerwerk für Touristen? Da dämmert mir, dass ich zur Zeit der Fußballweltmeisterschaft unterwegs bin, und eine Internetrecherche bestätigt: Mit den Böllerschüssen wird ein Tor der österreichischen Mannschaft gefeiert.

Mit ausreichend Budget muss man natürlich nicht zelten. In der Wachau gibt es eine riesige Auswahl an Hotels, Pensionen und Privatzimmern. Der Donauradweg mit seinen jährlich über 600 000 Radlern sorgt dafür, dass Aufenthalte von bloß einer Nacht überhaupt kein Problem sind. Für Welterbesteig-Wanderer wird außerdem Gepäcktransport angeboten. Da zwischen Krems und Melk eine Buslinie im Stundentakt verkehrt und die beiden Donauufer zusätzlich zu den dortigen Brücken auch noch durch drei Fähren verbunden sind, kann man die Wanderung sogar etappenweise von einem Standquartier aus unternehmen.

Der Rundweg Welterbesteig überquert die Donau an seinem Scheitelpunkt auf der Staumauer des Wasserkraftwerks Melk. Hier verlaufen Wander- und Radroute für ein paar Hundert Meter gemeinsam, die Radreisenden passieren mich im Minutentakt. Doch kaum trennen sich die Wege wieder, bin ich stundenlang allein unterwegs. Im Gegensatz zu seinem deutschen Pendant, dem fast schon überlaufenen Rheinsteig, wird der als einer der »Best Trails of Austria« vermarktete Welterbesteig nämlich erstaunlich wenig begangen.

Dabei ist er nicht nur landschaftlich, sondern auch kulinarisch ein Juwel. Ich lasse morgens mein übliches Müsli im Zelt ausfallen und steuere stattdessen die nächste Bäckerei an für ein *Nussbeugerl* (Nusshörnchen) oder eine *Topfengolatsche* (Quarktasche). Für die berühmten Marillenknödel bin ich leider zu früh, im Juni sind die Aprikosen noch nicht reif. Dafür kann ich am Wegesrand ein paar saftige Kirschen schnabulieren, natürlich nur von herrenlosen Straßenbäumen. Ehrenwort!

Berühmt ist die Wachau allerdings für ihren Weißwein, vor allem für Riesling und Grünen Veltliner. Meist weisen Schilder an den Weinbergen auf die jeweilige Rebsorte und das Weingut hin. Manchmal sind sogar direkt am Weg Selbstbedienungskühlschränke mit Weinflaschen aufgestellt, bezahlt wird in eine »Kasse des Vertrauens«. Blöd nur, dass ich hier nicht am Abend, sondern meist zur Frühstückszeit vorbeikomme. Immerhin sind für diesen Fall Apfelschorle und Mineralwasser im Angebot.

Beim Heurigenbesuch habe ich anfangs ebenfalls das falsche Timing. Ich stoße zwar auf ein Dutzend »Buschenschenken«, doch die haben leider nicht *ausgsteckt.* Ein *Buschen,* also ein Büschel Zweige oder Reisig, zeigt an, ob die Schankwirtschaft geöffnet ist, und dabei wechseln sich die örtlichen Erzeugerbetriebe ab. Anschläge in den Ortschaften und der Heurigenkalender im Internet helfen bei der Planung. Mir weist erst an meinem letzten Wandertag ein Einheimischer den Weg zu einem *ausgsteckten* Heurigen mit passender Mittagsöffnungszeit und verhilft mir so zu einem kulinarischen Volltreffer. Buschenwirte dürfen ausschließlich selbst produzierten Wein und Most sowie kalte Speisen anbieten. Im Hof des Weingutes bestelle ich eine Winzerplatte und staune nicht schlecht, als die Wirtin einen Teller mit Bergen von Räucherschinken, Schweinebraten und Käse vor mich stellt. Die üppigen Portionen sind nicht nur ein Ausdruck österreichischer Gastfreundschaft, sondern außerdem umsatzfördernd. Das salzige *Gselchte* macht nämlich verdammt durstig! Als Durstlöscher bietet sich für Wanderer ein »Sommerspritzer« an. Dabei wird der Wein anders als beim normalen *Gspritzten* nicht zu gleichen Teilen mit Sodawasser gemischt, sondern im Verhältnis 1:3. Aber auch der hier produzierte Marillennektar schmeckt *gspritzt* hervorragend! Und wer das Weinangebot einmal zu stark in Anspruch genommen hat, dem sei versichert: Der Welterbesteig ist so gut mit dem weißen Logo markiert, dass man sich selbst im angeschickerten Zustand nicht verläuft…

Nachdem ich an einem besonders heißen Nachmittag schwitzend einen Berg hinaufgekeucht bin, leuchtet mir vor einem Haus am Ortseingang ein großer weißer Kühlschrank entgegen. Wahrscheinlich ein privater Weinverkauf, denke ich und will schon weiterlaufen. Da sticht mir ein aufgeklebter Zettel mit einem holprigen Reim ins Auge: »Lieber Wanderer, mach mal Rast und nimm dir, worauf du Lust hast!« Bin ich ausgerechnet im extrem touristischen Österreich auf kostenlose *trail magic* gestoßen? Neugierig öffne ich die Tür und starre ungläubig auf ein buntes Sortiment aus Softdrinks und süßen Snacks. Und es kommt noch besser: Im Gefrierfach erwarten mich gar mehrere Sorten Eis am Stiel! Wie hypnotisiert greife ich zu einer Flasche Apfelsaftschorle und leere sie mit langen Schlucken. Erst als mir das kühle Getränk die Kehle hinunterrinnt, bin ich sicher, dass ich keiner Fata Morgana aufgesessen bin. Vorsichtshalber esse ich aber noch ein Schokoladeneis ... Bevor ich wieder aufbreche, nehme ich ein Weilchen auf der Bank im Schatten eines Nussbaums Platz und studiere das Gästebuch, das mitsamt Bleistift und einer Spendenbox im Kühlschrank ausliegt. »Hier muss ein Engel wohnen«, hat ein dankbarer Besucher am Vortag geschrieben. Ich muss schmunzeln, denn die US-amerikanischen Wanderer nennen solche hilfsbereiten Menschen am Wegesrand tatsächlich *trail angels.*

Neben all den landschaftlichen und kulinarischen Aspekten locken am Welterbesteig auch mehrere weltberühmte Sehenswürdigkeiten, allen voran Stift Melk, ein Barockjuwel von gigantischen Ausmaßen: Fast 500 Räume mit 1365 Fenstern werden von vier Hektar Dachfläche überwölbt, die Bibliothek beherbergt 100 000 Bücher aus mehreren Jahrhunderten. Eine halbe Million Gäste besuchen den Prunkbau an der Donau jährlich, für Wanderer gibt es sogar extragroße Schließfächer zur Aufbewahrung ihres Rucksacks.

Noch beeindruckender finde ich das etwas weniger bekannte Stift Göttweig, dessen Besuch ich mir durch einen steilen Anstieg auf den gleichnamigen Berg hart erarbeiten muss. Schweißgebadet oben angekommen, verschlägt mir die weitläufige Barockanlage den ohnehin schon kurzen Atem. Die imposante Kaiserstiege mit dem pompösen Deckenfresko wäre die Traumkulisse jeder festlichen Hochzeit; ich jedoch steige in verdreckten Wanderklamotten staunend die weißen Stufen ins Museum im Kaisertrakt hinauf.

Göttweig ist ein aktives Benediktinerkloster mit 37 Mönchen, Gäste können an drei täglichen Chorgebeten teilnehmen. Bei meinem Besuch am Sonntagabend erklingt die Vesper in der Stiftskirche sogar auf Latein. Anhand der ausliegenden Stundenbücher kann ich dem halbstündigen Choralgesang mit deutscher Übersetzung folgen und stelle voll Freude fest, dass vom großen Latinum meiner Schulzeit doch noch einiges hängen geblieben ist. Ich bedauere sehr, dass ich mir im Hoteltrakt des Klosters kein Zimmer mit Blick auf die Wachau reserviert habe, sondern jetzt am Abend weitere acht Kilometer bis zu meiner Unterkunft laufen muss.

Eine ganz andere, modernere Spiritualität erlebe ich im Kloster Maria Langegg, das sich an einer der vielen Schleifen des Welterbesteigs mitten im Dunkelsteinerwald befindet. Die Kirche »Maria, Heil der Kranken« war im 17. und 18. Jahrhundert eine der bedeutendsten Pestwallfahrten Österreichs und wird heute – ebenso wie die Stifte Melk und Göttweig – vom österreichischen Jakobsweg angesteuert, der allerdings deutlich geradliniger verläuft als meine Route. Für eine Nacht stehen hier günstige Zimmer für Pilger und Wanderer zur Verfügung.

»Besichtigung des Wallfahrtsmuseums möglich nach telefonischer Absprache«, lese ich auf einem Plakat an der Kirchenpforte. Doch als ich neugierig die angegebene Nummer anrufe, meldet sich die Mailbox. Enttäuscht stecke ich mein Handy gerade wieder in die Tasche, als ein Pater in weißer Kutte aus der Tür tritt. »Das Museum wird von Schwester Mirjam betreut. Falls ich sie im Kloster sehe, kann ich sie zu Ihnen schicken«, bietet er mir an, nachdem er von meinem Besuchswunsch gehört hat.

Tatsächlich treffe ich die schlanke Nonne schon zehn Minuten später am Museumseingang, wo sie trotz ihres bodenlangen Habits und Schleiers äußerst elegant unter der Verkaufstheke hindurchkrabbelt, um mir aus der Kasse Wechselgeld und Eintrittskarte zu geben. Mit meinen vom Wandern steifen Gliedern kann ich solche Akrobatik nur neidvoll bestaunen. »Ist das nun ein Mönchs- oder Nonnenkloster?«, frage ich die Schwester verwirrt, die genau wie der Pater in Weiß gekleidet ist.

»In Maria Langegg wohnen neben geweihten Brüdern und Schwestern auch mehrere Laien. Zu unserer erst 1973 gegründeten ›Gemeinschaft der Seligpreisungen‹ gehören sogar Ehepaare mit Kindern«, erklärt mir Schwester Mirjam und muss gleich noch ein paar Dutzend weitere Fragen zu ihrem ungewöhnlichen Orden beantworten.

»Besuchen Sie doch einfach unsere Mittagsmesse«, lädt sie mich ein, bevor sie mich schließlich in dem kleinen Wallfahrtsmuseum allein lässt. Neben der barocken Klosterbibliothek sind Ölgemälde des Kirchenstifters und Votivgaben aus mehreren Jahrhunderten zu besichtigen sowie eine Sammlung abgenutzter Krücken und sogar ein antiquierter Rollstuhl – zurückgelassen von den angeblich geheilten Kranken.

Obwohl ich schon jetzt deutlich hinter meinem Zeitplan herhinke, kehre ich beim Mittagsläuten in die Kirche zurück. Statt lateinischer Choräle werden zur Andacht moderne Lieder auf Deutsch, Englisch und Hebräisch gesungen, die Schwestern begleiten sie mit Gitarre und Bongo-Trommeln. Als ich tiefenentspannt wieder aufbreche, ist mir klar: Nicht nur landschaftlich und kulinarisch, sondern auch spirituell wird es auf dem Welterbesteig nie langweilig!

Für wen:

- Ein absolutes Muss für **Weinliebhaber!** Hier werden die Topweine Österreichs angebaut und können gleich vor Ort verkostet werden, in urigen Buschenschenken mitten in den Weinbergen, direkt bei den Winzern oder ganz pragmatisch am Selbstbedienungskühlschrank.
- Hervorragend markiert und ausgeschildert, mit unzähligen Übernachtungs- und Verpflegungsmöglichkeiten sowie einer ausgezeichneten Anbindung an den öffentlichen Nahverkehr ist dieser Weg besonders **anfängerfreundlich** und bietet ein Höchstmaß an **Flexibilität.** Sie können einfach mal eine Etappe überspringen, abkürzen oder die über neunzig Kilometer lange Jauerling-Runde hinten dranhängen.
- Auf 180 Kilometern wandern Sie durch Weinberge und Obstgärten vorbei an barocken Kirchenstiften und mittelalterlichen Burgruinen, dazu kommen jede Menge kleine und große Museen. Kurzum: **Natur und Kultur** lassen sich hervorragend verbinden!

Für Entdecker des australischen Outbacks:

LARAPINTA TRAIL

Land: Australien | *Länge:* 223 km
Schwierigkeit: *** | *Budget:* €€€ | *Jahreszeit:* Winter
Natur: *** | *Kultur:* * | *Special Interest:* Outback

Als ich am frühen Morgen des 12. Juli am Stadtrand von Alice Springs meinen Daumen rausstrecke, ist es angenehm kühl, sogar ein paar Wolken zieren den ansonsten strahlend blauen Himmel. Jetzt in den Wintermonaten der südlichen Hemisphäre ist die beste Zeit für den Larapinta Trail im australischen Outback. Im Sommer liegt die durchschnittliche Tageshöchsttemperatur bei weit über vierzig Grad Celsius, selbst im Winter kann das Thermometer auf mehr als dreißig Grad steigen – und nachts bis auf den Gefrierpunkt fallen.

Die 223 Kilometer lange Strecke durch den West-MacDonnell-Nationalpark will ich in gut acht Tagen ohne Proviantnachschub schaffen, mein Rucksack, der vollgestopft mit Lebensmitteln neben mir auf der Straße steht, ist entsprechend schwer. Dieser ehrgeizige Zeitplan funktioniert allerdings nur, wenn ich möglichst schnell eine Mitfahrgelegenheit zum westlichen Terminus des Trails bekomme. Über die Touristenstraße Namatjira Drive ist er bloß 150 Kilometer vom östlichen Endpunkt in Alice Springs entfernt, doch leider sind kaum Fahrzeuge unterwegs. Seufzend trete ich von einem Fuß auf den anderen.

Endlich hält ein kleiner Mietwagen, eine Frau um die fünfzig kurbelt das Fenster herunter: »Du kannst bis zur Redbank Gorge mitfahren, aber ich will mir unterwegs alle Sehenswürdigkeiten anschauen!«

Ich steige ohne große Bedenken sofort ein, denn genau dort will ich hin, und das Besichtigungsprogramm der Dame kann ja wohl nicht allzu lange dauern. Denke ich … Eigentlich kann man die Fahrt in anderthalb Stunden bewältigen, wir brauchen mehr als sieben. Hier trinkt sie einen Kaffee, dort wartet sie auf das richtige Licht zum Fotografieren, am Standley Chasm nimmt sie sogar an einer geführten Tour teil – und ich damit zwangsweise auch. Normalerweise würde ich mich über dieses ausgiebige Sightseeing freuen, allerdings werde ich all diese Attraktionen ja noch einmal in umgekehrter Richtung besuchen! Vielleicht hätte ich doch den extrem teuren Shuttleservice buchen sollen, der Wanderer per Jeep direkt zu den Start- und Endpunkten der Etappen befördert …

Um vier Uhr nachmittags darf ich endlich an der Stichstraße zur Redbank Gorge aussteigen. Bis ich den offiziellen Campingplatz am westlichen Terminus zu Fuß erreiche, ist es 17 Uhr, ich habe also gerade mal eine Stunde bis Sonnenuntergang. Die erste Trailetappe ist ein mehrstündiger Abstecher auf den 1380 Meter hohen Mount Sonder, den vierthöchsten Berg des Northern Territory, benannt nach dem deutschen Botaniker Dr. Otto Wilhelm Sonder. Camping ist an dieser heiligen Stätte der Aborigines nicht erlaubt, es macht also keinen Sinn, jetzt noch aufzusteigen. Grummelnd schlage ich mein Lager auf dem Redbank-Gorge-Zeltplatz auf, der sich am südlichen Ufer des Davenport Creek befindet. *Creek,* zu Deutsch Bach, ist im australischen Outback ein irreführender Begriff: Die Flussbetten sind fast immer komplett ausgetrocknet, denn im heißen Zentralaustralien fällt weniger als 250 Millimeter Niederschlag pro Jahr. Dass der Bach im Moment knöcheltiefes Wasser führt, ist schon höchst ungewöhnlich.

Was ich zu diesem Zeitpunkt noch nicht weiß: Der El-Niño-Effekt, der mir zu Jahresbeginn Überschwemmungen auf dem Florida Trail und Rekordschneehöhen auf dem Arizona Trail bescherte, hat sich auf der Südhalbkugel zu seiner kalten Schwester La Niña gewandelt. Es wird ein Rekordjahr für Niederschläge in ganz Australien werden, im Norden des Kontinents sogar der nasseste Winter seit Beginn der Wetteraufzeichnungen. Und die größte Sintflut wird in wenigen Stunden starten – auch wenn außer ein paar Wölkchen noch nichts darauf hindeutet.

Um 23 Uhr werde ich plötzlich von heftigen Böen geweckt. Ich reibe mir verwundert den Schlaf aus den Augen, als bereits die ersten dicken Regentropfen auf mein windumtostes Zelt platschen. Keine fünf Minuten später schüttet es wie aus Kübeln, unter meiner Isomatte bildet sich eine riesige Pfütze. Schlagartig bin ich hellwach, denn nun zählt jede Sekunde. In Windeseile verstaue ich meinen Schlafsack in seiner wasserdichten Hülle, raffe meine restliche Ausrüstung zusammen und flüchte unter den achteckigen Picknickpavillon. Hier kann ich mich auf einem langen Holztisch ausstrecken, während der Regen auf das Wellblechdach trommelt. Viel Schlaf bekomme ich bei dieser Weltuntergangsstimmung allerdings nicht mehr.

In der Dämmerung weicht meine Erleichterung über den trockenen Lagerplatz der Sorge um die nun anstehende Flussquerung. Als der Regen endlich aufhört und ich zum Ufer des Davenport Creek spaziere, traue ich meinen Augen nicht: Aus dem knöcheltiefen Bächlein ist ein reißender Strom geworden! Vorsichtig stecke ich meinen Trekkingstock in das tosende Wasser – und kann damit nicht einmal den Grund ertasten. Mitten im ausgetrockneten Outback stehe ich vor einem unpassierbaren Fluss. Trotz der Absurdität dieser Situation ist mir absolut nicht zum Lachen zumute.

Den ganzen Vormittag laufe ich stündlich zum Ufer, um den Wasserstand zu überprüfen, und jedes Mal ist der Pegel um einige Zentimeter gefallen. Bei meiner »Messung« um ein Uhr mittags entdecke ich einen Wanderer auf der anderen Seite, der eine passende Furtstelle sucht und im reißenden Strom immer wieder umdrehen muss. Ich folge seinen Versuchen angespannt und überlege fieberhaft, wie ich ihn bei einem Unfall von hier aus retten könnte. Erst nach anderthalb Stunden hat er es tatsächlich heil zu mir herübergeschafft.

»Kannst du ein Foto von mir und dem Fluss machen?«, ist seine erste Frage, denn selbst er als Einheimischer hat noch nie eine solche Sintflut erlebt. Nach einem kurzen Plausch gibt es auch für mich kein Halten mehr. Durch die Versuche meines Vorgängers kenne ich die beste Passage und erreiche daher schnell das andere Ufer.

Der Abstecher auf den Mount Sonder muss nun leider ausfallen, weil ich bereits jetzt einen ganzen Tag hinter Plan liege. Vom Hilltop Lookout im nächsten Wegabschnitt eröffnet sich mir jedoch ein grandioser Blick auf den lang gestreckten Berg mit Doppelgipfel, der wie der Kamm einer Echse emporragt. Für die Ureinwohner symbolisiert er eine schwangere Frau, die schlafend auf dem Rücken liegt. Ich verstehe nun außerdem, warum Australien der rote Kontinent genannt wird: So weit das Auge reicht, schimmert die Erde rötlich. Die im Boden enthaltenen stark eisenhaltigen Mineralien Bauxit und Laterit sind an der Luft zu rotem Rost oxidiert. Wie ein Schleier liegt darüber das Grau des überall sprießenden Spinifexgrases, seine scharfen Kanten zwingen mich trotz der Hitze in lange Hosen und Gamaschen. Gewaltige *ghost gums* und *red gums*, unterschiedliche Arten von Eukalyptusbäumen, lassen erahnen, wo zumindest temporär Flüsse verlaufen.

Albert Namatjira vom hiesigen Stamm der Arrernte hat die Landschaft der MacDonnell Ranges in über 2000 Aquarellen festgehalten. Sein Bild des Mount Sonder mit einem *ghost gum* ziert sogar eine australische Briefmarke, einige seiner Werke konnte ich in der Kunstgalerie von Alice Springs besichtigen. Namatjira, der heute als einer der bedeutendsten Künstler des

Landes gilt, erhielt erst 1957 die vollwertige australische Staatsbürgerschaft – und das auch nur auf internationalen Druck. Die Ureinwohner wurden bis in die 1960er-Jahre lediglich als Mündel des Staates betrachtet und konnten weder Immobilien noch Alkohol erwerben oder das Wahlrecht ausüben. Ihre Kinder wurden ihnen systematisch weggenommen und bei Pflegefamilien oder in Missionsstationen für ein Leben als Farmarbeiter oder Haushaltshilfe ausgebildet, die *stolen generation.*

Heute stellen die Nachkommen der Aborigines nur noch gut drei Prozent der Gesamtbevölkerung des Kontinents, hier im Bundesstaat Northern Territory ist es jedoch fast ein Drittel. Sie wohnen meist in abgeschlossenen Gemeinschaften im Outback oder in Siedlungen am Rand von Alice Springs und haben eine deutlich höhere Selbstmordrate und niedrigere Lebenserwartung als die restliche Bevölkerung. Alkohol- und Drogenmissbrauch sowie die damit verbundene Kriminalität sind ein riesiges Problem, viele junge Aborigines entfliehen dem selbst auferlegten Alkoholverbot in ihren Communitys, um sich in der Outback-»Metropole« Alice Springs zu betrinken. Auf dem Trail hingegen treffe ich keinen von ihnen.

Wie schwer das traditionelle Leben der Ureinwohner gewesen sein muss, erahne ich am nächsten Tag: Die rote Erde ist durch die Hitze so verhärtet, dass die gewaltige Niederschlagsmenge nicht versickern kann. »Alle Flussbetten sind normalerweise trocken«, heißt es in meinem Wanderführer, worüber ich in diesem Jahr nur lachen kann. Jeder noch so kleine Bachlauf führt im Moment Wasser, ich muss mehr Furten bewältigen als in Skandinavien – und verfehle mal wieder mein geplantes Pensum!

Der Finke River, in der Sprache der Ureinwohner »Larapinta« genannt und damit Namensgeber des Trails, hat zwar keine Strömung, doch wo immer ich hineinsteige, reicht mir das Wasser schon nach wenigen Metern bis zur Hüfte. Natürlich könnte ich das ruhige Gewässer einfach durchschwimmen, aber wie soll ich dabei meinen Rucksack trocken ans andere Ufer befördern? Meine Isomatte als Schwimmunterlage verwenden? Oder ihn lieber in einen Müllsack verpacken und hoffen, dass er dadurch ausreichenden Auftrieb bekommt?

Für einen letzten Versuch ohne Schwimmhilfe entkleide ich mich komplett und balanciere meinen Rucksack auf dem Kopf, was angesichts der großen Menge Proviant gar nicht so einfach ist. Mit jedem kleinen Schritt versinke ich tiefer, bis mir das Wasser im wahrsten Sinne des Wortes bis zum Halse steht. Ich muss mich schließlich sogar auf Zehenspitzen fortbewegen und kann trotzdem nicht mal mehr den Mund aufmachen, ohne dass mir die dunkelbraune Brühe hineinläuft. Das ist mit Abstand die tiefste Furt meiner gesamten Outdoorlaufbahn!

Leider werde ich mit wachsender Routine nachlässig und vergesse bei der x-ten Flussquerung das Handy in der Hosentasche. Während meine Klamotten anschließend in der Sonne schnell wieder trocknen, haucht mein Telefon – und damit auch meine Kamera – nach dem ungeplanten Bad mit einem letzten Pieps seinen Geist aus. Immerhin haben die gespeicherten Bilder überlebt, sodass ich der trödelnden Touristin nun unendlich dankbar bin, dass sie mich auf der Hinfahrt bereits ausgiebig abgelichtet hat. Glücklicherweise habe ich für die Navigation noch mein GPS-Gerät und ein Set Papierkarten.

Die Gebirgskette der MacDonnell Ranges ist über 300 Millionen Jahre alt. Durch Faltungen, Brüche und Erosion entstanden spektakuläre Schluchten wie die Ormiston und Serpentine Gorges oder das Ellery Creek Big Hole. Hier findet man zu jeder Jahreszeit ein Wasserloch, für die Aborigines sind es heilige Stätten. Die Kluft des Standley Chasm ist sogar nur drei Meter breit, die Felswände ragen achtzig Meter empor! Bei geführten Touren erklären die Arrernte sowohl Geologie, Flora und Fauna als auch traditionelle Nahrung und Medizin. Kunstinteressierte können einen Workshop in der Punktmalerei der Aborigines buchen. Mein persönlicher Favorit sind jedoch die Ochre Pits, wo das weiche Gestein in allen Ockertönen von Dunkelrot bis Gold schimmert. Früher haben die Arrernte diesen Ocker zerstoßen und mit Emufett vermischt, um sich bei Zeremonien damit zu bemalen.

An diesen Touristenattraktionen, die vom Namatjira Drive aus einfach zu erreichen sind, tummeln sich die Ausflügler, entsprechend gut ist die Infrastruktur mit Rastplätzen und Informationstafeln. Auf dem Trail selbst ist von der Touristenstraße allerdings nichts zu sehen oder zu hören, andere Wanderer treffe ich wetterbedingt kaum, außer einem australischen Freundespaar.

»Mir geht bald das Essen aus, weil ich nur so langsam vorankomme«, jammere ich den beiden vor, die für die Anfahrt zum Trail einen Shuttleanbieter genutzt haben.

»Dann schau doch mal in die Aufbewahrungsboxen an den Rastplätzen. Auf der Hinfahrt haben wir dort unsere Proviantdepots angelegt und gesehen, dass andere Wanderer überschüssige Lebensmittel zurückgelassen haben«, präsentieren sie mir die Lösung meines Problems. Und tatsächlich: Am nächsten Picknickplatz entdecke in einer der Metallkisten zwei zurückgelassene Packungen Nudelsuppe, eine Dose Erdnussbutter und eine Tüte getrocknete Mangos – genug Verpflegung für einen weiteren Tag.

Entgegen meiner sonstigen Angewohnheit habe ich auf dieser Tour keine Schokolade dabei, sondern löffle Nuss-Nugat-Creme aus einem Plastikbehälter, denn der kann selbst bei Hitze nicht auslaufen. Etwas schuldbewusst denke ich dabei an die Aussage des Aborigine-Führers am Standley Chasm: »Die Ureinwohner Australiens haben früher pro Jahr nur so viel Zucker zu sich genommen, wie sich heute in einem einzigen Schokoriegel befindet.« Kein Wunder, dass sie ein vierfach höheres Diabetesrisiko haben als die übrigen Australier. Ihr traditioneller süßer Snack sind die sogenannten Honigtopfameisen – man muss ihnen allerdings den mit Nahrung angeschwollenen Hinterleib einzeln abbeißen.

Aufgrund der anfänglichen Sintflut finde ich auf dem Larapinta Trail mehr Wasser, als mir lieb ist, aber auch in normalen Jahren kann man sich problemlos aus den Tanks der offiziellen Campingplätze mit Schutzhütten versorgen. Deren Nutzung ist mittlerweile gebührenpflichtig, während Wildzelten weiterhin fast überall erlaubt und kostenlos ist. Aufgrund des steinharten oder gar felsigen Bodens hätte ich dazu allerdings besser ein frei stehendes Zelt mitgebracht.

Selbst ohne die ständigen Furten ist der Weg technisch nicht ganz einfach. Mein Wanderführer teilt die Etappen in vier Schwierigkeitsgrade ein, die ich folgendermaßen beschreiben würde:

- Sehr schwer: Es gibt weder Weg noch Markierungen, und das ist auch gar nicht nötig. Entweder folgt die Route kilometerlang einem schmalen Berggrat mit so treffenden Namen wie Razorback Ridge, also Rasiermesser-Grat. Oder einem steinigen Flussbett, das teilweise metertief unter Wasser steht und zusätzlich mit ein paar trockenen Wasserfällen garniert ist, die mit Händen und Füßen erklettert werden müssen.
- Schwer: Ist eigentlich genauso anstrengend wie »sehr schwer«, allerdings kann man hier stellenweise eine Art Trail und ein paar Steinmännchen ausmachen. Immerhin ist das Wasser in den Flussbetten bloß hüfthoch …
- Mittel: Hurra, ein erkennbarer Weg! Doch leider trifft das nur auf ein Drittel der Strecke zu.
- Leicht: Lediglich zwölf Kilometer, also fünf Prozent der Route, sind so kategorisiert und daher nicht der Rede wert …

Als ich am westlichen Endpunkt des Trails bei Alice Springs ankomme, habe ich nur noch eine Handvoll Nüsse. Das kleine Museum an der alten Telegrafenstation besichtige ich wegen meines knurrenden Magens in Rekordzeit. Dieser Ort liegt im wahrsten Sinne *in the middle of nowhere* oder genauer gesagt genau in der Mitte zwischen den australischen Städten Darwin und Adelaide, beide jeweils etwa 1300 Kilometer entfernt. Um diese Küstenorte miteinander und mit dem Mutterland Großbritannien zu verbinden, wurde 1872 die Transaustralische Telegrafenleitung eingeweiht. Da die elektrische Spannung für die Überbrückung dieser gewaltigen Distanz nicht ausreichte, baute man im Abstand von gut hundert Kilometern Relaisstationen wie Alice Springs. Obwohl eine englische Expedition das Landesinnere gerade mal zehn Jahre zuvor erstmalig durchquert hatte, betrug die Bauzeit in dem unerforschten Gelände nur zwei Jahre. Eine Nachricht von Australien nach London erreichte ihr Ziel nun in fünf Stunden, statt mit dem Schiff drei bis vier Monate unterwegs zu sein!

Der Weg bis zum nächsten Supermarkt führt mich am Todd River beziehungsweise an seinem sandigen Bett entlang. Jedes Jahr im September findet hier eine weltweit einzigartige Regatta statt: Die Boote der Teilnehmer haben keinen Boden und werden getragen statt gerudert. Daher muss es als einziges Bootsrennen abgesagt werden, wenn der Fluss doch einmal Wasser führt. Zuletzt passierte das 1993, aber angesichts der derzeit heftigen Regenfälle frage ich mich, ob die Regatta wohl auch in dieser Saison im wahrsten Sinne des Wortes ins Wasser fallen wird …

Für wen:

- Keine Sorge: Das Todd-River-Rennen wurde auch in diesem Jahr ausgetragen, denn solch verheerende Überschwemmungen sind in Zentralaustralien eine absolute Seltenheit. Daher ist der Larapinta Trail perfekt für alle **Australienfans**, die eine Tour zum ikonischen Uluru mit einer Wanderung durch das Outback kombinieren wollen. Wer nicht gleich acht bis zehn Urlaubstage für die gesamte

Wanderung opfern will, kann problemlos nur einen kleinen Abschnitt laufen. Die Etappenstart- und -endpunkte sind mit einem Shuttleservice erreichbar, oder man trampt einfach auf der parallel verlaufenden Straße.

- **Survivalfreaks** können sich in dieser lebensfeindlichen Umgebung des Outbacks voll austoben, ohne wirklich großen Risiken ausgesetzt zu sein. Tanks an den Rastplätzen sichern die Wasserversorgung, zusätzlich kann man sich von professionellen Anbietern ein Proviantdepot anlegen lassen und wird im Notfall sogar abgeholt.
- Wenn Sie sich für **indigene Kulturen** interessieren, bekommen Sie einen Einblick in die Lebenswelt der Aborigines. Der Larapinta Trail führt an zahlreichen heiligen Stätten vorbei, und Alice Springs ist das kulturelle Zentrum des Outbacks mit einem großen Angebot an Kunsthandwerk und Bildern in der traditionellen Punktmalerei.

Für Esel- und Literaturliebhaber:

GR70 STEVENSONWEG

Land: Frankreich | *Länge:* 275 km
Schwierigkeit: * | *Budget:* €€ | *Jahreszeit:* Frühjahr bis Herbst
Natur: ** | *Kultur:* ** | *Special Interest:* Wandern mit Esel und literarischer Begleitung

Robert Louis Stevenson war ein schillernder Charakter. Wohl jeder kennt seinen Jugendbuchklassiker »Die Schatzinsel« oder den Schauerroman »Dr. Jekyll und Mr. Hyde«. Dabei war der hochgewachsene Schotte auch ein exzellenter Reiseschriftsteller und begeisterter Outdoorer. Schon im viktorianischen Zeitalter, als kaum jemand rein zum Vergnügen durch die Natur spazierte, unternahm er ausgedehnte Kanutouren und Wanderungen in der ganzen Welt. Dass ausgerechnet in Südfrankreich ein Wanderweg nach ihm benannt wurde, hat vor allem mit Liebeskummer zu tun. Und das kam so:

Stevenson wurde 1850 als Kind wohlhabender und streng religiöser Eltern in Edinburgh geboren. Der Vater war Ingenieur und Leuchtturmbauer, die Mutter litt genau wie ihr Sohn lebenslang an Atemwegserkrankungen. Schon in seiner Kindheit schrieb der hagere Junge Essays und Geschichten, doch sein Vater erlaubte eine Schriftstellerkarriere nur unter einer Bedingung: Robert sollte erst einen Universitätsabschluss machen. Wegen seiner schwächlichen Konstitution entschied sich Stevenson nicht wie sein Vater für das Ingenieurwesen, sondern für die Rechtswissenschaften und ließ es während des Studiums ordentlich krachen. Sein Markenzeichen wurde eine blaue Samtjacke, er trug lange Haare und einen auffallenden Schnurrbart. In den Debattierclubs der Universität war der Bohemien genauso zu Gast wie in den Kneipen der Stadt, er rauchte heimlich Haschisch und bändelte mit den Damen des Amüsierviertels an.

1875 bestand er trotzdem die juristische Abschlussprüfung und hatte damit formal den Willen des Vaters erfüllt. Als Anwalt wollte er aber keinesfalls arbeiten, er stürzte sich stattdessen – weiterhin auf Papas Kosten – in ein Leben aus Reisen, Schreiben und Literaturstudien. »Ich für meinen Teil reise nicht, um irgendwo hinzufahren, sondern um zu fahren. Ich reise um des Reisens willen.« Mit diesem Motto wanderte er durch Schottland, paddelte durch Belgien und lebte in einer französischen Künstlerkolonie – wo er seiner großen Liebe begegnete.

Die Amerikanerin Fanny Osbourne war zur Vertiefung ihrer Malkenntnisse mit ihrer 18-jährigen Tochter Belle und ihrem achtjährigen Sohn Lloyd nach Frankreich gekommen. Die eigenwillige Schönheit war nicht nur zehn Jahre älter als der aufstrebende Schriftsteller, vor allem war sie auch verheiratet. Das hinderte die beiden allerdings nicht, ein Paar zu werden. Stevenson träumte schon von Heirat, doch Fanny kehrte abrupt in die Vereinigten Staaten zurück.

Der sitzen gelassene Schriftsteller zog sich nun in die Cevennen zurück, den dünn besiedelten südöstlichsten Teil des französischen Zentralmassivs. Nachdem er in dem kleinen Ort Le Monastier-sur-Gazeille einen Monat lang seine Wunden geleckt hatte, brach er am 22. September 1878 zu einer gut 200 Kilometer langen Wanderung auf – zusammen mit einem Esel. Das ein Jahr später erschienene Buch »Reise mit dem Esel durch die Cevennen« ist ein höchst eloquenter Bericht dieser Tour, und die darin exakt beschriebene Route wurde zur Grundlage des Weitwanderwegs GR70, der zu Ehren des Autors auch Stevensonweg genannt wird.

Als ich diesen Trail weit über ein Jahrhundert später bewandere, bin ich im Gegensatz zu Stevenson mit meiner gerade mal fünf Kilogramm schweren Ultraleichtausrüstung unterwegs. Doch im 19. Jahrhundert gab es noch keine Outdoorläden für Campingausrüstung, deshalb entwarf der frühe *MYOG*-Bastler seinen Schlafsack einfach selbst: »Dieses Kind meiner Erfindung maß nahezu sechs Quadratfuß, ungerechnet zwei dreieckige Klappen, die nachts als Kopfkissen dienen sollten; (...) eine Art lange Rolle oder Wurst, grünes wasserdichtes Segeltuch außen und blaues Schaffell innen.« Vor Regen wollte er sich mit einer Art Tarp schützen, aus »meinem wasserdichten Mantel, drei Steinen und einem gebogenen Ast«.

Als moderne Wanderin ziehe ich vor solchem Einfallsreichtum meinen Hut: *Make your own gear* par excellence! Doch während mein Schlafsack nicht einmal ein Kilogramm wiegt, konnte Stevenson seine voluminöse »Schlafwurst« nicht mal allein tragen. Also musste ein Lasttier her, und zwar »etwas Billiges, Kleines und Zähes mit einem unerschütterlichen und friedlichen Gemüt«. Und hier kommt nun die zweite Heldin des Buchs ins Spiel, die Eselin Modestine, »nicht viel größer als ein Hund, mausgrau, mit freundlichen Augen und einem energischen Unterkiefer«. Der Autor erstand sie auf dem Marktplatz für 65 Francs und ein Glas Brandy, sein Schlafsack hatte ihn bereits achtzig Francs und zwei Bier gekostet.

Ich bin lieber allein auf dem GR70 unterwegs, doch wenn Sie es Stevenson gleichtun möchten, können Sie sich bei einem halben Dutzend Anbietern einen Esel leihen. Hoffentlich bekommen Sie dort eine bessere Einweisung in den Umgang mit diesen Tieren als unser Schriftsteller. Der hatte immer wieder erhebliche Probleme, seine Modestine zu einem schnelleren Tempo anzutreiben, obwohl er von gutem Zureden und Anschieben bis zu Stockschlägen und Treibstacheln wirklich alles versuchte. Wahrscheinlich hatte er seine Eselin einfach überladen. In ihren Satteltaschen befanden sich nämlich zwei komplette Sätze

Kleidung, eine Laterne, mehrere Bücher, ein Revolver und aus unerfindlichen Gründen ein Schneebesen, der allerdings bereits am ersten Tag im Müll landete. Dazu als Proviant Schokoladenkuchen, mehrere Dosen Wurst, eine Hammelkeule, eine Flasche Beaujolais sowie Weiß- und Schwarzbrot für Esel und Herr.

Weil der kleine Ort Le Monastier nur schwer mit öffentlichen Verkehrsmitteln zu erreichen ist, beginnt der Stevensonweg 19 Kilometer nördlich in Le Puy-en-Velay, einer wahren Wandermetropole, denn hier startet auch der Pilgerweg Via Podiensis Richtung Santiago de Compostela. Ich kaufe noch schnell eine Gaskartusche und werfe einen Blick in die berühmte Kathedrale, heute UNESCO-Weltkulturerbe. Die Wahrzeichen der Stadt, zwei ehemalige Vulkanschlote, auf denen eine Kirche und eine Marienstatue stehen, bilden eine großartige Kulisse für meinen Abmarsch.

Während mein erster Wandertag ohne jegliche Probleme mit einer Übernachtung im Zelt endet, lief bei Stevenson nichts wie geplant: Er verirrte sich, seine Arme und Schultern schmerzten vom schweren Gepäck und dem ständigen Antreiben des Esels. Erschöpft begab er sich in die Herberge von Le Bouchet-Saint-Nicolas: »Man stelle sich ein zweigeschossiges Bauernhaus mit einer Bank vor der Tür vor; Stall und Küche liegen nebeneinander, sodass Modestine und ich einander beim Essen zuhören konnten; das Mobiliar war äußerst einfach, der Fußboden aus gestampftem Lehm. Ein einziger Schlafraum für Reisende.« Immerhin bekam unser Held eines der beiden Betten für sich allein, das zweite war mit einem Ehepaar plus Kind belegt. Für das kümmerliche Abendessen musste er sogar sein eigenes Messer mitbringen und bekam dabei »Besuch von einer fetten Sau, die unter dem Tisch grunzte und sich an meinen Beinen rieb«.

Heute gibt es aufgrund der Popularität des GR70 Beherbergungsbetriebe aller Preisklassen in den Etappenorten. Le Bouchet mit gerade mal 282 Einwohnern verfügt über fünf Privatunterkünfte, dazu ein Hotel, einen Campingplatz und eine *gîte d'étape*, also eine Art Wanderherberge mit Schlafsälen. Und im Restaurant können die Gäste ihre Drei-Gänge-Menüs sicherlich ohne »schweinischen« Besuch genießen.

Von der Vulkanlandschaft des Velay führt die Route über die junge Loire in das dünn besiedelte und waldreiche Département Lozère. Der Ruf dieses Landstrichs ist untrennbar mit der Bestie des Gévaudan verbunden, einem Raubtier, das Stevenson »den Napoleon der Wölfe« nannte. In den Jahren 1764–67 soll es an die hundert Kinder, Jugendliche und Frauen verspeist haben. Erst nach mehreren missglückten Versuchen konnte ein Jäger das Biest mit einer geweihten Kugel aus Silber erlegen. Die Geschichte wurde Stoff mehrerer Bücher, Kinofilme und Fernsehserien. Unser Held ließ sich davon nicht abschrecken. Er kampierte zum ersten Mal unter freiem Himmel, wobei ihm die herbstlichen Temperaturen und ein Stein unter seinem Schlafsack eine unruhige Nacht bescherten. Die morgendliche Kälte bekämpfte Stevenson mit Schokolade, einem Mundvoll Brandy und einer Zigarette. Bei mir gibt es Müsli mit kaltem Wasser zum Frühstück.

Beide unternehmen wir nun einen Ausflug zur schmucklosen Trappistenabtei Notre-Dame-des-Neiges, einsam auf über 1000 Metern im Wald gelegen. Ich wandere nach einem kurzen Blick in die nüchterne Kirche weiter, Stevenson übernachtete im Gästehaus, was damals wie heute gegen eine Spende möglich ist. Der Freigeist hatte sich schon vor Jahren durch sein Bekenntnis zum Atheismus mit seinem strenggläubigen presbyterianischen Vater überworfen, dennoch lauschte er gerührt den Gesängen und Gebeten der Mönche. Doch als die anderen Gäste ihn beim Frühstück zu bekehren versuchten, ergriff er unter dem Vorwand kalter Füße die Flucht.

Das waldreiche Gévaudan ist ein Paradies für Wildzelter. Durch dicht gepflanzte Kiefern vor Blicken und Wind geschützt fand auch Stevenson hier den perfekten Lagerplatz. Während er unter dem Sternenhimmel die Stille der Nacht genoss, fehlte dem liebeskranken Schriftsteller nur eines: »Ich wünschte, dass eine Gefährtin neben mir im Sternenlicht läge, still und stumm, aber stets fühlbar. Und im Freien mit der geliebten Frau zu leben ist für einen Mann von allen Leben das vollkommenste und freieste.«

Als er am nächsten Morgen mit den ersten Sonnenstrahlen aufbrach, huldigte er mit einer wunderschönen Geste den Freuden des Wildzeltens: Er hinterließ auf dem Waldboden ein paar Münzen »als Bezahlung« für den hervorragenden Lagerplatz. Denn: »Das Zimmer war luftig, das Wasser vortrefflich, und die Morgenröte hatte mich auf die Minute geweckt. Ich spreche gar nicht von der Wandtäfelung und der gewölbten Decke noch von der Aussicht, die sich mir von den Fenstern bot.« Lachend verließ er seine »grüne Karawanserei« in der Hoffnung, dass seine Spende schon vom Richtigen gefunden werde.

Obwohl mehr als ein Jahrhundert zwischen unseren Touren liegt, entsprechen Stevensons Berichte oft ziemlich exakt meinem heutigen Alltag als Langstreckenwanderin. So warnten ihn Mitreisende eindringlich vor den Gefahren des Draußenschlafens: »Es gibt Wölfe. (...) und es könnte jemandem einfallen, Ihnen nachts einen üblen Schlag zu versetzen.« Wölfe kann man in dieser Gegend in der Tat immer noch sehen – für 15 Euro Eintritt in einem Wolfspark. Immerhin blieb Stevenson als Mann von meiner persönlichen Hassfrage verschont: »Haben Sie denn keine Angst so allein als Frau?«

Im Tal des Tarn konnte er keinen gut versteckten Lagerplatz finden und »fürchtet sich wirklich vor Entdeckung und vor dem nächtlichen Besuch von Spaßvögeln«. Nachts verirrten sich Ameisen in seinen Schlafsack, und mit zugeschnürter Kehle vernahm er unter seinem Kopfkissen »ein Geräusch, wie jemand, der vernehmlich mit den Fingernägeln kratzt«. Als erfahrene Wildzelterin hätte ich ihn diesbezüglich beruhigen können. Wahrscheinlich war da nur ein unschuldiger Käfer direkt unter seinem Ohr vorbeigekrabbelt. Und dann wurde er am Morgen auch noch von einem Bauern entdeckt und zur Rede gestellt:

»›Sie haben hier geschlafen?‹
›Ja‹, sagte ich, ›wie Sie sehen.‹
›Warum?‹
›Was für eine Frage!‹, entgegnete ich leichthin. ›Ich war eben müde.‹«

Erwischt werde ich auf dieser Tour glücklicherweise nicht, aber ich hätte dem Landbesitzer auch ein wenig diplomatischer geantwortet. Mir bleibt die schwierige Zeltplatzsuche im engen Tal des Tarn zum Glück erspart, denn heutzutage verläuft dort eine Straße, und der GR70 wurde hinauf auf den Kamm verlegt, mit wunderbaren Ausblicken.

Der landschaftliche Höhepunkt des Stevensonwegs ist zweifelsohne das Granitmassiv des Mont Lozère. Inmitten der kargen Landschaft weisen Steinstelen den Weg hinauf zum 1699 Meter hohen Sommet de Finiels, von wo aus man bei klarem Wetter bis zum Mittelmeer blicken kann. Vor dem Wanderer liegt nun ein »unergründliches Hügellabyrinth« – oder wie Stevenson es ausdrückte, »die Cevennen im eigentlichen Sinn, die Cevennen der Cevennen«.

Zu Beginn des 18. Jahrhunderts tobte hier der Krieg gegen die Kamisarden, wie die protestantischen Hugenotten dieser Gegend genannt wurden. Mit dem Edikt von Fontainebleau hatte der katholische Ludwig XIV. ihre Religionsfreiheit widerrufen, die Kirchen der Protestanten wurden zerstört und ihre Gottesdienste verboten. In Le Pont-de-Montvert, dem nächsten Ort am GR70, ließ der Abbé du Chaila die Kamisarden sogar foltern und umbringen. Wie Stevenson nun ausführlich berichtet, setzten im Jahr 1702 Aufständische aus Protest gegen diese Gräueltaten das Haus des hasserfüllten Eiferers in Brand. Der

Abbé seilte sich mit einem Bettlaken aus den Flammen in den Garten ab. Weil er sich bei dieser tollkühnen Flucht den Oberschenkel brach, fiel er den Kamisarden dennoch in die Hände. Sie töteten ihn mit 52 Messerstichen.

Es folgte ein brutaler Partisanenkrieg. Um den Aufstand niederzuschlagen, zerstörten die Truppen des Königs 460 Dörfer, deportierten die Bewohner nach Übersee und richteten die Rädelsführer hin. Die Kamisarden wiederum brannten 200 katholische Kirchen nieder und erwürgten deren Priester. Insgesamt kamen 30 000 Menschen in den zwei Kriegsjahren ums Leben, anschließend war der gesamte Landstrich entvölkert und verödet.

Der Naturschönheit dieser Region tut die blutige Geschichte allerdings keinen Abbruch. Stevenson genoss in der Nähe des Dorfes Cassagnas, hoch oben auf der Wasserscheide zwischen Atlantik und Mittelmeer, die wildeste Aussicht seiner ganzen Reise: »Gipfel über Gipfel, Hügelkette über Hügelkette verliefen brandend Richtung Süden, ausgekehlt und modelliert von den Wintergüssen, im Federschmuck der Kastanien von Kopf bis Fuß und hier und da aufbrechend in eine Krone von Felszacken.«

Die Wanderung unseres Helden endete abrupt in Saint-Jean-du-Gard. Modestine hatte sich in den zwölf gemeinsamen Tagen überanstrengt und brauchte nach Ansicht des Stallknechts mindestens zwei Tage Ruhe. Der liebeskranke Reisende hingegen wollte so schnell wie möglich nach Alès, weil er hoffte, in der Stadt einen Brief seiner Geliebten vorzufinden. Und so verkaufte er die treue Gefährtin kurzerhand mit Verlust für 35 Francs – und mit Tränen in den Augen. Die letzte Etappe bis Alès legte Stevenson mit der Postkutsche zurück, ich hingegen laufe die dreißig Kilometer bis zum dortigen Bahnhof.

Wir wissen nicht, ob damals wirklich ein Brief von Fanny auf ihn wartete. Ein Happy End gab es aber in jedem Fall: Als ihm die Geliebte ein Jahr später per Telegramm mitteilte, ihr

Gesundheitszustand habe sich verschlechtert, bestieg der selbst an Tuberkulose erkrankte Schriftsteller sofort ein Dampfschiff und besuchte sie in Kalifornien. Fanny rang sich daraufhin endlich zu einer Scheidung durch, und die beiden heirateten im Mai 1880 in den USA. Die nächsten Jahre reiste das Paar auf der Suche nach dem besten Kurort für den lungenkranken Stevenson durch Europa und Nordamerika und landete schließlich auf einer Plantage auf Samoa. Stieftochter Belle führte dort mit zwölf indigenen Dienern den Haushalt, Stiefsohn Lloyd wurde Co-Autor dreier Romane, und selbst die inzwischen verwitwete Mutter zog zum »Stevenson-Clan« in die Südsee. Die Samoaner nannten ihn *Tusitala,* den Geschichtenerzähler, seine Bücher waren mittlerweile weltweite Erfolge.

Stevenson starb völlig unerwartet 1894 im Alter von nur 44 Jahren. »*Do I look strange?*«, waren seine letzten Worte, als er infolge einer Hirnblutung zusammenbrach. Und *strange,* eigenartig oder sonderbar, war wohl das ganze Leben dieses faszinierenden Schriftstellers.

Für wen:

- Kaum ein Wanderweg wurde so eloquent, humorvoll und interessant porträtiert wie der Stevensonweg, die Erzählung »Reise mit dem Esel durch die Cevennen« kann selbst heute noch als literarischer Reiseführer dienen. Daher werden **Literaten** im Allgemeinen und **Fans des Autors** im Besonderen ihre Freude an dieser Wanderung haben.
- Wer wie Stevenson an **Liebeskummer** leidet, wird vielleicht nicht wie unser Held mit einem Happy End belohnt, aber die abwechslungsreiche Landschaft, das gute französische Essen und ab und zu eine Flasche Beaujolais trösten über so manches Problem hinweg. Und vielleicht findet man unter den Mitwanderern ja ein neues Liebesglück …

- Stevensons Buch machte den GR70 international populär, sodass es Wanderführer in zahlreichen Sprachen gibt, dazu eine ausgezeichnete Markierung und vor allem ein dichtes Netz von Unterkünften in allen Preisklassen, nach Wunsch auch mit Leihesel oder Gepäcktransport. Ideale Voraussetzungen also für eine **erste Tour im Ausland,** nach der Sie hoffentlich wie unser Autor sagen können: »Selten habe ich einen Erdenfleck tiefer genossen. Ich schwebte in einer Atmosphäre des Vergnügens, fühlte mich leicht und ruhig und zufrieden.«

Für Geschichtskenner und Weltkriegstouristen:

GR14 SENTIER DE L'ARDENNE

Land: Belgien | *Länge:* 276 km
Schwierigkeit: * | *Budget:* €€ | *Jahreszeit:* ganzjährig
Natur: * | *Kultur:* *** | *Special Interest:* Weltkriegsgeschichte

Eigentlich wollte ich nur einen kurzen Wanderausflug ins Nachbarland Belgien machen, und der 276 Kilometer lange GR14 oder Sentier de l'Ardenne in Grenznähe erschien mir dazu perfekt. Doch bei der Tourenplanung im Internet stoße ich immer wieder auf ein unerwartetes Stichwort: die Ardennenoffensive, Hitlers letzte große Schlacht im Westen. Ausgerechnet entlang dieses Weges fanden im Winter 1944/45 die blutigsten Schlachten des Zweiten Weltkriegs statt. Und plötzlich recherchiere ich nicht mehr zu Einkaufsmöglichkeiten und Busverbindungen, sondern studiere fasziniert Geschichtsbücher und Kriegsdokumentationen …

Als ich dann Anfang Mai im ostbelgischen Malmedy aus dem Bus steige, liegt ein wunderbarer Frühlingsduft in der Luft: Strahlend blau wölbt sich der Himmel über der Stadt und den sanften Hügeln der Ardennen. Ich verstehe sofort, warum sich der Ort als idealer Ausgangspunkt für Wander- und Mountainbiketouren vermarktet. Weltbekannt ist er allerdings aus einem anderen Grund: dem Massaker von Malmedy zu Beginn der Ardennenoffensive.

Hitlers Ziel war die Einnahme von Antwerpen, über dessen Hafen die Alliierten versorgt wurden. Ab dem 16. Dezember 1944 stießen 200 000 deutsche Soldaten in die Ardennen vor und überrumpelten die ausgelaugten und unerfahrenen Truppen der US-Amerikaner. Am Mittag des 17. Dezember zog die sogenannte Kampfgruppe Peiper unter Führung des gleichnamigen SS-Standartenführers gen Malmedy, eine Brigade der 7. US-Panzerdivision marschierte aus der Gegenrichtung genau auf sie zu. Die Einwohner von Malmedy, die von Flüchtlingen vom Vormarsch der Deutschen gehört hatten, wollten die Alliierten warnen und riefen ihnen wild gestikulierend zu: »*Boches! Boches!*« Doch die US-Amerikaner kannten diese abfällige Bezeichnung für die Deutschen nicht, winkten daher nur aus ihren Panzern zurück und fuhren direkt in ihr Unglück.

Drei Kilometer östlich der Stadt trafen die feindlichen Truppen an der Kreuzung von Baugnez aufeinander. Die Deutschen eröffneten sofort das Feuer und nahmen über hundert US-Amerikaner gefangen. Entgegen jeder Kriegskonvention trieben die SS-Leute die entwaffneten Soldaten auf einem Feld unweit der Straße zusammen, nahmen ihnen Uhren, Ringe, Zigaretten und Handschuhe ab und mähten sie mit Maschinengewehrsalven nieder. Während einige der Alliierten sich in den Wald retten konnten, töteten SS-Offiziere die zurückgebliebenen Verletzten per Kopfschuss, dann zogen die deutschen Truppen weiter. Sie ließen 84 Leichen zurück.

Ein kurzer Abstecher vom Weg bringt mich zum Ort des Massakers. Heute befindet sich hier eine unscheinbare Wiese, an einem Kreisverkehr erinnert eine kleine Gedenkstätte an die Gräueltat. Keine 200 Meter entfernt besuche ich Baugnez 44, ein höchst modernes Museum. Dort werden die entscheidenden Ereignisse der Ardennenoffensive und der Alltag der Soldaten mit Schaufensterpuppen in originalen Uniformen szenisch dargestellt, ergänzt durch alte Fotografien, Dokumente, Fundstücke aus der Umgebung sowie einen Dokumentarfilm.

Malmedy wurde im Zweiten Weltkrieg zweimal von den Deutschen erobert und von den Alliierten zurückgewonnen. An Weihnachten 1944 bombardierten die US-Amerikaner die Stadt dabei versehentlich, fast die Hälfte der Häuser wurde zerstört. Am Place du Châtelet erinnert eine Gedenkstätte an die Namen der getöteten 230 Zivilisten, dahinter ist eine Höhle im Fels, in der die Stadtbewohner während der Attacken Schutz suchten.

Mit schwerem Herzen wandere ich weiter auf dem GR14 Richtung Westen entlang der Amel, auf Französisch Amblève genannt. Meine Umgebung will so gar nicht zu meinen trüben Gedanken passen. Jetzt im Mai erblüht alles in üppigem Grün, fröhliches Vogelgezwitscher begleitet mich zu den Aussichtspunkten auf den Felsen Rocher de Falize und Rocher de Warche. Von hier aus habe ich einen wunderbaren Ausblick auf die Amel und ihren Nebenfluss Warche, die unter mir im Tal in der Abendsonne glitzern wie Silberketten. Im nahe gelegenen Wald finde ich einen versteckten Zeltplatz.

Am 17. Dezember 1944 rollten die Panzer der Kampfgruppe Peiper ebenfalls am Fluss entlang Richtung Stavelot. Dessen Einwohner mussten entsetzt zusehen, wie ihre amerikanischen Befreier flohen, ohne die strategisch wichtige Brücke über die Amel zu sprengen. Die Deutschen hinterließen bei ihrem Durchzug aber nur eine kleine Besatzung und marschierten weiter nach Trois-Ponts. Schon zwei Tage später eroberten die Amerikaner Stavelot zurück, sprengten die Brücke und schnitten die deutschen Truppen dadurch vom Nachschub ab.

Der GR14 führt direkt über dieses heiß umkämpfte Bauwerk, das nach Kriegsende neu errichtet wurde. Noch immer kann man an den Fassaden einiger Backsteinhäuser Einschusslöcher erkennen. Ein US-amerikanischer *half track*, ein zurückgelassenes Halbkettenfahrzeug, erinnert am Flussufer an die Kampfhandlungen, mehrere Mahnmale an die von der SS ermordeten Zivilisten.

Bei Trois-Ponts, zu Deutsch Dreibrücken, fließen die Amel und die Salm zusammen. Vom 16 Meter hohen Aussichtsturm Tour Leroux genieße ich einen beeindruckenden Panoramablick über das Tal, bevor ich steil in den Ort absteige und auf einer der drei Brücken die Salm überquere.

Sie alle waren am 18. Dezember 1944 bereits gesprengt worden, noch kurz bevor 19 deutsche Panther-Panzer den Ort um 11:15 Uhr erreichten. Wutschnaubend donnerte Peiper auf der Suche nach einem Übergang am Nordufer der Amel entlang Richtung La Gleize. Doch entweder konnten die Brücken die schweren deutschen Panzer nicht tragen, oder sie wurden von den Alliierten noch rechtzeitig zerstört. Peipers Kolonne saß schließlich in La Gleize fest und wurde langsam eingekreist, seine Männer, meist Jugendliche, waren erschöpft und halb verhungert. Die nachrückenden deutschen Truppen scheiterten an der gesprengten Brücke von Stavelot. Die Soldaten versuchten zwar, durch die eiskalte Amel zu schwimmen, wurden dabei aber von den amerikanischen Verteidigern erschossen, die sich hinterher mit ihrem »Entenschießen« brüsteten.

Am Weihnachtsabend 1944 sah der 29-jährige Peiper keine andere Möglichkeit mehr, als mit seinen Männern zu Fuß aus der Einkesselung zu flüchten – mit gerade mal vier Zwiebäcken und zwei Schluck Cognac Proviant pro Person. Ohne genaue Kenntnis der Frontlinie irrten sie in der Dunkelheit umher, wateten durch Bäche und schwammen schließlich durch die Salm – alles unter feindlichem Beschuss. Anschließend waren die Wälder um Stavelot und La Gleize voller Leichen. Nach amerikanischen Schätzungen kamen bei diesem Manöver 2500 Angehörige der Kampfgruppe Peiper ums Leben. Die Alliierten nutzten die steif gefrorenen Toten wie Sandsäcke für den Bau neuer Stellungen …

Die amerikanischen Militärrichter der Kriegsverbrecherprozesse von Dachau verurteilten Joachim Peiper 1946 zum Tode, was später in eine lebenslange Haftstrafe umgewandelt wurde, die nach zehn Jahren mit seiner vorzeitigen Entlassung endete. 1976 wurde Peiper in seinem Haus in Traves ermordet, zu der Tat bekannte sich das »Aktionskomitee Widerstand-Deportation«.

La Gleize ist heute mit dem regelmäßig verkehrenden Bus gut 15 Minuten von Trois-Ponts entfernt; ich mache den Abstecher entlang der Amel allerdings lieber zu Fuß. Über schlammige Wirtschaftswege wandere ich die Strecke in knapp zwei Stunden, vorbei an abgezäunten Kuhweiden, Äckern und einem künstlich angelegten Wasserfall bei Coo, über den die Amel 15 Meter in die Tiefe stürzt.

Die größte Attraktion von La Gleize ist das Museum Decembre 44, das den Ereignissen der Kriegstage gewidmet ist. Ich erkenne es schon von Weitem, denn direkt davor steht ein Königstiger 213. Ein Dorfbewohner kaufte den zurückgelassenen Panzer, als die US-Amerikaner die Gegend von altem Kriegsgerät säuberten. Preis: eine Flasche Cognac. Das Dorf hatte damit ein wenig kraftstoffsparendes Fahrzeug erworben, denn der Panzer verbrauchte 487 Liter Benzin auf 100 Kilometer und schaffte gerade mal 140 Kilometer mit einer Tankfüllung. Im Museumsshop gibt es Plastiknachbildungen des Königstigers zu kaufen, dazu Unmengen alter Naziorden und Militärabzeichen sowie andere makabre Souvenirs. Ein Sparbuch der Deutschen Reichspost wird für 25 Euro angeboten, eine Schachtel Streichhölzer der US-Army für acht.

Ähnlich wie im Baugnez 44 werden auch in La Gleize lebensgroße Puppen in Originaluniformen gezeigt oder in Bettlaken, die zur Tarnung in der verschneiten Landschaft genutzt wurden. Mehrere große Vitrinen sind mit Fundstücken aus der Umgebung gefüllt: löchrige Lederstiefel, verrostete Stahlhelme, Dutzende Rosenkränze und sogar ein Gebiss. Der Keller des Museums beherbergte damals das Feldlazarett der Deutschen, Peipers Hauptquartier befand sich ein paar Häuser weiter in einem noch gut erhaltenen Backsteingebäude.

Die Ardennenoffensive, deutscher Deckname »Wacht am Rhein«, wird im englischen Sprachraum *Battle of Bulge* genannt, die »Beulenschlacht« oder »Schlacht der Ausbuchtung«. Dieser eigenartige Begriff wurde von einem US-amerikanischen Kriegsreporter geprägt und bezieht sich auf die Form der Frontlinie: Die Deutschen hatten bei ihrem Vorstoß eine achtzig Kilometer breite und 110 Kilometer tiefe »Ausbuchtung« in die Stellungen der Alliierten geschlagen, die fast bis zur Maas bei Dinant reichte. Der GR14 verläuft mitten durch diesen Keil und damit durch das Gebiet der alliierten Gegenoffensive, die den »ausgebeulten« Frontverlauf wieder begradigen sollte.

»Der Kraut hat seinen Kopf in den Fleischwolf gesteckt, und ich halte die Kurbel in der Hand«, prahlte US-General Patton am 26. Dezember 1944. Seine Männer erschossen am Neujahrstag 1945 etwa achtzig gefangene und entwaffnete Wehrmachtssoldaten in Chenogne, nur wenige Kilometer vom GR14 entfernt. Patton wollte dieses Massaker vertuschen und notierte in sein Tagebuch: »Unglücklicherweise kam es zu einigen Erschießungen von Gefangenen. Ich hoffe, dass wir das unter der Decke halten können.« Tatsächlich wurden die Täter von Chenogne – anders als im Fall von Malmedy – nie vor Gericht gestellt und bestraft, heute erinnert keine einzige Plakette oder gar ein Gedenkstein an das Verbrechen.

Die ostbelgischen Ardennen sind nicht stark bevölkert, eine der wenigen Städte am GR14 ist La Roche-en-Ardenne, das höchst malerisch in einer engen Schlucht an einer Schleife der Ourthe gelegen ist. Durch die Kämpfe im Winter 1944/45 wurde der Ort so stark beschädigt, dass die im Frühjahr zum Nestbau zurückkehrenden Schwalben völlig desorientiert waren. Von den 639 Häusern konnten nur noch vier bewohnt werden, 114 Zivilisten wurden getötet. Kein Wunder: Um die dortige Zufahrtsstraße zu blockieren, hatte allein die US-amerikanische Luftflotte 150 Tonnen Bomben abgeworfen. Nach dem Rückzug der Deutschen mussten amerikanische Bulldozer Schneisen in die Schuttberge räumen.

Heute ist von den Kriegszerstörungen nicht mehr viel zu sehen. Doch als ich nach meinem Provianteinkauf durch die Straßen der Kleinstadt bummele, entdecke ich gleich mehrere zurückgelassene Panzer: einen britischen Achilles am westlichen Ufer der Ourthe und einen US-amerikanischen Sherman am östlichen. La Roche besitzt ebenfalls ein Museum der Ardennenschlacht, wie üblich mit Dioramen der Kriegsereignisse, einem imposanten Waffenraum und zahlreichen Memorabilia, die von Kriegsveteranen gespendet wurden. Vor der Tür steht – man ahnt es schon – ebenfalls ein Panzer.

Bei all dieser schweren Kost bin ich froh, dass mich der GR14 zwischen den wenigen größeren Orten stundenlang durch einsamen Wald führt. Alte Buchen, Eichenhaine und Fichtenmonokulturen wechseln sich auf dem sanften Hügelland ab, dazwischen sprudeln kleine Bäche. Bloß ein paar Kühe leisten mir tagsüber Gesellschaft, während meiner gut einwöchigen Tour treffe ich keinen einzigen anderen Wanderer. An der Landschaft kann das nicht liegen, sie ist zwar nicht spektakulär, dafür idyllisch. Und stets finde ich ein verstecktes Plätzchen für mein Zelt. Wenn ich allerdings abends im friedlichen Wald beim Kochen den Sonnenuntergang zwischen den Bäumen betrachte, kommen mir immer wieder die Bilder der Soldaten in den Kopf. Was hat sich wohl im Winter 1944/45 an genau dieser Stelle zugetragen? Stecken in den Bäumen um mich herum Granatsplitter? Oder befinden sich hier tief vergraben noch Minen? Oder sind sogar genau an dieser Stelle Menschen getötet worden?

Die deutschen Generäle rieten Hitler bereits zu Weihnachten 1944, einen Waffenstillstand anzustreben, denn: »Der Krieg ist verloren!« Doch der »Führer« weigerte sich, der Realität ins Auge zu blicken: »Wir kapitulieren nicht, niemals. Wir können untergehen. Aber wir werden eine Welt mitnehmen.« Sowohl die Deutschen als auch die Alliierten hatten durch die

Ardennenoffensive circa 80 000 Tote, Verwundete oder Vermisste zu beklagen, für die US-Amerikaner war die *Battle of Bulge* mit fast 20 000 Gefallenen die blutigste Schlacht des Zweiten Weltkrieges.

Und dennoch ist es Hitler nicht gelungen, diese »Welt mitzunehmen«. Wo sich vor achtzig Jahren die Leichen stapelten, erblühen schon lange wieder grüne Wiesen und Wälder; wo einst die Kanonen donnerten, zwitschern heute Vögel. So betroffen ich auf dieser Wanderung oft war, diese Tatsache macht mich froh!

Für wen:

- Wer sich für die **Geschichte des Zweiten Weltkriegs** interessiert, kann auf dem GR14 der Frontlinie der Ardennenoffensive folgen. Die vielen Spezialmuseen am Weg ziehen Weltkriegstouristen und Veteranen aus aller Herren Länder an.
- Die riesigen Wälder hingegen sind perfekt für **Einsamkeitssucher.** Vor ein paar Jahren wurde der Weg bis zur deutschen Grenze bei Monschau verlängert und führt nun auch durch die verlassene Moorlandschaft des Hohen Venn.
- Belgien gilt nicht gerade als Outdoorparadies – völlig zu Unrecht! **Wanderpioniere** können im Nachbarland noch gänzlich unbekannte Gegenden entdecken.

Für Englandfans und Zeichenfreunde:

WAINWRIGHT'S COAST TO COAST

Land: Großbritannien | *Länge:* 308 km
Schwierigkeit: * | *Budget:* €€ | *Jahreszeit:* ganzjährig
Natur: *** | *Kultur:* ** | *Special Interest:* Englanddurchwanderung

Der schönste und abwechslungsreichste Weitwanderweg Englands führt auf rund 300 Kilometern einmal quer durchs Land und passiert auf seinem Weg von Küste zu Küste gleich drei Nationalparks. Seit Jahrzehnten erfreut er sich im gesamten angelsächsischen Sprachraum größter Beliebtheit, ist aber dennoch nicht durchgängig markiert und soll erst in den nächsten Jahren den offiziellen Status als *National Trail* erhalten. Die Strecke wurde nämlich nicht etwa von einem Wanderverein oder einer Regierungsorganisation entwickelt, sondern ist die Idee eines kauzigen alten Herrn.

Alfred Wainwright wurde 1907 als Kind armer Eltern in der Industriestadt Blackburn geboren. Schon mit 13 Jahren ging er von der Schule ab, um seine Mutter als Bürojunge finanziell zu unterstützen, da sie vom trinkenden Vater nur wenig Hilfe bekam. Erst durch den Besuch der Abendschule arbeitete sich der schüchterne rothaarige Junge in zehn Jahren bis zum Buchhalter hoch.

Der große Wendepunkt seines Lebens war ein Besuch des damals 23-Jährigen im Lake District, einem der heutigen Nationalparks am Weg: »Ich war von allem verzaubert. Hier gab es Harmonie ohne einen Missklang und eine undefinierbare Aura romantischen Charmes, eine mystische Qualität von Schönheit und Ruhe. An diesem Tag war Gott in seinem Himmel, und ich war ein demütiger Anbeter.«

Ähnlich enthusiastisch schwärmte schon im 19. Jahrhundert der Dichter Wordsworth vom Lake District als »dem schönsten Ort, den der Mensch jemals gefunden hat« und zog sich dorthin in seinen »poetischen Ruhestand« zurück. Wordsworth und eine ganze Gruppe romantischer Lyriker werden daher auch *Lake Poets* oder *Lakists* genannt. Das Gebiet wurde 1951 zum Nationalpark und 2017 sogar zum UNESCO-Weltkulturerbe erklärt.

Wainwrights platonische Liebe zum Lake District wäre vielleicht bald wieder erloschen, hätte er nach seiner Heirat nicht so viel Pech in der zwischenmenschlichen Liebe gehabt. Kaum war 1932 das erste und einzige Kind geboren, zogen sich die Eheleute in hasserfülltes Schweigen zurück – oder wie Wainwright es beschrieb: »Sie lebt in dem einen Zimmer, ich lebe in dem anderen. Nur die Katze geht von einem Raum in den nächsten.«

Der Buchhalter ließ sich 1941 trotz erheblicher Gehaltseinbuße vom rußgeschwärzten Blackburn in das ländliche Kendal am Rand des Lake District versetzen, um seinen geliebten Bergen und Seen näher zu sein und seiner unglücklichen Ehe zu entfliehen. Hier konnte der Eigenbrötler an seinen freien Tagen ohne Ehefrau wandern gehen. Lediglich sein heranwachsender Sohn Peter durfte ihn manchmal begleiten, wenn er dabei mucksmäuschenstill war. Auch zu Hause ordnete Wainwright absolute Ruhe an. Peter erinnert sich später in Interviews: »Während er arbeitete, durften wir nicht sprechen. Wir hatten keinen Fernseher, weil ihn das gestört hätte. Meine Mutter durfte Freunde nur empfangen, wenn er außer Haus war.«

Woran Wainwright in seiner Freizeit so verbissen werkelte, war ein siebenteiliger Wanderführer zu allen 214 *fells,* den Bergen und Hügeln des Lake District. In typischer Buchhaltermanier hatte er sich ausgerechnet, dass er bei einer Seite pro Tag 13 Jahre bis zur Fertigstellung der »Pictorial Guides to the Lakeland Fells« brauchen würde. Diesen Zeitplan hat er tatsächlich eingehalten. Seine Ehe zerbrach 1967 endgültig darüber: »Mich interessierte nichts anderes, als diese Bücher fertig zu bekommen. Es endete damit, dass meine Frau mich verließ, den Hund mitnahm und ich sie nie wiedersah. Ich weiß nicht, wie sie es über dreißig Jahre ausgehalten hat.«

Als ich den Coast to Coast Walk laufe, habe ich einen digitalen Führer dabei, genauer gesagt eine Trail-App auf meinem Smartphone. Darin kann ich meinen Standort auf Offlinekarten immer genau bestimmen, für alle wichtigen Wegpunkte gibt es Fotos, und Kommentare anderer Nutzer halten die App ständig aktuell. Was Wainwright wohl dazu gesagt hätte? Er liebte Karten über alles: »Gib mir die Karte eines Landes, das ich kenne, und ich erlebe meine Reisen noch einmal. Gib mir die Karte eines Landes, das ich nicht kenne, sogar eines Landes, das ich niemals besuchen werde, und sie hat die Kraft, mich zu begeistern und zu inspirieren.«

Alles in Wainwrights Wanderführern – Karten, Bilder, Texte – hat er selbst geschrieben und gezeichnet. Seine präzise Handschrift liest sich wie gesetzte Druckbuchstaben. Sein Perfektionismus ging sogar so weit, dass es in seinen Büchern keine einzige Worttrennung gibt und jede Seite mit einem Punkt endet. Selbst im privaten Bereich schrieb er jeden noch so bedeutungslosen Brief zweimal, um eine fehlerlose Fassung ohne jede Korrektur versenden zu können. Als Buchhalter und Stadtkämmerer lehnte er Rechenmaschinen ab und verwendete ausschließlich Papier und Tinte. Mit »Trauen Sie Ihren Rechenkünsten nicht?« verweigerte er seinen Mitarbeitern sogar den Einsatz von radierbaren Bleistiften …

Ursprünglich hatte Wainwright die Wanderführer nur zu seinem eigenen Vergnügen verfasst, »um sich als alter Mann daran zu erfreuen«. Doch seit ihrer Erstveröffentlichung haben sich die sieben »Pictorial Guides to the Lakeland Fells« mehr als zwei Millionen Mal verkauft! Fast fünfzig Bücher veröffentlichte er insgesamt, darunter im selben handschriftlichen Stil auch einen Führer für den von ihm entwickelten Coast to Coast Walk. Selbst fünfzig Jahre nach ihrem Erscheinen sind zahlreiche Wanderer mit seinen Publikationen unterwegs, ihm zu Ehren werden die beschriebenen 214 *fells* heute sogar die »Wainwrights« genannt. Und während er seine damalige Ehefrau mit kümmerlichen zehn Pfund Haushaltsgeld pro Woche abspeiste, vermachte er die 7000 Pfund Einnahmen aus dem ersten Buch komplett dem örtlichen Tierheim – obwohl er sich nie um den gemeinsamen Hund gekümmert hatte.

Der Coast to Coast Walk startet in dem kleinen Ort St Bees. Im Regen wandere ich von dort zunächst ein paar Kilometer an der dramatischen Atlantiksteilküste entlang, bevor der Weg mich nach Osten führt, um Wainwrights heiß geliebten Lake District zu durchqueren. Typisch für diese Gegend sind die gletschergeformten, weiten u-förmigen Täler mit lang gezogenen Seen. Bis auf ein paar vereinzelte Baumplantagen ist das Gelände unbewaldet und erstrahlt in den *fifty shades of green* der Farne, Gräser, Moose und Flechten. Bald erreiche ich den ersten See am Weg, den vier Kilometer langen Ennerdale Water, bei US-Amerikanern bekannt, weil Bill Clinton seiner Frau Hillary hier 1973 einen Heiratsantrag machte. Ich kann nur hoffen, dass die beiden besseres Wetter hatten als ich: Mitten im August schüttet es die meiste Zeit wie aus Eimern.

Rund 1000 Seen gibt es im Lake District, von denen erstaunlicherweise bloß einer ein »Lake« im Namen trägt, alle anderen heißen »Water«, »Tarn« oder enden auf »-mere«. Als ich abends zum Angle Tarn absteige, kann ich gar nicht glauben, dass ich dieses Postkartenidyll mit zwei kleinen Inselchen ganz für mich allein habe. Nur ein paar Dutzend Enten watscheln am Ufer entlang, die vielen Tagesausflügler sind schon lange wieder zu Hause. Wildzelten ist in England zwar nicht erlaubt, wird in den Nationalparks aber meist stillschweigend geduldet. Allerdings würde ich hier ohne Sichtschutz durch Bäume wie auf dem Präsentierteller liegen. Nach einigem Zögern baue ich mein Zelt dennoch auf einer Halbinsel zwischen ein paar Felsbrocken auf und nehme vor dem Schlafengehen noch schnell ein erfrischendes Bad.

In der absoluten Stille werde ich nachts um zwei Uhr abrupt durch ein Geräusch wach. Alarmiert spitze ich die Ohren und höre im Vestibül meines Zeltes ein lautes Knistern. Nach einer Schrecksekunde dämmert mir: Was da so raschelt, ist die Chipstüte in meinem Rucksack! Entrüstet greife ich zur Stirnlampe und stelle in ihrem Schein entsetzt fest, dass die ganze Packung verschwunden ist! Da war keine kleine Spitzmaus am Werk, sondern ein größeres Tier. Wild entschlossen, meinen Proviant bis aufs Äußerste zu verteidigen, klettere ich aus dem Zelt, stolpere halb nackt in der Dunkelheit herum und falle dabei fast über meine offenen Schnürsenkel. Doch der freche Dieb hat sich bereits aus dem Staub gemacht und nur eine Spur aus Paprikachips hinterlassen. Die Tüte finde ich erst am nächsten Morgen.

»Am Angle Tarn hat mir ein Fuchs auch schon mal nachts den Proviant weggefressen«, kommentiert mein englischer Wanderfreund Colin amüsiert unter meinem täglichen Post in den sozialen Medien. Die Tierwelt, von Mäusen bis zu Bären, lernt sehr schnell, wo es immer was Gutes zu fressen gibt. Daher sollte man an so idyllischen und damit populären Orten nicht zelten – ich sollte es eigentlich besser wissen.

Als ich ein paar Stunden später am 780 Meter hohen Kidsty Pike den höchsten Punkt meiner Coast-to-Coast-Wanderung erreiche, reißt gerade die graue Wolkendecke auf. Ich erhasche einen atemberaubenden Blick auf Riggindale, das zwischen steilen Felswänden 500 Meter unter mir liegende Tal, und verstehe plötzlich Wainwrights Aussage: »Einige Menschen flüchten sich in Träume, aber ich hatte das Glück, in einem perfekten

Traumland zu leben, das wirklich existiert.« Nachdem er 1991 im Alter von 84 Jahren verstorben war, wurde seine Asche seinen Wünschen entsprechend am Haystacks, einem der Lakeland Fells, verstreut. Wer als Coast-to-Coast-Walker dort vorbeikommt, mag an Wainwrights augenzwinkernden Appell denken: »Und wenn du, lieber Leser, in den folgenden Jahren den Haystacks überquerst und dabei ein bisschen Dreck in die Schuhe bekommst, behandle ihn bitte mit Respekt. Es könnte sich um mich handeln.«

Der zweite Nationalpark entlang der Strecke sind die Yorkshire Dales. Im Gegensatz zum Lake District ist diese Landschaft moorig und eher hügelig als bergig, statt vieler Ausflügler treffe ich vor allem auf Schafe und ein paar Kühe. Zu ihrem Schutz werden seit Jahrhunderten Steinmauern hochgezogen, allein in den Yorkshire Dales beträgt deren Länge 8000 Kilometer! Wie riesige Puzzles sind sie ohne Mörtel aus passgenauen Steinen aufeinandergeschichtet, kleinere Füllsteine stabilisieren die großen. Überklettert werden diese Mauern entweder auf Holzleitern oder herausstehenden länglichen Steinen. Wainwrights Sohn Peter erzählt, dass sein übergewichtiger und ziemlich ungelenker Vater Hunderte Meter Umweg bis zu einem Tor lief, nur um ja keine Mauer übersteigen zu müssen.

Direkt am Eingang zum Nationalpark befindet sich eines der Wahrzeichen der Yorkshire Dales: Nine Standards Rigg, ein 662 Meter hoher Berg. Der Name leitet sich von neun zylindrischen Steintürmen ab, die mit einer Höhe von bis zu vier Metern weithin sichtbar sind. Erstaunlicherweise weiß niemand, wann und zu welchem Zweck sie errichtet wurden, dafür bietet sich hier eine grandiose Fernsicht auf die Pennines und den Ort Kirkby Stephen. Ganz in der Nähe kreuzt der bekannte Weitwanderweg Pennine Way den Coast to Coast Walk, über diesen Kamm verläuft außerdem die Hauptwasserscheide Englands.

Achtung: Ab diesem Aussichtspunkt wird das Moor so sumpfig, dass die Bergwacht schon Wanderer retten musste, die bis zur Hüfte im Morast versunken waren! Ohne GPS hätte auch ich mich verlaufen, denn es gibt im Gelände keinerlei Markierungen oder Orientierungspunkte. Glücklicherweise wurden an den schlimmsten Stellen mittlerweile Steinplatten verlegt. Sobald der Weg zum *National Trail* ernannt und durchgängig markiert worden ist, werden diese Navigationsprobleme aber hoffentlich entfallen.

Das Moor färbt zudem die Bäche – und damit mein Trinkwasser – schokoladenbraun. Erfreulicherweise hat die Farbe kaum Auswirkungen auf den Geschmack, wegen des vielen Viehs muss es allerdings gründlich desinfiziert werden. Beim Trinken stelle ich mir einfach vor, dass es sich um Apfelsaftschorle statt Sumpfwasser handelt.

Das Gefühl, inmitten romantisch-karger Natur unterwegs zu sein, trügt. Die halb verfallene Ruine von Blakethwaite wirkt auf den ersten Blick zwar wie ein verlassenes Kloster, ist aber eine ehemalige Industrieanlage. Bis zum Ende des 19. Jahrhunderts wurde in der Gegend um den Ort Gunnerside Bleierz abgebaut und verhüttet. Bei den Überresten der Old Gang Smelting Mill ragt sogar noch ein riesiger Schornstein in den Himmel. Die vegetationslose Mondlandschaft ist nur teilweise klimatisch bedingt, sondern vor allem das Ergebnis von jahrzehntelangem *hushing.* Bei dieser alten Bergbaumethode wurden Flüsse und Bäche so umgeleitet, dass sie das Erdreich abtrugen und dadurch Erzadern freilegten. Danach wächst darauf natürlich nichts mehr.

Da ich nach einer Woche schon mehr als die Hälfte des Weges bewältigt habe, gönne ich mir in einem B&B in Richmond einen Ruhetag. Ich kann die freundliche Gastgeberin sogar überzeugen, meine verschlammte Wanderkleidung zu waschen. In einem Poloshirt ihres Mannes, das vermutlich in den Siebzigerjahren modern war, gehe ich einkaufen. Doch bei meiner Rückkehr nach zwei Stunden ist meine Wäsche immer noch nicht fertig. »Ihre Sachen haben so streng gerochen, dass meine Frau sie ein zweites Mal in die Maschine gepackt hat«, erklärt mir ihr Mann und staunt über meine groß gemusterte Oberbekleidung, die er erst nach einer Weile als seine eigene erkennt. »Ich dachte, das Teil wäre schon vor Jahren in der Altkleidersammlung gelandet.«

Als er hört, dass ich Deutsche bin, äußert er eine ungewöhnliche Bitte: »Mit diesem ganzen Brexit-Chaos muss ich für meinen Onlineshop eine Umsatzsteueridentifikationsnummer in Deutschland beantragen. Können Sie mir beim Ausfüllen der deutschen Formulare helfen?« Da ich ja nun schon seine Klamotten trage, kann ich wohl schlecht Nein sagen.

Das zu übersetzende Steuerformular hat sechs (!) Seiten und zwingt mich dazu, Begriffe wie §3c UstG (Umsatzsteuergesetz) zu googeln, zu verstehen, notdürftig zu übersetzen und dann zu erklären. Die Suche nach der englischen Übersetzung von Wörtern wie Vorsteuerabzugsberechtigung treibt mir in dem plüschigen Wohnzimmer den Schweiß auf die Stirn. Als der Vordruck nach zwei Stunden endlich ausgefüllt ist, ist auch der zweite Waschgang durch. Für meine Übersetzungstätigkeit bekomme ich einen Preisnachlass auf mein Zimmer. Dennoch hatte ich mir meinen Ruhetag etwas anders vorgestellt…

Wainwright hatte kurz vor seinem Lebensende ebenfalls erheblichen Ärger mit dem Finanzamt. Der Steuerinspektor verdächtigte ihn der Steuerhinterziehung, weil ihm das angegebene Einkommen im Verhältnis zu den gewaltigen Bucherfolgen viel zu gering erschien. Doch wie der Autor letztendlich erfolgreich darlegen konnte, hatte er stets auf einen Großteil seiner Einnahmen verzichtet und insgesamt eine Million Pfund an Tierschutzorganisationen gespendet.

In seiner zweiten und deutlich glücklicheren Ehe engagierte er sich auch privat für heimatlose Tiere: Besucher zählten bis zu 24 streunende Katzen im Haus der Wainwrights. Im Fish & Chips Shop zwackte er stets einen kleinen Leckerbissen für seine Lieblingskatze Totty vom Teller ab – nur leider vergaß er den

Fisch oft in seiner Jackentasche. »Der Gestank war furchtbar«, erinnert sich seine zweite Frau Betty.

Der Tierfreund wäre sicherlich vom Richmondshire Museum begeistert gewesen, das ich an meinem Ruhetag besuche. Dort gibt es nämlich eine Ausstellung zu James Herriots Tierarztpraxis, weltbekannt durch den Bestseller und die gleichnamige Fernsehserie »Der Doktor und das liebe Vieh«. Herriot beschreibt darin humorvoll seinen Alltag als Landtierarzt in den North York Moors, dem letzten Nationalpark am Weg, den auch ich noch besuchen werde.

Aber zunächst geht es für mich durch das Vale of Mowbray, laut Wainwright der langweiligste Teil der Tour. Finde ich nicht, ganz im Gegenteil genieße ich diese einfache Etappe durch landwirtschaftlich genutztes Gebiet. Einmal führt der Weg als Trampelpfad sogar mitten durch ein Weizenfeld! An den kleinen Kirchen laden Hinweisschilder zu einer Rast im Inneren ein, gegen Spende darf man sich eine Tasse Tee kochen oder einen gekühlten Softdrink genießen. In einem besonders gut ausgestatteten Gotteshaus kann man sogar Blasenpflaster und feuchtes Toilettenpapier erwerben. Auch einige Farmer bieten in Kühlboxen Snacks und Getränke an. Hier wird man am Wegesrand ähnlich gut versorgt wie auf den spanischen Caminos!

Und dann wandere ich endlich hinauf zu James Herriots North York Moors, einem Hochmoor, das von tiefen Tälern durchschnitten wird. Steinplattenwege führen durch die dunkelviolette Heidelandschaft, immer am Rand des steil abfallenden Plateaus entlang. Bei schönem Wetter sind grandiose Ausblicke auf die schachbrettartigen Felder und Weiden garantiert, an diesem sonnigen Augustwochenende schweben an der Carlton Bank sogar noch Paraglider durch die Lüfte. Doch es ist England, das gute Wetter ist also nicht von Dauer …

Schon am nächsten Morgen erwache ich in Nebelsuppe und Dauerregen. Auf dem Glaisdale Rigg erwartet mich keine schöne Aussicht, sondern heftiger Wind, der mir immer wieder die Kapuze vom Kopf reißt. Im kleinen Örtchen Glaisdale suche ich Schutz unter der Markise des Dorfladens und versuche, mit dem Smartphone eine Unterkunft für meine letzte Nacht auf dem Trail zu finden. Aus meinen nassen Haaren tropft Wasser auf den Touchscreen, schnell fange ich an zu frieren. Und dann sind auch noch alle Unterkünfte belegt! Ein freundlicher Gastwirt gibt mir immerhin die Telefonnummer einer Nachbarin, die in »Notfällen« Wanderer aufnimmt. Ich erreiche die Dame erst zwei Stunden später, als ich mich aus dem Dauerregen in einen Pub gerettet habe und die beste heiße Tasse Tee meines Lebens genieße.

»Sie müssen aber gemeinsam mit Ihrem Gepäck kommen«, erklärt die Frau mir am Telefon, während ich zuschaue, wie sich an der Garderobe unter meiner Regenjacke eine riesige Wasserlache bildet.

»Kein Problem, ich halte meinen Rucksack einfach fest, wenn er schon vorauslaufen will«, bin ich versucht zu antworten – bis mir dämmert, dass die meisten Coast-to-Coast-Walker ja einen Gepäcktransport-Service in Anspruch nehmen. »Nein, ich trage mein Zeug selbst«, antworte ich also und reserviere das Zimmer. Natürlich hört es danach schlagartig auf zu regnen.

Als ich mich abends auf einem riesigen Doppelbett zwischen einem Dutzend Plüschkissen ausstrecke, denke ich bewundernd an Alfred Wainwright. Statt in atmungsaktiver Regenjacke und Funktionsunterwäsche wanderte er in normaler Straßenkleidung. Sein Sohn Peter erinnert sich: »Dad hatte nur vier Anzüge, alle aus Tweed. Der beste war für die Ratssitzungen. Der zweitbeste fürs Büro. Der drittbeste zum Wandern. Der viertbeste für die Gartenarbeit.« Über Regen beklagte sich der Pfeifenraucher trotzdem nie: »Wenn es richtig schlimm wurde, drehte er einfach die Pfeife um, damit kein Wasser reinkam. Er regte sich nur auf, wenn das Wetter zu schlecht war, um sie anzuzünden.«

An der Nordseeküste führt Wainwrights Route ein paar Kilometer an den spektakulären Klippen entlang und endet in dem kleinen Fischerort Robin Hood's Bay. Über mir kreischen am grauen Himmel die Möwen, während ich der steifen Brise trotze und begeistert die bis zu 160 Meter hohen Klippen fotografiere. Als ich in den Bus einsteige, klart der Himmel abrupt auf, und mir kommt es fast so vor, als wollte Wainwright mir von dort oben höchstpersönlich zur Vollendung meiner Tour gratulieren. Über das Leben nach dem Tod sagte er einmal: »Ich werde mich im Himmel nicht fremd fühlen, weil ich so viele Jahre in dem irdischen Paradies des Lake District gelebt habe. Es könnte dort Berge zum Besteigen geben. Vielleicht sogar die Möglichkeit eines *pictorial guidebook* für den Himmel.« Ich würde das Buch sofort kaufen!

Für wen:

- Wer es beim Wandern gerne **bequem** hat, kann sein Gepäck transportieren lassen, nachts in einer komfortablen Unterkunft schlafen und dabei ein englisches Frühstück oder ein abendliches Bier im Pub genießen. Sind Sie auf eigene Faust unterwegs, sollten Sie die Unterkünfte in der Hochsaison schon lange im Voraus reservieren. Da die Mehrzahl der Wanderer an einem Wochenende losläuft, vermeidet man mit einem Start unter der Woche das Unterkunftsproblem und hat den Trail wie ich fast für sich allein.
- **Literaturliebhaber** können im Lake District die Wirkungsstätten der *Lake Poets* besuchen, sich in den Yorkshire Dales in die Romane der Geschwister Brontë hineinträumen und in den North York Moors den Abenteuern von James Herriot nachspüren oder das Haus des Schriftstellers Lawrence Stern besuchen. Und natürlich sollten sie im Kendal Museum die Memorabilia von Alfred Wainwright besichtigen!

- Logischerweise ist dieser Weg für alle **Englandfans** ideal: Sie können in gerade mal zwei Wochen nicht nur das ganze Land, sondern auch gleich noch drei der größten Nationalparks durchqueren und kommen sogar am höchsten Berg des Landes vorbei. Wainwright, der zeitlebens nie im Ausland war, schreibt im Vorwort seines Wanderführers: »Mit Sicherheit kann es keine feinere Route für einen Fernwanderweg geben.« Zumindest für England hat er damit recht!

Für Frühgeschichtler und Korngenießer:

HÜNENWEG

Land: Niederlande, Deutschland | *Länge:* 325 km
Schwierigkeit: * | *Budget:* €€ | *Jahreszeit:* ganzjährig
Natur: * | *Kultur:* ** | *Special Interest:* Steinzeit und Renaturierung

»Mir war gar nicht klar, dass es da überhaupt Fernwanderwege gibt«, sagt meine Lektorin erstaunt, als ich ihr für dieses Buch den Hünenweg von Osnabrück bis nach Groningen vorschlage. Dabei müsste sie das eigentlich wissen, stammt sie doch aus Norddeutschland. Aber das Emsland und die Niederlande verbindet man selbst als Einheimische wohl eher mit Radfahren denn mit Wandern – was sich hoffentlich durch den Hünenweg ändern wird! Namensgeber sind die Hünengräber, also Großsteingräber aus der Jungsteinzeit. Wegen ihrer gewaltigen Abmessungen glaubte man früher, dass sie von und für hünenhafte Riesen erbaut wurden. Man findet sie in Südskandinavien und dem Norddeutschen Tiefland, von den östlichen Niederlanden bis zur Weichsel.

Mich treibt ein ganz banaler Grund hierher: Ich will jetzt im April auf diesem technisch einfachen Weg fit werden für die kommende Wandersaison und peile daher einen Tagesschnitt von 38 Kilometern an. Schließlich sind gerade mal 1300 Höhenmeter zu bewältigen – nicht etwa pro Tag, sondern auf den gesamten 325 Kilometern! Dass ich dieses Pensum nicht mal ansatzweise schaffen werde, hat einerseits mit mangelnder Fitness und durchgelatschten Schuhen zu tun, anderseits aber vor allem mit den vielen Sehenswürdigkeiten. Es beginnt schon am Anreisetag in Groningen, das ich nicht einfach ohne einen kleinen Stadtbummel verlassen kann. Ich flaniere also zwischen unzähligen Radfahrern über den betriebsamen Fischmarkt, bewundere die alten Speicher am Kanal und besichtige das ultramoderne Groninger Museum mit seiner knallbunten Fassade.

Langsam begebe ich mich dabei zum Bahnhof, wo der Hünenweg startet. Umständlich schlängelt er sich durch die Vororte, wobei er fußschonend jedes kleine Stückchen Wald oder Wiese mitnimmt. Am zweiten Wandertag verkündet ein handgeschriebenes Schild: »*Welkom! Do it yourself! Free Wifi! Free Drinks!*« Wird ausgerechnet in den Niederlanden, die ja nun nicht gerade für ihre Wanderkultur bekannt sind, *trail magic* angeboten? Da sowieso gerade ein Graupelschauer herunterkommt, folge ich neugierig dem Pfeil – und traue meinen Augen nicht.

In einem Ferienhaus wurde das gesamte Untergeschoss als Wanderrastplatz hergerichtet! Hinter einem bunten Türvorhang erwarten mich ein bequemes Sofa, ein bunt gedeckter Tisch mit Stühlen, ja sogar ein Badezimmer mit Toilette und Dusche. Kaffeemaschine und Wasserkocher laden zu einem heißen Getränk ein, daneben liegen Cracker und Toffee-Bonbons, in den Regalen stapeln sich Bücher und Zeitschriften. Über einer kleinen Spendenbox entdecke ich ein »Preisschild«: »Essen und Trinken: umsonst! Bücher und Zeitschriften: was es dir wert ist! Inspiration: unbezahlbar!« Bei klassischer Musik aus einem alten Radio schlürfe ich verzaubert eine Tasse Tee nach der anderen, da höre ich draußen plötzlich Geräusche.

»Sind Sie der Besitzer dieses wundervollen Ortes?«, frage ich den Mann, der gerade im Garten herumwerkelt und sich als Künstler entpuppt. In einem kleinen Nebenraum verkauft er seine Werke.

»Ja, im Sommer kommen täglich um die zehn Wanderer und Radfahrer vorbei«, erklärt er mir lächelnd. »Sie hätten hier sogar übernachten können.«

Diese *trail magic* ist nicht die einzige Überraschung in den Niederlanden, auch die platte Landschaft entpuppt sich als ziemlich abwechslungsreich. So erreiche ich als Nächstes das Zuidlaardermeer, das kein Meer, sondern ein See ist. Für Deutsche etwas verwirrend bedeutet im Niederländischen *meer* nämlich »See« und *zee* »Meer«. Entstanden ist das riesige Gewässer im Mittelalter durch Überschwemmungen des Flusses Hunze. Normalerweise tummeln sich darauf Freizeitsportler, doch bei anhaltenden Graupelschauern umrunde ich den gerade mal einen Meter tiefen See nur unter den neugierigen Blicken der vielen Vögel, die ideale Brutbedingungen vorfinden.

Der niederländische Name des Weges, Hondsrugpad, bezieht sich auf einen sandigen Höhenzug, der sagenhafte 26 Meter aufragt, die Drenther Erhebung oder Hondsrug. Dieser Geestrücken war früher von Mooren und Sümpfen umgeben und die einzige Möglichkeit, die weite Landschaft trockenen Fußes zu durchqueren. Wenn durch Überweidung oder Erosion die oberste Pflanzenschicht abgetragen wurde, lag der Sand frei und wurde zu Binnendünen verweht, wie zum Beispiel im Drouwener- oder Valtherzand. Diese Sandverwehungen bedrohten die Felder in der Umgebung und waren daher für die Bauern jahrhundertelang der absolute Horror. Heute sind diese wiederbegrünten Heideflächen ein Wanderparadies.

Der Hondsrug ist aufgrund seiner geologischen Einzigartigkeit und seiner kulturhistorischen Bedeutung ein UNESCO-Geopark, hier liegen fast alle Hünengräber der Niederlande. Die größte Konzentration der 54 erhaltenen Großsteingräber des Landes findet man rund um die Stadt Borger, weshalb der Weg auch direkt am dortigen Hunebedcentrum vorbeiführt, einem Hünengrab-Museum. Aus den nomadischen Jägern wurden in Nordeuropa um 3000 v. Chr. sesshafte Bauern, die ihre Toten in

Steingräbern bestatteten. Anhand der lebensgroßen Museumsmodelle wird sofort klar, dass diese Angehörigen der sogenannten Trichterbecherkultur alles andere als Hünen waren, im Vergleich zu uns wirken sie geradezu winzig. Wie schafften sie es also, die gewaltigen Felsbrocken zu bewegen? Manche sind bis zu 1,8 Meter hoch und wiegen 25 Tonnen! Und wo bekamen sie die riesigen Steine in dieser brettflachen Gegend überhaupt her?

In der Ausstellung lerne ich, dass ihnen als »Baumaterial« Findlinge dienten, die bereits in der Saale-Eiszeit vor 200 000 Jahren mit dem Gletschereis aus Schweden oder Finnland angeliefert worden waren. Die Jungsteinzeit-Menschen mussten die Steinbrocken erst einmal ausgraben und über Rollkonstruktionen aus Baumstämmen und Hebeln zum Ort der zukünftigen Grabanlage befördern. Dort warfen sie einen Sandhügel auf, zogen die großen Decksteine hinauf und lehnten die Seitensteine dagegen. Indem sie den Sand nun wieder entfernten, entstand die »überdachte« Grabkammer, die mit Erde bedeckt wurde. Moderne Archäologen haben berechnet, dass für den Bau einer solchen Grabstätte hundert Menschen bei einem Zehnstundentag um die 110 Tage beschäftigt gewesen sein müssen! Das ist umso erstaunlicher, als in den Steinzeitsiedlungen wahrscheinlich gerade mal um die dreißig Männer, Frauen und Kinder zusammenlebten, von denen keiner älter als sechzig Jahre wurde.

Das interaktive Museum ist zu Recht ein Publikumsmagnet. Durch die nachgestellten Alltagsszenen fühlt man sich um 5000 Jahre zurückversetzt, Kinder können an Modellkästen spielerisch eigene Monumente errichten. Da ich nicht so klein bin wie die Trichterbecher-Menschen, muss ich mich ordentlich bücken, um in ein maßstabsgetreu nachgebildetes Grab hineinzuklettern. Im Freigelände wartet dann noch der Urzeitpark auf mich, der die Geschichte der letzten 150 000 Jahre im Hondsrug-Gebiet erzählt. Hier sind Dutzende von Findlingen ausgestellt, Schilder mit Landkarten weisen deren skandinavische Ursprungsgegenden aus. Daneben haben Archäologen frühgeschichtliche Behausungen vom Nomadenzelt der Neandertaler bis zum Steinzeitbauernhof rekonstruiert, und an Wochenenden versammeln sich Hobby-Urmenschen in prähistorischer Mode rund ums Lagerfeuer.

Die im wahrsten Sinne des Wortes größte Attraktion befindet sich frei zugänglich direkt neben dem Museum: das größte Hünengrab der Niederlande mit einer Länge von 22,6 Metern. Obwohl ein Schild ausdrücklich das Beklettern verbietet, posieren an diesem sonnigen Frühlingstag Jung und Alt auf den Decksteinen der Grabstätte. Das beeindruckend gut erhaltene Monument ist einfach ein zu schönes Fotomotiv.

Fast zwei Dutzend Hünengräber liegen direkt am niederländischen Teil des Weges, darunter ein Fake-Grab an der Schule von Gieten. Es dient den Schülern als Anschauungsobjekt, denn die Vorgeschichte des Landes ist fester Bestandteil des Lehrplans. Und auch die neuere Geschichte ist sehr emotional dokumentiert: Im Waldgebiet Valtherbosch entdecke ich in einer Erdgrube einen Holzverschlag. Was auf den ersten Blick wie ein gut getarnter Wanderrastplatz aussieht, diente im Zweiten Weltkrieg zwanzig jüdischen Niederländern als Versteck vor den Nazis. Albertus Zefat, Eigentümer einer Hühnerfarm in Valthe, verbarg sie erst in einem Stall, später in dieser Grube im Wald. Als er sich weigerte, den Unterschlupf preiszugeben, wurde er im Juli 1944 hingerichtet. Die Juden überlebten trotzdem, weil die Dorfbewohner sie nach Zefats Ermordung heimlich weiter versorgten.

Nachdenklich gestimmt, wandere ich weiter Richtung deutsche Grenze. Doch bevor ich sie erreiche, gehe ich in Emmen noch einmal groß einkaufen. Ich habe nämlich einen leckeren Wandersnack entdeckt, den es leider nur in den Niederlanden gibt: *gevulde koeken,* zu Deutsch »gefüllte Kuchen«. Eine wahre Offenbarung für Süßmäuler wie mich! Das unscheinbare runde Gebäck mit einer Mandel obendrauf ist mit einer Marzipanmasse gefüllt, pro Stück enthält es drei Teelöffel Butter und fünf Zuckerstücke. Eigentlich hätte ich so genug Energie für meinen anvisierten 38-Kilometer-Tagesschnitt, doch meine Füße schmerzen immer stärker. Das liegt zum einen am harten Untergrund des Hünenwegs, vor allem aber an meinen Schuhen, die keinerlei Dämpfung mehr aufweisen. Mehrmals täglich verfluche ich meinen Geiz, der mich dazu verleitet hat, ein abgenutztes Paar bis zum bitteren Ende tragen zu wollen.

Immerhin muss ich den Scholtenskanaal nicht zu Fuß, sondern mit Armkraft überqueren. Hier überspannt nämlich keine Brücke das Wasser, sondern eine Handseilzugfähre. Dieses seltene Gefährt ist eine Art Plattform an einem Seilzug, mit dem man sich selbst zum anderen Ufer hinüberzieht. Dort muss ich dann leider wieder auf Fußbetrieb umschalten.

Der Hünenweg führt mich nun in einer riesigen Schleife durch den grenzüberschreitenden Naturpark Bourtanger Moor, wo die Wanderwege ausnahmsweise eher zu weich als zu hart sind. Nach ausgiebigem Regen versinke ich abseits der befestigten Strecken im Schlamm. Nun gut, trockene Füße werden sowieso überbewertet …

Seit dem 18. Jahrhundert wurde im Bourtanger Moor Torf abgebaut, der in den Städten als Ersatz für die schwindenden Holzvorräte zum Feuern genutzt wurde. Dazu entwässerte man das damals größte zusammenhängende Hochmoor Westeuropas über ein System von Kanälen, Schleusen und Pumpen. Nach der Abtorfung dienten die Böden für Ackerbau und Viehzucht. Die industrielle Nutzung wurde 1992 endgültig eingestellt, das Gebiet wird nun schrittweise wieder vernässt. Kilometerlang geht es schnurgerade an den neu angelegten Deichen und Gräben entlang, vorbei an Arealen in unterschiedlichen Stadien der Renaturierung. Naturbelassene Sümpfe mit weißem Wollgras und feuchtem Torfmoos wechseln sich ab mit öden Wiesen voll vertrocknetem Gras, dazwischen immer wieder Wäldchen, deren Bäume tief im Wasser stehen. Über diesem Vogelparadies kreisen Habichte und Falken, im Wasser quaken Enten. Auf der deutschen Seite entdecke ich sogar noch die Gleise einer Schmalspurbahn für den Torfabbau aus dem 19. Jahrhundert, die ehemaligen Waggons rosten am Wegesrand vor sich hin.

Hinter der Grenze stoße ich auch auf eine Ölförderanlage, die ich eher in Texas als im Emsland vermutet hätte. Im Rühlermoor wird seit den 1940er-Jahren nach Erdöl gebohrt, die metronomartig wippenden Pferdekopfpumpen werden auf Niederländisch ganz bildlich *jaknikker* genannt, »Ja-Nicker«. Wer mehr über die Geschichte dieses größten deutschen Ölfeldes erfahren will, sollte einen kleinen Abstecher zum Erdöl-Erdgas-Museum im nahe gelegenen Twist machen.

Mein ehrgeiziger Zeitplan gerät durch eine unerwartete Nachricht endgültig ins Wanken. Anna Schulte, die Projektmanagerin des Hünenwegs, hat zufällig über die sozialen Medien von meiner Tour erfahren und mich spontan angeschrieben: »Darf ich Sie nach Haselünne ins Hotel einladen? Dann können wir dort gemeinsam zu Abend essen.« Angesichts meiner schmerzenden Füße beschließe ich genauso impulsiv, die morgige Etappe von 38 auf 28 Kilometer zu verkürzen und mich mit ihr zu treffen. Die Übernachtung zahle ich aber lieber selbst, denn ich lehne jegliche Art von Sponsoring ab, um bei der Wahl von Wanderstrecken und Ausrüstung komplett unabhängig zu sein.

»Wie ist der Hünenweg denn eigentlich entstanden?«, frage ich Anna, die für meine neugierigen Fragen ihren Feierabend opfert.

»Begonnen hat alles mit dem Friesenweg, der schon seit 1937 von Osnabrück bis Papenburg führt«, erklärt sie, während ich mich freudig über eine extrem fleischlastige Grillplatte hermache. »Doch der Name war irreführend, denn die Route tangierte Friesland ja gar nicht. Also wurde die Strecke 2008 in Hünenweg umbenannt.« Ich nicke kauend, denn diesen Vorläuferweg bin ich schon einmal gewandert, immer wieder entdecke ich stellenweise die alte »F«-Markierung.

»Bereits der ursprüngliche Hünenweg führte durch den UNESCO-Geopark TERRA.vita im Osnabrücker Land. Da lag es nahe, die Strecke in den niederländischen Geopark Hondsrug zu verlängern. Die 1,6 Millionen Euro Fördermittel für dieses Projekt kommen hauptsächlich aus dem europäischen Fonds für regionale Entwicklung«, erklärt Anna weiter. Bei dieser Wanderung sehe ich also quasi mein sauer verdientes Steuergeld im Einsatz.

Fast drei Stunden sitzen wir über zwei Flaschen Mineralwasser plaudernd im Lokal, als uns die Kellnerin beim Abräumen fragt: »Einen Schnaps zur Verdauung?« Unisono schütteln wir den Kopf. »Ich muss Auto fahren«, lehnt Anna ab und erklärt mir schmunzelnd: »Dabei ist Haselünne bekannt für seine drei Brennereien. Die könntest du eigentlich morgen noch besichtigen.«

Ich bin sofort begeistert, aber: »Ich will ja morgen schon früh loswandern, da haben die sicherlich noch nicht geöffnet.«

»Doch! Eine macht bereits um acht Uhr auf«, versichert mir Anna zum Abschied, und ich frage vorsichtshalber nicht nach, wer schon so früh am Morgen Schnaps einkauft. Stattdessen stehe ich am nächsten Tag selbst zu früher Stunde in der ältesten Kornbrennerei der Stadt, wo ich sogar den Besitzer höchstpersönlich antreffe. Und der ist schon deutlich länger auf den Beinen als ich. »Ich komme gerade von unseren Feldern. Wir bauen nämlich unseren eigenen Weizen an«, berichtet er. Für eine 0,7-Liter-Flasche Korn mit einem Alkoholgehalt von 32 Prozent benötigt man 600 Gramm Weizen, knapp eine Woche dauert der Herstellungsprozess, der mir im Rahmen einer Führung ausführlich erklärt wird.

»Haselünne ist ja quasi ein Paradies für Schnapstrinker«, scherze ich, als wir wieder in der Verkaufsstelle angekommen sind – und werde sofort verbessert. »Unsere Kunden sind keine Schnapstrinker, sondern Korngenießer«, ermahnt mich der Brennereibesitzer streng und gibt mir zur Erinnerung ein Probierfläschchen Likör mit. Obwohl als nächtlicher Schlummertrunk im Zelt geplant, exe ich den Inhalt bereits am Mittag, was meine Fußschmerzen zumindest zeitweise besänftigt. Und bevor Sie mich jetzt für eine Schnapstrinkerin – pardon: Korngenießerin – halten: Es handelt sich um zwanzig Milliliter!

Der mittlere Teil des Hünenwegs steht ganz im Zeichen der Hase. Dabei handelt es sich aber nicht um das Tier, sondern um einen Nebenfluss der Ems. Zum Hochwasserschutz wurde sie in den 1950er- und 60er-Jahren eingedeicht und begradigt, Flussschleifen wurden abgetrennt. Als die Hase streckenweise schon fast einem Kanal glich, zeigten sich die katastrophalen Auswirkungen auf die Umwelt: Die Artenvielfalt sank rapide, während die Verschmutzung stieg.

Die Renaturierung, eine der bundesweit größten Umweltschutzmaßnahmen, wurde 1995 ziemlich brachial mit dem Bagger begonnen. 17 Kilometer Deiche wurden abgetragen und teilweise landeinwärts neu aufgebaut, zwei Altarme wieder angeschlossen. Dazu tauschten oder verkauften um die achtzig Landwirte ihre hochwassergefährdeten Äcker, damit daraus natürliche Überschwemmungsgebiete werden konnten. Und so siedelten sich nach den Baggern auch schnell wieder Biber an.

Am Hünenweg kann ich die verschiedenen Stadien der Renaturierung gut beobachten. Teilweise wandere ich noch kurvenlos am begradigten Fluss entlang, doch viel öfter geht es durch eine urwaldartige Auenlandschaft, in der ich Silberreiher und Eisvögel sichte. Einen besonders schönen Blick über die beeindruckende Natur bietet mir der zehn Meter hohe Aussichtsturm zwischen Meppen und Haselünne. Allerdings ist diese Stahlkonstruktion ziemlich wackelig. »Haben Sie das Erdbeben gerade ausgelöst?«, fragt mich ein beleibter Herr auf der Aussichtsplattform, nachdem ich die Stufen hinaufgeklettert bin. Sprachlos über diese Charmeoffensive steige ich schnell vor ihm wieder ab, um einem Erdbeben seinerseits zuvorzukommen.

Auf dem südlichen Drittel des Weges stehen wieder die Hünengräber und einige Kultsteine mit recht skurrilen Namen im Vordergrund. Der »Näpfchenstein« bei Restrup soll ein Werk des Teufels sein, laut Sage sind die 66 Dellen in dem 1,75 Meter langen Granitfindling seine Daumen- oder Hufabdrücke. Archäologen sehen darin eher eine frühe Sternenkarte oder einen Dorfplan. Der »Deuvels Brotschrapp«, der »Brotschrank des Teufels«, steht am Hexentanzplatz, auch Maiburg genannt, weil hier die Dienerinnen des Teufels das Tanzbein geschwungen haben sollen. Die größte Konzentration an Hünengräbern befindet sich bei Giersfeld rund um einen Golfplatz. Statt Hexen auf Besen oder behuften Teufeln begegnen mir dort ausschließlich gut gekleidete Herren, bewaffnet mit Golfschlägern. Was wohl die Steinzeitmenschen dazu gesagt hätten, dass erwachsene Männer heutzutage nicht mehr Mammuts, sondern kleinen weißen Bällen nachjagen?

Zurück zu Hause werfe ich als Allererstes meine alten Schuhe in den Müll. Die sind nicht nur komplett durchgelaufen, sondern auch total verdreckt. Jetzt zu Frühlingsbeginn waren die Forstwege durch Waldarbeiten völlig zerfahren, manchmal musste ich mich durch tiefen Schlamm kämpfen oder gar über umgestürzte Bäume klettern. Doch dafür habe ich Verständnis, denn die Strecke wurde erst vor knapp fünf Monaten eröffnet. Projektmanagerin Anna Schulte hat hervorragende Arbeit geleistet, ist den Hünenweg allerdings selbst noch nicht ganz gelaufen. Dazu fehlte ihr bisher schlichtweg die Zeit, sie ist nämlich viel zu sehr mit seiner kontinuierlichen Verbesserung beschäftigt. So ist der Weg aktuell zwar durchgängig, aber noch nicht einheitlich markiert. Dafür gibt es bereits einen großartigen Wanderführer, ein umfassendes Netz an Unterkünften einschließlich Pauschalangeboten mit Gepäcktransport – und vor allem jede Menge spannender Sehenswürdigkeiten. Wenn Sie die alle besichtigen wollen, machen Sie es besser als ich und planen keinen Tagesschnitt von 38 Kilometern ein!

Für wen:

- **Frühgeschichtler** finden entlang der Strecke Dutzende mehr oder minder gut erhaltene Hünengräber und Kultsteine, die archäologischen Museen in Meppen und Borger liefern das entsprechende Hintergrundwissen.
- **Korngenießer** können in Haselünne gleich drei Brennereien im Rahmen einer Führung besichtigen, Probeverkostung inbegriffen. Nicht umsonst wird Haselünne auch »Fuselünne« genannt …
- **Umweltschützer** werden sich über die zwei langfristigen Renaturierungsprojekte freuen: die Wiedervernässung des abgetorften Bourtanger und Hahnenmoores sowie die Wiederherstellung der Hase-Auenlandschaft. Entlang des Weges kann man den Zustand vor und nach der sukzessiven Renaturierung sehr gut vergleichen.

Für Nordland- und Survivalfreaks:

E1 KAUTOKEINO–NORDKAP

Land: Norwegen | *Länge:* 341 km
Schwierigkeit: *** | *Budget:* €€€ | *Jahreszeit:* Sommer
Natur: *** | *Kultur:* * | *Special Interest:* Fjellwanderung zum Nordkap

Hätten Sie gewusst, wo der westlichste Punkt des europäischen Festlands liegt? Richtig, in Cabo de Roca in Portugal. Den südlichsten Punkt verorten die meisten wohl in Italien oder Griechenland, tatsächlich ist es Tarifa in Spanien. Beim östlichsten Punkt scheiden sich die Geister endgültig: Geopolitisch betrachtet liegt er in der russischen Republik Komi auf einem unspektakulären Bergrücken an der Wasserscheide zweier Flüsse. Beschränkt man sich auf die EU, befindet er sich im finnischen Nordkarelien an der Grenze zu Russland. Nur beim nördlichsten Punkt meint fast jeder Bescheid zu wissen: das Nordkap in Norwegen, berühmt durch das Denkmal in Form eines stilisierten Globus. Leider ist das falsch. Eigentlich ist der nördlichste Punkt gut vier Kilometer weiter westlich am Knivskjellodden. Allerdings liegen beide auf der Insel Magerøya, der nördlichste Punkt auf dem Festland wäre 68 Kilometer östlich am Kinnarodden.

Doch das Nordkap lässt sich eben besser vermarkten. Durch eine Straße erschlossen liegt es hoch oben auf spektakulären Steilklippen mit Blick aufs Meer und wurde so zum Sehnsuchtsort für Wohnmobilisten, Motorrad- und Radfahrer, selbst Kreuzfahrtschiffe nahmen es ins Programm. Und auf dem Europäischen Fernwanderweg E1 kann man Europa auf rund 8000 Kilometern von Sizilien bis zum Nordkap durchqueren.

Ich will das nördlichste und erst 2013 eröffnete Stück des E1 laufen und bin deshalb in Kautokeino, Startpunkt und mit etwa 1500 Einwohnern zugleich größter Ort entlang der Strecke. In dieser Metropole der Finnmark gibt es gleich drei Supermärkte, einen Geldautomaten, ein Hotel und zwei Campingplätze. Auf einem davon habe ich mich in einer Holzhütte einquartiert und wundere mich nun am Nachmittag über den lauten Krach. Das Straßendorf verläuft zwar entlang der Europastraße 45, aber so weit im Norden herrscht kaum Verkehr. Auf meinem Weg zum Einkaufen entdecke ich dann auf der Brücke über den Fluss Kautokeino eine für diese Gegend riesige Menschenansammlung – und damit auch die Lärmquelle: Die Leute verfolgen begeistert ein Rennen auf dem Fluss!

Was sich da unter der Brücke abspielt, scheint den Gesetzen der Physik zuwiderzulaufen. Schwere Schneemobile preschen mit röhrenden Motoren über das Wasser. Eine kurze Internetrecherche bestätigt, was ich da mit eigenen Augen sehe. Das schwere Gefährt kann wegen seiner breiten Kufen tatsächlich »schwimmen«, wenn es bereits mit einer angemessenen Geschwindigkeit auf dem Wasser aufkommt und der Fahrer beständig das Gaspedal durchdrückt. Willkommen in Lappland!

Meine ersten beiden Wegetappen führen über Schotterpisten und sind damit ideal zum Einlaufen. Wegweiser markieren sie als Wander-, Rad- und Schneemobilweg. Die dritte Etappe bringt mich in das winzige Nest Masi, das im Prinzip nur aus einer Holzkirche und einer Tankstelle mit Supermarkt und Postamt besteht. Der nächste kleine Laden ist 175 Kilometer entfernt, dazwischen bin ich gänzlich auf mich allein gestellt. Ohne Campingküche und Zelt ist man auf dieser Strecke aufgeschmissen. Während man auf dem populärsten skandinavischen

Fernwanderweg, dem Kungsleden im Nachbarland Schweden, bequem von Hütte zu Hütte wandern und dort wie im Restaurant essen kann, gibt es zwischen Kautokeino und dem Nordkap auf 340 Kilometern gerade mal fünf Übernachtungsmöglichkeiten im Fjell, davon bloß eine einzige mit Essensangebot.

Für die unbewirtschaftete Bojobæskihytta lege ich sogar einen 36-Kilometer-Tag ein, so sehr freue ich mich auf ein richtiges Dach über dem Kopf. Mein Zelt ist nämlich morgens regelmäßig mit Raureif überzogen – und das Ende August! Meine Begeisterung wächst fast ins Unermessliche, als ich die Hütte bereits vorgeheizt vorfinde. Stine, eine junge Norwegerin, hat es sich vor dem Holzofen bequem gemacht. Die Bibliothekarin ist zusammen mit ihrem Hund auf einer einwöchigen Angeltour. Während dieses Hobby in Deutschland immer noch eine ausgemachte Männerdomäne ist, sind Anglerinnen in Norwegen an der Tagesordnung.

Stine und ich haben an diesem Tag keinen einzigen anderen Menschen gesehen und plaudern eifrig, bis wir sogar die Kerzen anzünden müssen. Ende August dämmert es gegen neun Uhr abends, von Ende Mai bis Ende Juli geht die Sonne so hoch im Norden erst gar nicht unter – ideal, wenn man pro Tag viele Kilometer reißen will.

Die Bojobæskihytta besteht wie die meisten Hütten des norwegischen Wanderverbandes DNT aus zwei Gebäuden. Wir sitzen in der bequemen Haupthütte mit Ofen, einem Tisch mit Bänken und sechs Betten, aber in einiger Entfernung steht noch eine kleine unbeheizte Nothütte für den Fall, dass das andere Gebäude abbrennt. Der Aufenthalt wird nachträglich per Banküberweisung gezahlt.

Nach einem gemeinsamen Frühstück mit Stine beginnt für mich der wildeste Teil der Strecke. Auf den nächsten knapp hundert Kilometern werde ich auf keine einzige Schutzhütte, keine Schotterpiste und schon gar keine Straße treffen, dafür auf jede Menge Sümpfe, Bäche und Flüsse. Anders als auf dem schwedischen Kungsleden helfen hier keine Bohlenwege oder Brücken dabei, die Schuhe trocken zu halten. Bis auf ein paar vereinzelte Krüppelbirken wachsen keine Bäume oder Sträucher, die mir beim Rasten oder Zelten wenigstens ein bisschen Windschutz bieten könnten. Ich bin den Elementen voll ausgesetzt. Im Notfall bräuchte ich mindestens einen ganzen Tag, um mich bis zu einer Autostraße durchzuschlagen. Erstaunlicherweise hat mein Handy in dieser menschenleeren Gegend streckenweise aber sehr guten Empfang.

Ich habe großes Glück mit dem Wetter: Außer ein paar vorübergehenden Schauern bleibt es trocken, die Tageshöchsttemperaturen liegen bei zehn bis zwölf Grad. Zudem ist der Pegel der Flüsse so spät im Sommer niedrig und reicht mir bis maximal zu den Knien. Eiskalt ist das Wasser trotzdem. Im Juni zur Schneeschmelze oder nach heftigen Regenfällen können die Furten auch unpassierbar sein. Deshalb beträgt das Zeitfenster für diesen Trail nur etwa drei Monate: Vor Mitte Juni liegt noch zu viel Schnee, ab Mitte September ist mit Frost und Neuschnee zu rechnen.

Die Samen kennen übrigens nicht bloß vier, sondern gleich acht Jahreszeiten. Der August ist der *čakča-giesie,* der Herbstsommer. Jetzt sind Pilze und Moltebeeren reif. Die blassrosa Früchte mit leicht säuerlichem Geschmack wachsen ausschließlich in sumpfigen Gebieten und versüßen mir dort die dauernassen Füße. Weiterer Vorteil dieser Jahreszeit: Es gibt kaum mehr Mücken!

Die sich langsam vom sommerlichen Grün in herbstliches Braun färbende Tundra erstreckt sich scheinbar endlos bis zum Horizont, ein paar Tümpel und Seen sind die einzige Abwechslung. In Ermangelung von Bäumen oder Felsen ist die Route mit Steinmännchen oder Steinplatten markiert, auf denen in roter Farbe ein »T« gemalt ist. Oft geht es einfach *cross country* durchs Gelände, nur manchmal folgen die Markierungen schwachen Fahrspuren.

Nach drei Tagen erreiche ich die Europastraße 6, von wo aus dreimal am Tag ein Bus nach Olderfjord fährt. Ich gehe den sechs Kilometer langen Abstecher einfach zu Fuß. Der kleine Ort lebt vor allem von den Touristen auf dem Weg zum Nordkap, daher gibt es neben der Besucherinformation einen riesigen Souvenirshop und einen kleinen Lebensmittelladen, dessen Angebot leider auf motorisierte Einkäufer ausgelegt ist. Von hier aus sind es aber nur noch hundert Kilometer bis zum Ziel. Ich brauche also nicht mehr viel Proviant und gönne mir für die letzte Etappe einen riesigen Block *geitost,* einen halbfesten Braunkäse aus Ziegenmilch mit süßlich karamelligem Geschmack. Dazu gibt es Fladenbrot und ein Stück getrocknetes Rentierfleisch.

Zurück auf dem E1 wird die Landschaft noch wilder. Jetzt sehe ich überhaupt keine Bäume mehr, und die Meeresnähe macht sich durch heftigen Wind bemerkbar. Ich bin froh, meine Pause in der offenen Notunterkunft Stohpojohka verbringen zu können, der privaten Hütte eines Samen. Während ich meinen *geitost* verdrücke und auf dem zähen Rentierfleisch herumkaue, studiere ich interessiert das Gästebuch. Wie klein doch die Welt der Thruhiker ist: Einige Wanderer, die sich hier verewigt haben, kenne ich sogar persönlich von früheren Touren. Doch selbst in der windgeschützten Hütte wird mir bald zu kalt. Also schnell weiter!

Vom sumpfigen Fjell stapfe ich hinauf zur Steinwüste auf dem Bergrücken Bealjáidcopma. Die Aussicht von 450 Meter Höhe ist gigantisch, der Wind leider auch. Vor mir kann ich das Meer erkennen, rechts und links blicke ich auf bleigraue Seen, die so zahlreich sind, dass sie statt Namen nur Nummern tragen. Schaumkronen zieren das Wasser, der norwegische Wetterdienst hat sogar eine Windwarnung ausgesprochen. In der Ferne ziehen immer wieder ein paar Rentiere vorbei, mehrfach stoße ich im Geröll auf weiß gewaschene Geweihe oder Knochen.

Etwa 200 000 Rentiere leben in Norwegen, laut Gesetz dürfen sie ausschließlich von Samen gehalten werden. Die riesigen Weideflächen sind mit kilometerlangen Zäunen begrenzt. Einige davon sind permanent, andere werden jährlich umgesteckt, was die Orientierung schwierig macht. Jetzt im Spätsommer treiben die Züchter die männlichen Tiere zur Schlachtung zusammen, heutzutage ganz unromantisch auf lautstark knatternden Quads.

Am Morgen des 31. August erhalte ich eine SMS von Dagmar, einer deutschen Auswanderin, die mich vor zwei Wochen beherbergt hat. »Hei Christine«, schreibt sie. »Meine samische Kollegin hat sich heute nach dir erkundigt und meint, das Wetter wird sich ändern. Die Rentiere kommen in Bewegung. Mach jetzt keine langen Pausen mehr. Es wird zwar noch mal schön, aber das ist die Ruhe vor dem Sturm. Der Winter steht direkt vor der Tür.« Dagmars Kollegin soll recht behalten. Bereits Mitte September wird es in der Finnmark zu einem frühen Wintereinbruch kommen. Ein Wanderkollege wird die letzten 250 Kilometer bis zum Nordkap auf der Straße laufen müssen, weil die Strecke des E1 durchs Fjell ohne Ski nicht mehr passierbar ist.

Doch ich schalte erleichtert mein Handy aus. Vor mir liegen nur noch 31 Kilometer – und der Nordkaptunnel. Er verbindet auf knapp sieben Kilometer Länge das Nordkap auf der Insel Magerøya mit dem Festland und verläuft an der tiefsten Stelle 212 Meter unter dem Meeresspiegel. Um Frostschäden zu vermeiden, ist er an beiden Enden mit Toren versehen, die sich ab einer bestimmten Temperatur automatisch verschließen. Drinnen sorgen gigantische Ventilatoren für Durchzug.

Obwohl am Eingang kein Verbotsschild für Fußgänger hängt, fahren die meisten E1-Wanderer mit dem Bus oder per Anhalter hindurch. Ich will aber wie immer dem ehernen Prinzip der *connecting footsteps* folgen und auch diese Strecke durchgängig laufen. Deshalb bin ich sogar extra früh aufgestanden, um noch vor Einsetzen des Touristenverkehrs auf der anderen Seite anzukommen. Als ich die dunkle Höhle mit weichen Knien betrete, fällt mir erst mal ein Stein vom Herzen. Auf beiden Seiten der Röhre gibt es einen gut fünfzig Zentimeter breiten, erhöhten Randstreifen, auf dem ich vor dem Verkehr geschützt bin. Mit einem Gefälle von neun Prozent geht es im gelben Schein der Straßenbeleuchtung stetig bergab und dann genauso steil wieder hinauf. Während es draußen bei starkem Wind heftig regnet, fühle ich mich tief unter dem Meeresspiegel sicher wie in Abrahams Schoß. Der Schall kündigt die wenigen Autos schon Minuten vorher an, nur beim lautstarken Anspringen der Ventilatoren erschrecke ich kurz. Als ich Licht am Ende des Tunnels sehe, bin ich fast traurig, dass dieses skurrile Erlebnis schon vorbei ist.

Das Nordkap befindet sich auf einem 307 Meter steil aus dem Wasser aufragenden Felsplateau, 514 Kilometer nördlich des Polarkreises und rund 2100 Kilometer südlich des Nordpols. Motorisierte Touristen müssen für den Besuch umgerechnet 26 Euro zahlen, als Wanderin kann ich das Kassenhäuschen unbehelligt passieren. Ein großer Granitblock mit dem roten »T« und der Inschrift »E1« markiert das Ende meiner Wanderung. Bei dem Versuch, davor einhändig ein Selfie zu machen, reißt mir der Wind mein Schlauchtuch vom Kopf. Blitzschnell spurte ich zwischen verwunderten Touristen hinterher und kann es gerade noch fassen, bevor es unwiederbringlich ins Meer geweht worden wäre.

Für das Foto unter dem berühmten Globus hole ich mir daher Hilfe: Zwei ältere deutsche Radler, die sich gerade im Souvenirshop aufwärmen, erbarmen sich meiner. Beim Posieren halte ich meine Kopfbedeckung dieses Mal vorsichtshalber fest … Lange ertrage ich den eisigen Wind auf dem ausgesetzten Plateau allerdings nicht, ich warte lieber in der Nordkaphalle auf die Abfahrt meines Busses. Auf dem Rückweg sehe ich die beiden Deutschen, die sich auf ihren Fahrrädern mühsam gegen den Wind vorwärtskämpfen. Ich winke ihnen zu und lasse mich erleichtert in meinen Sitz zurücksinken. Ich habe es geschafft!

Für wen:

- **Skandinavienfans** können den hohen Norden hier pur und ursprünglich erleben, ohne Wanderautobahn und Vollverpflegung. Und als Sahnehäubchen locken der nördlichste Unterwassertunnel der Welt und der (fast) nördlichste Punkt Europas.
- **Survivalfreaks und harte Kerle** können sich voll austoben, ohne Vollkaskoversicherung durch ein Hüttennetzwerk. Der Weg ist zwar technisch einfach, doch die klimatischen Bedingungen bergen einige Gefahren. Sie brauchen eine gute Ausrüstung und die nötigen Skills, um selbst bei Dauerregen, heftigem Wind oder unerwartetem Wintereinbruch durchzukommen.
- Die Finnmark ist ein Paradies für **Angler.** Meeresangeln für den persönlichen Bedarf ist sogar im Jedermannsrecht enthalten und benötigt keine Genehmigung. Anders als in Deutschland ist auch für die Seen und Flüsse kein Angelschein erforderlich, sondern nur eine Lizenz *(Fiskekort),* die unkompliziert im Internet erhältlich ist. Mit etwas Glück können Sie Ihre Trekkingmahlzeiten dann mit Lachsforelle, Äsche, Flussbarsch oder Hecht anreichern!

Für Skandinavisten:

SÜDLICHER KUNGSLEDEN

Land: Schweden | *Länge:* 353 km
Schwierigkeit: ** | *Budget:* €€€ | *Jahreszeit:* Sommer
Natur: ** | *Kultur:* * | *Special Interest:* Kungsleden einmal anders

Der skandinavische Begriff *friluftsliv* lässt sich nur schwer übersetzen. Natursport, Freiluftleben, draußen sein – all das trifft es nicht ganz, denn es handelt sich nicht um eine bloße Outdoorbeschäftigung, sondern eher um einen Lebensstil und sogar um eine Philosophie. *Friluftsliv* bedeutet, für das spirituelle und körperliche Wohlbefinden Zeit in der Natur zu verbringen – und hat wahrscheinlich sehr viel damit zu tun, dass Finnland, Schweden und Norwegen im jährlich erhobenen Glücksranking mit schöner Regelmäßigkeit ganz weit vorne liegen.

Etwa ein Drittel der Schweden ist mindestens einmal pro Woche draußen aktiv, 17 Prozent der insgesamt zehn Millionen Einwohner sind Mitglied in einer *Frilufts*-Organisation, wobei der Svenska Turistföreningen (STF) mit etwa 250 000 Mitgliedern an der Spitze steht. Motto der bereits 1885 gegründeten Vereinigung: »Kenne dein Land!« Dazu unterhält der STF 320 *vandrarhem* oder Hostels sowie ein riesiges Sommer- und Winterwanderwegenetz, das auch einen der beliebtesten europäischen Trails umfasst: den Kungsleden im Norden Lapplands.

Im deutschsprachigen Raum gibt es wohl kein Outdoorforum und kein Wandermagazin ohne Berichte über diesen Traum jedes Skandinavienfans. Doch so spektakulär der Trail nördlich des Polarkreises ist, so überlaufen ist er auch: In der kurzen Sommersaison tummeln sich auf den gut 450 Kilometern bis zu 30 000 Wanderer! Die Schweden nennen ihn deshalb auch »Sillasksväg«, was übersetzt in etwa »Heringsdosenweg« heißt. Es ist so voll, dass ich in der Hochsaison im Juli kaum eine Chance habe, unbeobachtet pinkeln zu gehen.

Dabei existiert ein ähnlich interessanter, aber kaum begangener Zwilling. Ursprünglich sollte sich der Kungsleden nämlich über 1000 Kilometer hinweg bis zum südlichsten Fjäll Schwedens erstrecken, doch nur zwei Teilstücke wurden bisher realisiert: der populäre nördliche Kungsleden zwischen Hemavan und Abisko und gut 300 Kilometer entfernt der unbekannte südliche Kungsleden zwischen Sälen und Storlien.

Auf meiner Wanderung treffe ich in den ersten Tagen ab Sälen keinen einzigen Menschen. Kein Wunder, denn laut Trailstatistik begeht gerade mal ein Prozent der Kungsleden-Wanderer diesen Abschnitt. Bisher führte meine Route durch Schweden immer nur durch Wald, kaum habe ich nun das hölzerne Tor mit der Aufschrift »Södra Kungsleden« durchschritten, bin ich in einer anderen Welt. Die hügelige Landschaft Mittelschwedens erhebt sich langsam zum Skandinavischen Gebirge, besser bekannt als Fjäll. Ein paar Hundert Meter Höhenunterschied bringen mich schnell über die Baumgrenze hinein in diese weite Ebene mit grandioser Fernsicht. Lediglich ein paar winzige, windverkrüppelte Bäume stehen am Wegesrand, die höchste Erhebung am Horizont sind die Holzpfähle mit der Winterwegmarkierung des Kungsleden. Vor allem aber fasziniert mich die absolute Stille. Kein Rauschen von Blättern, kein Gluckern von Bächen und schon gar kein Verkehrslärm dringen an meine Ohren. Die einzigen Geräusche sind das Tschilpen der Vögel, mein keuchender Atem und manchmal das Knirschen meiner Schritte im Schnee, der jetzt Mitte Juni noch nicht ganz geschmolzen ist. Dabei hat der Frühsommer längst Einzug gehalten: Die ersten beiden Tage erlebe ich fast 24 Stunden Sonnenschein, denn so hoch im Norden wird es um die Mittsommerwende gar nicht richtig dunkel.

Doch schon am dritten Tag schlägt das Wetter um. In dieser kargen Landschaft bin ich Regen und Wind wehrlos ausgeliefert, nur selten steigt der Weg hinab in den schützenden Wald. Da für den Abend sogar noch heftigere Niederschläge angekündigt sind, steuere ich durchfroren und durchnässt die Tangåstugan am gleichnamigen Fluss an. Die Hütte hätte Platz für drei Personen, so früh in der Saison bin ich aber allein. Sofort entledige ich mich meiner nassen Kleidung und bereite mir auf dem Campingkocher einen heißen Tee zu, den ich dick eingemummelt am Hüttenfenster sitzend genieße. Monoton prasselt der Regen aufs Dach, Windböen peitschen die Tropfen ans Glas, durch das ich den rauschenden Fluss bloß verschwommen erkennen kann. Jetzt verstehe ich auch das Konzept hinter einem weiteren skandinavischen Begriff, *hyggelig,* behaglich, geborgen, gemütlich. Genauso fühle ich mich in der Sicherheit dieser warmen Hütte. Gerade mal zehn Euro, zahlbar per Überweisung, kostet die Übernachtung in dieser einfachen Unterkunft. Ich hätte ein Mehrfaches ausgegeben, nur um aus diesem Sauwetter rauszukommen.

Zwölf Stunden später sind die grauen Regenwolken im wahrsten Sinne des Wortes weggeblasen, mich begrüßen am Morgen strahlender Sonnenschein und der erste Elch auf dieser Tour. Die Route führt über ein Hochplateau mit vielen kleinen Seen, auf denen der Wind weiße Schaumkronen aufwühlt. Mühsam kämpfe ich mich voran, bis endlich die Särnmanskoja in Sicht kommt, eine spitzgiebelige Windschutzhütte und meine einzige Chance auf eine geschützte Mittagspause. Ich muss meine ganze Kraft aufbieten, um die Tür gegen die heftigen Windböen aufzuziehen. In der winzigen Holzhütte befinden sich lediglich zwei nackte Holzpritschen, ein paar Kerzenstummel und etliche leere Weinflaschen und Bierdosen, dennoch kommt sie mir vor wie ein kleines Paradies. Endlich kann ich meinen Kocher anwerfen und meine feuchten Füße und Schuhe ein wenig trocknen – auch wenn sie draußen sofort wieder nass werden.

Der Kungsleden führt nämlich immer wieder durch Sumpfgebiete. An den schlimmsten Stellen sind Bohlenwege verlegt, allzu oft stecke ich aber knöcheltief im Schlamm. Immerhin muss ich dann bei den Bachquerungen nicht lange überlegen, ob ich die Schuhe ausziehen soll, sie sind ja sowieso schon nass. Alle größeren Flüsse sind während der Wandersaison mit temporären Brücken versehen, die allerdings erst nach der Schneeschmelze aufgebaut werden. Wer also vor Mitte Juni startet, kann noch auf unpassierbare Hindernisse stoßen. Die Sommerroute ist außerdem hervorragend mit oranger Farbe und Steinmännchen markiert. Wetterschutz findet man in regelmäßigen Abständen in den unterschiedlichsten Arten von Hütten, angefangen vom primitiven offenen Windschutz bis zur luxuriösen Fjällstation, sogar eine ehemalige Schule und eine Sennerei sind dabei.

Grövelsjön, die südlichste Fjällstation Schwedens, liegt etwa in der Mitte des Weges und somit genau richtig für einen Ruhetag. Nachdem ich sechs Tage lang fast keinen Menschen getroffen habe, bin ich schon an der Rezeption vom großen Angebot überfordert: ein Zimmer mit eigenem Bad (100 Euro) oder Klo auf dem Gang (70 Euro)? Bettwäsche und Handtücher dazu (20 Euro extra)? Oder doch lieber draußen zelten (20 Euro)? Selber kochen oder die Mahlzeiten dazubuchen (50 Euro)? Abendessen um wie viel Uhr?

Für das billigste Zimmer einschließlich Frühstück und Abendessen muss ich pro Tag knapp 150 Euro hinblättern. Als ich abends in meiner winzigen Kammer auf dem Stockbett liege, frage ich mich, ob das alles den horrenden Preis wert ist. Nach dem Abendessen lautet meine Antwort eindeutig »ja«! Denn auf dem Speiseplan steht Roastbeef in Rotweinsoße mit Backkartoffeln, dazu eine leckere Suppe vorneweg, jede Menge Beilagen und zum Nachtisch frisch gebackene Brownies, und das alles mit unbeschränktem Nachschlag vom *All-you-can-eat*-Büfett. »Der Koch muss aus einem Fünfsternerestaurant kommen«, sage ich scherzhaft zu meiner schwedischen Sitznachbarin.

»Da hast du wahrscheinlich recht«, erwidert sie ganz ernsthaft. »Wegen der traumhaften Lage machen tatsächlich einige Spitzenköche ›Arbeitsurlaub‹ hier in den Bergen. Viele Schweden kommen gar nicht zum *friluftsliv* her, sondern wegen des ausgezeichneten Essens.«

Kein Wunder, dass Grövelsjön eher einem Wellnesshotel gleicht als einer Hütte. Es gibt sogar eine Sauna, dazu einen kleinen Lebensmittelverkauf und einen gut ausgestatteten Outdoorladen, wo ich mir neue Trekkingstöcke hole, denn die werde ich auf der nächsten Etappe dringend benötigen.

Vor mir liegt das Rogen-Gebiet, wo die eiszeitlichen Gletscher ein Mosaik aus Gesteinsschutt und jeder Menge kleiner Seen zurückgelassen haben. Diese Landschaft dicht an der norwegischen Grenze ist ein Paradies für Paddler, und auch ich wäre lieber mit dem Boot unterwegs als zu Fuß. Das Wandern über die teilweise riesigen Felsbrocken erfordert eine höllische Konzentration. Obwohl auf der markierten Route die größten Hindernisse weggeräumt wurden, kann schon ein falscher Schritt zu schmerzhaften Verletzungen führen. Glücklicherweise fällt mir dieser Balanceakt mit meinem ultraleichten Gepäck und den neuen Trekkingstöcken nicht besonders schwer. Die meisten Wanderer sind auf diesem Hindernisparcours allerdings mit bis zu 25 Kilogramm im Rucksack unterwegs!

Ich sehe schon von Weitem, dass die offene Windschutzhütte am Rogensee belegt ist. Zwischen den flechtenbewachsenen Waldkiefern steigt der weiße Rauch eines Lagerfeuers in den wolkenverhangenen Himmel. Das war zu erwarten, denn ab Grövelsjön steigt die Besucherzahl rasant. Neugierig mache ich den kurzen Abstecher zum Rastplatz und werde freundlich von einem jungen englischen Paar begrüßt: »Möchtest du eine Tasse Tee?«

Der Wasserkessel steht schon auf dem Rost über der Feuerstelle, daneben zwei Aluminiumtassen und ein großer Plastikbehälter mit Keksen und Bananen. Die beiden Ärzte können sich dieses Zusatzgewicht leisten, weil sie mit dem Kanu unterwegs sind. Bei einem so netten Empfang bleibe ich doch glatt hier und baue schnell mein Zelt am Wasser auf. Beim gemeinsamen Abendessen und Frühstück erzählen sie mir die erschreckendsten Geschichten aus ihrem Alltag in der Krankenhausnotaufnahme und von den Problemen des britischen Gesundheitssystems. »Wir sind einfach ausgebrannt«, berichten die gerade mal Dreißigjährigen resigniert, während wir dicht gedrängt um das Lagerfeuer vor der Schutzhütte sitzen. Ich hoffe, dass das *friluftsliv* ihren Frust zumindest lindern kann.

Am nächsten Morgen verlasse ich die zwei nur schweren Herzens, denn die Wetteraussichten sind alles andere als erfreulich. Vorsichtig erklimme ich den fast 1000 Meter hohen Tandsjövalen über knöchelgefährdende Blockfelder. Als ich meinen Blick vom flachen kargen Gipfel über den riesigen, von dunkelgrünen Wäldern umrahmten Rogensee schweifen lasse, kann ich am Himmel noch ein paar blaue Tupfer zwischen all den grauen Wolken erspähen. Doch schon am Nachmittag setzt der angekündigte Wettersturz ein. In den nächsten vier Tagen wird die Temperatur vier Grad Celsius nicht mehr übersteigen, dazu kommt ein heftiger Wind. Da es im Fjäll selbst im Hochsommer kurzfristig schneien kann, habe ich natürlich Handschuhe, eine warme Mütze und lange Unterwäsche dabei. Nur hatte ich nicht damit gerechnet, dass ich meine Winterkleidung und Regenjacke Ende Juni tagelang am Stück tragen würde. Und von der rauen Schönheit dieser Landschaft bekomme ich nun auch nicht mehr viel mit, denn meist verhüllt dichter Nebel die weiten Ebenen.

»Das ist noch gar nix!«, ruft ein schwedischer Lehrer aus, als ich grummelnd am Lager seiner Schülergruppe vorbeilaufe. Die roten Expeditionszelte der Jugendlichen sind die einzigen Farbtupfer im Grau von Wolken, Nebel und Regen. »Wir kampieren jedes Jahr genau an dieser Stelle, und viermal hat es um diese Jahreszeit sogar heftig geschneit!« Zum Beweis zeigt er mir ein Foto mit Zelten im Schnee.

»Haben Sie die Tour denn nicht abgebrochen?«, frage ich ungläubig nach, weil ich mir kaum vorstellen kann, dass die Jugendlichen in solchen Verhältnissen Spaß hatten.

»Nö, wir Schweden sind dieses Wetter ja gewohnt. In entsprechender Kleidung werden selbst Kindergartenkids bei Schnee und Regen zum Spielen nach draußen geschickt«, erklärt er mir grinsend und weckt damit meinen Ehrgeiz. Wenn selbst Kleinkinder diesem Wetter trotzen, dann will ich nicht als Weichei dastehen und in einer der Fjällstationen übernachten, die hier im Abstand von je zwanzig Kilometern entlang der Strecke liegen. Die Entscheidung wird mir auch durch die Preise leicht gemacht: Selbst ein Bett im gemischten Schlafsaal kostet fünfzig Euro, wohlgemerkt ohne Bettwäsche und Handtücher! Doch der hohe Preis ist gerechtfertigt, denn diese abgelegenen Hütten müssen aufwendig über Hundeschlitten oder Helikopter versorgt werden. Hunde sind übrigens ohne Mehrpreis willkommen.

Nach dem skandinavischen Jedermannsrecht darf im Fjäll eigentlich überall ganz legal gezeltet werden. Es ist nur gar nicht so einfach, eine passende Stelle zu finden. Denn in diesem flachen Gelände bieten weder Bäume noch Felsen Wetterschutz, stattdessen muss ich jede kleine Bodenunebenheit nutzen, um mich wenigstens ein bisschen vor dem beißenden Wind verstecken zu können. Dazu ist der Untergrund oft viel zu morastig für einen Lagerplatz. Schnell lerne ich, dass das wattebauschartige Wollgras ein guter Indikator für die Bodenbeschaffenheit ist, denn die weißen Tupfen erblühen ausschließlich in sumpfigen Moorgebieten. Wasser im Überfluss hat allerdings den riesigen Vorteil, dass ich tagsüber maximal einen Liter herumtragen muss.

Die nächsten drei großen Hütten steuere ich dennoch kurz an. Weil sie über einen eigenen Funkmast verfügen, gibt es nämlich hervorragenden Handyempfang. Mit dem nötigen Kleingeld kann man sowohl in den Fjällstationen als auch den größeren Hütten Proviant nachkaufen, die Preise beinhalten allerdings einen saftigen Wildniszuschlag. Ein richtiger Supermarkt findet sich nur im winzigen Ort Flötningen, zwei Kilometer von der norwegischen Grenze entfernt. Trotz der abgeschiedenen Lage hat er jeden Tag für Einkäufer aus dem Nachbarland geöffnet, denn dort sind Lebensmittel noch teurer als in Schweden.

»Ah, eine Kungsleden-Wanderin!«, erkennt mich der freundliche Eigentümer sofort, hat aber leider wenig outdoortauglichen Proviant im Angebot. Immerhin finde ich das typisch skandinavische *rotmos,* ein Instantpüree aus Wurzelgemüse, und *lösgodis,* ein Selbstbedienungsbüfett mit unverpackten Süßigkeiten, aus denen man sich eine eigene Mischung zusammenstellen kann. Ich kaufe gleich ein Kilogramm.

Am Ende dieser Tour in Storlien angelangt, bin ich noch immer kein Skandinavienfan, weil ich auch auf dem südlichen Kungsleden auf die typischen Probleme einer Fjällwanderung gestoßen bin. Bei schlechtem Wetter ist man den Elementen in der offenen Landschaft einfach schutzlos ausgeliefert. Man muss schon ein glühender Anhänger des *friluftsliv* sein, um mehrere Tage am Stück begeistert durch Matsch, Regen, Wind und Nebel zu laufen. Die vielen Fjällstationen und Hütten am Weg bieten zwar eine *hyggelige* Zuflucht, aber man muss sich das hohe Preisniveau erst mal leisten können.

Doch wenn der Himmel kurz aufreißt und die Sonne die schier endlose Weite bescheint; wenn plötzlich eine Rentierherde oder ein Elch meinen Weg kreuzt; wenn mir nach einem durchfrorenen Tag die heimelige Wärme einer Hütte entgegenschlägt, ja, dann verstehe ich sofort, warum es so viele Menschen immer wieder zum *friluftsliv* in den Norden zieht.

Für wen:

- Wer schon immer vom berühmten nördlichen Kungsleden geträumt (oder ihn schon bewältigt) hat, findet bei dieser **südlichen Zwillingsausgabe** dieselbe grandiose Landschaft, aber deutlich weniger Menschen und ein etwas größeres Zeitfenster.
- **Hundebesitzer** können ihren Vierbeiner mitnehmen, die Tiere sind in den Hütten am Weg erlaubt. Einige Zimmer sind sogar extra für sie reserviert, ansonsten gibt es einen gesonderten Aufenthaltsraum im Eingangsbereich. Allerdings gilt fast überall Leinenpflicht, und an die sollte man sich halten: Die Samen dürfen frei laufende Hunde erschießen, wenn sie den Rentierherden zu nahe kommen.
- **Paddler** können ihre Wanderung mit einer kleinen Bootstour im Rogen-Gebiet verbinden; die Hütte am Rogensee verleiht auch Kanus. Aber Achtung: Auf dem Wasser gleitet man zwar mühelos an den halsbrecherischen Blockfeldern vorbei, doch zwischen den einzelnen Seen liegen mehrere Hundert Meter lange Portagen.

Für Moorenthusiasten:

OANDU-IKLA-TRAIL

Land: Estland | *Länge:* 375 km
Schwierigkeit: * | *Budget:* € | *Jahreszeit:* ganzjährig
Natur: ** | *Kultur:* * | *Special Interest:* Moorlandschaft mit Trekkingplätzen

Die schwüle Luft legt sich sofort wie ein Klebefilm auf meine Haut, als ich den klimatisierten Bus verlasse. Gerade ist wohl ein heftiger Gewitterschauer niedergegangen, auf der unbefestigten Straße steigt im Sonnenlicht Dunst aus den Pfützen auf. Solche Hitze und Luftfeuchtigkeit hätte ich eher in den Subtropen erwartet als hier an der baltischen Ostseeküste. Beschwingt schultere ich meinen Rucksack, denn bei der Anreise nach Estland hat alles wie am Schnürchen geklappt. Mein Flug ist pünktlich in Tallinn gelandet, im Einkaufszentrum neben dem Flughafen habe ich schnell eine Gaskartusche gefunden und anschließend auf Anhieb den richtigen Bus erwischt. Jetzt noch ein kurzer Fußmarsch, dann habe ich es innerhalb eines Tages zum Startpunkt meiner Wanderung geschafft.

Doch kaum bin ich auf einem schmalen Wanderpfad in den dichten Wald eingedrungen, vernehme ich ein enervierendes Brummen. Heerscharen dicker schwarzer Bremsen umschwirren mein Gesicht, meine Arme und Beine. Sofort gerate ich aus meinem Laufrhythmus, weil ich ständig blutgierige Insekten mit Händen und Trekkingstöcken abwehren muss. Dennoch beißen die Viecher erbarmungslos zu: Schon nach einer halben Stunde prangen schmerzhaft juckende Quaddeln an meinen Waden.

Genervt greife ich zur chemischen Keule und sprühe mich großflächig mit Insektenschutzmittel ein – nur um festzustellen, dass es gegen Bremsen nicht im Geringsten wirkt. Trotz der schweißtreibenden Temperaturen ziehe ich ein langärmeliges Hemd an, durch dessen dünnen Stoff die tierischen Jagdbomber aber einfach hindurchstechen. Das einzig halbwegs wirksame Mittel ist Joggen, denn die meisten Viecher kommen so schnell nicht hinterher.

Schweißüberströmt renne ich also mit voll bepacktem Rucksack den Weg entlang, obwohl die Etappe eigentlich wunderschön ist. Schmale sandige Pfade führen mich zwischen alten Kiefern hindurch, unter deren Schatten üppige Farne, saftige Moose und dekorative Flechten gedeihen. Das mitten im Wald gelegene Naturzentrum Oandu mit einer Ausstellung zur Geschichte der Forstwirtschaft ist in einem pittoresken alten Holzhaus untergebracht, aber leider bereits geschlossen. Immerhin kann ich erfrischend kaltes Wasser aus dem Ziehbrunnen schöpfen.

Während andere Besucher hier völlig entspannt auf Picknickbänken sitzen, werde ich weiterhin gnadenlos von den Bremsen attackiert. Der Grund dafür wird mir erst abends bei der Internetrecherche im insektensicheren Zelt klar. Bremsen werden von drei Faktoren angelockt: Körperwärme, Bewegung und vor allem Schweißgeruch. Heiß verschwitzte, dreckige Wanderer sind daher viel anziehender als herumsitzende, saubere Touristen. Nur wie zum Teufel soll ich es anstellen, angesichts dieser hochsommerlichen Temperaturen nicht ins Schwitzen zu kommen?

Der Oandu-Ikla-Trail, der sich auf 370 Kilometern durch ganz Estland erstreckt, wurde von der RMK angelegt, der staatlichen Forstbehörde des Landes. In jeweils einem Kilometer Abstand weisen grüne Schilder die Richtung und die Kilometerzahl zu den beiden Endpunkten Oandu im Nordosten und Ikla im Südwesten an der lettischen Grenze. Zusätzlich hat die RMK auch noch vierzig offizielle Zeltplätze an idyllischen Orten entlang der Strecke eingerichtet. Tische und Bänke, eine Feuerstelle und eine Trockentoilette sind die Grundausstattung, manchmal gibt es zusätzlich Brennholz, Schutzhütten oder sogar einen Wasseranschluss. Die genaue Lage und Ausrüstung findet man in einer kostenlosen App.

Võsu telkimisala, der nächste Zeltplatz, liegt in der Nähe des beliebten Badeortes Võsu. Im 18. Jahrhundert kam die Oberschicht des Russischen Reiches aus Sankt Petersburg und Moskau hierher in die Sommerfrische, heute ziehen die historischen Holzhäuser vor allem estnische Touristen an. Die Schutzhütte und die gut ausgestatteten Grillplätze habe ich am nächsten Vormittag trotzdem für mich allein. Sehr gut, denn so kann ich mich meiner dreckigen Kleidung entledigen und allen Schweiß im angrenzenden Flüsschen abwaschen. Meine Hoffnungen werden allerdings schnell enttäuscht: Auch nach dem erfrischenden Bad fallen die Bremsen wieder über mich her.

Idiotischerweise habe ich wegen der sommerlichen Temperaturen nur eine Shorts und eine Dreiviertelhose eingepackt. Meine Waden sind den Attacken daher schutzlos ausgesetzt und von den vielen Stichen bereits dick angeschwollen. Mit den winzigen Sicherheitsnadeln aus meinem ultraleichten Nähset befestige ich meinen blauen Buff an dem einen Hosenbein und mein lila Kopftuch am anderen. Durch diese bunte Hosenverlängerung sind meine Unterschenkel wenigstens ein bisschen geschützt. Dafür sehe ich aus wie ein ausrangierter Rockstar aus den Siebzigern.

»Qualm vertreibt die Insekten«, behaupten zwei estnische Wanderer am nächsten Abend. Während ich nach einem Sprung in den nahe gelegenen See sofort in mein bremsensicheres Zelt flüchte, entfachen die beiden bei dreißig Grad ein Lagerfeuer. Während ihres rauchgeschwängerten Abendessens werden sie dennoch gnadenlos zerstochen.

Die Hälfte Estlands ist bewaldet, davon stehen dreißig Prozent unter Naturschutz; weitere zwanzig Prozent der Landesfläche sind Sumpf- und Moorgebiete. Die ersten beiden Tage führen mich durch den 750 Quadratkilometer großen Laheema-Nationalpark, an dessen südlichem Ende mich das Hochmoor Viru-*raba* erwartet. Etwas ängstlich betrete ich den 3,5 Kilometer langen Holzsteg, der die Besucher sicher durch das sumpfige Gelände führt. Werden die Bremsen oder auch Stechmücken mich in dieser feuchten Umgebung besonders aggressiv bekriegen?

Genau das Gegenteil tritt ein: Kein einziges Insekt fliegt hier durch die Luft! Völlig ungestört kann ich die Landschaft genießen, die mich durch ihre Einzigartigkeit in eine andere Welt zu entführen scheint. Außer dem leisen Säuseln des Windes und dem Flügelschlag der wenigen Vögel ist es absolut still. Nur vereinzelt säumen ein paar verkrüppelte Kiefern meinen Weg. Dafür komme ich an unzähligen Mooraugen vorbei, Tümpeln und Seen, in deren schwarzbraunem Wasser sich kleine Inselchen spiegeln. Auf dem hölzernen Aussichtsturm in der Mitte kann ich mich gar nicht sattsehen an diesem gigantischen Wasserteppich, der vom sich windenden Plankenweg durchzogen wird wie von einer dicken Schlagader.

Der Trail führt mich glücklicherweise durch mehrere ausgedehnte Moorgebiete, die für mich nicht nur wegen der fehlenden Insekten sofort zu den Highlights dieser Wanderung werden. Auf den Panoramatürmen teile ich mir die Aussicht oft mit kamerabehängten Fotografen, die die karge Schönheit dieser seltenen Biotope ablichten. Doch im Kakerdaja-*raba* entdecke ich Moorfans ganz anderer Art: Mitten auf dem gleichnamigen See verrenkt sich ein Dutzend Frauen in Badeanzügen auf Paddleboards. Was ich zunächst für einen Anfängerkurs im Stand-up-Paddling halte, entpuppt sich bei längerer Beobachtung als SUP-Yogagruppe.

»Unsere Vorfahren behaupteten, dass jedes Bad im ›lebendigen Wasser‹ eines Moorsees das Leben um ein Jahr verlängert«, erzählt mir eine estnische Wanderin. Der Ursprung dieses Mythos liegt wohl darin, dass die vielen organischen Verbindungen im Moorwasser für eine zarte, straffe Haut sorgen. Und nachdem ich im Mukri-*raba* gebadet habe, glaube ich das gerne! Der RMK hat hier aus Holzplanken eine wundervolle Badestelle mit Einstiegsleiter und Ruhebank geschaffen. Als ich nackt zwischen weißen Seerosen durch das weiche Wasser gleite, fühle ich mich tatsächlich wie in einem Jungbrunnen, und für meine von Bremsenstichen und Sonnenbrand malträtierte Haut ist das Bad eine Wohltat.

Auch außerhalb der Moore führt der Trail an zahlreichen Seen vorbei, sodass ich fast jeden Tag bequem eine Runde schwimmen kann. An den autozugänglichen Rastplätzen mit Grillgelegenheit und Sandstrand bin ich jetzt zur Ferienzeit natürlich nicht allein, obwohl die Bremsen das Badevergnügen aller ganz erheblich trüben. »So eine Invasion habe ich in meinem ganzen Leben noch nicht gesehen«, beklagt sich die Bibliothekarin der Kleinstadt Ardu, als ich in ihrer Bücherei meine Wasservorräte auffülle. »Ich kann nicht mal mehr mit meinen Kindern schwimmen gehen!«

Während mein Handy in ihrem Büro auflädt, folgen mir die Bremsen sogar in den klimatisierten Supermarkt. Dort erwerbe ich neben Proviant auch die erste erfolgreiche Waffe im Kampf gegen die tierischen Jagdbomber: Frischhaltefolie, die ich mir unter den belustigten Blicken der Bibliothekarin um meine Waden wickle. Weder Bremsen noch Schweiß können die dünne Plastikschicht überwinden, sodass ich einerseits zwar vor Stichen geschützt bin, mich aber andererseits untenrum wie in einer Sauna fühle. Bei weiterhin hochsommerlichen Temperaturen kann ich diese Lösung daher bloß temporär anwenden.

Für meinen Ruhetag mache ich einen kurzen Abstecher per Bahn in die alte Hansestadt Viljandi, zu Deutsch Fellin, mit gerade mal 18 000 Einwohnern bereits die sechstgrößte Stadt Estlands. Die ehemalige Ordensburg des deutschen Schwertbrüderordens war früher sogar mal die größte des gesamten Baltikums, heute sind leider nur wenige Mauerreste erhalten. Dafür leuchten mir in den kopfsteingepflasterten Gassen des Stadtzentrums farbenfrohe Holzhäuser entgegen.

»Was sind denn typisch estnische Gerichte?«, frage ich die Dame in der Touristeninformation, weil ich den Stadtbesuch auch für ein Restaurantessen nutzen möchte. Doch erstaunlicherweise kann sie mir kein Nationalgericht nennen. »Ich glaube, wir Esten verzehren besonders viele Kartoffeln…«, ist das Einzige, was ihr zu dem Thema einfällt. Im schicksten Lokal der Stadt werden mir immerhin noch Fischfrikadellen empfohlen, allerdings in der Tat mit Kartoffeln als Beilage. Die estnische Küche ist eben einfach, aber lecker.

Weil ich im Internet gelesen habe, dass Streifenmuster und helle Farben Bremsen abschrecken sollen, durchstöbere ich im Anschluss Geschäfte und Secondhandläden nach einem entsprechenden Kleidungsstück. In einem Modediscounter werde ich fündig, und die Zebrahose ist mit 4,99 Euro zudem sagenhaft günstig. Angesichts des bizarren Streifenmusters auf einem billigen Viskosestoff mit Gummizug wundert es mich allerdings nicht, dass es sich um ein Auslaufmodell handelt. Bekleidet mit einem neonrosa Top und dieser safariinspirierten Billighose sehe ich nun aus wie eine modische Geschmacksverirrung, dafür erweist sich die Kombination zu meiner eigenen Überraschung als äußerst effektiv. Nach meiner Rückkehr auf den Trail umschwirren die Bremsen mich zwar weiterhin, können auf dem flirrenden Muster jedoch nicht mehr landen und damit nicht stechen. Vielleicht lachen sich die Viecher aber auch nur über mein neues Outfit tot…

Im erstaunlich dünn besiedelten Estland muss ich den Proviant-, Wasser- und Stromnachschub gut planen. Direkt am Weg befinden sich nur wenige kleine Supermärkte, und leider hat das stark mineralhaltige Fluss- oder Seewasser an den RMK-Rastplätzen oft die Geschmacksrichtung »faule Eier« oder »rostiges

Eisen« – von der dunklen Farbe ganz zu schweigen. Auch meine Handynutzung muss ich streng reglementieren, da in Estland Kirchen als Ladestationen entfallen. Nicht einmal dreißig Prozent der Bevölkerung bekennt sich zu einer christlichen Religion, sodass ich entlang der 370 Kilometer langen Strecke bloß zwei Gotteshäuser entdecke – und die sind geschlossen.

Das Informationszentrum im Sooma-Nationalpark ist daher für mich ein höchst willkommener Pausenplatz. Während ich die kleine Ausstellung zur Flora und Fauna des riesigen Moorgebietes besuche, lädt meine Powerbank an der Steckdose. Erfreut erfahre ich außerdem, dass das Grundwasser mit speziellen Filtern zu passabler Trinkqualität aufbereitet wird. Die Rangerin erklärt mir, warum ich mit dem Timing meiner Tour so ein Pech habe. »Die ungewöhnliche Bremsenplage ist auf zwei Faktoren zurückzuführen: In diesem Jahr hat es viel geregnet, und es war über Wochen sehr heiß. Wenn die Temperaturen sinken, werden die Bremsen verschwinden.«

»Dann hätte ich wohl eher im Frühjahr oder im Herbst kommen sollen?«, hake ich nach.

»Oder im Winter, wenn die Sümpfe gefroren sind. Dann sind tolle Schneeschuh- und Langlaufskitouren möglich. Aber Vorsicht: An den Weihnachts- und Silvesterfeiertagen sind die Rastplätze randvoll, weil wir Esten auch im Schnee gerne grillen«, ergänzt sie lachend und rät: »Am besten eignet sich der goldene Herbst zum Wandern. Im März und April hingegen, unserer sogenannten fünften Jahreszeit, wirst du hier bestenfalls mit dem Boot durchkommen.«

Im Ausstellungsraum kann ich einen dieser traditionellen *haabjas* bewundern, ein kunstvoll geschnitzter Einbaum, dessen Herstellung und Nutzung 2021 sogar zum immateriellen UNESCO-Weltkulturerbe erklärt wurde. Noch im 20. Jahrhundert transportierten die Bauern ihre Waren mit solchen ausgehöhlten Baumstämmen, wenn die großen Flüsse im Sooma-Gebiet während der Schneeschmelze oder nach starken Regenfällen über die Ufer traten und die Gegend kilometerweit überschwemmten.

»Dann kann das Wasser täglich um bis zu einem Meter steigen«, erzählt die Rangerin und belegt dieses Naturphänomen mit eindrücklichen Fotos der letzten Springfluten. »Daher wird der Oandu-Ikla-Trail in Sooma auch auf Schotterpisten geführt, Holzstege würden die Überschwemmungen nicht überstehen.«

In der Tat laufe ich die nächsten Kilometer auf einer unbefestigten Straße glücklicherweise ohne viel Autoverkehr immer nur geradeaus, vorbei an Birkenwäldern und riesigen Auenwiesen, die früher als Weide genutzt wurden. Das Gras wächst dort besonders üppig, weil der Boden durch die immer wiederkehrenden Überschwemmungen mit Nährstoffen angereichert wird.

Die Schotterpiste führt mich in das verlassene Dorf Tipu, wo ich an einem artesischen Brunnen Wasser schöpfen kann. Eine Informationstafel erklärt, dass hier vor hundert Jahren noch 240 Menschen von Viehzucht und Milchwirtschaft lebten. Bis zu fünfzig Schüler besuchten die alte Schule, in der inzwischen eine Außenstelle der Universität untergebracht ist. Nach dem Zweiten Weltkrieg enteigneten die Sowjets die Bauern, um sie entweder zu deportieren oder zur Arbeit in den Kolchosen zu zwingen. Die einstmals blühenden Dörfer des Sooma-Gebietes starben aus, in dem 370 Quadratkilometer großen Nationalpark leben heute weniger als hundert Menschen. Von der traditionellen Nutzung zeugen bloß ein paar alte Heuschober, die zu besonders luxuriösen RMK-Schutzhütten umfunktioniert wurden. Ich bedaure sehr, dass ich zur falschen Tageszeit vorbeikomme und mir später mühsam einen Zeltplatz im Wald suchen muss.

Wildzelten ist in Estland zwar erlaubt, aber außerhalb der offiziellen RMK-Rastplätze gar nicht so einfach. Die breiten Entwässerungsgräben, mit denen die Sümpfe für den Anbau des scheinbar endlosen Birken- und Fichtenwaldes trockengelegt wurden, bilden rechts und links der Wege schwer überwindbare Hindernisse. Selbst wenn man es trockenen Fußes über den Kanal hinübergeschafft hat, findet sich im Wald nur morastiger Boden oder ein struppiger Teppich aus Blaubeersträuchern. Gezwungenermaßen schlage ich mein Nachtlager daher meist auf alten Forstwegen auf.

Auf den letzten zwanzig Kilometern des Trails verändert sich die Landschaft erneut komplett: Nun geht es unter windgedrungenen Küstenkiefern oder am flachen Sandstrand an der Ostseeküste entlang. Die drei riesigen RMK-Campingplätze sind in den Sommerferien randvoll mit baltischen Wohnmobiltouristen, obwohl man in dem seichten Wasser kaum schwimmen kann und verrottender Seetang für ein intensives maritimes Geruchserlebnis sorgt.

Beide Faktoren machen diesen Küstenabschnitt allerdings zu einem beliebten Rastplatz für Zugvögel. Um ihre Migrationsbewegungen zu studieren, werden an der Vogelstation von Kabli jeden Herbst bis zu 20 000 Exemplare mit einem 17 Meter breiten Netz gefangen und beringt. Der hohe Beobachtungsturm bietet auch außerhalb der Saison fantastische Ausblicke über die Küste. Hier lasse ich mir noch einmal so richtig den Wind um die Nase wehen, bevor ich in Ikla an der lettischen Grenze das Ende des ersten estnischen Fernwanderweges erreiche.

Gerade mal zwei Wochen habe ich für die gesamte Strecke gebraucht. Weniger als die Hälfte der Zeit habe ich mein Zebra-Outfit getragen, doch der billige Stoff ist schon an einigen Stellen durchgescheuert. Als ich nach Deutschland zurückkehre, ist das Modell im Onlineshop auf 3,99 Euro runtergesetzt worden. Ich bestelle sofort eine Ersatzhose, denn man weiß ja nie, wann die nächste Bremsenplage droht.

Für wen:

- Lassen Sie sich von der extrem seltenen Insektenplage nicht abschrecken: Der Oandu-Ikla-Trail ist der **perfekte erste Thruhike!** Er führt Sie durch ein ganzes Land, auch wenn Estland nur etwa so groß ist wie Niedersachsen. Durch die hervorragend ausgestatteten RMK-Rastplätze und die durchgängige Markierung stoßen Sie weder auf Probleme bei der Zeltplatzsuche noch bei der Navigation.
- Hartgesottene **Winterwanderer** finden ein technisch einfaches Gelände, das selbst bei viel Schnee zumindest mit Schneeschuhen gut begehbar ist, dazu Schutzhütten einschließlich Feuerstelle und Brennholz. Vorteil: Bremsen gibt es zu dieser Jahreszeit ganz bestimmt nicht mehr.
- Moore bedecken etwa drei Prozent der Landfläche weltweit, in Estland jedoch ein Fünftel des Staatsgebietes! Und während sich in Deutschland gerade noch etwa fünf Prozent der Moorgebiete in einem naturnahen Zustand befinden, sind es in Estland mehr als sechzig Prozent. Diese einzigartigen Biotope wurden für **Moorliebhaber** mit Holzstegen, Badestellen und Aussichtstürmen umweltschonend erschlossen.

Für Menschen mit Wurzeln im ehemaligen Ostpreußen:

E11 DURCH NORDOSTPOLEN

Land: Polen | *Länge:* 420 km
Schwierigkeit: * | *Budget:* € | *Jahreszeit:* ganzjährig
Natur: * | *Kultur:* *** | *Special Interest:* Ostpreußen

Kaum habe ich am 17. März 2021 die ersten zehn Kilometer östlich der Neiße zurückgelegt, da schickt mir ein Wanderfreund per SMS die Hiobsbotschaft: »Polen macht jetzt auch zu: Läden ab Montag geschlossen, touristisches Beherbergungsverbot!« Entsetzt starre ich mein Handy an. Gestern erschien mir Polen noch als großartiges Wanderziel. Während Deutschland weiterhin im Corona-Lockdown verharrt, brauchte ich bei meiner heutigen Einreise nicht einmal einen Test, und alle Geschäfte, Hotels und Museen sind geöffnet – jetzt allerdings nur noch bis Montag.

Die Hotelschließungen wären für mich als überzeugte Wildzelterin eigentlich kein Problem, wenn da nicht das Wetter wäre. Es herrschen nach wie vor winterliche Temperaturen, der Wetterbericht kündigt sogar Schneestürme an. Wenn ich gewusst hätte, dass mich der kälteste Frühling seit über neunzig Jahren erwartet, wäre ich wahrscheinlich gleich wieder nach Hause gefahren. So rufe ich nur alarmiert meine Wanderfreundin Agnieszka an und zitiere aufgeregt die Schlagzeile eines deutschen Zeitungsberichtes über die Corona-Situation: »Polen steht am Rande einer Katastrophe!«

Agnieszka bricht in schallendes Gelächter aus und gibt mir gleich ein Beispiel polnischer Lebenseinstellung: »Mach dir keine Sorgen, Christine. Polen steht seit Jahrhunderten am Rand des Abgrunds. Heute sind wir sogar schon einen Schritt weiter.«

»Aber der Lockdown wird meine Tour verdammt verkomplizieren«, protestiere ich, obwohl mich ihr schwarzer Humor grinsen lässt. Wieder ertönt Lachen am anderen Ende. »Welcher Lockdown? Ein paar Geschäfte und Hotels machen zu. Aber das ist Polen, da findet sich immer ein Weg. Glaub mir, du wirst keine Probleme haben.«

Agnieszka behält recht. Trotz aller Widrigkeiten kann ich wie geplant das gesamte Land von West nach Ost durchqueren. Der landschaftlich schönste Abschnitt sind die gut 400 Kilometer auf dem Europäischen Fernwanderweg E11 durch den dünn besiedelten Nordosten der Republik, von Olsztyn in Masuren bis zur litauischen Grenze in Podlachien. Hier wandere ich nicht nur durch einsame Natur, sondern auch durch die europäische und speziell deutsche Geschichte.

Und das merkte ich schon vor Tourenbeginn. Seit ich meine Pläne im Freundeskreis und auf den sozialen Medien kundgetan habe, hagelt es Anfragen wie: »Läufst du auch durch X/Y/Z…? Meine Oma/Schwiegermutter/Urgroßeltern kommen von dort!« Ich werde um Fotos gebeten, erfahre von berührenden Familiengeschichten und höre immer wieder den Satz: »Da wollte ich schon immer mal hin!«

Egal ob in Olsztyn (Allenstein), Dobre Miasto (Guttstadt), Lidzbark Warmiński (Heilsberg), Reszel (Rössel) oder Kętrzyn (Rastenburg) – überall stoße ich auf Spuren deutscher Geschichte in Form von verwilderten Friedhöfen, Inschriften auf Wegkreuzen sowie überdimensionierten Backsteinkirchen und -burgen, die heute inmitten von modernen sozialistischen Wohnblöcken seltsam archaisch anmuten. Auf deutsche Touristen ist man in dieser Gegend besonders gut eingestellt. Als ich in Olsztyn beim Fotografieren in der Kathedralbasilika St. Jakob zu nahe an den alarmgesicherten Bereich herantrete, schallt sofort lautstark eine scheppernde Stimme vom Band: »Den Altarraum bitte nicht betreten!« Und zwar auf Deutsch …

In der St.-Georg-Kirche zu Kętrzyn entdecke ich gar direkt an der Kanzel Gemälde der deutschen Reformatoren Martin Luther und Melanchthon! Verblüfft blicke ich mich um, doch das in Polen anscheinend obligatorische Bild von Papst Johannes Paul II. versichert mir, dass ich mich in einem katholischen Gotteshaus befinde. Eine Informationstafel, natürlich zweisprachig auf Polnisch und Deutsch, löst meine Verwirrung auf: St. Georg war wie die meisten Gotteshäuser in Masuren bis 1945 protestantisch, da sich die Mehrzahl der deutschsprachigen Bevölkerung zur evangelischen Konfession bekannte. Erst nach deren Vertreibung wurden so gut wie alle dieser Kirchen zum Katholizismus »konvertiert«.

Nicht nur in den ehemals deutschen Städten, sondern auch auf dem Land führt mich der E11 zu so manchem unbekannten historischen Kleinod. Im winzigen Örtchen Smolajny (Schmolainen) macht der Weg einen riesigen Schlenker zur ehemaligen Sommerresidenz der Bischöfe von Ermland, die vor Kurzem wieder auf Hochglanz renoviert wurde. Glücklicherweise kürze ich diesen Umweg nicht ab! In dem verwilderten Park des Barockschlosses mit seinen hohen Mauern, Torhäusern und verspielten schmiedeeisernen Toren komme ich mir fast vor wie eine Prinzessin in einem Märchenfilm – auch wenn ich in schlammbespritzter Wanderkleidung unterwegs bin und nicht im Rüschenkleid.

In weniger gutem Zustand ist Schloss Steinort am Mamry (Mauersee). Es gehörte Heinrich Graf von Lehndorff-Steinort, der an der Verschwörung gegen Hitler am 20. Juli 1944 beteiligt war und deshalb in Berlin-Plötzensee hingerichtet wurde. Während sich im modernen Jachthafen bunte Boote und Touristen tummeln, versuchen ein paar Bauarbeiter, das halb verfallene Barockschloss mit einer Notsicherung vor dem endgültigen Einsturz zu bewahren, finanziert mit den Spenden einer deutsch-polnischen Stiftung.

Der Schauplatz des missglücken Attentats, das Führerhauptquartier Wolfsschanze, liegt nur 25 Kilometer weiter südwestlich, ebenfalls direkt am E11. Das weitläufige Gelände mit den unzähligen Betonbunkern wird heute von einem privaten Pächter als eine Art Erlebnispark betrieben. Bis vor Kurzem konnte man im ehemaligen Bunker von General Jodl sogar mit MP40-Repliken, der Maschinenpistole der deutschen Wehrmacht, Paintball spielen. Hotelübernachtungen sind immer noch direkt auf dem Gelände möglich – in einer ehemaligen Kaserne für SS-Offiziere. Wem dieses »Hitler-Disneyland« für vier Euro Eintritt nicht behagt, der kann auch außerhalb des eingezäunten Geländes mehrere verfallene Bunkeranlagen besichtigen.

Die Puszcza Romincka (Rominter Heide), in die mich der Weg anschließend führt, war das Jagdrevier von Kaiser Wilhelm II. und Hermann Göring, der einen »Reichsjägerhof« errichtete. Heute liegen zwei Drittel des Gebietes in der russischen Enklave Kaliningrad, ein Drittel in Polen. Die Grenze zwischen Russland und der EU verläuft hier ungesichert mitten im Wald, nur unregelmäßig markiert mit ein paar Grenzsteinen. Eine Holztafel weist mir den Weg zu einem der »Kaiser Wilhelm Gedächtnissteine«. Auf dem halb im Sumpf versunkenen Stein kann ich mit etwas Mühe noch die Inschrift entziffern: »Hier erlegte Seine Majestät Kaiser Wilhelm II. am 23. September 1908 einen kapitalen 20 Ender.«

Kurz bevor ich an diesem Abend meine vorgebuchte Unterkunft erreiche, hält ein Jeep neben mir. *»Polish border patrol«*, lese ich auf der Camouflage-Jacke des Fahrers. Nun wird es Zeit für den Satz, den ich auf dieser Wanderung mehrfach täglich einsetzen muss: *»Nie mówię po polsku* – Ich spreche kein Polnisch.«

»Passport!«, fordert mich der Grenzschützer also auf Englisch auf. Seine Kollegin, trotz Tarnfleckenanzug perfekt geschminkt

und mit rot lackierten Fingernägeln, versucht eine Viertelstunde lang, auf ihrem Laptop im warmen Fahrzeug meinen Ausweis zu überprüfen. Wahrscheinlich scheitert sie am ü in meinem Nachnamen, das auf der polnischen Tastatur nicht zu finden ist. Währenddessen gebe ich mir draußen im eisigen Wind Mühe, in einfachen Worten zu erklären, was zum Teufel ich mutterseelenallein mitten in dieser Pampa mache. So dicht an der russischen und litauischen Grenze blüht der Schmuggel mit Alkohol und Zigaretten, aber allzu viel illegale Ware kann ich in meinem Ultraleichtrucksack ja wohl nicht mitschleppen. Als die Beamten mir meinen Ausweis endlich zurückgeben, fragen sie noch, wo ich denn heute übernachten wolle. *»Agroturystyka«,* erkläre ich und weise erleichtert auf den nahe gelegenen Bauernhof. Immerhin muss ich nicht zugeben, dass ich wildzelte.

»Aber Hotel verboten wegen Covid«, radebrecht der Grenzschützer augenzwinkernd auf Englisch und grinst breit. Das Beherbergungsverbot scheint er wohl nicht durchsetzen zu wollen.

»Ich bin als Autorin beruflich unterwegs«, verteidige ich mich trotzdem vorsorglich, denn im Gegensatz zu touristischen Übernachtungen sind arbeitsbedingte Aufenthalte erlaubt. Beide Beamte können ein Lachen kaum unterdrücken, denn in meinen verschlammten Klamotten wirke ich wohl nicht wie ein Mitglied der schreibenden Zunft. *»No problem!«,* erklären sie gutmütig, obwohl sie mir kein Wort glauben, und winken zum Abschied freundlich.

Wie von Agnieszka vorhergesagt, finde ich trotz Corona-Beschränkungen problemlos Unterkünfte. Weder die Grenzschützer noch die Vermieter wollen dabei meine Arbeitsbescheinigung sehen. Meine Gastgeber bekomme ich meist gar nicht zu Gesicht, weil bei Ferienwohnungen Bezahlung und Check-in in der Regel völlig kontaktlos ablaufen. Die meisten Wohnkomplexe sind über einen Türcode zugänglich, der Wohnungsschlüssel wird vom Vermieter in einem Safe deponiert. Polen ist eines der günstigsten Länder der EU: Privatzimmer werden schon ab 15 Euro angeboten, ganze Ferienwohnungen ab 25 Euro, wobei die Ausstattung mit Induktionsherd, Spül- und Waschmaschine eher einer deutlich höheren Preisklasse entspricht.

Treffe ich Vermieter doch mal persönlich an, komme ich in den Genuss der polnischen Gastfreundschaft. »Wollen Sie einen Teller Suppe?«, fragt mich eine Gastgeberin am Wigry-See, als ich nach einem besonders winterlichen Tag verfroren in ihrer Pension ankomme und mir erst mal die Schneereste von der Jacke schütteln muss. Ich nicke begeistert, und sie serviert mir ein ganzes Abendessen mit Eintopf und Brotzeit. In Goldap steht meine Vermieterin gar mittags unangemeldet mit einem riesigen Wiener Schnitzel vor der Tür und verabschiedet sich sofort wieder mit einem freundlichen: »*Smacznego* – Guten Appetit!«

Da es selbst in kleinen Dörfern *sklep spożywczy,* kleine Tante-Emma-Läden, gibt, ist meine Verpflegung auch bei Zeltübernachtungen besser als sonst. Statt Tütengerichte schmause ich frische Piroggen. Diese typisch osteuropäischen Teigtaschen sind wahlweise gefüllt mit Quark, Kartoffeln, Sauerkraut, Pilzen oder Fleisch. Die süße Variante mit Heidelbeeren schmeckt sogar zum Frühstück.

Natürliche Quellen sind in dieser flachen Gegend selten, und aufgrund der anhaltenden Nachtfröste wurden die Wasseranschlüsse an den Friedhöfen noch nicht wieder angestellt. »*Proszę, o wodę z kranu* – Leitungswasser bitte!«, wird zum zweitwichtigsten Satz auf dieser Wanderung. Ein junger Mann, der an einer Garage soeben in sein Auto steigen will, antwortet darauf erstaunt in perfektem Englisch: »Was zum Teufel machen Sie denn hier bei diesem Wetter?« Ausländische Wanderer sind wohl eher selten.

Er braucht ungewöhnlich lange zum Wasserholen und kommt dann mit vollen Händen zurück. »Weil Ostern ist!«, meint er lächelnd und drückt mir mit meiner gefüllten Trinkblase jede Menge Süßigkeiten, zwei Orangen und einen Apfel in die Hand.

Das Essen nehme ich natürlich gerne an, sein Angebot zum Mitfahren lehne ich trotz des April-Schneesturms höflich ab. Und das sind nicht die einzigen Geschenke – eine Bauersfrau gibt mir sogar einen halben Kuchen mit, liebevoll eingepackt in Alufolie: »Den habe ich gerade selbst gebacken …« In kaum einem anderen Land werde ich so reich mit Essen beschenkt. Aber vielleicht dachten die Polen angesichts des abschreckenden Wetters auch nur: Die arme Irre müssen wir füttern …

»Land der dunklen Wälder und kristall'nen Seen«, so wird die Landschaft im Ostpreußenlied treffend beschrieben, der wehmütigen Hymne der heimatvertriebenen Deutschen. Und tatsächlich führt mich der E11 auf sandigen Wegen und unbefestigten Straßen durch riesige Waldgebiete, in denen sich neben Elchen und Hirschen außerdem Wölfe tummeln sollen. In der Puszcza Borecka, ehemals Borkener Forst, befindet sich sogar eine Aufzuchtstation für Wisente! Die Route folgt den Markierungen verschiedener lokaler Wanderwege und ist selten explizit als E11 ausgeschildert. Mit Karte oder GPS stellt die Navigation in dem einfachen Gelände aber keinerlei Problem dar.

Doch bei aller Idylle: Spektakuläre Ausblicke hat man im Nordosten Polens nicht. Die Masurische Seenplatte ist eine eiszeitliche Moränenlandschaft, deren höchste Erhebungen gerade mal 300 Meter messen. Daher staune ich nicht schlecht, als ich am Goldaper Berg auf stolzen 272 Metern über dem Meeresspiegel an einem Wintersportzentrum mit Skiliften vorbeikomme.

Die Gletscher haben zwar keine atemberaubenden Berge hinterlassen, dafür 2700 Seen. Jeden Tag laden traumhafte Sandstrände an schilfbewachsenen Ufern zum Baden ein, aber bei immer noch winterlichen Temperaturen kann ich nur fröstelnd den Wasservögeln und Bibern beim Schwimmen zuschauen und mir sehnsüchtig vorstellen, wie schön es hier wohl im Sommer ist. Immerhin bleibe ich bei der Kälte von Mücken verschont.

Für andere hat der Frühling allerdings bereits begonnen. In Polen brütet ein Viertel der Weltpopulation der Weißstörche, sodass ich in manchen Dörfern gleich mehrere Nester auf den Pfosten der Stromleitungen erspähe und mich ihr Klappern morgens aus dem Schlaf reißt. Erdkröten, eine ihrer Nahrungsquellen, entdecke ich ebenfalls in Massen. Entweder liegen sie platt gefahren und eingetrocknet auf den Straßen oder hüpfen auf dem Weg zu den Laichgewässern an mir vorbei. Dabei lässt sich das kleinere Männchen vom Weibchen »tragen«, lauter Kröten im Huckepack kreuzen meinen Weg.

Egal zu welcher Jahreszeit: An Sonntagen sind die Kirchen so voll, dass die Gläubigen sogar bis vor die Tür stehen, obwohl die Gottesdienste im Stundentakt gehalten werden. 87 Prozent der Polen bekennen sich zum römisch-katholischen Glauben. Kein Wunder also, dass direkt am E11 auch vier bekannte Wallfahrtsorte liegen. Die riesige Klosteranlage von Stoczek (Springborn) fällt in dem gleichnamigen winzigen Ort mit gerade mal 300 Einwohnern völlig aus dem Rahmen. In den 1950er-Jahren war hier der Primas von Polen, Kardinal Stefan Wyszyński, von den Kommunisten interniert worden, seine damaligen Wohnräume können heute noch besichtigt werden. Im Nebengebäude entdecke ich sogar eine verwaiste Pilgerherberge. Eine halbe Stunde irre ich durch den wunderschön bemalten Kreuzgang und klopfe an jeder Tür des menschenleeren Gebäudes, doch ich kann niemanden entdecken, der mich eincheckt. Enttäuscht verbringe ich die Nacht also in meinem Zelt.

Eine Tagesetappe weiter erreiche ich die üppig ausgestattete Barockkirche von Święta Lipka (Heiligelinde) gerade rechtzeitig zum Abendgottesdienst. 200 000 Menschen pilgern in einem normalen Jahr hierher, nun zu Corona-Zeiten lausche ich mit gerade mal sechs anderen Besuchern der weltberühmten Orgel. An dem kunstvoll verzierten Prospekt bewegen sich geschnitzte Engel mit Trompeten und Lauten zu den Klängen der Musik. Am Eingang zum Gelände weist ein Schild darauf hin, dass die Pilgerherberge und sogar die öffentlichen Toiletten pandemiebedingt gesperrt sind. Auf der Suche nach Wasser tappe ich also wieder mal verzweifelt durch die langen Flure des Klosters. Als ich endlich mit aufgefüllten Flaschen ins Freie trete, schließt einer der Mönche gerade die schmiedeeiserne Tür zwischen den wuchtigen Klostermauern ab. In letzter Sekunde kann ich noch nach draußen schlüpfen – direkt in einen kalten Regenguss.

Stoczek, Święta Lipka und die Marienbasilika in Sejny an der litauischen Grenze gehören zu aktiven Mönchsklöstern, die Anlage in Wigry hingegen wurde vom Schweigeorden der Kamaldulenser schon vor 200 Jahren verlassen. In den Zellen der Eremiten sind heute Hotelgäste untergebracht. Bei der Standortwahl bewiesen die Mönche außerordentlich guten Geschmack: Die Kirche »Zur Unbefleckten Empfängnis Mariens« und die umgewidmete Klosteranlage sind höchst malerisch auf einer Halbinsel im glasklaren Wigry-See gelegen, mitten im gleichnamigen Nationalpark.

Nahe der Grenze zu Litauen und Belarus siedelten seit dem frühen 19. Jahrhundert die sogenannten Altgläubigen oder Philipponen, eine radikale Abspaltung der russisch-orthodoxen Kirche. Sie mussten aus ihrer Heimat fliehen, weil sie unter anderem den Militärdienst, den Eid und das Gebet für den Zaren ablehnten. Der preußische König Friedrich Wilhelm III. gestattete ihnen, sich hier auf unkultiviertem Boden niederzulassen, 1945 wurden sie allerdings auch aus Polen vertrieben. Am E11 erinnern ein paar russisch-orthodoxe Kreuze, ein verfallener Friedhof und die mittlerweile von Katholiken genutzte Holzkirche in Giby an diese russische Minderheit.

Vor 1939 lebten auch 3,3 Millionen Juden in Polen, heute sind es lediglich 5000. In Jeleniewo, einem kleinen Ort direkt am Weg, entdecke ich einen alten jüdischen Friedhof. Im Dezember 1939 wurden die hier lebenden 200 Juden, fast die Hälfte der Dorfbevölkerung, von den Nazis zusammengetrieben und in das Vernichtungslager Treblinka deportiert. Synagoge und Friedhof der Gemeinde wurden zerstört, die meisten der 500 Grabsteine für den Straßenbau verwendet. Erst in den 1990er-

Jahren richtete Herman Storick, Nachfahre eines in die USA emigrierten Juden aus Jeleniewo, den völlig verwahrlosten Friedhof in einer Privatinitiative wieder her. Er fand nur noch 37 verwitterte Grabsteine, *mazewot*, vor. Nachdenklich wandere ich in einem Schneetreiben über den weitläufigen Friedhof, der auf Storicks Wunsch hin immer für Besucher geöffnet ist. Eine unscheinbare Plakette am Ausgang bringt meine Gedanken und das Motto dieser Wanderung auf den Punkt: »Wenn wir vergessen, wer wird sich erinnern?«

Für wen:

- Diese Route ist ein Muss für alle, die **familiäre Wurzeln in Ostpreußen** haben oder sich aus historischen Gründen dafür interessieren. Auf dem E11 kann man die ehemals deutschen Städte erforschen, stößt immer wieder auf versteckte Kleinode vergangener Kulturen und lernt bei der Wanderung durch die urtümlichen Waldgebiete und endlosen Felder Masurens und Podlachiens auch den Geist dieser melancholischen Landschaft kennen.
- Aufgrund des niedrigen Preisniveaus ist diese Tour ideal für Wanderer, die trotz **kleinem Budget** nicht im Zelt übernachten wollen. Der Nordosten des Landes ist dünn besiedelt, doch entlang der Strecke finden sich immer ein *agroturystika*, eine Ferienwohnung oder ein Privatzimmer zu sagenhaft günstigen Preisen.
- In Masuren laden unzählige Seen zum **Wassersport** ein – im Sommer also unbedingt Badesachen mitnehmen oder vielleicht gleich einen kleinen Bootsausflug einplanen. Zahlreiche Vermieter bieten dazu Kajaks oder sogar Segeljachten an.

Für Schweiz- und Bahnfans:

TRANS SWISS TRAIL

Land: Schweiz | *Länge:* 488 km
Schwierigkeit: ** | *Budget:* €€€ | *Jahreszeit:* Teilstrecken ganzjährig
Natur: ** | *Kultur:* *** | *Special Interest:* Schweizdurchwanderung

In der Schweiz gibt es 65 000 Kilometer Wanderwege, gleich sieben nationale Routen durchqueren das ganze Land. Die Qual der Wahl ist also groß! Auf der Via Alpina (1) oder dem Jura-Höhenweg (5) über die Berge wandern oder lieber die Via Jacobi (4) pilgern? Ich entscheide mich nach einigem Überlegen für Nummer 2, den Trans Swiss Trail. Dieser »schweizerischste« aller Wege führt an unzähligen Wahrzeichen vorbei und durchquert alle drei großen Sprachräume des Landes.

Die Mehrsprachigkeit der Alpenrepublik verwirrt mich schon beim Kauf der Bahnfahrkarte zum Ausgangspunkt der Wanderung. Porrentruy heißt auf Deutsch Prunrut, was mir aber erst klar wird, als die App der Schweizer Bahn SBB meine Eingabe hartnäckig korrigiert. Nachdem ich dann am Ende der Strecke durch die französischsprachigen Kantone in Neuchâtel angekommen bin, ahne ich bereits, dass mit Neuenburg dieselbe Stadt gemeint ist. Abgesehen von diesem sprachlichen Durcheinander ist die SBB mein bester Freund auf dem Trans Swiss Trail, denn jeder noch so kleine Ort ist irgendwie mit der Bahn oder dem Postbus erreichbar.

Ich begehe den Weg in zwei Etappen: den südöstlichen im Juli, den nordwestlichen Teil zwei Jahre später im Januar. Als ich in der winterlichen Abenddämmerung den ersten Etappenort Saint-Ursanne erreiche, scheint in den alten Gassen neben der romanischen Stiftskirche die Zeit stehen geblieben zu sein. Nur ein unscheinbares Neonwerbeschild weist mir den Weg zum kleinen Supermarkt, den ich unbedingt heute noch aufsuchen möchte. Denn die Schweiz ist genauso schön wie teuer! Die Kosten für Restaurant und Hotel zusammen übersteigen mein Budget, und da ich jetzt im Winter lieber in einem geheizten Zimmer als im Zelt schlafe, besteht mein heutiges Abendessen aus Brot und Käse mit Schweizer Schokolade zum Nachtisch. Die ist zwar mindestens doppelt so teuer wie in Deutschland, aber man gönnt sich ja sonst nix.

Im Morgennebel starte ich am nächsten Tag auf einem der romantischsten Abschnitte. Zwanzig Kilometer lang folge ich dem Lauf der Doubs, die sich tief in die durchlässigen Kalkschichten des Jura eingefressen hat. Kaum ein Sonnenstrahl dringt in das tiefe Tal, fröstelnd wandere ich auf schlammigen Pfaden am blaugrün schimmernden Fluss entlang. Leider muss ich zu dieser Jahreszeit auf ein ganz besonderes Highlight verzichten, denn die Holzfähre von Tariche ist außer Betrieb. Im Sommer können die Wanderer die traditionelle Barke mit einer Winde heranholen und sich dann durch die Strömung ans andere Ufer befördern lassen. Früher wurden so verschiedene Bauernhöfe miteinander verbunden, heute wohnt fast niemand mehr im Tal.

Beim anschließenden Aufstieg auf das Hochplateau der Freiberge komme ich stärker ins Schwitzen, als mir lieb ist. Ab 1000 Meter Höhe versinke ich abseits der geteerten Wirtschaftswege knietief im Schnee. Im Sommer würde mich der manchmal hohe Asphaltanteil des Trans Swiss Trails ärgern, jetzt hingegen freut er mich, weil die geteerten Zufahrtsstraßen zu den abgelegenen Bauernhöfen im Winter geräumt werden.

Die nächste Etappe muss ich angesichts der Schneemassen am Mont Soleil überspringen. 1992 wurde hier eine der damals größten Fotovoltaikanlagen Europas errichtet, den Namen »Sonnenberg« hatte der knapp 1300 Meter hohe Gipfel allerdings schon lange vorher. Ein Erlebnispfad verbindet das Sonnenkraftwerk mit den Windturbinen am Mont Crosin, beide Anlagen gehören zum Espace découverte Energie, einem »Energieentdeckungspark«, und können mit einer Führung besichtigt werden.

Für mich geht es weiter in Saint-Imier, dem Zentrum der Uhrenindustrie. Die Schweiz ist schließlich wertmäßig weltweit das größte Exportland. Auf dem Uhrenpfad erkunde ich die Stätten der Industrialisierung, selbst ein Uhrenmuseum gibt es. Auch einem anderen Ausfuhrschlager kann ich frönen: Hier wird nämlich der *Tête de Moine* produziert, ein Halbhartkäse, aufgrund seiner runden Form auch Mönchskopf genannt. Er wird nicht geschnitten, sondern hauchfein geschabt. Und so esse ich an diesem Abend in meinem kleinen Pensionszimmer mal wieder Brot und Käse …

Am Neuenburger See reise ich weit zurück in die Schweizer Geschichte. Im Laténium, dem größten archäologischen Museum der Schweiz, kann man von heute bis in die Zeit der Neandertaler zurückwandeln oder im Archäologiepark Nachbildungen der Pfahlbautensiedlungen bestaunen, die einst am Ufer errichtet wurden. Der Trans Swiss Trail überquert den See mit der Fähre und führt mich am Mont Vully zur Rekonstruktion eines römischen *oppidum*. Bei schönem Wetter muss die Aussicht grandios sein, denn von dem gerade mal 653 Meter hohen Berg überblickt man den Neuenburger, Bieler und Murtensee bis hin zu den Berner Alpen. Leider kann ich an diesem kalten Januartag im dichten Nebel gerade mal den Raureif an den Bäumen vor meiner Nase sehen.

23 Prozent der Schweizer leben in der französischsprachigen Romandie, gut acht Prozent im italienischsprachigen Süden.

Doch mit über sechzig Prozent spricht der Großteil der Bevölkerung Deutsch, genauer gesagt Schweizerdeutsch, und wenn die Schweizer so richtig loslegen, verstehe ich kaum ein Wort. Regiert wird der Vielsprachenstaat aus der Bundesstadt Bern. Eine offizielle Hauptstadt gibt es nicht, weil sich die Schweizer 1848 auf keinen passenden Ort einigen konnten.

Während der Trans Swiss Trail – wie alle Schweizer Wanderwege – generell penibel genau mit gelben Rauten und Wegweisern gekennzeichnet ist, darf man sich seinen Weg durch die Altstadt von Bern selbst suchen. Angesichts der vielen Sehenswürdigkeiten und Museen keine schlechte Idee. Die Markierungen beginnen erst wieder am Bärengraben, wo ich die Wappentiere der Stadt in einem Freigehege besichtige, bevor es tierisch weitergeht. Am Tierpark Dählhölzli tummeln sich am Wegesrand Fischotter und Biber, Bergziegen und Wildschweine – Letztere höre ich sonst bloß nachts neben meinem Zelt.

Ziel meiner heutigen Etappe ist das Rüttihubelbad, ein anthroposophisches Zentrum mit Hotel, Wohnheimen für Senioren und geistig behinderte Menschen sowie dem Sensorium, einer Erlebnisausstellung zur Welt der Sinne, die nicht nur Kindern verdammt viel Spaß macht. Da das Restaurant leider geschlossen hat, gibt es mal wieder Brot und Käse. So stimme ich mich immerhin auf die nächste Etappe ein, die mich durch das Emmental führt, Ursprungsort des wohl bekanntesten Schweizer Käses. Zur Herstellung eines Kilogramms benötigt man zwölf Liter Milch, wie ich aus dem Wanderführer lerne. Die Stalltüren der Bauernhöfe am Wegesrand sind verziert mit Kuhglocken und Siegerplaketten der kantonalen Viehschauen. Vor einigen Anwesen kann man Emmentaler sogar in Selbstbedienung aus Kühlschränken erwerben, die bei Tageshöchsttemperaturen unter null Grad aber eher dazu dienen, dass der Käse nicht gefriert …

Als ich abends mein kleines Ferienapartment in Langnau im Emmental erreiche, erwartet mich im Küchenschrank ein komplettes Käsefondue-Set. »Das ist in der Schweiz eine ganz normale Ausstattung«, erläutert mir meine Vermieterin in touristenverständlichem Hochdeutsch. Leider zu spät, sonst hätte ich mir aus dem Supermarkt eine der vielen Fonduemischungen mitgebracht.

Kühe bekomme ich im winterlichen Emmental nur durch die Stalltüren zu sehen. Mich begeistern unterwegs dafür vor allem die kunstvoll überdachten Brücken, die wie hölzerne Kathedralen die Emme überspannen. Obwohl sie teilweise aus dem 19. Jahrhundert stammen, tragen sie heute noch den Autoverkehr. Die gotisch anmutenden Dächer dienen allerdings nicht der Kunst, sondern bewahren die Hängekonstruktion vor Regen und Schnee.

Der Trans Swiss Trail führt mich auch beim Schweizer Nationalheiligen Niklaus von Flüe vorbei, kurz Bruder Klaus genannt. 1417 in Flüeli geboren, führte er zunächst ein recht weltliches Leben: Er nahm als Offizier am Krieg teil, heiratete und hatte zehn Kinder. Erst im Alter von fünfzig Jahren zog er sich mit Zustimmung seiner Ehefrau Dorothee Wyss als Einsiedler in die Ranftschlucht nahe seinem Geburtsort zurück. Bei dieser Kinderschar im Alter von einem bis zwanzig Jahren frage ich mich allerdings, ob seine zurückgelassene Gattin nicht ebenfalls den Heiligenstatus verdient hätte …

Heute ist seine ehemalige Klause in der engen Schlucht einer der bedeutendsten Wallfahrtsorte der Schweiz. Selbst an diesem trüben Werktag im Januar sitzen mehrere Gläubige in stiller Andacht versunken in der ihm geweihten Kapelle, seine Zelle mit Blick auf den Altar befindet sich in einem Anbau.

Meine Winterwanderung endet mit einem grandiosen Panoramablick über den Vierwaldstätter See auf das verschneite Rigi-Bergmassiv. Als ich den zweiten Teil des Trans Swiss Trails von hier ab im Juli begehe, leuchten mir auf den Gipfeln immer noch Altschneefelder entgegen. Ich bleibe zunächst im Tal und folge dem Ufer der Reuss bis zum Höhepunkt des Trails: dem

Gotthardpass! Schon seit 2000 Jahren ist diese Strecke über den Alpenhauptkamm eine der wichtigsten Verkehrsverbindungen nach Italien, seine Erschließung legte den Grundstein für den Reichtum der Schweiz. Doch bevor die Reisenden in Massen über den Pass strömen konnten, musste erst ein gewaltiges Hindernis überwunden werden: die tief eingeschnittene Schöllenenschlucht. Der Sage nach baute der Teufel hier die erste Brücke über den tosenden Fluss und verlangte als Lohn die Seele dessen, der sein Werk als Erster überquerte. Was machten die schlauen Schweizer? Sie schickten eine Ziege hinüber.

Heute führen so viele Verkehrswege über und unter den Gotthard weg, dass es auf dieser Etappe vorbei ist mit besinnlicher Stille. Der Wanderweg verläuft zwar immer separat, aber teilweise nur wenige Meter entfernt von der Eisenbahn, der alten Passstraße und der Autobahn. Während ich im Sommer bei angenehmer Steigung entspannt stetig höher klettere, quälen sich neben mir die zahnradbetriebene Schöllenenbahn, schwitzende Rennradfahrer in bunten Trikots und voll beladene Lkws den Berg hinauf.

Technikfreaks werden begeistert sein, denn man wandert von einem Rekord der Schweizer Ingenieurskunst zum nächsten: Der Gotthard-Straßentunnel ist mit 16,9 Kilometern der viertlängste Straßentunnel der Welt und der 57 Kilometer lange Gotthard-Basistunnel für die 2016 eröffnete Flachbahntrasse der längste Eisenbahntunnel. Ein regelrechtes Brückengewirr bestaune ich bei Wassen, wo die alte Gotthardbahn in zwei Doppelschleifen und Kehrtunneln gleich dreimal einen Nebenfluss der Reuss überquert, bevor sie in einem 15 Kilometer langen Tunnel verschwindet – bei Eröffnung der längste der Welt. Als sich die von beiden Seiten vortreibenden Sprengtrupps 1880 in der Mitte trafen, betrug die Abweichung gerade einmal 33 Zentimeter, eine Meisterleistung der damaligen Vermessungstechnik. Beim Durchstich des Gotthard-Basistunnels 130 Jahre später waren es nur noch acht Zentimeter. Glücklicherweise sank in dieser Zeit auch die Zahl der Unfälle. Der Bau der alten Gotthardbahn forderte 199 Menschenleben, die moderne Strecke neun. Denkmäler in Airolo und Erstfeld erinnern an die Toten.

Sobald der Güterverkehr im Tunnel verschwindet, wird es schlagartig ruhig um mich herum. Die letzten Kilometer bis hinauf zum Pass auf 2107 Meter Höhe, dem höchsten Punkt des Trans Swiss Trails, sind sogar äußerst beschaulich. Je näher ich dem Scheitelpunkt komme, desto mehr Wohnmobiltouristen parken am Straßenrand, um an diesem sagenumwobenen Ort die Nacht zu verbringen. Mir ist es eindeutig zu zugig und kalt.

Der Gotthardpass ist ein lang gezogener Sattel, verziert mit 13 eiskalten Seen. Schon im 13. Jahrhundert wurde dem niedersächsischen Heiligen Sankt Godehard hier eine Kapelle geweiht, im dazugehörigen Hospiz bekamen die Armen jahrhundertelang ein kostenloses Lager, Suppe, Wein und – welch ein Zufall – Brot und Käse. Angesichts der heutigen Preise bin ich froh, meine eigene Verpflegung dabeizuhaben. Ich hole mir lediglich Wasser aus dem Hahn und beginne dann mit dem Abstieg über das längste Straßenbaudenkmal der Schweiz, die spektakuläre gepflasterte Passstraße Tremola.

Im sanften Abendlicht schlängelt sie sich wie ein helles Band auf knapp 16 Kilometern in 37 Haarnadelkurven vom Gotthardpass hinunter nach Airolo. Eingeweiht wurde die Straße 1832, die heutige Pflasterung stammt von 1951 und schüttelt vor allem Rennradfahrer und Touristen durch. Da die legendäre Straße lediglich zwischen 8 und 18 Uhr für den Autoverkehr geöffnet ist, strampelt jetzt nur noch eine verspätete Mountainbikerin den Berg hinauf. Ich hingegen kürze die zahlreichen Serpentinen auf dem Wanderweg zügig ab. Leider lasse ich dabei alle halbwegs ebenen Zeltplätze links liegen, weil sie von der Straße her einsehbar sind. Wildzelten ist auf dem Trans Swiss Trail aufgrund der dichten Bebauung und des bergigen Geländes generell nicht ganz einfach, aber auf dieser von Autobahnen und Bahnlinien garnierten Etappe doppelt schwierig. Ich lande schließlich viel zu spät auf einer mit Unkraut überwucherten Wiese mit Blick auf Airolo und bin damit im italienischsprachigen Tessin.

Die nächste Etappe folgt der Strada Alta, der Hochstraße, was mich zu der Annahme verleitet, dass ich ordentlich Kilometer machen könne. Doch statt auf einer asphaltierten Straße bin ich auf uralten schmalen Saumpfaden unterwegs, die mit ständigem Auf und Ab hoch oben an der sonnenreichen Seite des Leventinatals entlangführen. Während unten der Verkehr auf der Autobahn entlangrauscht, mache ich in den winzigen Dörfern mit den traditionellen Holz- und Steinhäusern eine kleine Zeitreise. Vom kalten Wind auf dem Gotthardpass ist nichts mehr zu spüren, stattdessen fühle ich mich in den nach Harz duftenden Bergwäldern dem Mittelmeer schon ganz nah. Im Winter sind diese Ortschaften ausgestorben, jetzt herrscht ein wenig touristische Betriebsamkeit. Hitzewellen und Gewitterschauer wechseln sich ab, aber ich kann an den vielen Dorfbrunnen kühles Wasser tanken und in den uralten Steinkirchen Schutz vor Sonne und Regen finden.

Eine der schönsten Stellen des Trans Swiss Trails ist der Abstieg von der Strada Alta bei Biasca. Mit grandiosen Fernblicken geht es über endlose Steinstufen 700 Höhenmeter steil hinunter ins Tal des Ticino – und dort für mich mit hängender Zunge zum nächsten klimatisierten Supermarkt. Dessen Regale sind gefüllt mit Fahnen, Lampions, Pappbechern und Luftschlangen in den Schweizer Farben Rot und Weiß, denn am 1. August wird der Nationalfeiertag begangen, je nach Region mit einem Feuerwerk oder Höhenfeuern auf den Bergen. Als plötzlich ein lauter Knall den Erdboden zittern lässt, glaube ich deshalb schon an verfrühte Festtagsaktivitäten, doch es handelt sich um eine Sprengung in einem der Steinbrüche an den steil aufragenden Bergflanken.

Direkt am Ufer des Ticino wandere ich weiter Richtung Bellinzona. Das wäre eigentlich eine traumhafte Etappe mit großartigen Wildzeltplätzen – wenn auf der anderen Flussseite nicht die Autobahn verlaufen würde. Barmherzigerweise dämpft das tosende Wasser den Verkehrslärm, und der dichte Wald verbirgt die vorbeirauschenden Wagen. Aufgrund seiner strategisch wichtigen Position im Tal des Ticino besitzt Bellinzona gleich drei Burgen sowie die Befestigungsanlage Murata, die als Beispiel für Schweizer Wehrarchitektur zum UNESCO-Weltkulturerbe erklärt wurden. Angesichts der brütenden Hitze schlendere ich lieber unter den Arkadengängen der Piazza Nosetta entlang und flüchte in die kühle barocke Stiftskirche. Erst als die Temperaturen langsam wieder sinken, steige ich 800 Höhenmeter hinauf und wechsle ins Val d'Isone.

Dort erreiche ich zwar pünktlich vor Sonnenuntergang mein anvisiertes Zeltgebiet mit Traumblick auf den Lago di Lugano, stelle aber voll Entsetzen fest, dass es sich um einen Truppenübungsplatz handelt. »Halt! Schießgefahr! Durchgang verboten!«, warnt mich ein dreisprachiges Schild, obwohl der Trans Swiss Trail eindeutig genau hier durchführt. In der Hoffnung, dass so spät am Abend keine Schießübungen mehr stattfinden, renne ich hektisch weiter. Zelten ist mir allerdings zu riskant, obwohl in dem eingezäunten Gelände einige Kühe friedlich grasen. Und so wird auch dieser Tag wieder einmal viel länger als geplant.

Am nächsten Vormittag ist die Landschaft von Nebel und Nieselregen verhüllt. Bei den hochsommerlichen Temperaturen werde ich in meiner Regenkleidung nun sowohl von außen durch den Niederschlag als auch von innen durch den Schweiß nass. Genervt sitze ich unter dem Vordach der Einsiedelei von San Bernardo und trockne meine nassen Klamotten, als endlich der graue Himmel aufreißt und den Blick auf den azurblauen Lago di Lugano und die gleichnamige Stadt freigibt. Plötzlich ist aller Frust vergessen. Nachdem ich durch Wald und Weinberge in das sonnenbeschienene Lugano abgestiegen bin, wähne ich mich zwischen den pastellfarbenen Palazzi und den Cafés voller Cappuccino trinkender Touristen eher in Italien denn in der Schweiz.

Als ich am nächsten Tag tatsächlich die Grenze zum Nachbarland überschreite, bleibe ich schon nach hundert Metern auf dem ersten italienischen Trail in einem undurchdringlichen Brennnesselgestrüpp hängen – und sehne mich sofort zurück auf die tadellos gepflegten und perfekt markierten Schweizer Wanderwege.

Für wen:

- Der Trans Swiss Trail ist sicherlich nicht der spektakulärste der Schweizer Nationalwege, dafür aber der vielseitigste. Ein absolutes Muss also für alle **Schweizfans**, die einen Schnelldurchlauf durch die facettenreiche Alpenrepublik bekommen wollen.
- **Käsefeinschmecker** wandern durch die Heimat des berühmten Emmentalers und können sich am Nationalgericht Käsefondue erfreuen. Reiche Auswahl an regionalen Spezialitäten gibt es in jedem Supermarkt und manchmal sogar direkt am Wegesrand beim Erzeuger.
- **Bahnfans** können sich vor allem an der rekordhaltigen Etappe über den Gotthardpass erfreuen. Und auch sonst ist die Schweizer Bahn SBB hervorragend geeignet, um den Trans Swiss Trail abschnittsweise zu bewandern.

Für (seh-)behinderte und blinde Menschen:

CAMINO LITUANO

Land: Litauen | *Länge:* 500 km
Schwierigkeit: * | *Budget:* € | *Jahreszeit:* ganzjährig
Natur: * | *Kultur:* ** | *Special Interest:* Unbekannter Pilgerweg für Anfänger

Unentschlossen blicke ich zum grauen Himmel hinauf. Soll ich trotz des ankündigten Regens weiterwandern oder lieber noch ein wenig im *poilisis piligrimams,* einer Hütte für Pilger, abwarten? Das zünftige Holzhäuschen ist mit Tischen, Bänken und Stromanschluss verlockend gut ausgestattet. Im reichlich gefüllten Kühlschrank kann ich mich an Brot, Butter, Salami und Käse bedienen, im Gefrierfach wartet sogar Schokoladeneis, oder ich könnte mir mit dem Wasserkocher eine Tasse Tee oder Kaffee zubereiten. Und für all das wird nicht einmal ein Obolus erhoben!

Auf der einzigen geteerten Straße des winzigen Dörfchens Rokoniai sinniere ich noch darüber nach, welcher Wohltäter diesen luxuriösen Pilgerrastplatz wohl unterhält, als mich ein älterer Mann anspricht – leider auf Litauisch. »Entschuldigen Sie, ich kann nur Englisch oder Deutsch«, erkläre ich frustriert in beiden Sprachen. Während die jüngere Generation Litauens in der Regel Englisch spricht, beherrschen die Älteren eher Russisch als Fremdsprache. Auch dieser freundliche Herr zuckt die Achseln und zieht sich in sein Heim zurück. Da noch kein einziger Regentropfen fällt, will ich gerade pflichtbewusst weitertrotten, als eine junge Frau aus dem Haus gelaufen kommt.

»Ich bin mit einer Freundin ebenfalls auf dem Camino Lituano unterwegs«, erklärt sie mir atemlos in Englisch. »Wir haben hier übernachtet, und der Hausherr möchte dich mit uns zusammen zum Mittagessen einladen!« Angesichts des drohenden Wolkengusses muss sie mich nicht lange überreden.

Zwei Minuten später nehme ich neben den beiden Pilgerinnen im Wohnzimmer von Kazimieras und Vitalija Platz. Der Tisch vor mir biegt sich fast unter all den Köstlichkeiten, die die Hausherrin aufgefahren hat: Brot, geräucherte Zunge, Salami, Käse, Tomaten, Gurken und Paprika. Schnell legt Vitalija ein weiteres Gedeck auf und serviert mir *Cepelinai,* mit Fleisch gefüllte »zeppelin«-förmige Kartoffelklöße, mit einem dicken Klecks saurer Sahne garniert. Da ich aus Deutschland komme, schleppt Kazimieras mir zu Ehren sogar einen gewaltigen Tonkrug Bier heran. Nur leider trinke ich das gar nicht.

»Macht nix«, meint Kazimieras und tischt stattdessen Schnaps und Likör auf. Letzterer passt besonders gut zu *Šakotis,* dem Gebäck zum Nachtisch. Dafür wird flüssiger Teig auf einen schnell drehenden Spieß gegossen, der beim Heruntertropfen zur »stacheligen« Form dieser Knüppeltorte führt.

Durch die Übersetzung der beiden Pilgerinnen erfahre ich, dass Kazimieras das Bier selbst gebraut hat, mit Wasser aus dem eigenen Brunnen. Das Gemüse stammt aus dem Garten vor dem Haus, und den Hirsch für die Salami hat er eigenhändig erlegt. Er unterhält auch die kleine Pilgerraststätte und hat sogar die überdimensionierte Kirche nebenan gebaut.

Nach zahlreichen Trinksprüchen auf die Pilger, Litauen und das Leben allgemein holt Kazimieras sein Akkordeon hervor und intoniert zusammen mit seiner Frau Volksweisen. Er ist ein so witziger und mitreißender Gastgeber, dass ich vor Lachen Tränen in den Augen habe und im Takt der Musik in die Hände klatsche. Begeistert stelle ich Kazimieras eine Frage nach der anderen, denn aus seinem bewegten Leben lerne ich viel über die Geschichte dieses kleinen Landes, das allzu oft Spielball der Weltmächte war. Es gehörte jahrhundertelang entweder zu Polen oder Russland oder wurde von Deutschland besetzt, nur zwischen den beiden Weltkriegen war Litauen ein unabhängiger Staat.

»1944 feierte mein Vater in diesem Haus noch abends mit den deutschen Soldaten. 24 Stunden später waren sie alle tot, erschossen von den vorrückenden Russen«, erzählt der 78-Jährige, der damals ein Baby war. »Wo ihre Leichen verscharrt sind, habe ich vor ein paar Jahren einen Gedenkstein errichtet.«

In der Zeit der sowjetischen Besatzung wurde die Familie enteignet. Kazimieras arbeitete als Traktorist in der Kolchose, seine Frau Vitalija als Buchhalterin. Als ich ihn bitte, die mir unbekannte litauische Nationalhymne zu spielen, lehnt der sonst so heitere Mann brüsk ab. »Ein Verwandter hat in den 1980er-Jahren auf einer Feier die Nationalhymne des unabhängigen Litauen angestimmt. Er wurde verpfiffen, und die Sowjets steckten ihn deshalb ein paar Jahre ins Gefängnis«, erklärt er bitter. »Dabei hatte er noch Glück. In den 1950er-Jahren hätten sie ihn dafür nach Sibirien geschickt.« Betreten nippe ich an meinem Schnapsglas.

»Trotzdem hasse ich die Russen nicht, ich verabscheue nur ihr politisches Regime«, sagt er und stimmt stattdessen eine Polka an.

Nach der Unabhängigkeit Litauens im Jahr 1991 wurde der Landbesitz an die früheren Eigentümer oder deren Nachfahren restituiert, so auch an Kazimieras. »Doch die meisten Jungen konnten gar nichts mit dem Land anfangen und wollten es schnell wieder loswerden«, erklärt er mir. »Die Leute haben mich damals für verrückt erklärt, aber ich habe einfach alles rund um mein Grundstück herum billig aufgekauft. Heute besitze ich 800 Hektar Land.« Mir fällt die Kinnlade herunter. Ein durchschnittlicher deutscher Bauer bewirtschaftet nicht mal ein Zehntel dieser Fläche.

Dieser riesige Grundbesitz ist kein Einzelfall. Seit Tagen wandere ich auf dem Camino Lituano durch Weizenfelder mit gigantischen Ausmaßen. Jetzt im August kann ich bis in die Nacht hinein das Brummen der gewaltigen Mähdrescher hören, die sogar bei Scheinwerferlicht die Ernte einfahren. Hinter jeder der Maschinen stakst ein halbes Dutzend Störche her, denen das frisch bearbeitete Erdreich wahrscheinlich vorkommt wie mir ein *All-you-can-eat*-Büfett. Ich habe in meinem ganzen Leben noch nie so viele landwirtschaftliche Maschinen (und Störche) im Einsatz gesehen wie auf dieser Tour durch Litauen.

Kazimieras hat sein Land mittlerweile verpachtet. »Stattdessen fliege ich jetzt«, erklärt er schmunzelnd, und ich glaube erst an einen Übersetzungsfehler.

»Doch, doch«, bestätigen die beiden Pilgerinnen. »Wir sind heute Morgen mit Kazimieras spazieren geflogen.« Der ehemalige Traktorist und Bauer hat im Ruhestand den Pilotenschein gemacht und sich gleich vier Sportflugzeuge angeschafft. »Zusätzlich zu den Autos und Motorrädern«, erläutern die jungen Frauen. »Nach dem Spazierflug hat er uns in seinem Hummer-Geländewagen zur nächsten Kirche gefahren.« Dieser Mann ist einfach verrückt nach Motoren …

Die Einladung hatte das perfekte Timing, denn während des Essens schüttet es wie aus Kübeln. Nach vier Stunden klart der Himmel endlich auf, trotz der fortgeschrittenen Tageszeit wollen wir drei Pilgerinnen jetzt weiter. Beim Abschied zeigen die beiden Frauen unseren Gastgebern noch ein paar Fotos auf ihrem Smartphone.

»Seid ihr auf eine Klosterschule gegangen?«, frage ich, als ich unter den Aufnahmen ein Gruppenfoto mit Frauen in Ordenstracht erspähe.

»Nein, wir sind selber Nonnen«, erklären sie mir – und ich bin zum wiederholten Male an diesem Nachmittag sprachlos. Magdalena und Benedikta tragen kein Habit, sondern Wanderkleidung, weil sie gerade Pilgerurlaub machen.

Der Camino Lituano ist zwar alles andere als überlaufen, trotzdem habe ich bisher fast jeden Tag neue Wanderer getroffen: eine litauische Frauengruppe in einheitlichen Pilger-T-Shirts, ein älteres Ehepaar, das hier jedes Wochenende für die spanischen Caminos trainiert, oder ein junges Pärchen, das den geplanten Thruhike schon nach einem Tag wegen falscher Schuhe abbrechen muss. Die beiden Nonnen aber sind bei Weitem die interessantesten Gesprächspartnerinnen und sprechen dazu noch gut englisch.

Unsere Route führt größtenteils über Schotterpisten oder andere unbefestigte Fahrwege durch eine brettflache Landschaft und ist hervorragend mit dem gelben Symbol der Jakobsmuschel markiert. Außer ein paar Schlammpfützen oder von Traktoren zerfahrenen Wegen gibt es also kaum technische Hindernisse. Mit dem Fahrrad würde ich das wahrscheinlich anders sehen, denn die Autos haben die staubigen Straßen mit tiefen Wellblechrinnen versehen. Als Fußgängerin kann ich mich nun jedoch auf den 13 Kilometern bis zur nächsten Pilgerherberge sehr gut mit Magdalena und Benedikta unterhalten.

»Sind hier viele Pilger aus religiösen Gründen unterwegs?«, frage ich neugierig. Laut Statistik bekennen sich mehr als drei Viertel der insgesamt drei Millionen Einwohner zum katholischen Glauben.

»Oh nein!«, rufen beide aus. »Die meisten Litauer sind bloß auf dem Papier katholisch und gehen höchstens zu den Feiertagen in die Kirche.« Das entspricht auch meinen Erfahrungen: Die Gotteshäuser in Litauen sind meist verschlossen, Messen finden – wenn überhaupt – nur einmal wöchentlich statt. »Als ich mit 17 Jahren meiner Familie mitteilte, dass ich Nonne werden will, wollte meine Mutter mich gar vor die Tür setzen«, erzählt Benedikta, die heute das jüngste Mitglied ihres Ordens ist. Die 28-Jährige hat mittlerweile Theologie und Mathematik studiert und unterrichtet an einer Schule.

Wie fast alle Pilger übernachten die beiden in Herbergen am Weg. Pro Nacht kostet das von fünf Euro in Gemeinschaftsunterkünften bis zu dreißig Euro in Hotels. Vom urigen holzgetäfelten Schlafsaal auf dem Sunny-Nights-Campingplatz bis zum Privatzimmer in dem luxuriös restaurierten Herrenhaus von Burbiškis ist alles dabei. Die entsprechende Unterkunftsliste habe ich mir im Internet heruntergeladen, obwohl ich wie üblich meist wildzelte. Das ist in Litauen außerhalb von Naturschutzgebieten und Nationalparks sogar legal!

Die nächste Herberge befindet sich in Vadaktai im ehemaligen Gesundheitszentrum des Dorfes, ein Poster über gesunde Ernährung weist noch auf die frühere Verwendung hin. Heute stehen in den drei Räumen je zwei Liegen, dazu wurden für die Pilger eine kleine Teeküche, Dusche und WC sowie eine Waschmaschine mit Trockner installiert. Magdalena hat die Übernachtung bereits am Vortag reserviert und kündigt nun unsere genaue Ankunftszeit telefonisch an.

Als wir den grauen, würfelförmigen Backsteinbau neben dem Tante-Emma-Laden gegen 20:30 Uhr erreichen, erwartet uns die freundliche Verwalterin bereits mit dem Schlüssel. Sie kassiert pro Person zehn Euro und stellt uns darüber eine akribische Quittung aus. Zelten neben der Herberge ist umsonst, ich zahle aus Solidarität aber trotzdem und schlage mein Lager auf der Wiese hinter dem Haus auf. »Die Letzte schließt morgen früh bitte ab und legt den Schlüssel unter die Fußmatte«, ermahnt uns die *hospitalera* beim Abschied.

Wie fast alle Unterkunftsanbieter am Weg spricht sie außer Russisch keine weitere Fremdsprache. Damit es auch ohne passende Sprachkenntnisse mit der Reservierung klappt, haben ausländische Pilger zwei Möglichkeiten: Entweder sie bitten litauische Wanderkollegen um einen Anruf, oder sie schicken eine SMS auf Englisch. Jeder Vermieter kann diese mithilfe eines Übersetzungsprogrammes verstehen und beantworten. Telefonnummern und Preise findet man im kostenlosen Pilgerführer.

Am nächsten Morgen erwache ich bei dichtem Nebel in einem klatschnassen Zelt. Obwohl sich mein Lager direkt an der Hauptstraße von Vadaktai befindet, habe ich hervorragend geschlafen – Verkehrslärm gibt es hier nachts nicht. Während ich beim Frühstück mein Zelt trockne, brechen die beiden Nonnen bereits auf. Daher wandere ich am Vormittag allein unter einem grauen Himmel durch die abgeernteten Felder, bis mich auf einmal ein heftiger Wolkenbruch erwischt. Ich rette mich in den Dorfladen der nächsten Ortschaft und entdecke dort sogleich Benedikta und Magdalena, die auf zwei Getränkekisten sitzend eine heiße Suppe löffeln. »Die Ladenbesitzerin hat uns das Instantgericht in der Mikrowelle warm gemacht«, erklären sie mir. Die kleine Verkaufsfläche ist vollgestopft mit Kühlschränken, Regalen und einer riesigen Theke, aber die Besitzerin holt dennoch eine weitere Bierkiste aus dem Lagerraum und bedeutet mir, mich neben meine Kolleginnen zu setzen. Die nächsten Kunden müssen dann eben über unsere Füße steigen.

Der Camino Lituano führt jeden Tag an Einkaufsmöglichkeiten vorbei. Da die Läden auch sonntags geöffnet sind, muss ich kaum Proviant schleppen, sondern kann mich unterwegs verköstigen. Mein liebster Pausensnack sind *surelis,* die typisch baltischen Quarkriegel mit Schokoladenüberzug aus dem Kühlregal, dazu ein Liter Kefir, der mich mit Wasser verdünnt den ganzen Tag über erfrischt.

Die beiden Nonnen wollen heute zur Herberge in Paberžė, der ehemaligen Wirkungsstätte von Pater Stanislovas. Der 2005 verstorbene Kapuzinermönch und Priester ist in Litauen so etwas wie ein heimlicher Heiliger, weil er zum Widerstand gegen die sowjetische Besatzungsmacht aufrief. Zehn Jahre musste er dafür in sibirischen Internierungslagern verbüßen. Aus der Verbannung zurückgekehrt übernahm er 1966 die Pfarrei von Paberžė, renovierte die verwahrloste Holzkirche sowie deren Friedhof und sammelte religiöse Volkskunst, die von den Sowjets überall im Land verboten wurde. Seine Gemeinde wurde nicht nur Anlaufstelle für Dissidenten, sondern er unterstützte auch Obdachlose und Drogenabhängige. »Pater Stanislovas hat sogar noch meine beiden Kinder getauft«, erzählt die Ladenbesitzerin ehrfürchtig, während wir Eis aus ihrer Kühltruhe schlecken.

Drei Stunden später stehe ich auf dem Friedhof von Paberžė vor dem Grab des verehrten Volksheiligen, das mit einem hoch aufragenden Holzkreuz geschmückt ist. In den Stamm sind drei Knoten geschnitzt, die im Habit seines Kapuzinerordens die drei Gelübde von Armut, Gehorsam und Keuschheit symbolisieren. Die dunklen Regenwolken sind mittlerweile einem strahlend blauen Himmel gewichen. Ich wandere durch das noch nasse Gras und betrachte die geschnitzten Holzstatuen auf dem Kirchengelände, die typisch sind für die litauische Volkskunst. Entlang des Camino Lituano habe ich Dutzende dieser mannshohen Figuren mit religiösen und manchmal weltlichen Motiven fotografiert. Selbst auf den Friedhöfen werden geschnitzte Darstellungen der Verstorbenen als Grabsteine eingesetzt. Die Holzkreuze wurden genau wie die schmiedeeisernen Kruzifixe, die man in Paberžė an den Giebelseiten der Häuser bewundern kann, von der UNESCO zum immateriellen Kulturerbe erklärt.

Die friedvolle und spirituelle Aura des charismatischen Priesters ist nach wie vor in Paberžė zu spüren. Die Pilgerunterkunft in einem der alten Holzhäuser wird heute von seiner ehemaligen Haushälterin geleitet, doch für eine Übernachtung ist es zu früh. Stattdessen überquere ich wenige Stunden später auf einer langen und bedrohlich schwankenden Hängebrücke mit wenig vertrauenerweckenden Holzplanken den Fluss Nevėžis. An seinem Ufer geht es weiter Richtung Kaunas, wo er in die gewaltige Nemunas (Memel) mündet. Dazwischen muss ich sogar noch einen kleinen Nebenfluss furten, was im kniehohen Wasser ohne nennenswerte Strömung auch für ungeübte Wanderer kein Problem wäre, und lande zum Schlafen auf einer Wiese hinter einem Friedhof.

In Kaunas lege ich aus zwei Gründen einen Ruhetag ein. Erstens gibt es hier einiges zu besichtigen: die stattliche Burg mit ihrem Aussichtsturm; die von außen unscheinbare, aber innen prunkvoll eingerichtete barocke Kathedrale St. Peter und Paul; die beeindruckende Befestigungsanlage aus dem 19. Jahrhundert. Zweitens habe ich eine Verabredung mit Marius Minkevičius, dem »Erfinder« und Organisator des Camino Lituano. Nachdem der litauische Unternehmer den spanischen Camino Francés gewandert war, beschloss er: »So einen Pilgerweg brauchen wir auch!« Innerhalb weniger Monate baute er über die sozialen Medien einen Kreis von Unterstützern auf, die in Windeseile die Strecke erkundeten und ausgezeichnet markierten.

Die Hauptstrecke des Camino Lituano beginnt in Žagarė an der lettischen Grenze, dem Ende des Camino Latvia. Der exakte Startpunkt ist das »Topfhaus« eines örtlichen Künstlers, der seine Hausfassade von oben bis unten mit ausrangierten Töpfen und Pfannen dekoriert hat. Davor befindet sich in einem alten Telefonhäuschen die erste Stempelstelle, viele Pilger haben Fotos von sich an die Scheiben geklebt. Ein blaues Schild weist zum Endpunkt des Camino Lituano in einem polnischen Wallfahrtsort zwölf Kilometer hinter der litauischen Grenze: »Sejny – 500 km«.

Zu unserem Treffen kommt Marius mit seiner Freundin, deren beruflicher Hintergrund einen interessanten Einfluss auf den Camino Lituano hat: Jolanta arbeitet für die litauische Blindenorganisation und organisierte 2020 erstmals eine gemischte Wanderung von gut einem Dutzend sehbehinderter und blinder Menschen mit einer Handvoll sehender Begleiter. Damals mit dabei war der blinde Masseur Povilas, der wenig später ebenfalls zu uns stößt.

»Am Anfang glaubten die Helfer, uns Blinde bei jedem Schritt bemuttern zu müssen«, erzählt der schlaksige junge Mann schmunzelnd. »Dabei brauchten wir lediglich ein wenig Unterstützung bei Richtungsänderungen und eine Einweisung in Unterkünfte.«

»Ich konnte mit Povilas Tempo nicht mithalten«, ergänzt Marius lachend. Kein Wunder, denn der junge Mann mit den kurz geschorenen Haaren ist ein Profiathlet und hat für Litauen sogar an den internationalen Paralympics teilgenommen.

2021 startete die nächste Gruppe behinderter Menschen auf dem Camino Lituano. In wechselnder Besetzung erkundeten Blinde, Rollstuhlfahrer und Menschen mit geistigen Einschränkungen die 500 Kilometer lange Strecke. Das litauische Fernsehen berichtete darüber in einer regelmäßigen Dokusendung.

»Die gemeinsamen Wanderungen waren unglaublich hilfreich, um gegenseitige Vorurteile abzubauen«, bestätigen sowohl Povilas als auch Marius, der gleich das nächste Projekt startete. Nachdem die Blinden bestimmte Etappen quasi auswendig gelernt hatten, wurden bei der folgenden Wanderung die Rollen vertauscht: Die Sehenden verschlossen ihre Augen mithilfe spezieller Brillen, und die Blinden übernahmen ihre Betreuung.

»Povilas hat mich acht Kilometer lang an der Hand geführt«, berichtet Egidius, ebenfalls Mitglied der Pilgervereinigung, und setzt lachend hinzu: »So lange habe ich selbst in zwanzig Jahren Ehe nicht mit meiner Frau Händchen gehalten.«

Die Hauptstrecke des Camino Lituano durchzieht das gesamte Land von Nord nach Süd, und Marius hat bereits weitere Pläne: »Jolanta und ich haben gerade mit unseren Mountainbikes eine Zubringerstrecke von Klaipėda ausgekundschaftet. Die Gegend ist landschaftlich spannender, und ihr Deutschen könnt dann mit der Fähre direkt von Kiel aus zu unserem Camino fahren.«

»Gibt es dort denn eine alte Pilgerroute?«, will ich wissen.

Marius winkt lachend ab: »In ganz Litauen wirst du keine historischen Caminos finden. Als ihr im Mittelalter schon fleißig nach Santiago gepilgert seid, waren wir noch alle Heiden.« Das ist geschichtlich betrachtet zwar etwas übertrieben, aber nicht ganz falsch: Die offizielle Christianisierung Litauens wurde erst 1387 vollzogen!

Doch auch auf der Hauptroute des Camino Lituano wird es im Süden des Landes immer interessanter. Nach der Nevėžis wandere ich nun an der Memel entlang, die sich auf ihrem Weg von Weißrussland zum Kurischen Haff in endlosen Schleifen durch Litauen windet.

In einer davon stoße ich auf alte Bekannte: die Kamaldulenser! Schon der E11 brachte mich am polnischen Wigry-See zu einem ihrer Klöster, den namensgebenden Ort der Ordensgründung, Camaldoli, werde ich am italienischen Franziskusweg erforschen. Und nun entdecke ich am Camino Lituano in Pažaislis vor den Toren von Kaunas eine ehemalige Niederlassung dieser asketisch und zurückgezogen lebenden Mönche.

In der beeindruckenden Kirche gibt es nicht einmal eine Orgel, die die Gläubigen vom inbrünstigen Gebet hätte ablenken können, Frauen durften sie unter Androhung der Exkommunikation gar nicht erst betreten. Die Kamaldulenser wurden jedoch schon im 19. Jahrhundert vertrieben, und der prachtvolle Barockbau wurde in ein russisch-orthodoxes Kloster verwandelt. Nach der Unabhängigkeit des Landes wurden im Jahr 1920 Nonnen vom Orden der Schwestern des heiligen Kasimir aus dem US-amerikanischen Chicago nach Pažaislis entsandt und die Kirche wieder katholisch – nur um während der sowjetischen Besatzung als Nervenheilanstalt und Feriencamp zu dienen. Heute leben hier wieder 17 Schwestern des heiligen Kasimir, im Kreuzgang des weitläufigen Komplexes betreiben sie eine Pilgerherberge.

Auf den letzten Etappen des Camino Lituano weichen die endlosen Weizenfelder endgültig riesigen Viehweiden, das Gelände wird hügeliger. Die polnische Grenze hätte ich beinahe verpasst, denn es gibt weder Schlagbaum noch Grenzstein. Als ich zwölf Kilometer weiter die Wallfahrtskirche von Sejny betrete, komme ich mir trotzdem vor wie in einer anderen Welt. Während das religiöse Leben in Litauen nach den langen Jahren der russischen Okkupation keine große Rolle spielt, knien in

Polen selbst an diesem Werktag Dutzende von betenden Gläubigen in den Bankreihen, und unzählige Opferlichter flackern vor den Altären. Dankbar, dass ich ein so spannendes Land auf einer berührenden Pilgerreise entdecken durfte, entzünde auch ich eine Kerze.

Für wen:

- **Pilger,** egal ob mit wenig oder viel Erfahrung, finden perfekt markierte Wege, ein gutes Netz preiswerter Herbergen und spannende Mitwanderer. Der Camino Lituano ist trotz hervorragender Infrastruktur keinesfalls überlaufen, sodass man noch pilgern kann wie in Spanien vor zwanzig Jahren.
- Ohne nennenswerte technische Schwierigkeiten ist die Strecke auch für **Menschen mit Behinderung** geeignet. Rollstuhlfahrer sind auf dem Weg genauso gewandert wie blinde und sehbehinderte Personen, die sich das Blindenmuseum in Kaunas nicht entgehen lassen sollten.
- Wer sich für **Volkskunst** interessiert, wird begeistert sein von den vielen Holzschnitzereien und Kunstschmiedearbeiten am Wegesrand. Absolutes Muss: das Teufelsmuseum in Kaunas, eine Sammlung von geschnitzten Satansdarstellungen des litauischen Künstlers Antanas Žmuidzinavičius.

Für Griechenlandschwärmer und Strandliebhaber:

E4 DURCH KRETA

Land: Griechenland | *Länge:* 500 km
Schwierigkeit: *** | *Budget:* €€ | *Jahreszeit:* Frühjahr und Herbst
Natur: *** | *Kultur:* ** | *Special Interest:* Meer und Berge

Mitte Mai ist der Flieger von Berlin nach Heraklion komplett ausgebucht, und leider sitze ich eingequetscht zwischen zwei übergewichtigen Herren. Doch als ich nach 3,5 Stunden Flug völlig gerädert aus dem Flughafengebäude trete, traue ich meinen Augen nicht: An der öffentlichen Bushaltestelle wartet außer mir kein Mensch! Alle strömen zu den Mietwagenfirmen oder besteigen Charterbusse zu ihren Ferienanlagen. Und genau so geht es auf meiner einmonatigen Wanderung auch weiter. Obwohl Kreta jährlich von vier Millionen Touristen besucht wird, begegne ich keinem einzigen Weitwanderer.

Für outdoorbegeisterte Individualreisende ist die Insel bisher nämlich wenig erschlossen. Der Europäische Fernwanderweg E4, der von Zypern bis zum spanischen Tarifa einmal quer durch Europa führt, durchläuft die Insel zwar theoretisch in Ost-West-Richtung, praktisch ist er jedoch nur sporadisch markiert. Nicht einmal Start- und Endpunkt sind klar. Als östlicher Terminus werden wahlweise das Dorf Chochlakies oder der Küstenort Kato Zakros angegeben. Da keiner von beiden zur Wandersaison mit öffentlichen Verkehrsmitteln erreichbar ist, entscheide ich mich für die preiswertere Lösung und fahre mit dem Taxi ins näher gelegene Chochlakies.

Von dort gelange ich nach ein paar Olivenhainen in die gleichnamige Schlucht, in deren ausgetrocknetem Flussbett blassrosa Oleander wuchert. Wegmarkierungen gibt es nicht, zwischen den hohen Felswänden ist Verlaufen allerdings sowieso unmöglich. Dafür kraxele ich über Felsbrocken und loses Geröll, das sich in der heißen Nachmittagssonne aufgeheizt hat. Wenn ich mir nicht gleich in der ersten Stunde meiner Wanderung den Knöchel verstauchen will, muss ich bei jedem Schritt höllisch aufpassen. Hoch konzentriert starre ich auf den Boden vor mir, als nach einer letzten Windung plötzlich der Traumstrand von Karoumes vor mir auftaucht, ein Geheimtipp in den Reiseführern. Trotz feinstem Sand ist er menschenleer, denn er ist komplett von Meer und Felsen eingeschlossen. Man kann ihn nur zu Fuß durch die Schlucht oder mit dem Boot übers Wasser erreichen. Das erste gelbe E4-Schild an einer verkrüppelten Pinie zeigt mir zwar an, dass ich richtig bin, aber nicht, wo es weitergeht. Statt am Traumstrand zu relaxen, suche ich also einen Weg über die steil aufragenden Felsen.

Ich erwäge schon verzweifelt, um die Klippen herumzuschwimmen, als mir ein paar verblasste Farbtupfer die Richtung nach oben weisen. Dort erwarten mich ein atemberaubender Blick übers Meer und die Küste – und leider auch poröser scharfkantiger Kalkstein, pures Gift für meine empfindliche Isomatte. Aber in diesem Felsengewirr ist sowieso weit und breit kein ebenes Plätzchen zu sehen. Also schnell weiter! Die Abendsonne färbt sich schon orange, als ich wie durch ein Wunder eine mit Sand gefüllte Kuhle entdecke, gerade groß genug für mein Zelt. Ein kurzes Stück die Klippen hinunter befindet sich sogar ein winziger Sandstrand. Ich schlafe friedlich ein mit dem Geruch von Salzwasser in der Nase und dem leisen Plätschern der Wellen im Ohr. Noch ahne ich nicht, dass ich auf der gesamten Strecke solche Wechselbäder der Gefühle durchleben werde.

Auf seinem Weg über die nur gut 250 Kilometer lange und 60 Kilometer breite Insel durchquert der E4 drei überraschend hohe Gebirgsketten: das Dikti-Massiv im Osten, das Ida-Gebirge in der Mitte und die Weißen Berge, auf Griechisch Lefka Ori, im Westen Kretas. Alle drei ragen mehr als 2000 Meter empor, höchster Berg ist mit 2456 Metern der Psiloritis, den ich ausgerechnet am einzigen Regentag dieser Tour besteige.

Dabei schwitze ich zunächst in Shorts und T-Shirt, als ich im Örtchen Kamares auf 580 Höhenmeter mit dem Aufstieg beginne. Erfreulicherweise folgt die Route einer Wasserleitung mit zwei Zapfstellen für durstige Wanderer. An der letzten Quelle auf 1746 Meter Höhe ziehen langsam dunkle Wolken und Nebel auf. Zum Glück sind es ja nur noch acht Kilometer bis zum Gipfel, denke ich. Aber kaum habe ich das letzte bisschen Vegetation und die Ziegenherden hinter mir gelassen, peitscht mir ein immer heftigerer Wind den Regen ins Gesicht. Kleine Altschneefelder zieren selbst jetzt im Juni die Hänge. Der einzige Schutz in dieser Steinwüste ist eine *mitata,* eine Art Iglu, aufgeschichtet aus Steinplatten. Der Eingang zu dieser Schäferhütte ist so winzig, dass ich auf allen vieren hineinkrabbeln muss. Bibbernd ziehe ich mir in der Mittagspause einen warmen Pullover unter die Regenjacke und muss doch schon viel zu bald weiterlaufen, um nicht auszukühlen. Erst als ich erschöpft den Gipfel mit der Kapelle Timios Stavros erreiche, reißt die Wolkendecke auf – und plötzlich sind alle Mühen vergessen. Ich läute die Kirchenglocke und schicke dazu ein Lachen der Erleichterung gen Himmel.

Beim 360-Grad-Panoramablick vom höchsten Punkt Kretas sehe ich bis weit hinaus aufs Meer. Die beliebten Touristenorte mit Strandbars und Diskotheken liegen nicht nur knapp 2500 Höhenmeter unter mir, sondern Welten entfernt von dieser kargen Bergeinsamkeit. Da die Kapelle auch als Notunterkunft dient, hätte ich mir gerne von hier oben die nächtlich funkelnden Lichter angeschaut, der Wassermangel treibt mich jedoch schnell wieder hinunter. Mit jedem verlorenen Höhenmeter wird es wärmer, nach zwei Stunden gelange ich in einen alten Kermeseichenwald, in dem ich erschöpft mein Lager aufschlage. Den letzten Liter Wasser verwende ich für mein Abendessen, und erst am nächsten Vormittag kann ich völlig ausgedörrt meine leeren Flaschen im Ort Fourfouras auffüllen.

Nach dieser eindrucksvollen, aber anstrengenden Gipfelbesteigung habe ich die Wahl: Ich kann sofort durch die Imbros-Schlucht zum Meer absteigen oder erst durch die Lefka Ori wandern und mich dann über die berühmte Samaria- oder die Rouvas-Schlucht Richtung Süden wenden. Den Ausschlag gibt ein deutscher Kretafan, der die zweite Variante vor ein paar Jahren als freiwilliger Helfer des griechischen Alpenvereins mit Stangen markiert hat. »Die Weißen Berge sind auf jeden Fall eine Durchquerung wert. Nichtsdestotrotz würde ich sagen, dass der E4 auf diesem Teilstück sehr anspruchsvoll ist, sowohl in der Wegfindung wie auch im Untergrund«, so kontaktiert mich Simon mit einer Mail und schickt mir freundlicherweise einen aktuellen Track der Route für mein GPS.

Schon auf den ersten beiden Kilometern dieser Etappe kann ich feststellen, dass »anspruchsvoll« fast noch eine Untertreibung ist. Einen Weg gibt es nicht, die Route führt mich *cross country* über nackten Fels an einem Steilhang entlang. Ein paar Bergziegen beobachten neugierig, wie ich trotz heftiger Fallwinde versuche, auf den glatten Steinplatten das Gleichgewicht zu halten und dabei die nächste Markierungsstange zu erspähen – leider vergeblich! Mit wackligen Knien lasse ich mich vorsichtig auf einem Felsblock nieder und evaluiere meine Situation. Mein Schuhprofil ist bereits ziemlich abgelaufen, der Wind lässt nicht nach, und Handyempfang ist Fehlanzeige. Dazu wird das Gelände laut Simons Wegbeschreibung auf den nächsten Kilometern noch schwieriger und die Stangen seltener. Da er mir in weiser Voraussicht zusätzlich eine einfachere Alternativstrecke beschrieben hat, ist mein Entschluss schnell gefasst. Ich kehre um und nehme die deutlich längere, dafür leichtere Route – die zu einem weiteren Highlight dieser Tour wird.

Denn die Weißen Berge sind eine in der nördlichen Hemisphäre einzigartige Hochwüste. Weil der kristalline Kalkstein schnell bis auf Sandkorngröße verwittert, versickert das Wasser bei der Schneeschmelze komplett im Boden. Das Gebiet erinnert an eine Mondlandschaft, in der keine Pflanzen gedeihen. Einzige Wasserquelle auf dieser Etappe ist eine Zisterne, die glücklicherweise so früh in der Saison noch gutes, klares Wasser enthält. Nur leider nehme ich davon zu wenig mit. Ohne Schatten der brennenden Sonne ausgesetzt brauche ich in dem schwierigen Gelände viel länger als geplant, dazu attackieren mich immer wieder unerwartet heftige Fallwinde. Als ich am Melindau, dem letzten Gipfel über 2000 Metern mit Blick bis zum Meer, endlich wieder Handyempfang habe, kündige ich dem Wirt der nahe gelegenen Kallergi-Hütte per SMS meine Ankunft an. »Leider bin ich nicht da, und die Unterkunft ist geschlossen«, kommt prompt die Antwort von Christoforos. »Aber ich habe vier Flaschen Wasser am Eingang deponiert. Wenn jemand anders die schon mitgenommen hat, musst du weiter in den nächsten Ort absteigen.«

Auf den letzten Kilometern klebt mir die Zunge am Gaumen, und jeder einzelne Stein schmerzt meine malträtierten Füße. Ich habe sogar Blasen an den Handflächen, weil ich mich bei den steilen Abstiegen ständig auf die Trekkingstöcke stützen musste. Als der Weg schon in Sichtweite der Hütte einen unerwarteten Schlenker macht, breche ich vor Erschöpfung fast in Tränen aus. Endlich erreiche ich den verschlossenen Eingang und finde Gott sei Dank noch zwei der vier Flaschen mit insgesamt 1,5 Litern Wasser vor. Eine davon stürze ich sofort hinunter, den Inhalt der zweiten teile ich mir genau ein. Die Hütte thront hoch oben am Berg und wird nicht von einer Quelle mit Wasser versorgt, sondern über eine Zisterne – und die ist leider abgeschlossen.

Erst am nächsten Vormittag werde ich im 500 Höhenmeter tiefer gelegenen Omalos wieder auftanken können.

Daher muss Kochen wegen Wassermangel leider ausfallen. Mein karges Abendessen aus ein paar Schokoriegeln, die ich in eine Tortilla einwickle, wird immerhin verschönt durch den spektakulären Blick auf die Samaria-Schlucht, die gerade vom orangefarbenen Schein der untergehenden Sonne dramatisch erleuchtet wird. Mein Zelt stelle ich vor der Hüttentür auf, über der ein Paar Langlaufskier prangt. Selbst wenn es mir in dieser trockenen Nacht schwerfällt zu glauben: Hier wird Wintersport betrieben!

Glücklicherweise beschränken sich solch gravierende Probleme mit der Wasserversorgung auf diese beiden besonders schwierigen Bergetappen. Außerhalb des Gebirges genügt entsprechende Vorausplanung, denn der E4 verläuft meist durch Olivenhaine, die über ein ausgeklügeltes System von Pumpen und Schläuchen bewässert werden. Mein persönliches Symbol für Kreta sind daher die ellenlangen schwarzen Plastikschläuche in unterschiedlichen Durchmessern, die sowohl zu den Plantagen als auch zu den Viehtränken führen. Dazu finde ich selbst in den kleinsten Ortschaften öffentliche Wasserspender oder bediene mich an den Gartenschläuchen, die an vielen der weiß gekalkten Häuser zum Gießen der üppig sprießenden Topfpflanzen angebracht sind. Den schönsten Brunnen Kretas entdecke ich am Kloster Vrontissi: Adam und Eva aus dem 15. Jahrhundert thronen leicht bekleidet über vier Mündern, aus denen köstliches Quellwasser in ein Becken fließt.

Trotz des trockenen Klimas erblüht zwischen den staubigen Olivenhainen eine wahre Farbenpracht: rosa Oleander, weiße Kapernbuschblüten, der lila schimmernde kretische Ebenholzstrauch und die orchideenartige Drachenwurz. Kein Wunder, dass die Imkerei hier gedeiht. Alle paar Kilometer entdecke ich Bienenkörbe, die kretischen Imker halten mehr als 140 000 Bienenvölker!

Meine liebsten Rastplätze sind die kleinen, gedrungenen Kirchen, die aufgrund der intensiven Sonneneinstrahlung nur durch ein winziges Fenster in der Apsis beleuchtet werden. Drinnen brennen Öllämpchen vor den Ikonen, zusätzlich liegen Wachskerzen, Streichhölzer und alte Plastikflaschen mit Öl zum Nachfüllen bereit. Die Glocke hängt nicht versteckt in einem Turm, sondern oft nebenan in einem Baum. Der meist überdachte und damit schattenspendende Vorraum mit Bänken ist ideal für eine ausgedehnte Pause in der Mittagshitze.

Noch idyllischer sind die vielen aktiven Klöster am Weg. Das Agarathos-Kloster erreiche ich am Ende der Abendandacht, als die Mönche aus ihrer mit Weihrauchduft geschwängerten Kirche ziehen und dabei die Ikonen küssen. Ich habe mich gerade zwischen den Orangenbäumen im Innenhof zu einer Rast niedergelassen, als mich einer der Mönche aus seiner dunklen Zelle heraus zu sich heranwinkt. Bin ich vielleicht mit Shorts und T-Shirt zu leicht bekleidet für diesen geweihten Ort? Doch anstatt mich zu ermahnen, streckt er mir lächelnd ein paar Orangen und Gebäck entgegen. »Geschenk für dich«, radebrecht er dabei auf Englisch und nötigt mich freundlich, selbst noch mal in seine Keksdose zu greifen.

Griechisch-orthodoxe Mönche und Nonnen kleiden sich immer in bodenlange schwarze Gewänder. Die Männer schneiden sich weder Bart- noch Kopfhaar, die Frauen tragen einen den Kopf rundum verhüllenden Schleier, der nur das Gesicht frei lässt. Welch ein Kontrast zu den Strandbesuchern Kretas! Nachdem ich über die beeindruckende sechs Kilometer lange Agia-Irini-Schlucht zum Küstenort Sougia abgestiegen bin, tummeln sich am Kieselstrand Touristinnen aus aller Herren Länder in knappen Bikinis oder gar komplett hüllenlos. Auch ich stürze mich zum ersten Mal ohne Reue in das kristallblaue Meer, weil ich einen Ruhetag einlegen werde und anschließend in meinem Hotel duschen kann – sonst würde das getrocknete Salzwasser auf der Haut schnell zum »bösen Wolf« führen.

Zwei Tagesetappen weiter führt mich der E4 über den Hippiestrand von Kedrodasos. Wie schon seit Jahrzehnten kampieren hier Aussteiger unter den Zedernbäumen in den Dünen. Doch so früh am Morgen schlafen alle noch in ihren Hängematten und Zelten, und ich habe den Strand ganz für mich allein.

»Was denken die Griechen denn über all die freizügigen Urlauber?«, frage ich neugierig meine Vermieterin in Archanes im blumengeschmückten Innenhof ihrer Pension.

»Als ich ein Kind war, traf mein Vater bei der Arbeit in den Olivenhainen oft verirrte Touristinnen«, antwortet Eirini schmunzelnd. »Weil er Gerede im Dorf vermeiden wollte, hat er dann immer erst meine Mutter zu Hause abgeholt und die Mädchen gemeinsam mit ihr als Anstandsdame zu ihrem Ziel gefahren. Als Mutter ihn fragte, ob er denn nichts Besseres zu tun habe, antwortete er immer: ›Diese Menschen sind von so weit hergekommen, um unser Land zu besuchen, da sollten wir freundlich zu ihnen sein.‹«

Gastfreundlich sind die Kreter auch heute noch. Obwohl ich nur eine einzige Nacht in ihrer Pension verbringe, lädt mich die pensionierte Griechischlehrerin zu selbst gemachter Zitronenlimonade und Teigtaschen mit Wildgemüse ein, liebevoll von ihrer alten Mutter gebacken. Generell endet jeder meiner Restaurantbesuche mit einem Raki aufs Haus, meist gibt es sogar einen kleinen Nachtisch gratis dazu. Allerdings muss ich mein Essen vorher vor hungrigen Katzen und Hunden verteidigen, die mir immer just in dem Moment um die Beine streichen, wenn die Bedienung einen vollen Teller auf den Tisch stellt. Kaum ist alles abgeräumt, findet die Zuneigung der Vierbeiner ein rasches Ende.

Die Küstenetappen sind zwar ein Leckerbissen für Strandliebhaber, einfach zu wandern sind sie jedoch nicht. Zwischen den Traumbuchten mit Sandstrand klettere ich über scharfkantigen Kalkstein, der bei jedem noch so kleinen Sturz schlimme Hautabschürfungen verursachen würde. Wenn keine kühlende

Brise vom Meer her weht, heizt die Sonne mir gnadenlos ein – ohne rettende Trinkwasserquellen. Zwei Wochen nach meiner Abreise verstarb genau auf diesem Küstenabschnitt des E4 die französische Touristin Violet Gigano an einem Hitzschlag. Die 29-Jährige hatte auf einem Tagesausflug zum Strand die Länge der Etappe unterschätzt und wohl zu wenig Wasser dabei.

Sommerliche Höchsttemperaturen und Schnee im Gebirge begrenzen die Wandersaison auf Kreta ganz erheblich, gefahrlos kann man den E4 durchgängig nur im Mai/Juni oder September/Oktober wandern. Wenn man hingegen die Gebirgsetappen auslässt oder an der Küste umgeht, ist Kreta auch ein wunderbares Ziel für die Wintersaison.

Hunde sind übrigens – anders als im restlichen Griechenland – auf Kreta mittlerweile kein Problem mehr. Die Bauern haben ihre Schaf- und Ziegenherden nämlich eingezäunt, allerdings nicht mit Stachel- oder Maschendraht, sondern mit Armierungsgittern. Leider kann man diese Baustahlmatten, die mit Draht an dicken Moniereisen befestigt sind, nicht einfach auseinanderziehen oder hochheben, um hindurchzuschlüpfen. Mein Versuch, einen dieser rostigen Zäune zu überklettern, endet mit einer blutigen Wunde an meiner linken Wade. Glücklicherweise bin ich gegen Tetanus geimpft.

Nur wenn der Bauherr eine der Matten wie eine Tür befestigt hat, birgt sie keine Verletzungsgefahr. Im Idealfall wird dieses Tor mit einem Seil oder Schnürsenkel verschlossen, allzu oft auch mit rostigem Draht. Eine Zange wäre also ideal für diesen Trail, passt aber leider nicht in mein Ultraleichtgepäck. Viel befahrene Durchgänge an Straßen werden einfach offen gelassen und von Kettenhunden bewacht, die ein wahrhaft trauriges Dasein fristen. Als Wetterschutz dient ihnen meist bloß eine alte Blechtonne, und ihre Kette ist gerade mal so lang, dass keine Ziege durch die Zaunlücke entwischen kann. Für Wanderer stellen diese bedauernswerten Hunde keine Gefahr dar, ganz im Gegenteil verstecken sie sich verängstigt vor Menschen.

Ich kenne kaum eine Gegend in Europa, die so viel Outdoorpotenzial birgt wie Kreta und zugleich wandertechnisch so wenig erschlossen ist. E4-Markierungen sind in der Regel nur da angebracht, wo man sie am wenigsten braucht: entlang von Straßen. Und leider wird die Route an einigen Stellen lieblos über Asphalt geführt, obwohl parallel dazu Pfade oder Wirtschaftswege verlaufen. Das verleitet die Autoren der verschiedenen Wanderführer natürlich dazu, die Strecke nach eigenem Gusto abzuwandeln. Doch was zum Erscheinungsdatum des jeweiligen Buches vielleicht eine gute asphaltfreie Alternative war, birgt schon ein paar Jahre später unangenehme Überraschungen. Ich lande regelmäßig vor unüberwindbaren Zäunen, überwucherten Wegen oder steil aufgebaggerten Böschungen.

Fast alle Berghütten am E4 sind dauerhaft geschlossen und unzugänglich, darunter die spektakulär gelegene Prinos-Schutzhütte an der Ostflanke des Psiloritis. Der offene Notunterstand daneben wird von den Ziegen als Stall missbraucht. Ich muss notgedrungen über den Zaun auf die Terrasse der Hütte klettern, um geschützt vor den Weidetieren und deren Odeur mein Zelt aufbauen zu können. Dafür ist der Blick von hier oben einfach unbezahlbar! Nachts sitze ich noch lange auf der Holzbank vor dem Haus und blicke auf die glitzernden Lichter von Heraklion.

Dort wurde 1883 einer der bekanntesten Kreter geboren: der Schriftsteller Nikos Kazantzakis. Im Städtchen Myrtia, direkt am E4, habe ich zwei Tage zuvor das moderne Museum zu seinen Ehren besichtigt. Sein berühmtestes Werk »Alexis Sorbas« spielt auf Kreta und ist daher meine Reiselektüre auf dieser Tour. Über die Liebe zu seiner Heimatinsel schreibt Kazantzakis: »Wenn ich wiedergeboren würde, so möchte ich das Licht auf diesem Fleckchen Erde wiedersehen. Hier gibt es einen unbezwingbaren Zauber.« Trotz aller Strapazen kann ich ihn nach dieser Wanderung gut verstehen.

Für wen:

- **Strandurlauber** finden auf dieser Tour einige der schönsten Strände Europas, auch wenn sie manchmal schwer zu erreichen sind. Nicht umsonst zieht die Insel seit Jahrzehnten Hippies aus der ganzen Welt an.
- **Bergfreunde** müssen sich nicht zwischen Gebirgstour und Badeurlaub entscheiden, denn zwischen den über 2000 Meter hohen Gipfeln und dem Meer liegen gerade mal zwanzig Kilometer Luftlinie.
- Mehr als 400 **Schluchten** gibt es auf Kreta – so viele wie nirgendwo sonst in Griechenland. Eine Variante des E4 führt zum Beispiel auf 17 Kilometern durch die bekannte Samaria-Schlucht von 1200 Meter Höhe bis hinunter ans Libysche Meer.

Für Biertrinker:

FRANKENWEG

Land: Deutschland | *Länge:* 520 km
Schwierigkeit: * | *Budget:* €€ | *Jahreszeit:* ganzjährig
Natur: ** | *Kultur:* ** | *Special Interest:* Bier und Brotzeit

Vielleicht bin ich bei diesem Weg ein bisschen voreingenommen. Ich stamme nämlich aus Franken, genauer gesagt aus Forchheim. Und soweit ich das anhand der Familienbibel und alten Fotoalben nachvollziehen kann, gilt das auch für meine Vorfahren bis zu den Ururgroßeltern. Mein Vater kam auf Montageeinsätzen viel herum, doch zog es ihn immer in die Heimat zurück, denn: »Hier schmeckt das Bier am besten!« Ich kann das leider nicht beurteilen, weil ich kein Bier trinke. In Franken, mit der höchsten Brauereidichte weltweit, quasi ein Sakrileg. Das ist aber nicht der Grund, warum ich als Erste meiner Familie die angestammte Heimat verließ, mich hatte es ganz einfach zum Studium nach Berlin verschlagen.

Wenn ich als Besucherin zurückkomme, wandere ich oft auf dem Frankenweg, einige Etappen habe ich sogar schon mehrfach zu unterschiedlichen Jahreszeiten absolviert. Auf 520 Kilometern durchläuft er Ober- und Mittelfranken. Der nördliche Terminus in Blankenstein ist Endpunkt des thüringischen Rennsteigs, der südliche Terminus in Harburg liegt am Beginn des schwäbischen Albsteigs.

Gleich die erste Etappe des Frankenwegs führt direkt durch die Hölle, in diesem Fall das wildromantische Höllental, eines der schönsten Flusstäler Deutschlands. Hier im Frankenwald war die Forstwirtschaft traditionell wichtig, Flößer brachten die Tannen über Main und Rhein sogar bis nach Amsterdam. Dieser Beruf ist heute zwar ausgestorben, doch in Wallenfels können Sie im Sommer immer noch an einer Flößerfahrt auf der Wilden Rodach teilnehmen. Für dieses spritzige Vergnügen unbedingt Wechselkleidung mitbringen!

Im Flößermuseum in Unterrodach lerne ich, dass den Arbeitern tarifvertraglich fünf Liter Bier pro Tag zustanden. Ob das wohl der Arbeitssicherheit zuträglich war? Wie dieses Bier geschmeckt haben mag, können Sie im Kronacher Antlabräu herausfinden. Dort wird ein spezielles Flößer-Bier ausgeschenkt, ein hefetrübes, untergäriges Vollbier mit Malzaroma. Kunstfreunde werden vielleicht eher im Kaiserhofbräu das Lucas-Cranach-Bier probieren wollen, benannt nach dem hier geborenen Renaissancemaler. Ich kaufe mir lieber im Supermarkt einen Höllensprudel aus dem Höllental und besichtige die Cranach-Gemälde in der Fränkischen Galerie auf der Festung Rosenberg. Sie erhebt sich steil über der Altstadt von Kronach und wurde im Laufe ihrer 800 Jahre langen Geschichte nie erobert.

23 Kilometer weiter erreiche ich Kulmbach, Deutschlands Biermetropole. Um diesen Titel streiten sich noch andere Städte, aber Kulmbach kann mit dem ältesten Bierfund des Landes aufwarten. In einem Gräberfeld wurde eine 3000 Jahre alte Amphore mit dem Gerstensaft entdeckt, heute kann sie im Bayerischen Brauereimuseum besichtigt werden. Das befindet sich – wen wundert's – auf dem Gelände eines stillgelegten Brauhauses und zeigt die Geschichte des Bieres von den alten Ägyptern, Römern und Kelten über die christlichen Mönche bis hin zur Industrialisierung. Zur Veranschaulichung kann man in der Gläsernen Brauerei in durchsichtige Sudkessel mit Kupferhauben schauen und natürlich einen Schluck probieren.

Die insgesamt acht Braubetriebe im Kulmbacher Land produzieren die stärksten Biere der Welt. Das EKU 28, liebevoll auch Kulminator genannt, hat elf Prozent, der Kulmbacher Eisbock sogar zwanzig Prozent Alkoholgehalt und wird daher eher wie ein Likör getrunken. Diese Starkbierspezialität wurde durch reinen Zufall – oder Faulheit – »erfunden«. Einer Legende nach vergaß ein fränkischer Braugeselle ausgerechnet im Winter mehrere Fässer Bockbier im Freien, sodass der Inhalt über Nacht gefror. Als er das Eis zerschlug und den flüssigen Rest probierte, schmeckte es ihm nicht nur extrem gut, sondern machte zudem besonders schnell betrunken. Durch das Gefrieren wird dem Bier nämlich Wasser entzogen, und Alkohol, Aroma- und Geschmacksstoffe werden im sogenannten Eisbock konzentriert. Wer das alles genauer testen möchte, kommt am besten Ende Juli zur Kulmbacher Bierwoche, die alljährlich 130 000 Besucher anzieht – allein mit Bier, also ganz ohne Fahrgeschäfte oder sonstigen Tamtam.

Da mir der Sinn eher nach Essen steht, besuche ich das Bayerische Back- und Gewürzmuseum und marschiere im Sinne einer Verkostung einfach in die nächste Bäckerei. Lokale Spezialität sind die ausgezogenen Krapfen, auch *Knieküchla* genannt, weil der Hefeteig über dem Knie in die charakteristische Hutform gezogen wird. Heute sind sie fast das ganze Jahr über erhältlich, früher wurden sie nur zur Kirchweih oder zu Familienfeiern hergestellt. Selbst ich kann mich noch erinnern, dass anlässlich meiner Erstkommunion eine erfahrene Krapfenbäckerin angeheuert wurde, die in unserer heimischen Küche Dutzende dieser UFO-förmigen Teile in heißem Fett knusprig ausbuk und mit Puderzucker bestäubte. Im Anschluss an diese schweißtreibende Arbeit wollte sie nicht etwa eine Tasse Kaffee, sondern natürlich eine Flasche Bier.

Nach dem dicht bewaldeten und flussreichen Frankenwald geht es nun zur Fränkischen Alb mit ihren trockenen Hochplateaus, die steil zum Vorland abfallen und hervorragende Weitblicke ermöglichen. Damit erreiche ich meine persönliche Lieblingsetappe zur Wallfahrtsbasilika Vierzehnheiligen und zum Staffelberg.

Ich starte im Juni schon besonders früh von meinem Zeltplatz am Großen Kordigast. Erstens ist es sehr heiß, zweitens habe ich kaum mehr Wasser, und drittens befürchte ich überraschenden Kinderbesuch vom nahe gelegenen Abenteuerspielplatz. Den alten Steinbruch, in dem Fossiliensucher nach versteinerten Lebewesen aus dem subtropischen Jurameer suchen können, lasse ich links liegen. Die Funde wären sowieso viel zu schwer für mich als Ultraleichtwanderin. Stattdessen steuere ich schnurstracks das Dorf Isling an, wo mir meine Karte einen Brunnen verspricht – nur ist der leider abgestellt. Vor lauter Durst will ich schon an einem der Häuser klingeln, als mir die offene Kirchentür auffällt. Drinnen wird eifrig geputzt, sodass ich schon wieder gehen will. Da dämmert mir, dass die beiden Damen das Putzwasser ja irgendwoher haben müssen …

»*Bassens fei bloos auf, des is badscherdnass herinna* – Passen Sie bloß auf, es ist patschnass hier drinnen«, warnt mich eine der beiden mit dem Wischmopp in der Hand vor Rutschgefahr. Während das Hochdeutsche alle 26 Buchstaben des Alphabets plus drei Umlaute nutzt, kommt *Fränggisch* mit etwas weniger zurecht: P und T existieren überhaupt nicht, es gibt nur ein hartes und weiches B und D. Auch das K wird bloß rudimentär verwendet, dafür ist das rollende R umso ausgeprägter. Als ich nun nach Wasser frage, kommt mir sehr zu Hilfe, dass ich den hiesigen Dialekt ausgezeichnet beherrsche. Und so führt mich die Frau freundlicherweise in die *Saggrisdai,* wo ich mich an einem Wasserhahn bedienen darf.

Auf dem Weg zur Basilika Vierzehnheiligen wundere ich mich über rostige Metallplatten mit kryptischen Inschriften wie »Katharina Buch Rad Schwert« oder »Erasmus Ankerwinde«. Erst nach einer Weile dämmert mir, dass mit den Schriftzügen auf diesen modernen Skulpturen die vierzehn Nothelfer gemeint sind, einschließlich ihrer Attribute und Marterwerkzeuge.

In dem prunkvollen Rokokobau sind die Skulpturen der vierzehn Heiligen allerdings deutlich figürlicher und dramatischer dargestellt. Direkt neben der Kirche befindet sich – Sie haben es schon geahnt – eine Brauerei zur Stärkung der Wallfahrer. Die meisten der jährlich 500 000 Besucher sitzen wohl auch deutlich länger und inbrünstiger auf den Bier- als auf den Kirchenbänken und trinken den »Nothelfer Trunk Export«. Man sagt, er schmecke, wie die Choräle der Wallfahrer klingen, die vom Tal heraufziehen ... Ich hingegen schreie fast »Halleluja«, als ich die riesige Sanitäranlage entdecke. Dort kann ich mich in der geräumigen Behindertentoilette endlich mal wieder einer gründlichen Katzenwäsche unterziehen.

Als der Frankenweg eine große Schleife schlägt, hätte ich die angesichts der sommerlichen Temperaturen beinahe abgekürzt und damit den traumhaften Viktor-von-Scheffel-Blick verpasst. Der Pavillon mit Aussicht auf die Basilika ist so schön, dass ich sogar meine Mittagspause vorziehe, um ihn länger genießen zu können. Viktor von Scheffel, Dichter des 19. Jahrhunderts, verbrachte mehrere Wochen in der Nähe und schrieb dabei das Gedicht »Die Wanderfahrt«, das zum Text der inoffiziellen Frankenhymne wurde: »Wohlauf die Luft geht frisch und rein, / wer lange sitzt, muss rosten. / Den allerschönsten Sonnenschein / lässt uns der Himmel kosten ...« Treffender hätte ich diesen wunderbaren Sommertag nicht beschreiben können.

Weiter geht es auf den Staffelberg, den Symbolberg Frankens, wo neben dem Gipfelkreuz die rot-weiße fränkische Fahne weht. Über die gigantische Aussicht auf das Maintal dichtete von Scheffel vor 150 Jahren: »Zum heil'gen Veit von Staffelstein / komm ich empor gestiegen, / und seh' die Lande um den Main / zu meinen Füßen liegen. / Von Bamberg bis zum Grabfeldgau / umrahmen Berg und Hügel / die breite stromdurchglänzte Au. / Ich wollt', mir wüchsen Flügel ...«

Auch wenn heutige Leser bei der letzten Zeile eher an einen Energydrink denken werden: Oben auf dem Staffelberg gibt es natürlich einen Bierausschank und deftige fränkische Spezialitäten, Bratwürste mit und ohne Kraut, Presssack und Ziebelaskäs. Letzteres ist eine Art Quark mit deftigem Landbrot, gewürzt mit reichlich frischen Zwiebeln, Pfeffer und Salz. Bei mir bleibt am Abend die Campingküche kalt.

In Franken galt lange der Grundsatz *cuius regio, eius religio* – wessen Gebiet, dessen Religion. Da der Glaube des jeweiligen Landesherrn einfach seinen Untertanen aufoktroyiert wurde und Franken seit dem Mittelalter in Dutzende kleine und kleinste Herrschaftsgebiete zersplittert war, entstand ein Flickenteppich der Konfessionen. Die Route führt deshalb an zahllosen Kirchen, Kapellen und Wegkreuzen beider Konfessionen vorbei, doch das eigenartigste Gotteshaus befindet sich in Dörnwasserlos. Wegen des stacheldrahtgekrönten Doppelzauns halte ich das Gebäude zunächst für den Hochsicherheitstrakt eines Gefängnisses, und tatsächlich befand sich auf dem abgeschiedenen Gelände am Albtrauf von 1960 bis 1990 ein Raketenstützpunkt der NATO. Gemäß dem Motto »Schwerter zu Pflugscharen« wurde daraus nach der Wende das Kloster Marienberg. Die Trappistenmönche bauten ihre Kapelle und einen Glockenturm genau dort, wo früher eine große militärische Antenne in den Himmel ragte. Von hier aus hat man wohl einen besonders guten Draht nach oben. Heute hat die katholische Schönstatt-Bewegung die Anlage übernommen, Wanderer können sich in einem kleinen Café mit Getränken, Kuchen und Eis stärken.

Der Frankenweg führt als Nächstes durch die Fränkische Schweiz, das »Land der Burgen, Höhlen und Mühlen«. Die Tourismusmanager haben bei diesem Slogan allerdings eine Facette vergessen, denn in der Fränkischen Schweiz gibt es siebzig kleine und mittlere Brauereien, in ganz Oberfranken kommt ein Betrieb auf 5511 Einwohner. Das *Seidla* Bier, also ein halber Liter, kostet unter drei Euro. In Heiligenstadt ist in einer Braugaststätte sogar jedes siebte *Seidla* umsonst. Solche Angebote kenne ich sonst nur von den US-amerikanischen Thruhikern, bei denen es aber mehr ums Essen als ums Trinken geht.

Innenarchitektonisch scheinen die meisten dieser Gasthäuser in den 1950er-Jahren stecken geblieben zu sein, zum Glück geht man hier sowieso eher nach draußen auf die Keller. Ja, die Franken gehen nicht »in«, sondern »auf« den Keller, denn vor der Erfindung elektrischer Kühlanlagen wurde das Bier in Felsenkellern im Wald gelagert. Da es ja nun schon mal da war, fügte man einfach ein paar Holztische und -bänke dazu, bot ein paar kalte Speisen an, und fertig war der fränkische Bierkeller. Noch heute darf man in der Regel seine eigene Brotzeit mitbringen, für Autofahrer und Bierverweigerer wie mich wird Mineralwasser und Limonade angeboten. Mit Aussicht auf einen solchen Kellerbesuch konnten sich sogar meine wenig outdoorbegeisterten Eltern für Wanderungen durch die »Fränkische« erwärmen.

Am besten läuft man diese Etappe um Ostern herum, wenn in den Dörfern die Osterbrunnen mit Kränzen, Girlanden und bemalten Eiern geschmückt werden. Der Brunnen in Bieberbach bei Egloffstein hat es mit über 11 000 Eiern sogar ins »Guinness Buch der Rekorde« geschafft.

Zu jeder Zeit schön ist die Felsenlandschaft der Fränkischen Schweiz, die mich immer ein wenig an einen Spielplatz für Riesen erinnert: bizarre Felsformationen, enge Täler und gewaltige Höhlen. Die Route führt sogar mitten durch die 62 Meter lange Oswaldhöhle, aber Achtung: Kopf einziehen! Die Decke ist teilweise gerade mal 1,50 Meter hoch. Wer die beiden Tropfsteinhöhlen am Weg, die Bing- und die Teufelshöhle, besuchen möchte, sollte warme Kleidung mitbringen. Die Temperatur beträgt das ganze Jahr über neun Grad – für mich eine tolle Erfrischung an diesem heißen Sommertag.

Nachdem der Frankenweg den Großraum Erlangen/Nürnberg umwandert hat, macht er in Neumarkt einen kleinen Abstecher in die Oberpfalz. Im Kloster Sankt Josef feiere ich einmal ein sehr ruhiges Silvester. Das Gelände ist so groß, dass ich die Böller und Feuerwerksraketen kaum höre. Viele der 150 Schwestern verbringen hier ihren Lebensabend, in dem Gebäudekomplex ist auch ein Tagungs- und Seminarhotel untergebracht. Zum Jahreswechsel hat außer mir nur ein einziger anderer Gast Abendessen gebucht, und die Köchin ruft extra vorher an, um sich nach meinen Essenswünschen zu erkundigen. Als hungrige und ziemlich durchgefrorene Wanderin weiß ich diese Gastfreundschaft zu schätzen.

Am Silvesterabend serviert sie uns Bratwürste, die fränkische Leibspeise, die von Region zu Region variiert. Um Nürnberg sind die Würste klein und dünn, in Oberfranken eher lang und dick; in protestantischen Gegenden ist die Füllung grob, in katholischen fein. Und manchmal werden die Würste gar nicht gebraten, sondern in Wurzelsud gegart und heißen dann »Blaue Zipfel«. Vorteil für Wanderer: In vielen Metzgereien am Wegesrand gibt es Bratwurstbrötchen zum Mitnehmen.

Das fränkischste aller Gerichte ist wohl das *Schäuferla,* ein krosser Braten aus dem flachen Schulterstück des Schweins mit Knochen, Fettabdeckung und Schwarte, eine Besonderheit fränkischer Metzgerkunst, denn nur hier wird das Fleisch so geschnitten. Zwei bis drei Stunden brutzelt das *Schäuferla* im Ofen, dabei übergießt man es immer wieder mit Bier und serviert es schließlich mit Kartoffelklößen und Sauerkraut. Meine Eltern liebten dieses Gericht mit dem zarten Fleisch und der knusprigen Schwarte so sehr, dass sie ihren 65. Hochzeitstag in einer abgelegenen Dorfgaststätte mitten in der Fränkischen Schweiz feierten, eben weil es dort das beste *Schäuferla* gab. Aber keine Sorge, auf dem Frankenweg kommt man an genügend Wirtschaften mit entsprechendem Angebot vorbei!

Das Kalkgestein der Frankenalb sorgt für hartes Wasser, das glücklicherweise recht gut zu den dunkleren fränkischen Bieren passt und zu interessanten Naturphänomenen führt. Die Steinerne Rinne bei Wolfsbronn ist eine bis zu 1,60 Meter hohe Kalktuffrinne, entstanden durch den ausgefällten Kalk des Quellwassers. Noch heute wächst sie jedes Jahr um ein paar Millimeter. Der Frankenweg folgt ihr auf den gesamten 130 Metern Länge steil bergab, im Frühling begleitet durch den intensiven Geruch von Bärlauch.

Bei Weißenohe hat das kalkhaltige Wasser der Lillach sogar ganze Sinterterrassen geschaffen, die Flussquelle wird im Frühjahr als Osterbrunnen geschmückt. Zur Stärkung der Besucher gibt es im nahe gelegenen Kloster Weißenohe natürlich eine Brauerei, die nach dem Wegzug der Mönche heute in privater Hand ist und im Rahmen einer Führung besichtigt werden kann. Wie schon seit Jahrhunderten kommen Braugerste und Hopfen aus der Umgebung, das Wasser aus der Lillach. Dass die Braukunst vor allem in Klöstern florierte, hat mehrere Gründe: Die Mönche hatten das nötige Fachwissen, konnten die notwendigen Rohstoffe in ausreichender Menge selbst produzieren und lagern, und vor allem nutzten sie das nahrhafte Bier als Fastengetränk getreu dem Motto: »Flüssiges bricht das Fasten nicht!«

Am südlichen Ende des Frankenwegs ändert sich die Landschaft noch einmal. Jetzt wandere ich durch das Fränkische Seenland, dessen künstlich angelegte Gewässer die ungleiche Verteilung zwischen dem »nassen« Süd- und dem »trockenen« Nordbayern ausgleichen sollen. Der 1977 angelegte Hahnenkammsee lockt mit einem wunderbaren Badestrand, doch mich zieht es weiter zur wohl originellsten »Tankstelle« des ganzen Frankenwegs, der Wallfahrtskirche Maria Brünnlein bei Wemding. Dort muss ich zum Wasserholen nicht in die *Saggrisdai*, sondern finde mitten in der barocken Kirche hinter dem Gnadenalter den namensgebenden Brunnen mit Quellwasser. Wer sich lieber mit Bier statt wundertätigem Wasser stärkt, kann das nebenan im Gasthof mit dem passenden Namen »Zur Wallfahrt« tun.

Es gibt Dutzende anderer solcher Kleinode entlang des Frankenwegs, vom Römerkastell in Weißenburg über mittelalterliche Burgruinen in der Fränkischen Schweiz bis zu den modernen

Thermen in Treuchtlingen und Bad Staffelstein – von den vielen weiteren Bieren und kulinarischen Schmankerln ganz zu schweigen. Was mich am allermeisten erstaunt: Der Weg wird trotzdem nur sehr wenig begangen. Dabei hat der Dichter Karl Immermann bereits 1837 so treffend geschrieben: »Franken ist wie ein Zauberschrank; immer neue Schubfächer thun sich auf und zeigen bunte, glänzende Kleinodien, und das hat kein Ende. Wer Deutschlands geheimste jungfräuliche Reize genießen will, muß nach Franken reisen.«

Für wen:

- Ganz klar: Der Frankenweg ist ein Paradies für **Biertrinker.** Im Sommer können Sie Ihr Lieblingsgetränk auf den Kellern genießen, im Winter in der Wirtschaft, denn wandern können Sie hier zu jeder Jahreszeit.
- Auch **Liebhaber deftiger Küche** kommen voll auf ihre Kosten, und das zu sehr günstigen Preisen: Ein Bierkeller wirbt sogar damit, dass eine vierköpfige Familie für dreißig Euro satt wird – inklusive Eis für die Kinder!
- »Wer einen Franken Bayer nennt, der besser um sein Leben rennt!« Selbst wenn dieser Spruch das Verhältnis der beiden gut charakterisiert, gehört Franken rein verwaltungstechnisch zu Bayern. Auf dem Frankenweg können **Bayernfans** also die eher unbekannte Seite des Freistaates entdecken und werden dabei wahrscheinlich feststellen: Wie nennt man in Bayern die besonders sympathischen und attraktiven Menschen? Franken!

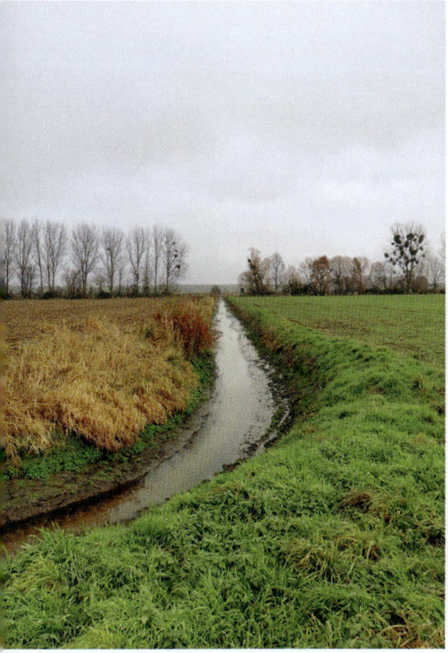

Für den Torfabbau entwässerte Moorgebiete werden in Brandenburg Luch genannt.

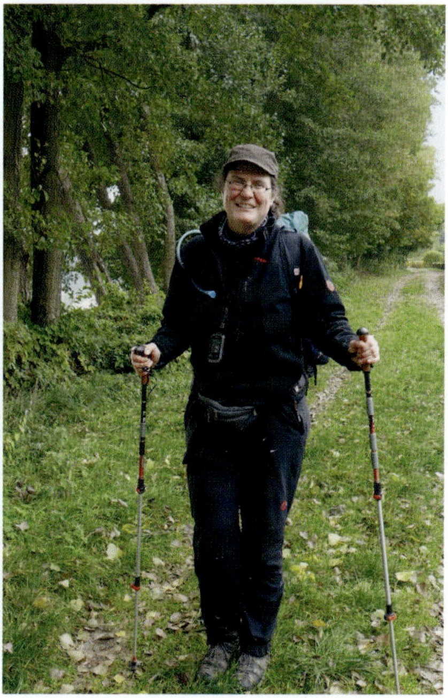

In dieser brettflachen Landschaft kann man selbst im Winter problemlos wandern.

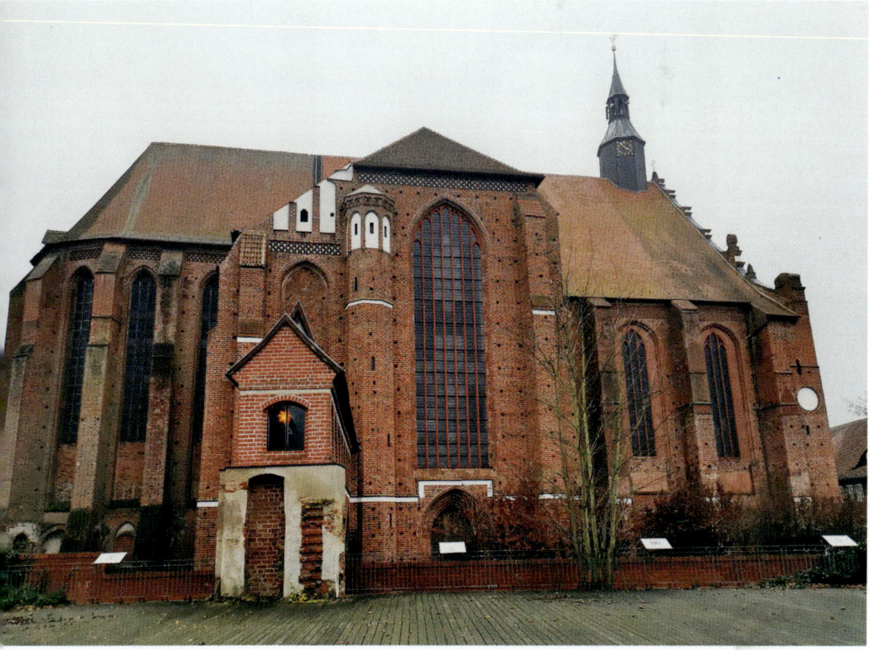

Bis zur Reformation pilgerten Hunderttausende nach Wilsnack zur Wunderblutkirche, heute wirkt das riesige Bauwerk in dem kleinen Kurort seltsam überdimensioniert.

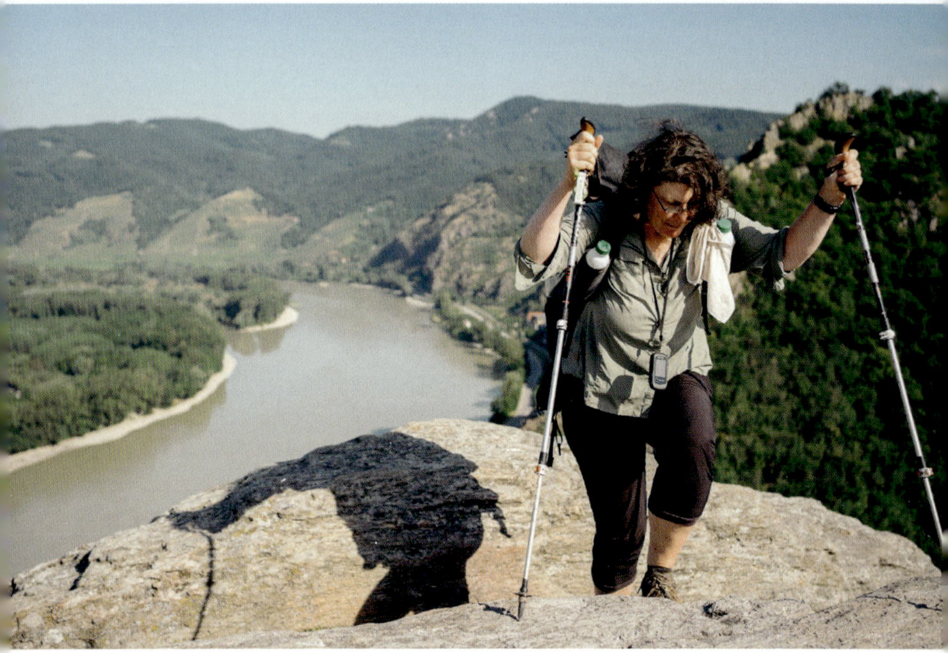

Obwohl der Welterbesteig an der Donau entlangführt, ist er alles andere als flach: Auf 180 Kilometern sind fast 7000 Höhenmeter zu bewältigen.

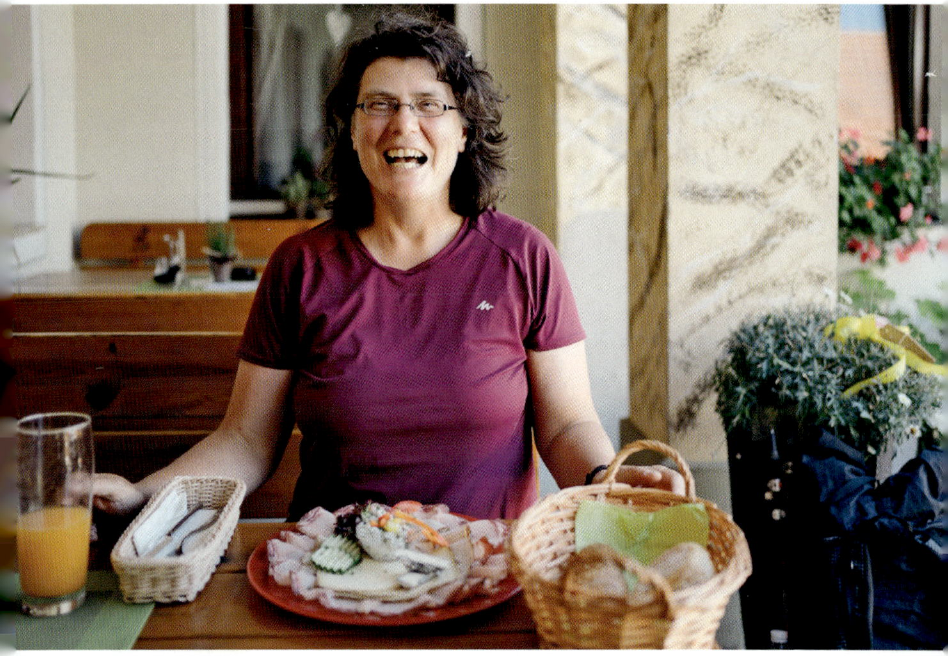

In den Buschenschenken am Weg bieten die Winzer Wein, Saft und kalte Speisen an. Beim *Gspritzten* wird Wein oder Saft mit Mineralwasser gemischt.

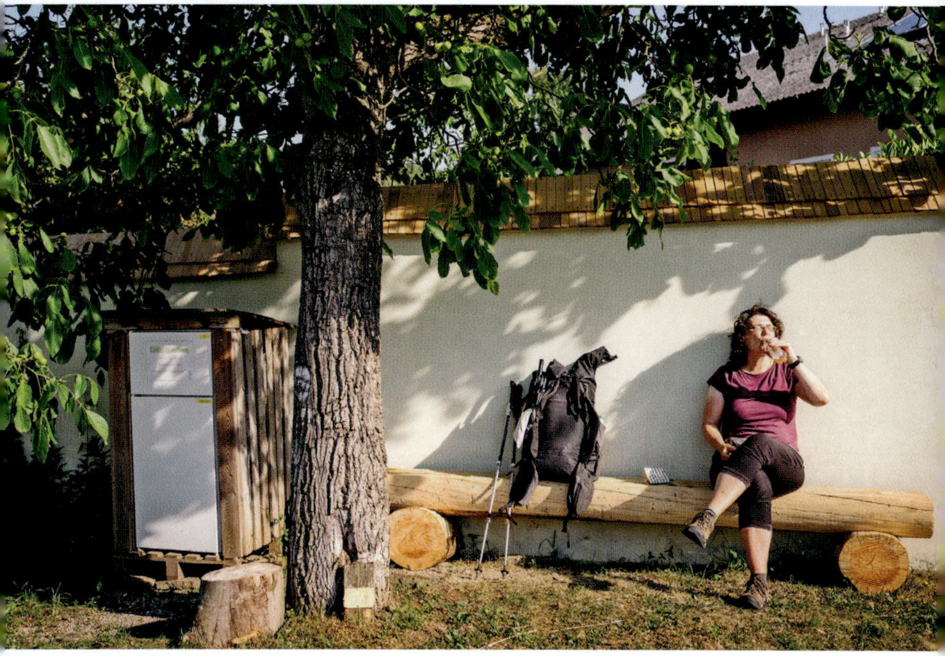

Am Wegesrand entdecke ich viele Kühlschränke mit dem dort angebauten Wein, zahlbar in eine Vertrauenskasse – und einmal sogar kostenlose *trail magic!*

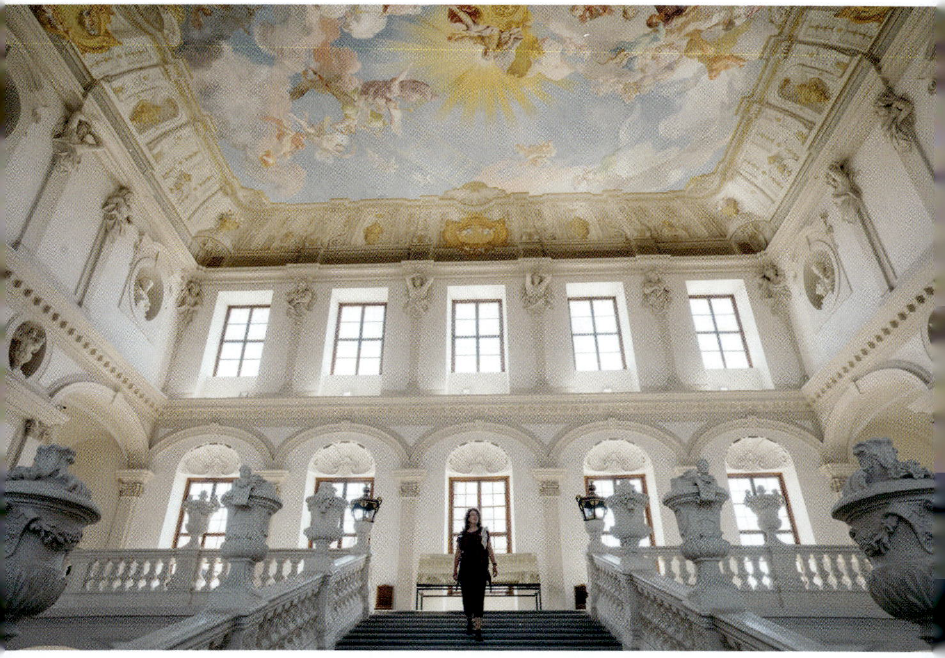

Stift Göttweig ist neben Melk das kulturelle Highlight des Weges. Hier kann man nicht nur den Andachten der Mönche beiwohnen, sondern auch essen und übernachten.

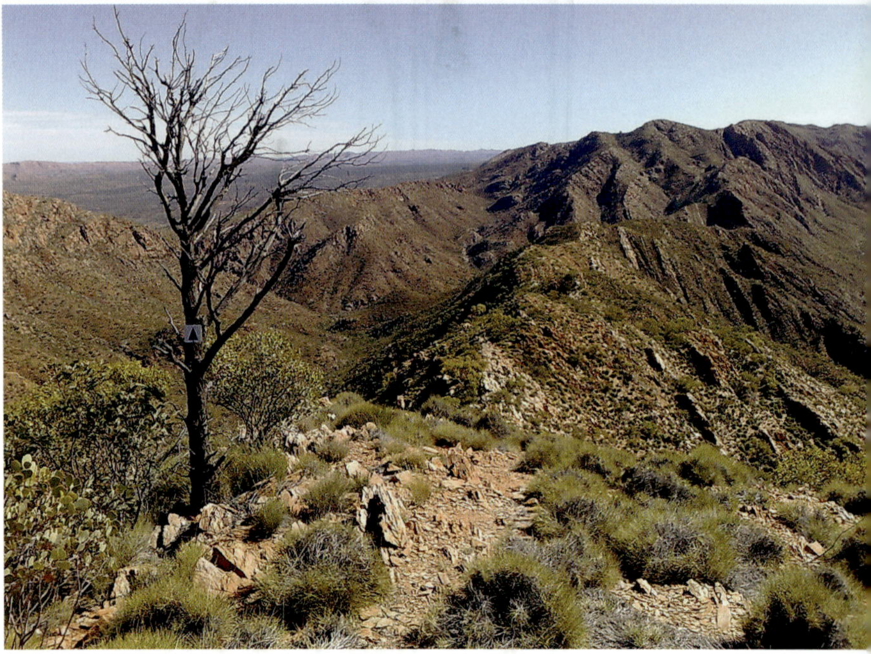

Die Gratwanderung auf dem passend benannten Razorback Ridge bietet atemberaubende Ausblicke auf die MacDonnell Ranges im gleichnamigen australischen Nationalpark.

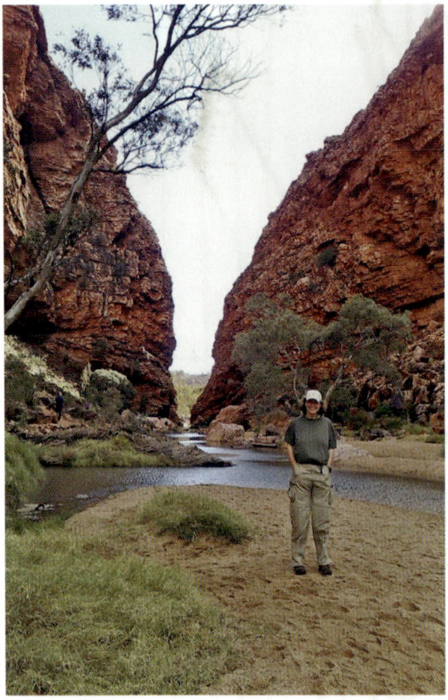

Der Simpsons Gap ist einer der spektakulären Einschnitte in dieser Gebirgskette.

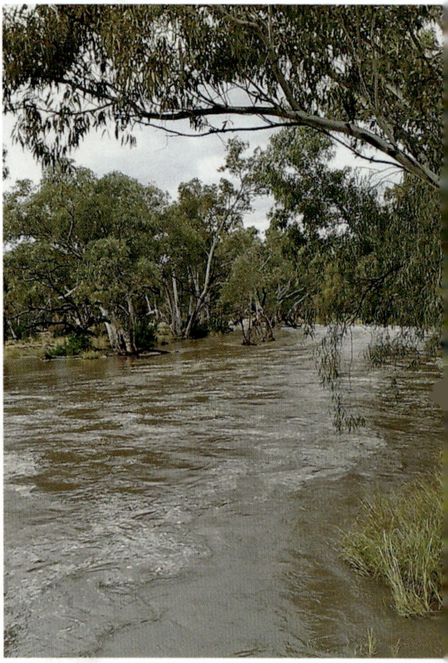

Normalerweise sind die Flussbetten im Outback ausgetrocknet …

GR70 STEVENSONWEG

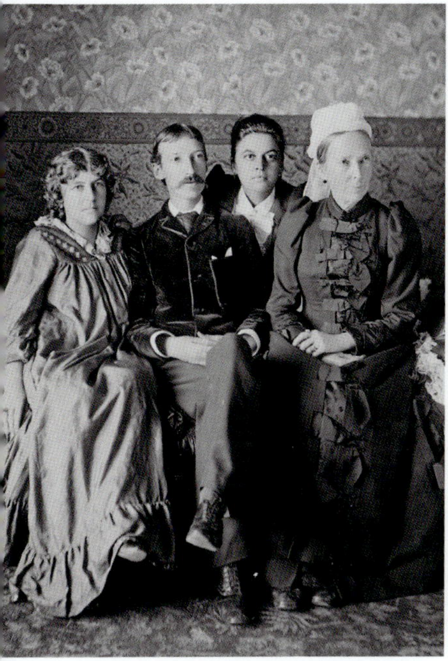

Robert Louis Stevenson mit Gattin Fanny, deren Tochter Belle und seiner Mutter (v.l.)

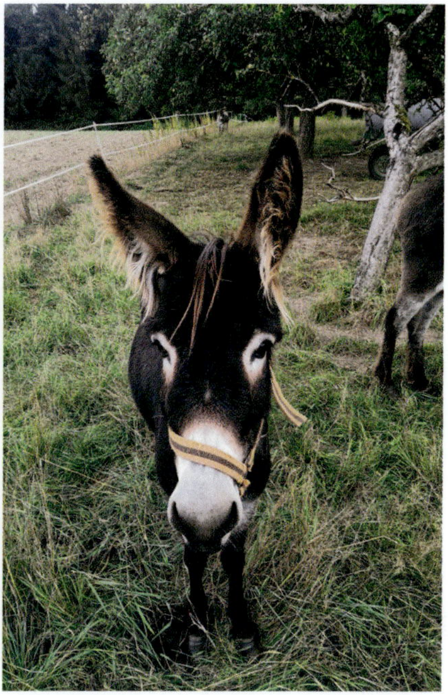

Der Schriftsteller war mit Eselin Modestine unterwegs.

GR14 SENTIER DE L'ARDENNE

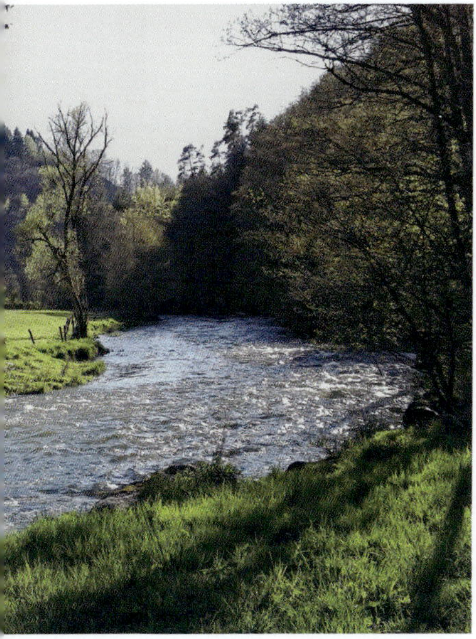

Die Amel war im Winter 1944/45 ein unüberwindbares Hindernis für die Deutschen.

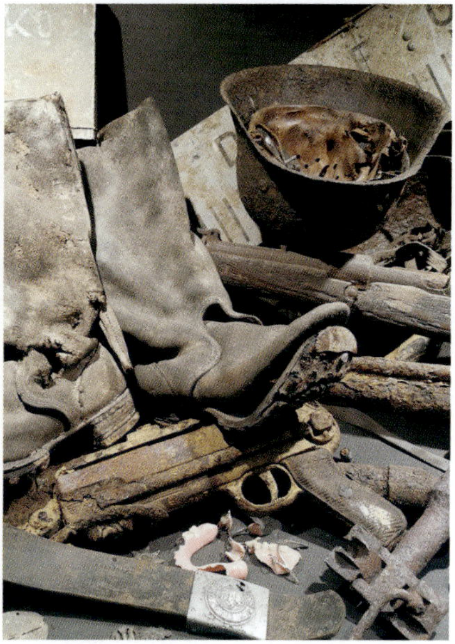

Das Museum Decembre 44 zeigt Fundstücke von den Kämpfen der Ardennenoffensive.

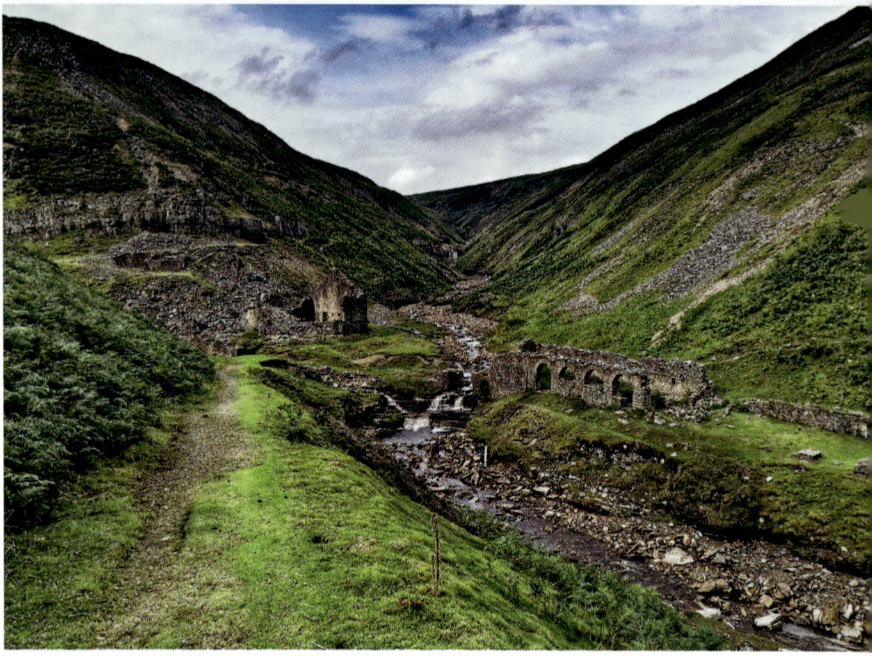

Blackethwaite in den Yorkshire Dales ist keine romantische Burgruine, sondern eine verfallene Bleihütte aus dem frühen 19. Jahrhundert.

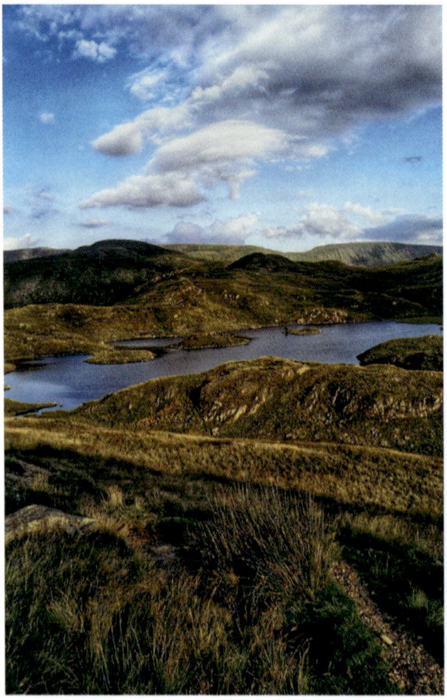

Im Lake District gibt es rund 1000 Seen unterschiedlicher Größe.

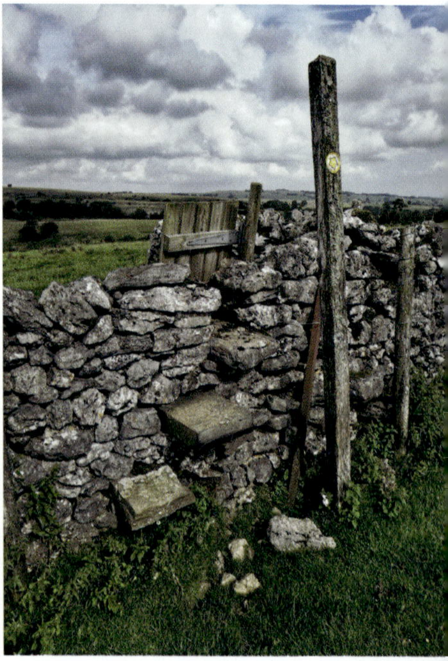

Die endlosen Trockenmauern können auf eingebauten Steinstufen überstiegen werden.

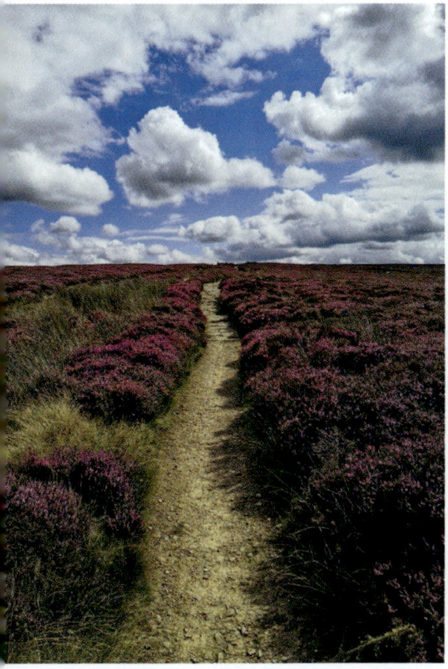

Der Nationalpark North York Moors ist eine ausgedehnte Heidelandschaft.

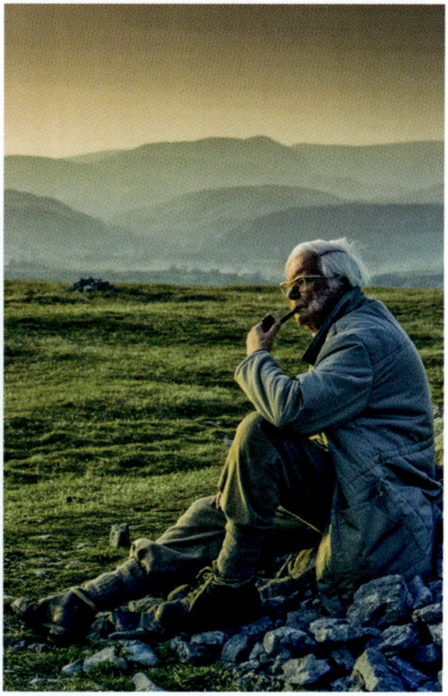

Der exzentrische Wainwright wanderte mit Tweedanzug und Tabakspfeife.

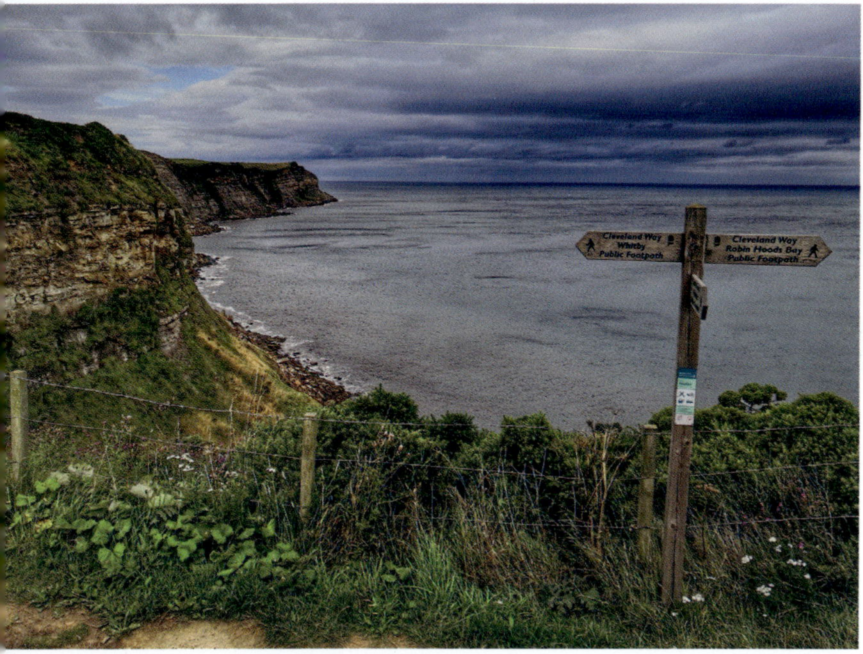

Die letzten Kilometer bis zum Endpunkt in Robin Hood's Bay verläuft der Weg entlang der Nordseeküste auf diesen bis zu 160 Meter hohen Klippen.

HÜNENWEG

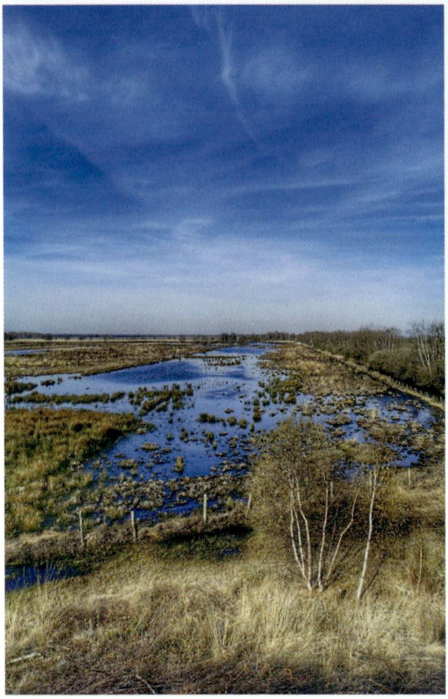

Im Bargerveen wird das abgetorfte Hochmoor wieder renaturiert.

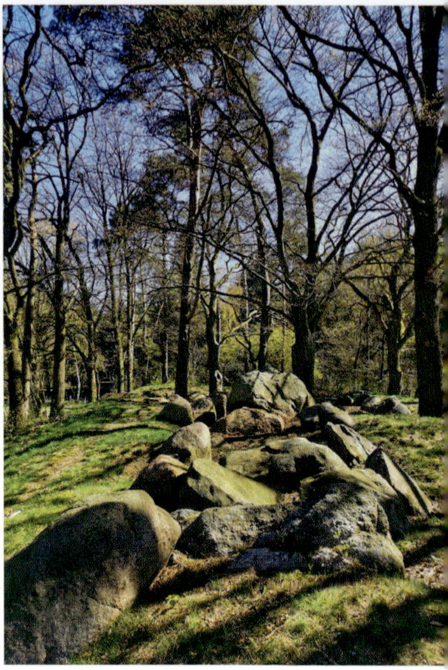

Das Steingräberfeld Giersfeld befindet sich heute direkt neben einem Golfplatz.

E1 KAUTOKEINO–NORDKAP

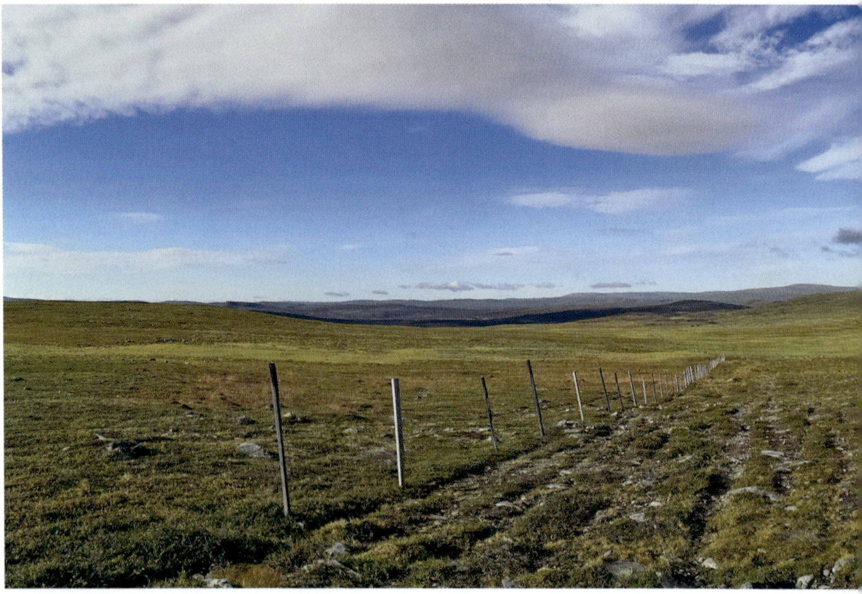

In der kargen Landschaft nördlich des Polarkreises sind die endlosen Rentierzäune das einzige Zeichen menschlicher Zivilisation.

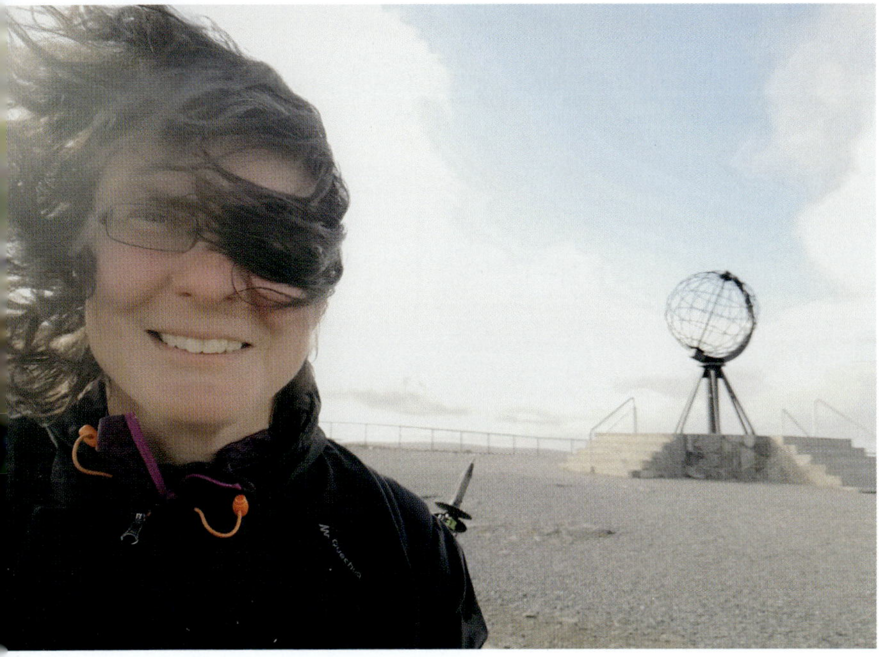

Das Nordkap wird zwar als nördlichster Punkt Europas vermarktet, tatsächlich liegt dieser aber 68 Kilometer östlich auf der unscheinbaren Landzunge Knivskjellodden.

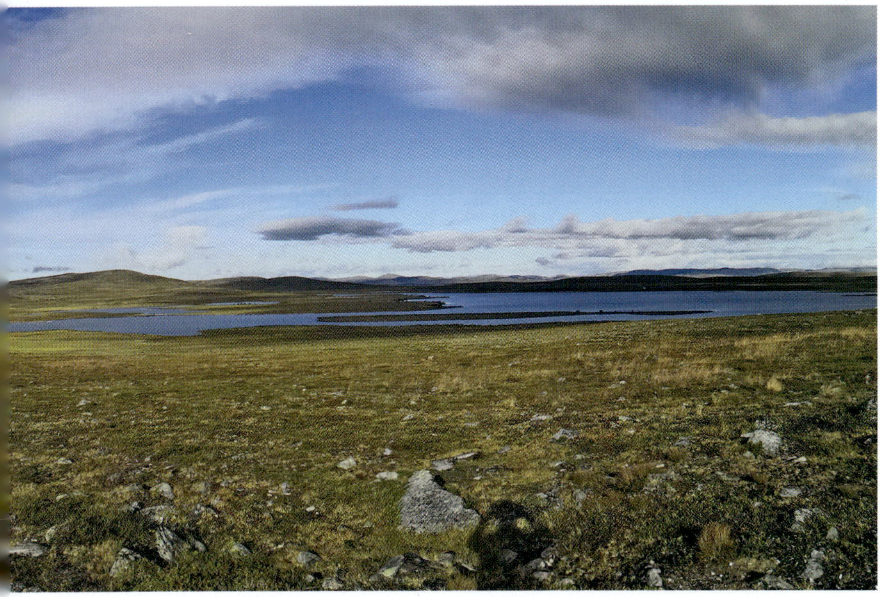

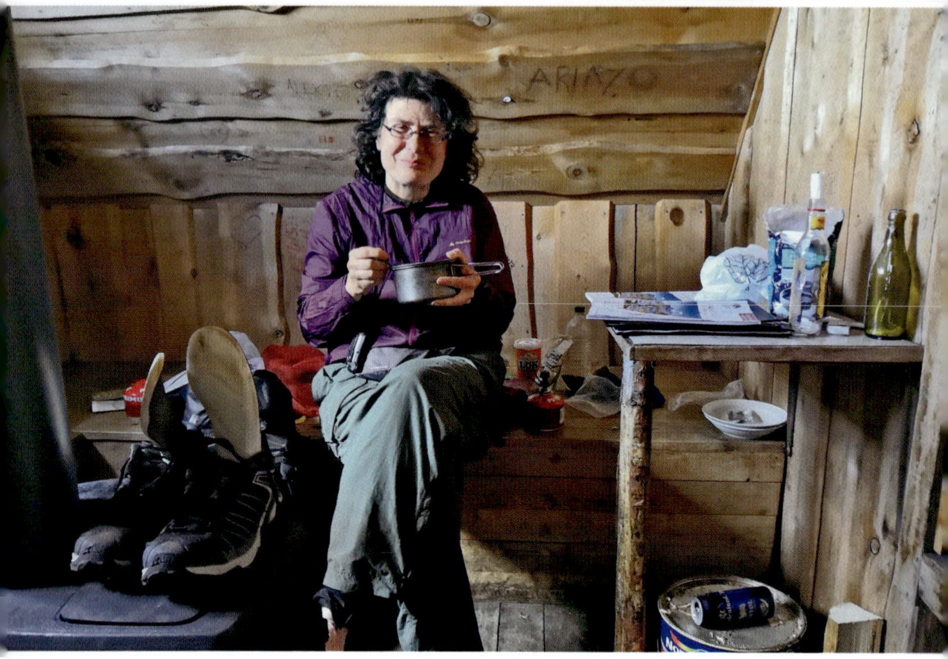

Im windumtosten Fulufjället ist die winzige Hütte Särnmanskojan der einzige Schutz vor den unbarmherzigen Elementen.

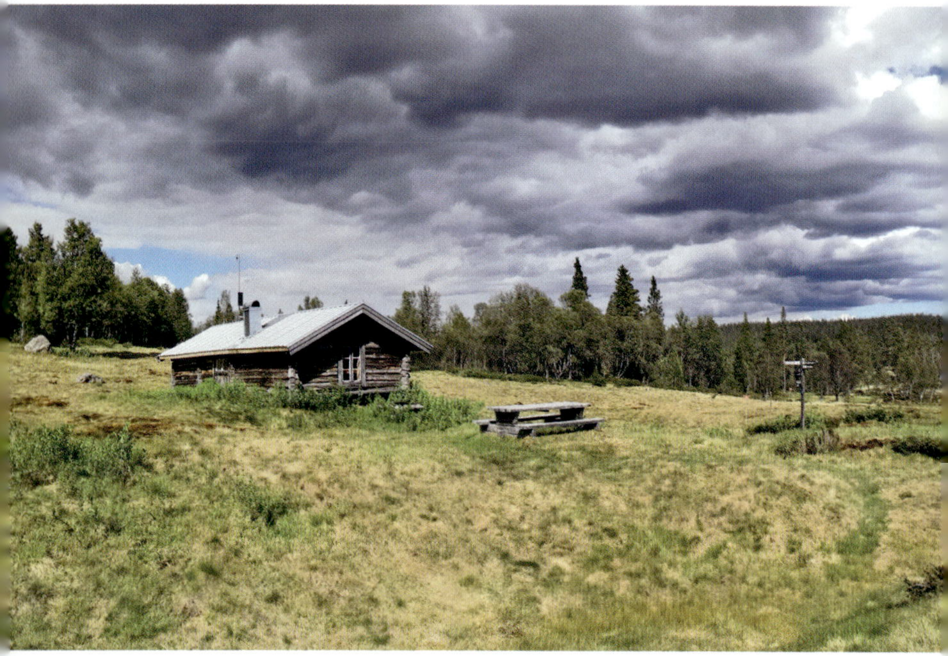

Entlang des Weges gibt es Windschutzhütten genauso wie luxuriöse Fjällstationen, man kann sogar in einer alten Schule oder dieser ehemaligen Sennerei übernachten.

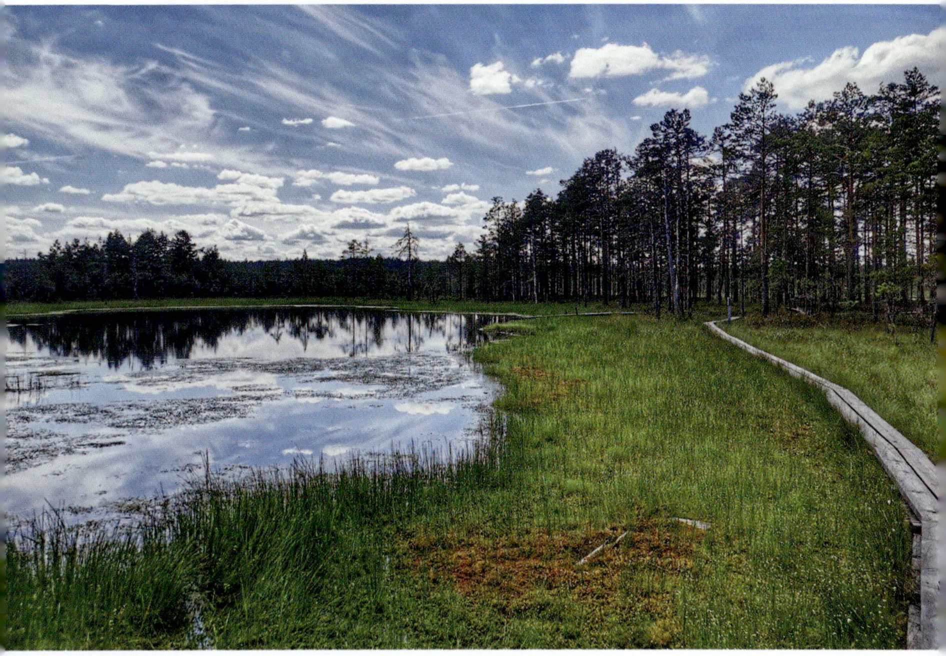

Ein estnischer Mythos besagt, dass jedes Bad in einem dieser Moorseen das Leben um ein Jahr verlängert.

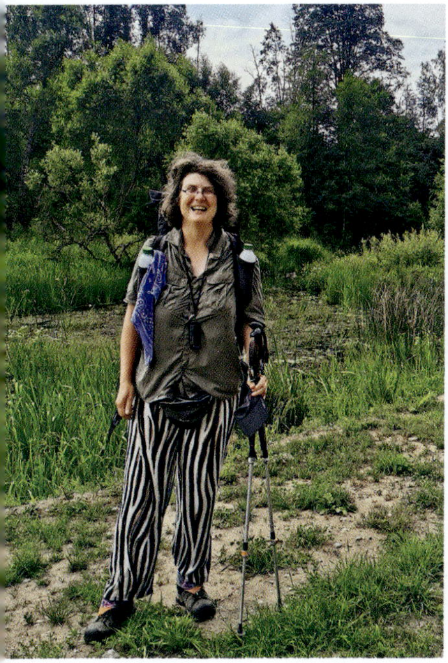

Diese topmodische Zebrahose entpuppt sich als einzig wirksame Waffe gegen Bremsen.

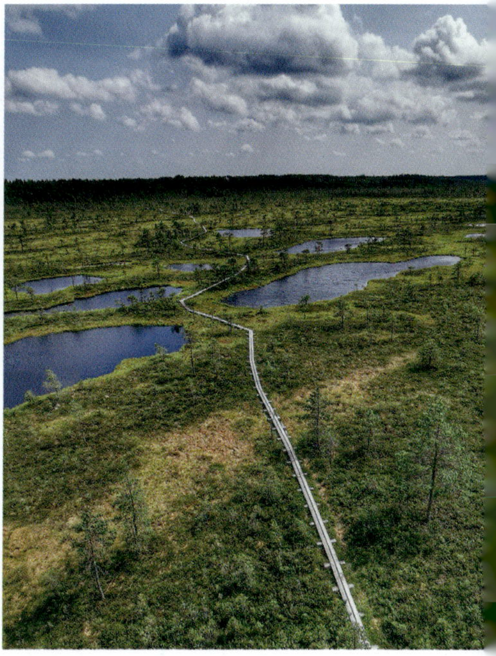

Ein 14 Meter hoher Aussichtsturm gewährt weite Blicke über das Mukri-Hochmoor.

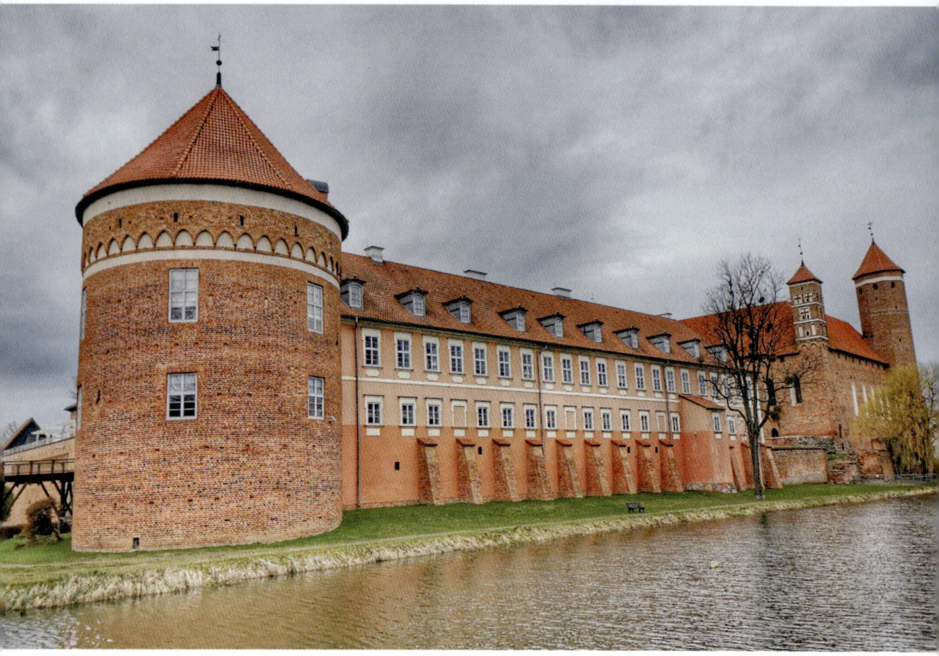

Obwohl fast die ganze Stadt zerstört wurde, überstand die Ordensburg in Lidzbark Warmiński (Heilsberg) den Zweiten Weltkrieg fast unbeschadet.

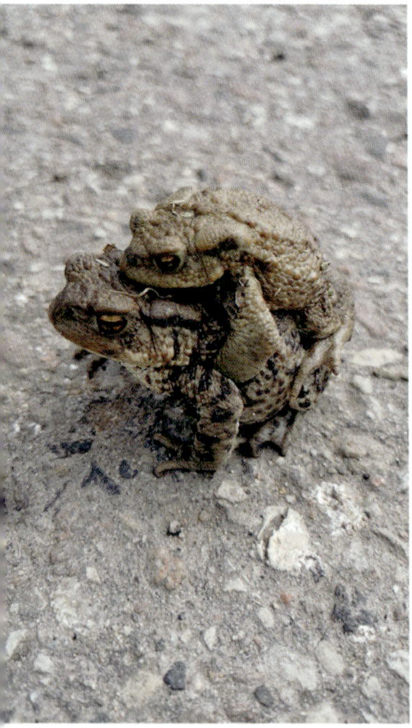

Ein Erdkrötenweibchen trägt das Männchen zum Laichen.

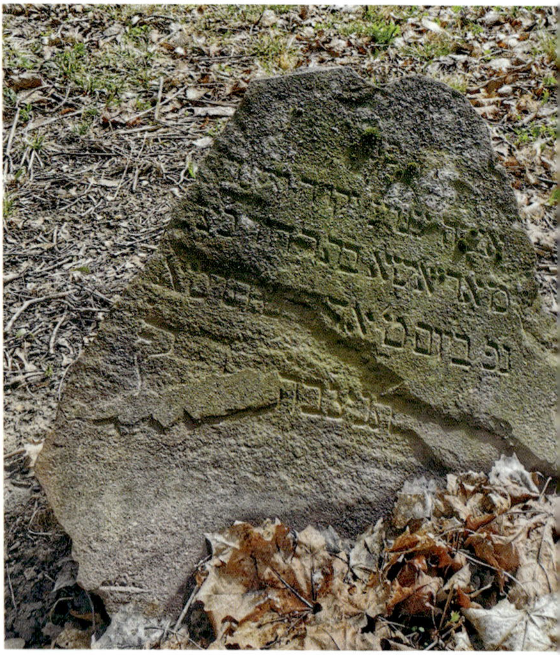

Die meisten Grabsteine des jüdischen Friedhofs in Jeleniowo wurden zerstört.

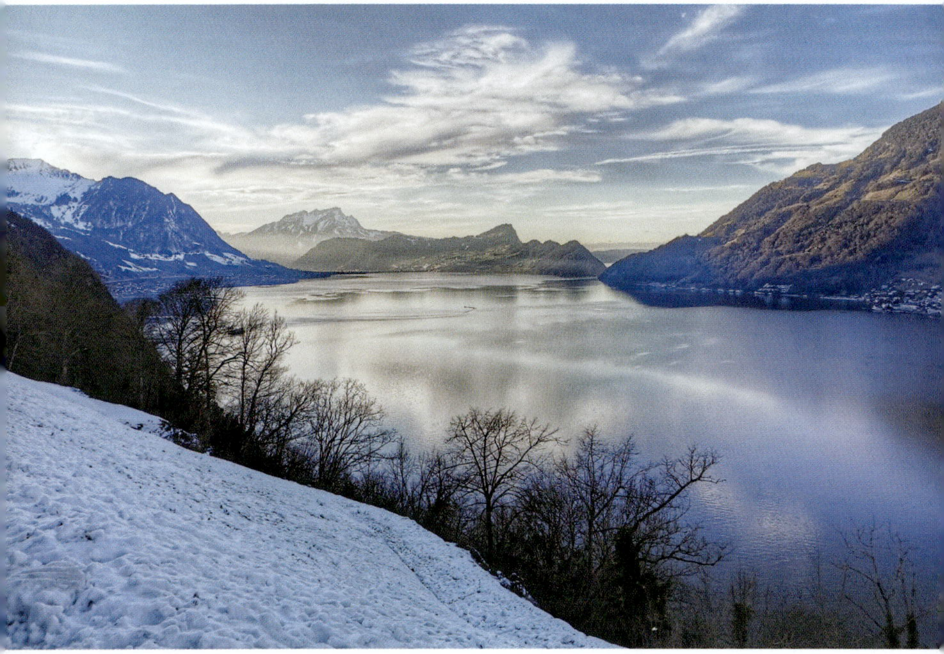

Der Name des 114 Quadratkilometer großen Vierwaldstätter Sees bezieht sich auf die angrenzenden vier Kantone, früher Waldstätten genannt.

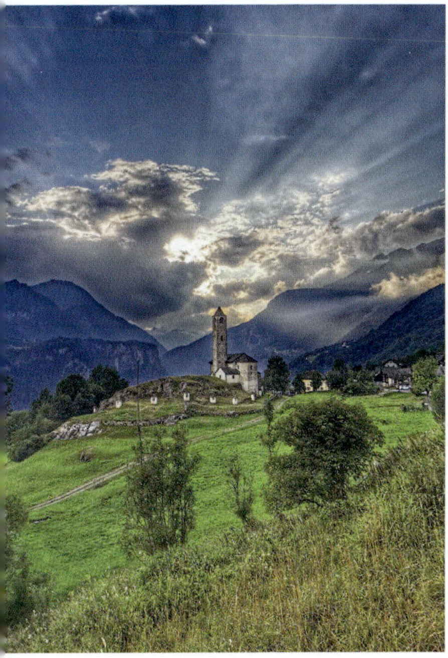

Auf der Sonnenseite des Valle Leventina wandert man durch pittoreske Bergdörfer.

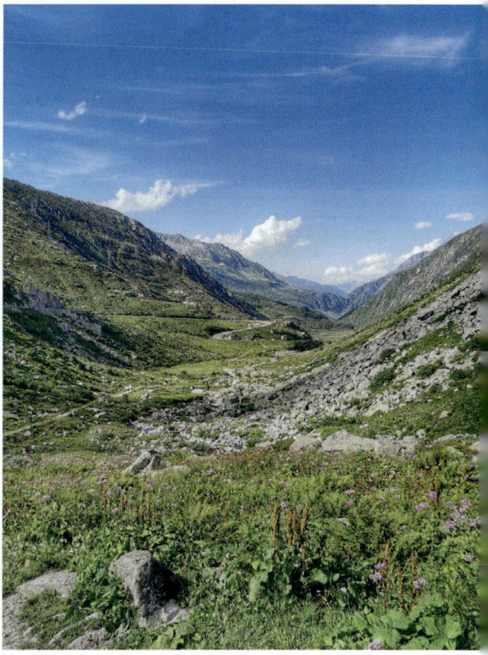

Der Gotthardpass auf 2107 Metern ist der höchste Punkt des Trails.

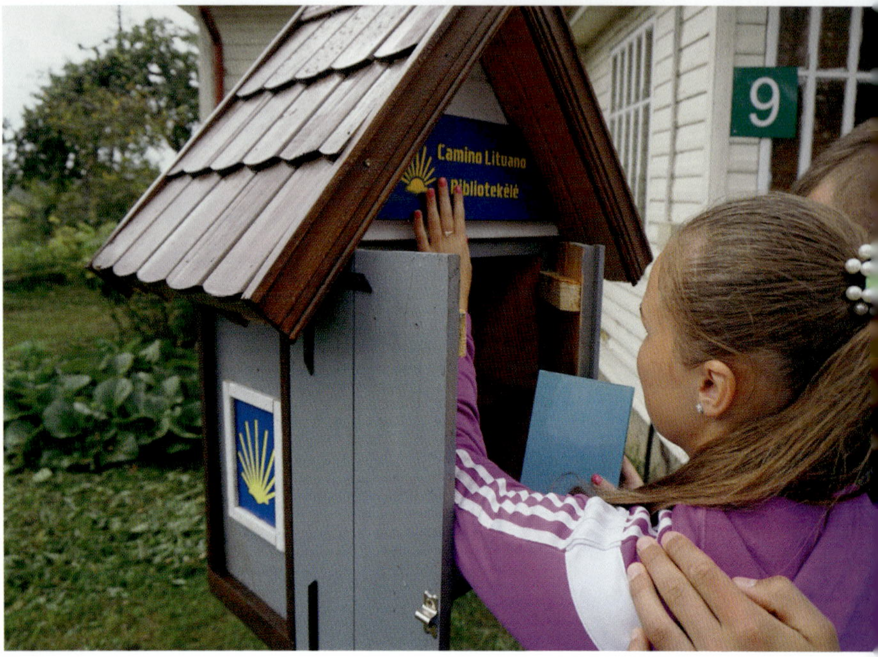

Auf der technisch einfachen Strecke waren bereits mehrere Gruppen blinder und sehbehinderter Menschen unterwegs.

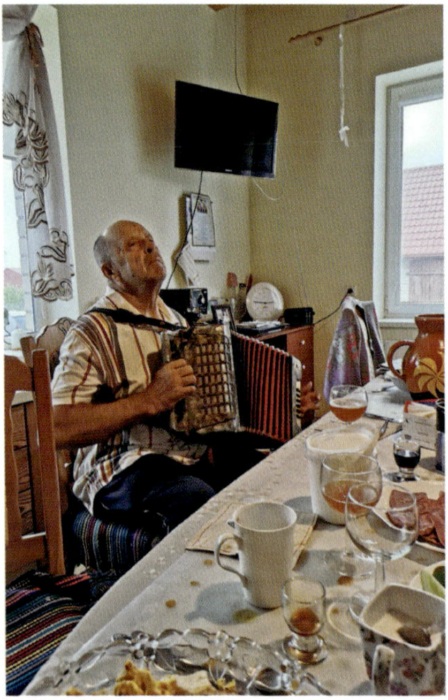

Kazimieras bewirtet mich großzügig und spielt mir litauische Volksweisen vor.

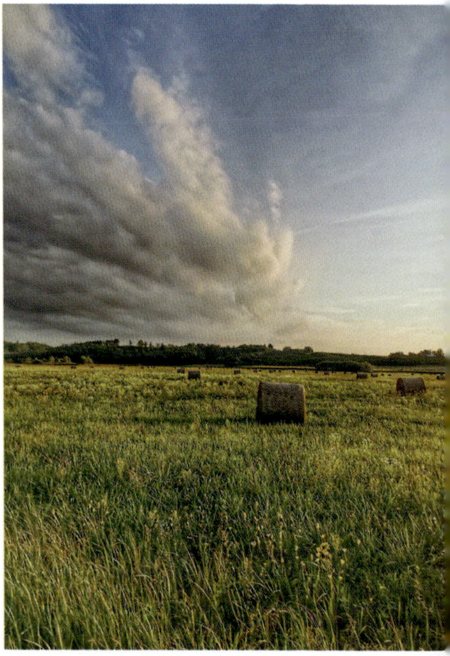

Auf den riesigen Feldern wird hauptsächlich Weizen und Heu angebaut.

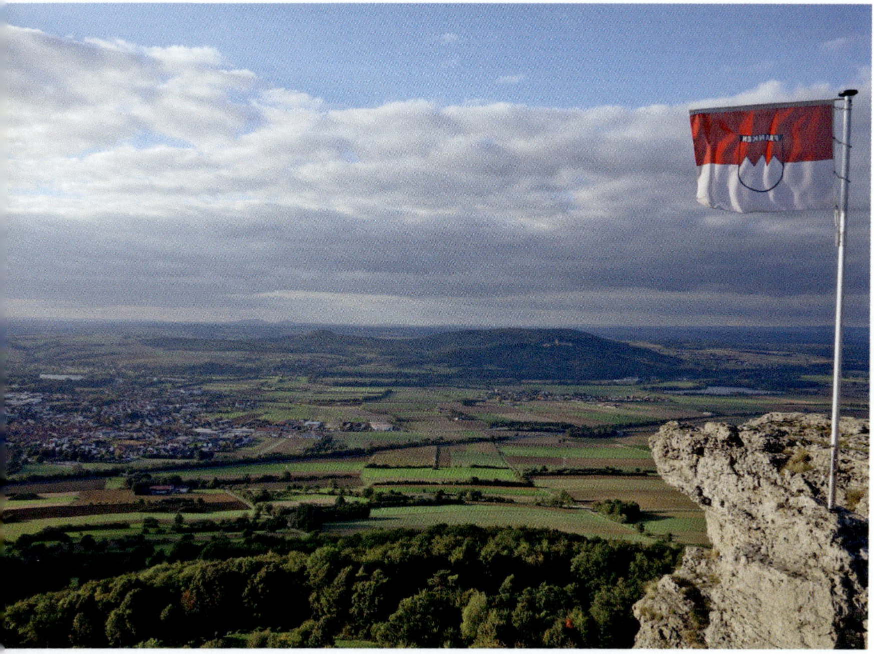

Dieser Blick vom Staffelberg über das Maintal wurde schon vom romantischen Dichter Viktor von Scheffel besungen, heute flattert hier die Frankenfahne.

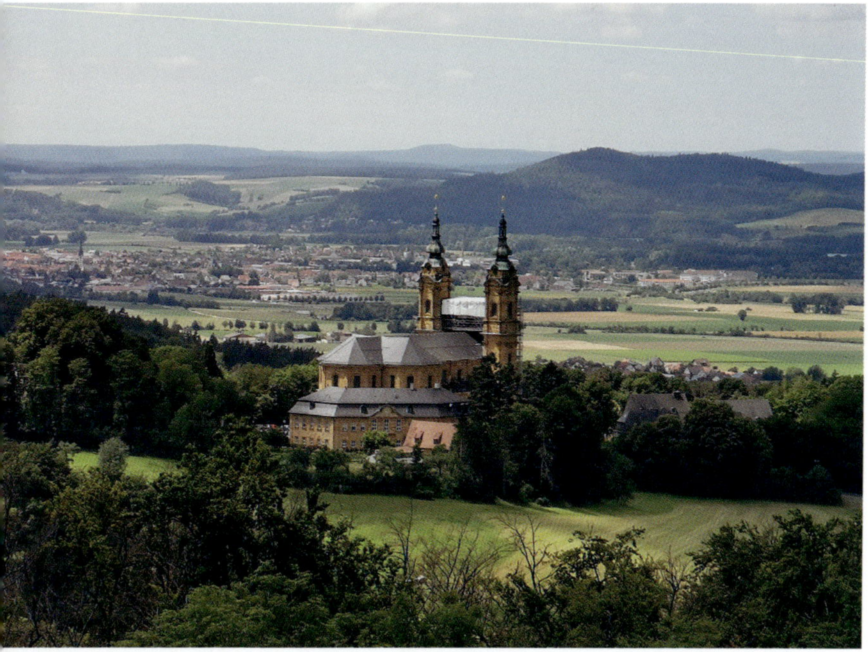

Neben der Basilika Vierzehnheiligen befindet sich zur Stärkung der Wallfahrer eine Brauerei mit Biergarten.

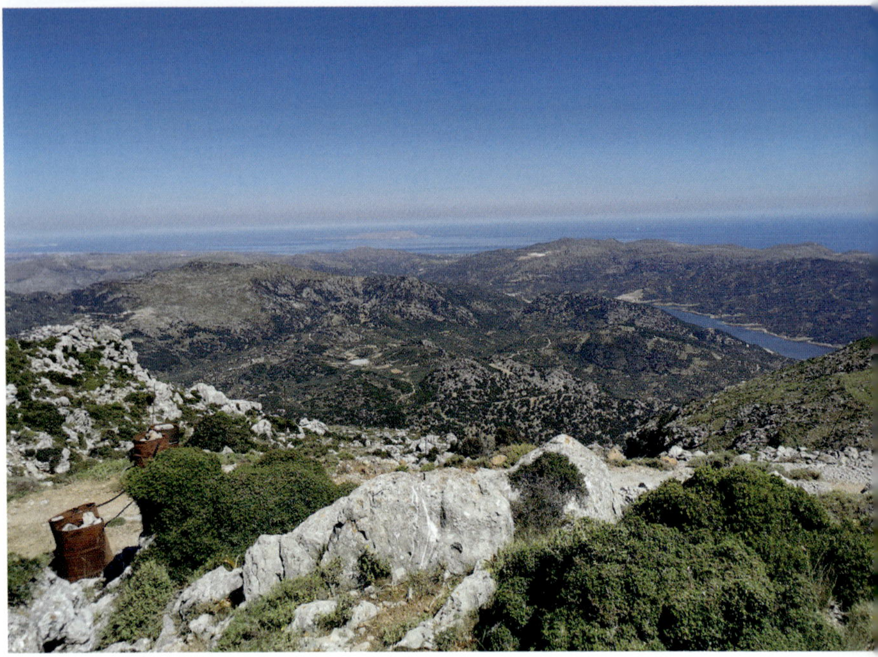

Von den Berggipfeln Kretas erstreckt sich der Blick über Olivenhaine bis hinaus aufs Meer.

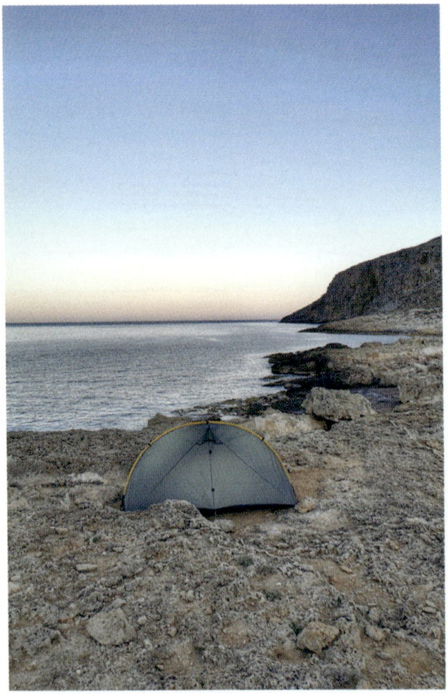

Gerade noch vor Sonnenuntergang entdecke ich diesen Traumzeltplatz am Wasser.

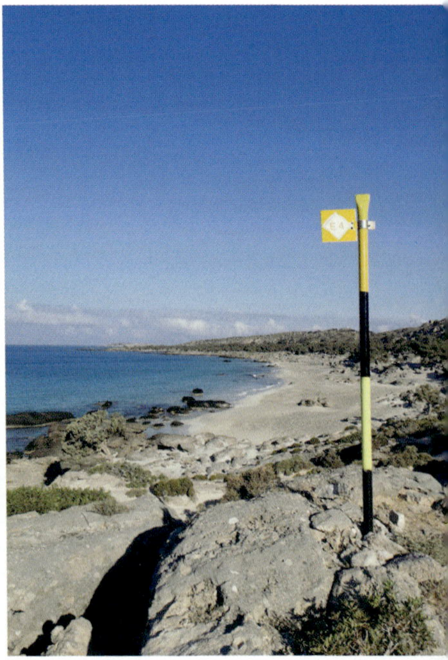

Den Zugang zu den Sandstränden muss man sich über scharfkantiges Gestein erkämpfen.

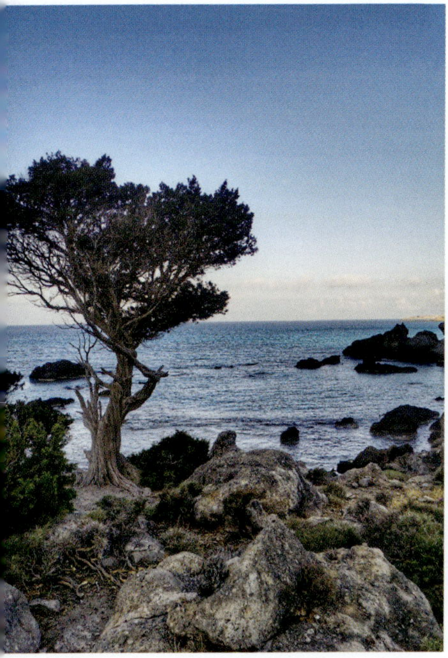

Kedrodasos, also Zedernwald, heißt dieser Strand nach den Bäumen in den Dünen.

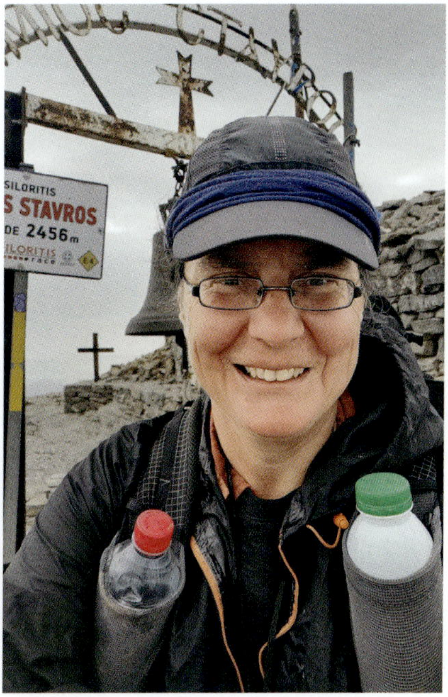

Auf dem Psiloritis, Kretas höchstem Berg, läute ich die Glocke der Gipfelkapelle.

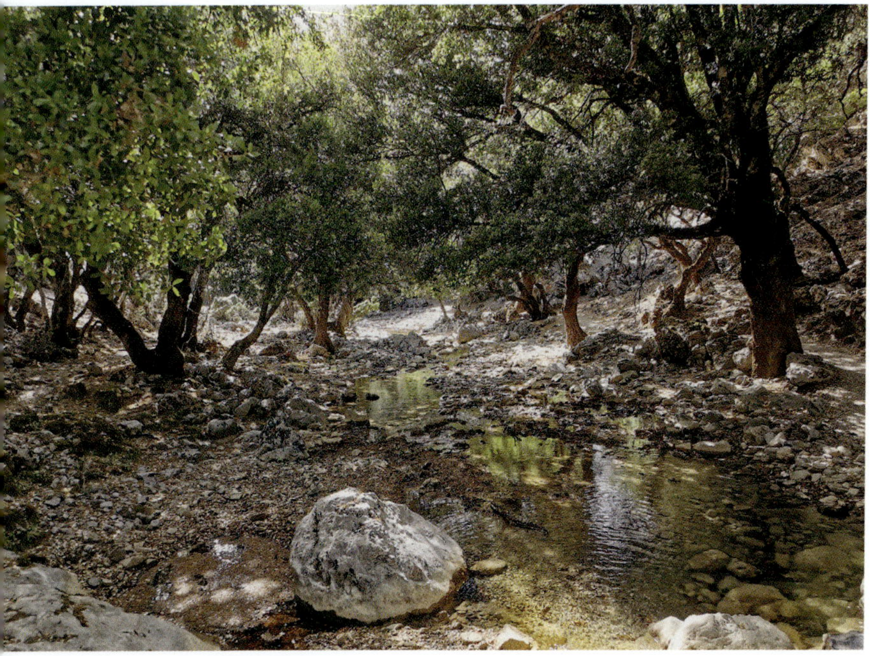

Bei der Wanderung durch die Rouvas-Schlucht muss ich mir ausnahmsweise keine Sorgen um den Wassernachschub machen.

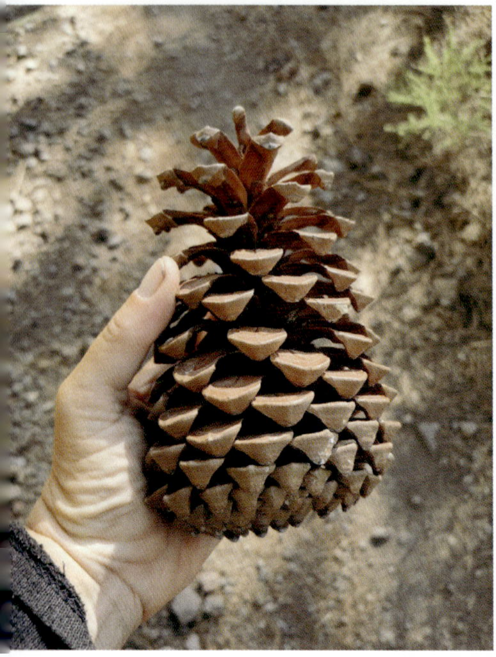

Dieser riesige Zapfen stammt von der extrem feuerfesten Kanarischen Kiefer.

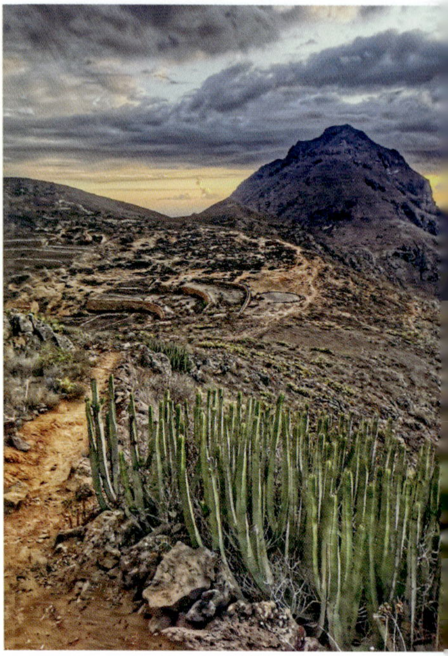

Obwohl auf Teneriffa Kakteen wachsen, kann es in höheren Lagen sogar schneien.

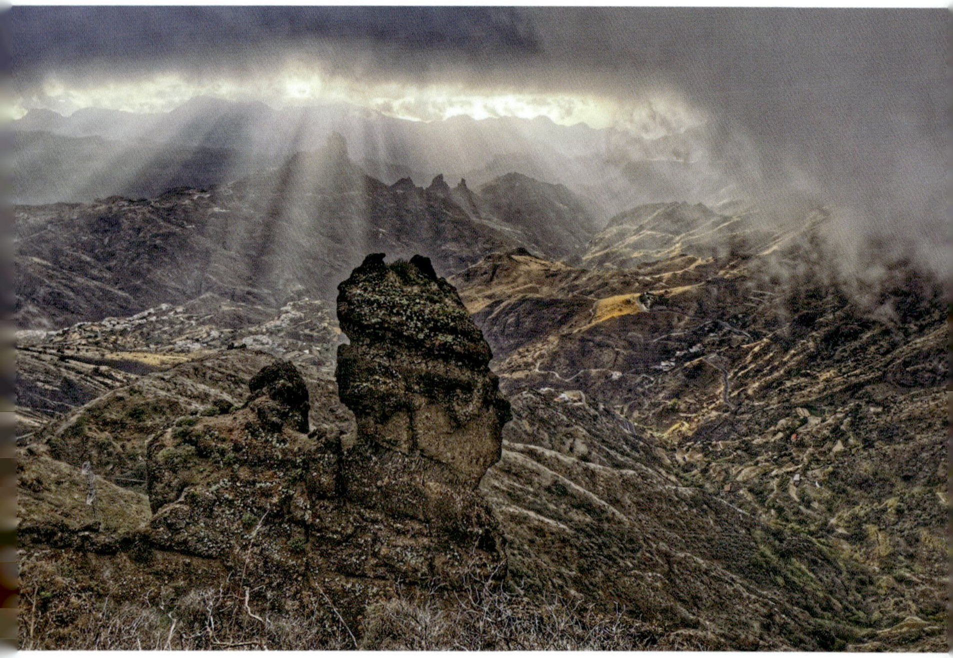

Als auf Gran Canaria die dichte Wolken- und Nebeldecke aufreißt, verstehe ich sofort, warum die Altkanaren ihre Götter hier im Vulkankessel von Tejeda verehrten.

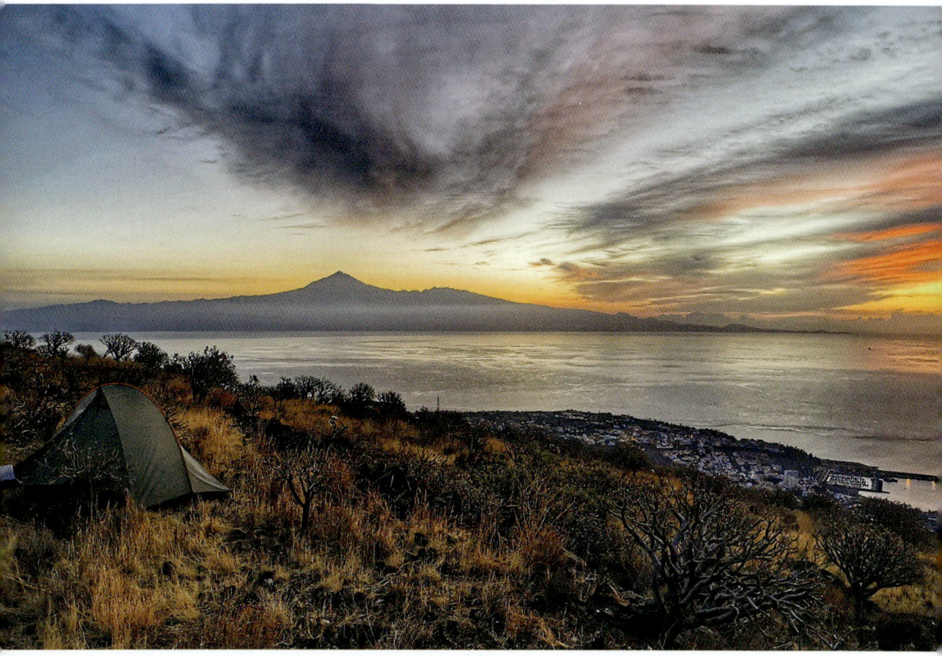

Auf La Gomera zelte ich oberhalb der Hafenstadt San Sebastián und blicke auf die Nachbarinsel Teneriffa, wo hinter dem Vulkan Teide die Sonne aufgeht.

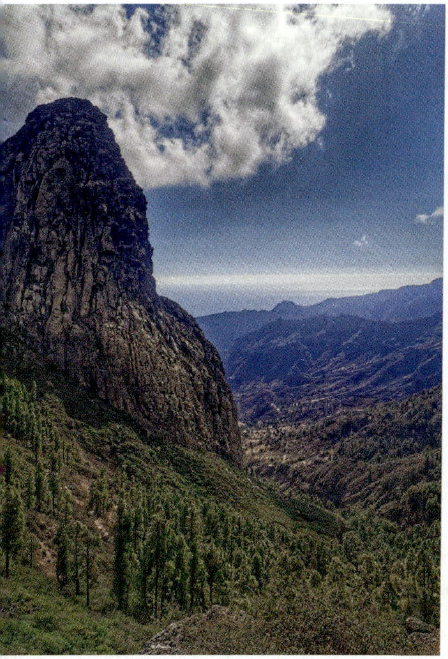

Der 1251 Meter hohe Roque de Agando gilt als Wahrzeichen von La Gomera.

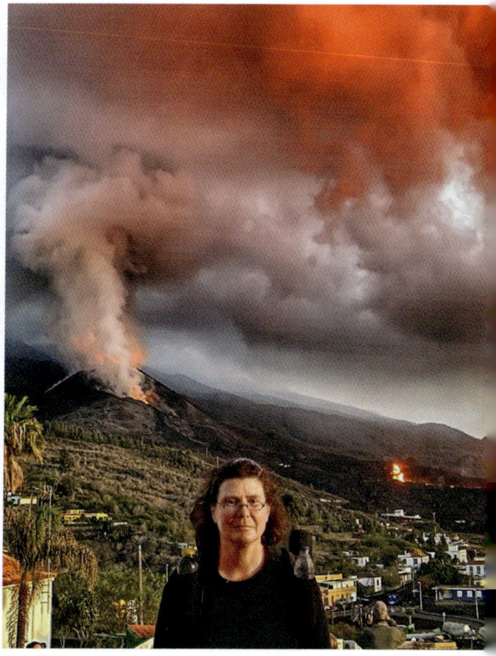

Zwei Monate nach der ersten Eruption fließt immer noch Lava aus dem Cumbre Vieja.

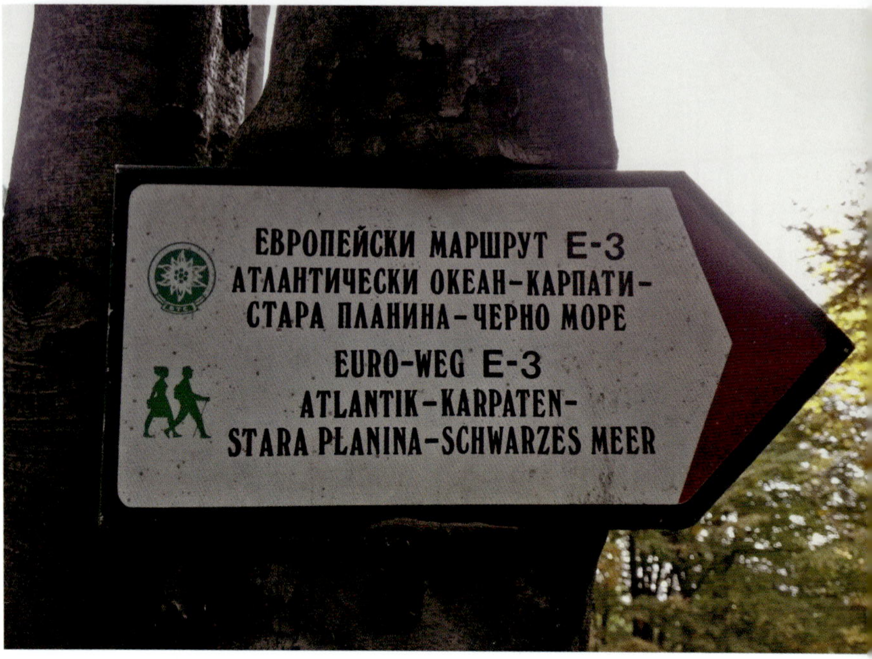

Am Startpunkt auf dem Berg Kom weist dieses Schild darauf hin, dass die Strecke bis zum Kap Emine am Schwarzen Meer Teil des Europäischen Fernwanderweges E3 ist.

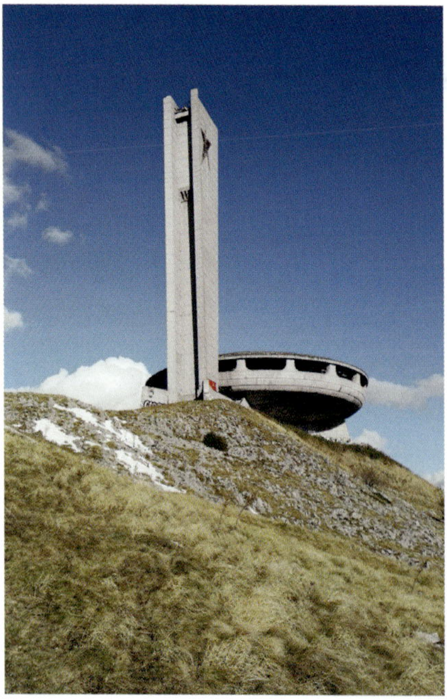

Das Busludscha-Denkmal wird aufgrund seiner Form inoffiziell auch »UFO« genannt.

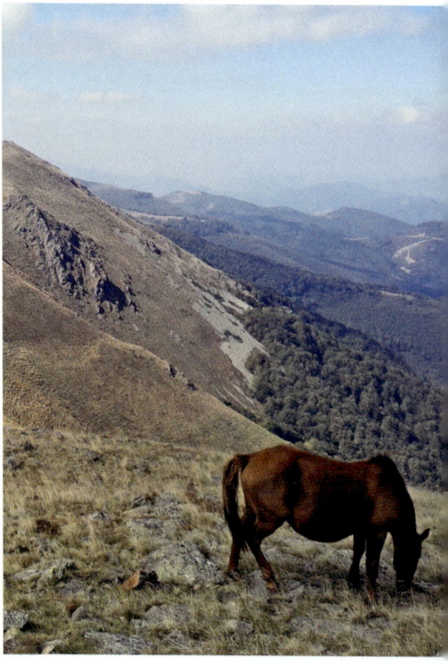

Die Route verläuft durchgängig auf dem Kamm des Balkangebirges.

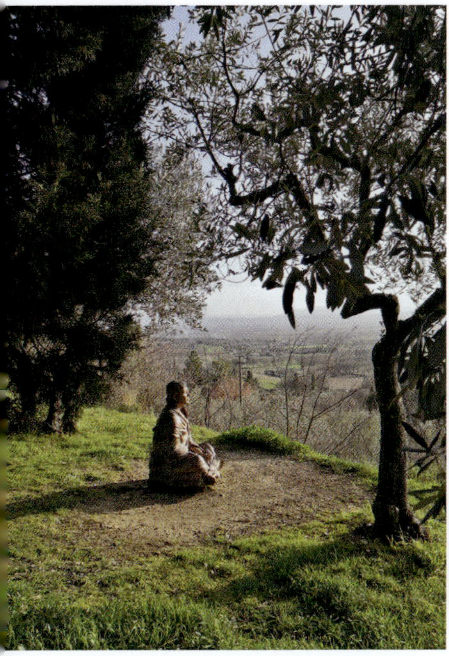

Im Kloster San Damiano vollendete Franziskus seinen berühmten Sonnengesang.

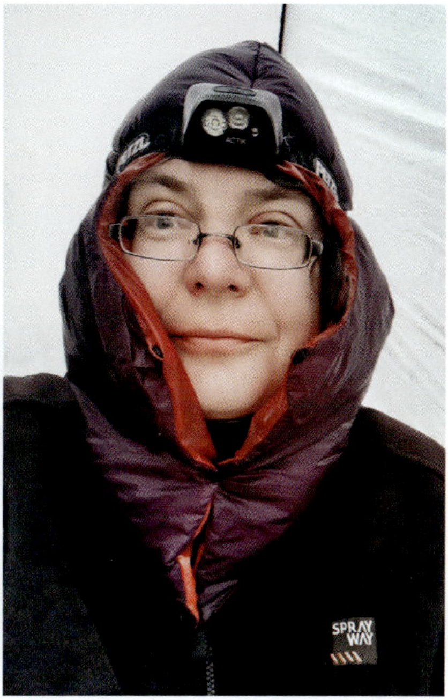

Bei meiner Wanderung im Februar wird es nachts im Zelt empfindlich kalt.

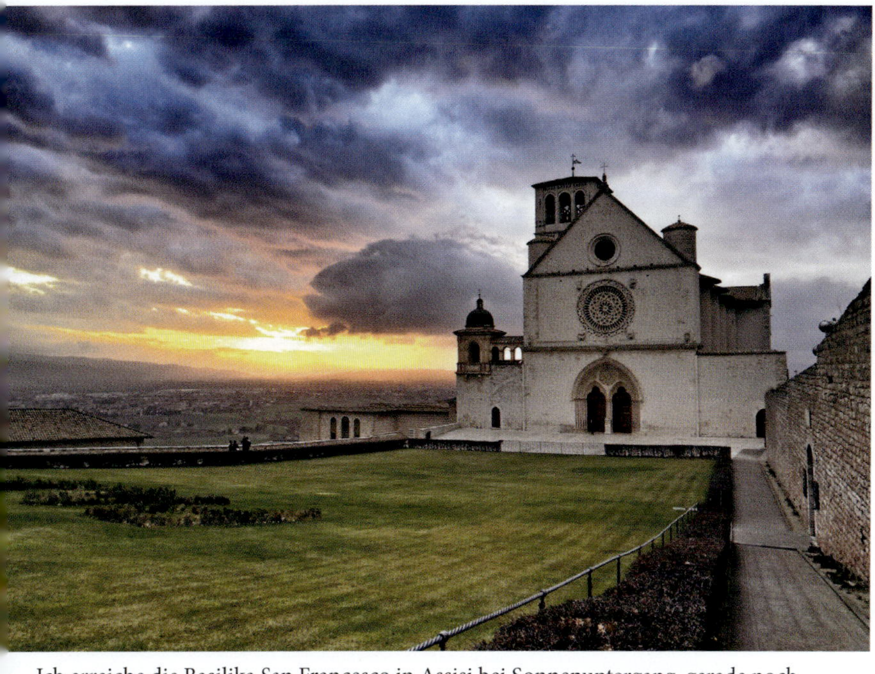

Ich erreiche die Basilika San Francesco in Assisi bei Sonnenuntergang, gerade noch rechtzeitig zum Vespergesang der Mönche.

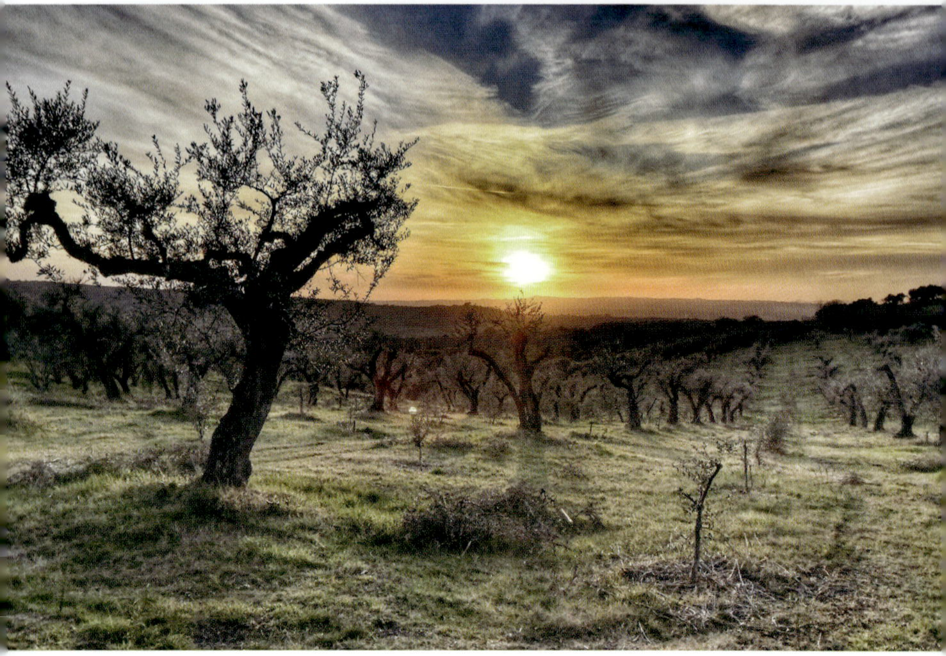

Der Franziskusweg führt durch eine faszinierende Kulturlandschaft, in der sich kunstgeschichtliche Attraktionen mit Wäldern, Weiden und Olivenhainen abwechseln.

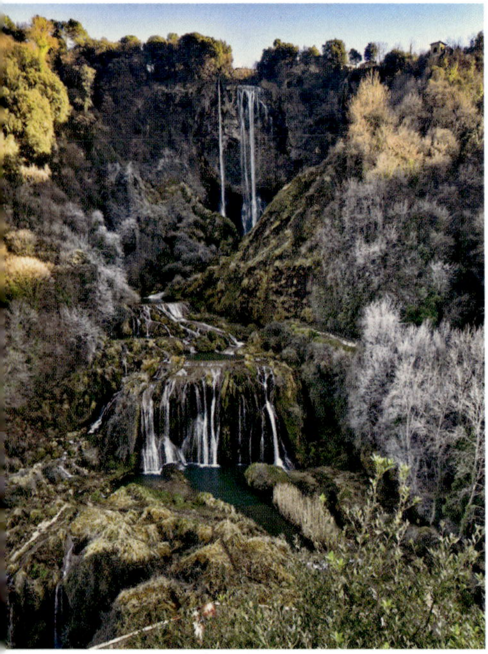

Mit dem Bau dieses künstlichen Wasserfalls begann man bereits 271 v. Chr.

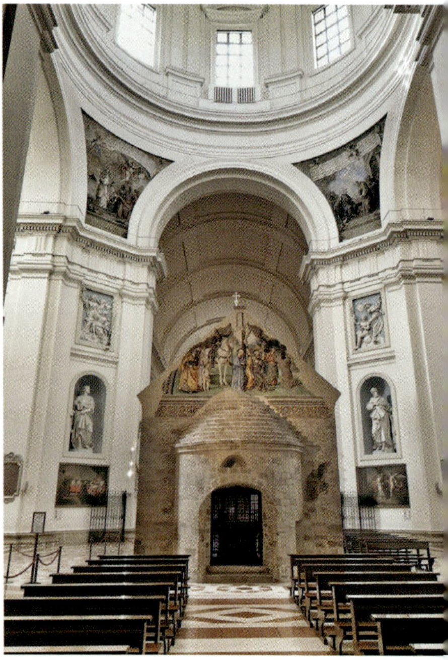

Die Kapelle Portiuncula wurde mit einer der größten Kirchen der Welt überbaut.

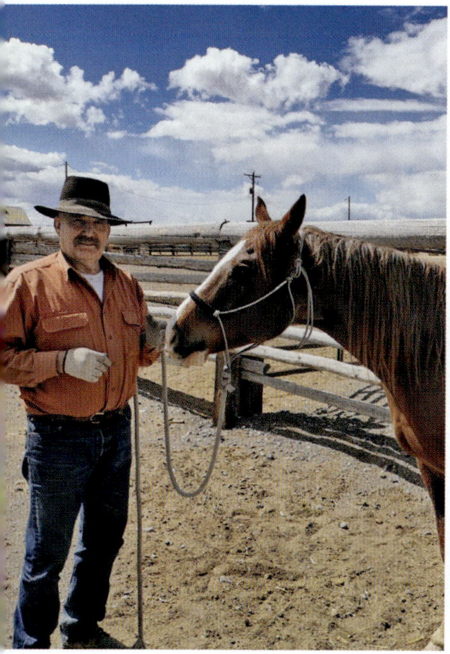

Cowboy Dwight entführt mich zu einer Ranchbesichtigungstour.

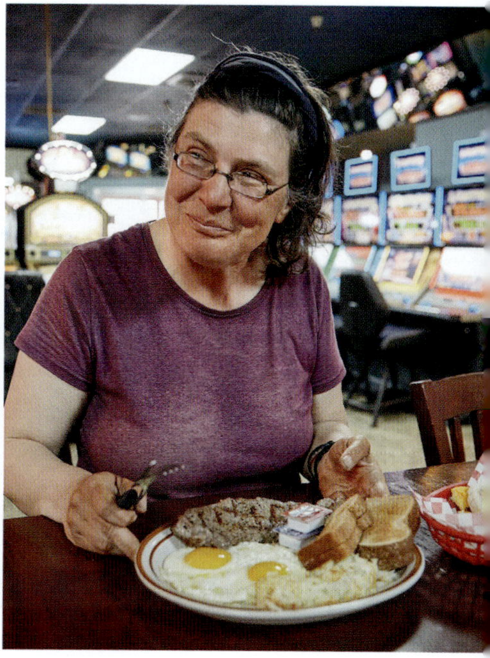

An meinem Ruhetag in McDermitt genieße ich ein üppiges Frühstück im Spielcasino.

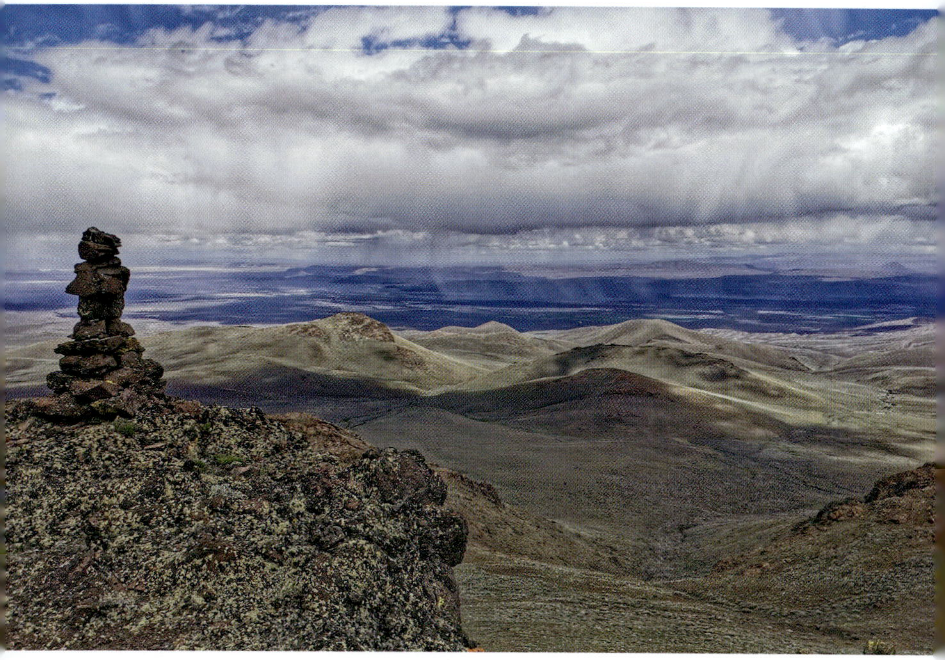

Die *cross-country*-Strecke durch die Pueblo Mountains ist nur mit ein paar Steinmännchen markiert, bei Nebel ist die Navigation fast unmöglich.

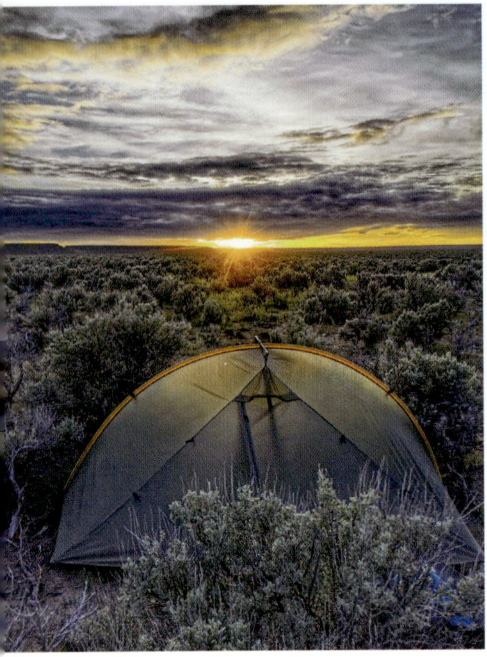

In den Hochgebirgssteppentälern gedeiht nur der aromatisch duftende Wüsten-Beifuß.

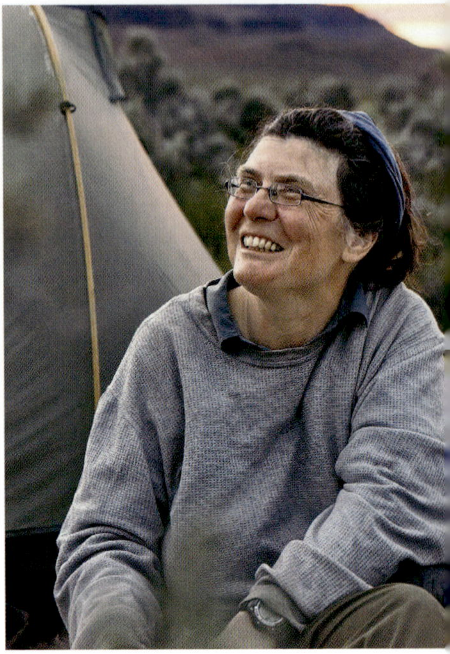

Inmitten dieses *sea of sagebrush* kommt Wildwest-Romantik auf.

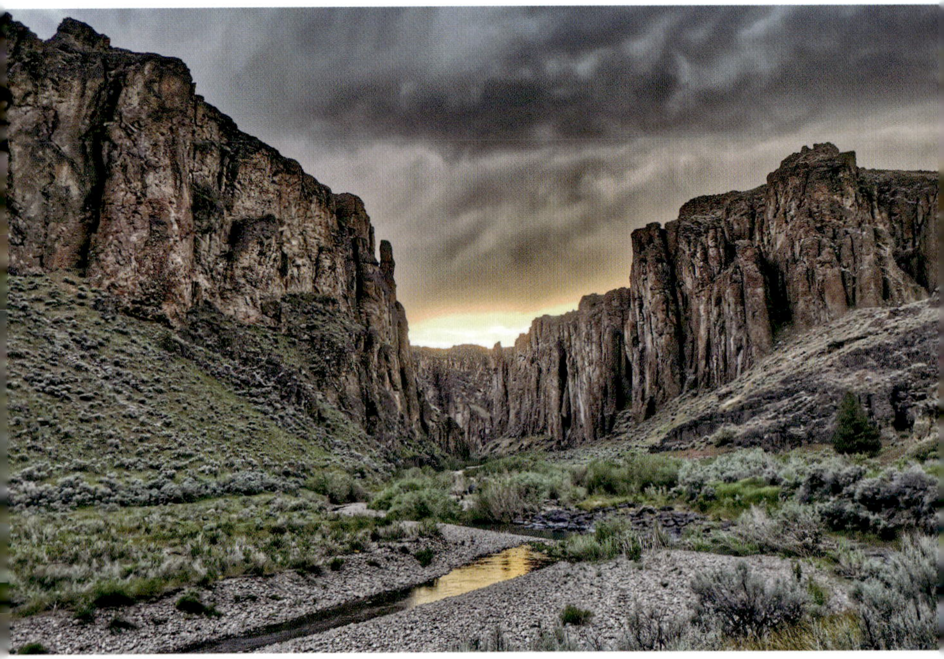

Die Schlucht des Owyhee River wird auch »Oregon's Grand Canyon« genannt, die Felswände ragen hier bis zu 300 Meter vertikal empor.

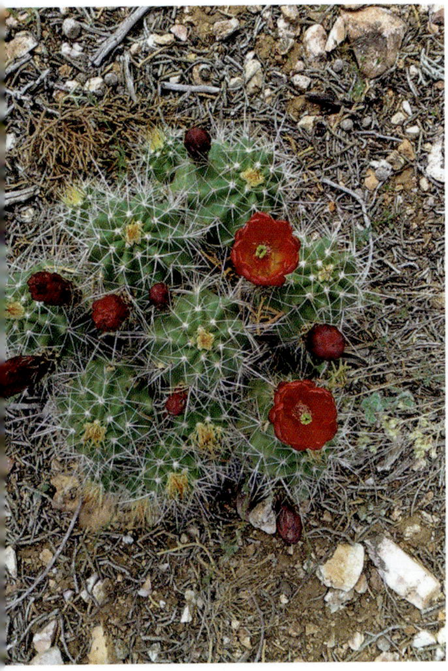

Der Arizona Trail ist ein Paradies für Kakteenliebhaber.

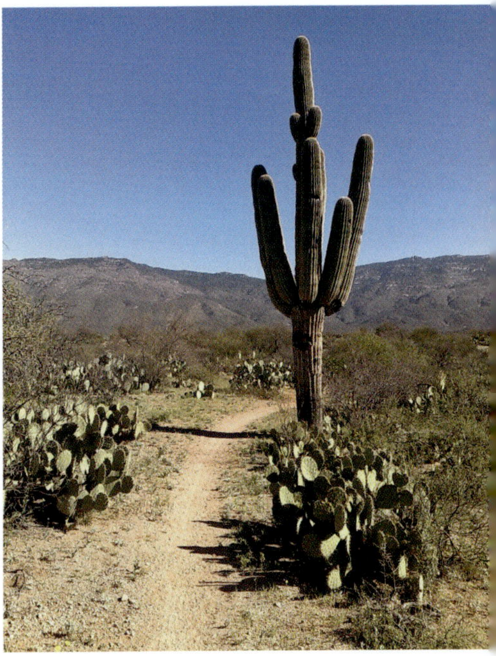

Die säulenförmigen Saguaros können bis zu 15 Meter hoch und 200 Jahre alt werden.

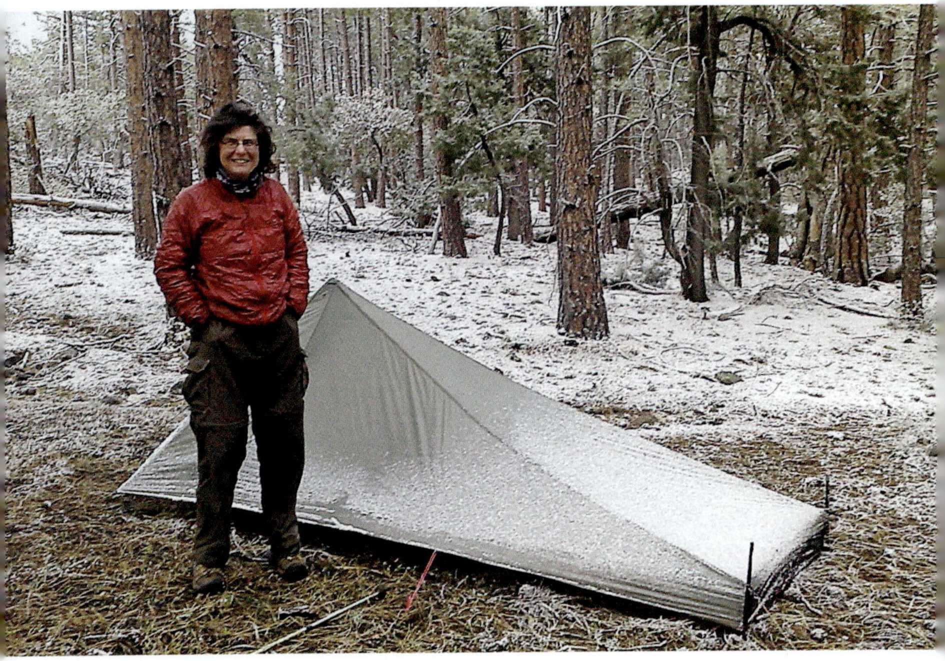

Die Route verläuft durch unterschiedliche Klimazonen: Während ich in den tieferen Lagen in der Sonne schmore, sinkt die Temperatur in den Bergen nachts bis auf den Gefrierpunkt.

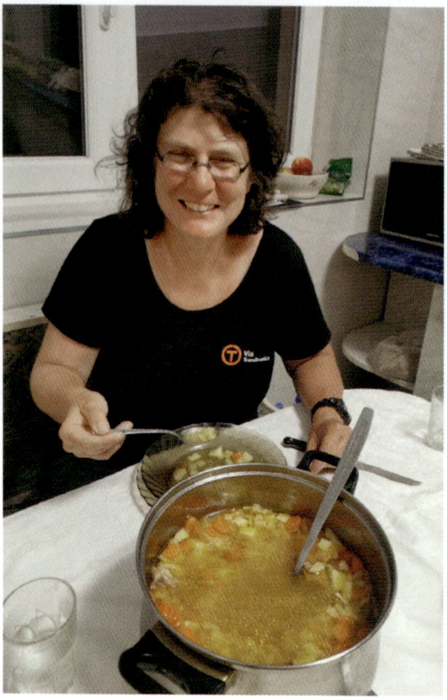

Die Vermieterinnen verwöhnen mich mit Erzeugnissen aus dem eigenen Garten.

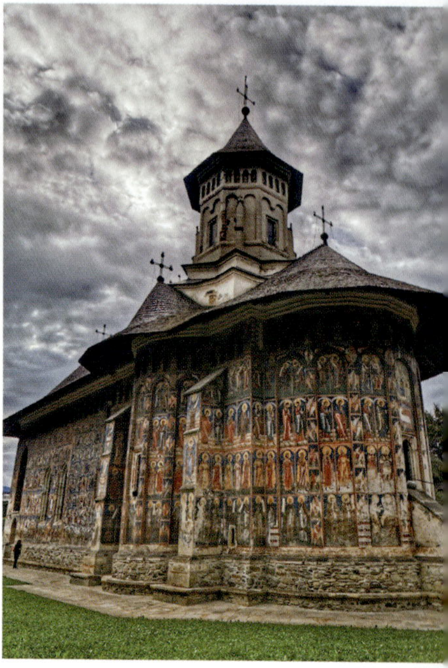

Die Moldauklöster sind sowohl innen als auch außen mit Bibelszenen bemalt.

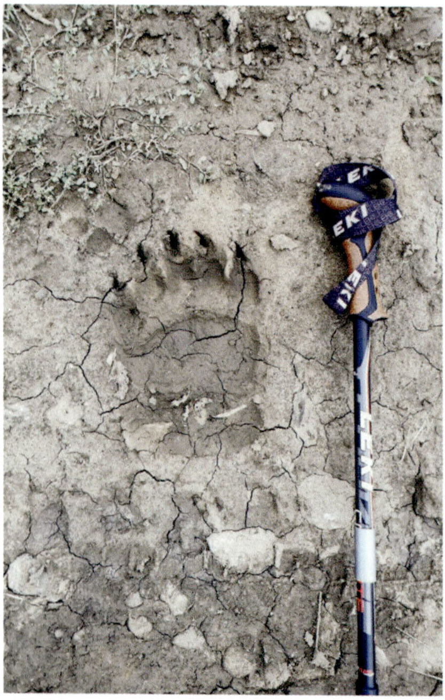

Fast täglich entdecke ich Bärenexkremente oder beeindruckende Tatzenabdrücke.

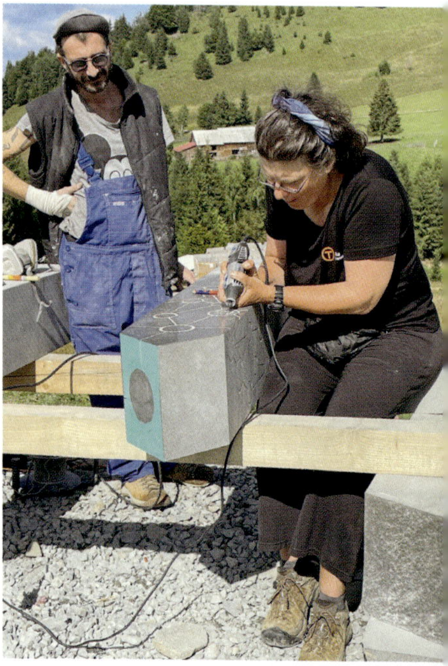

1400 individuell gestaltete Meilensteine markieren die Route.

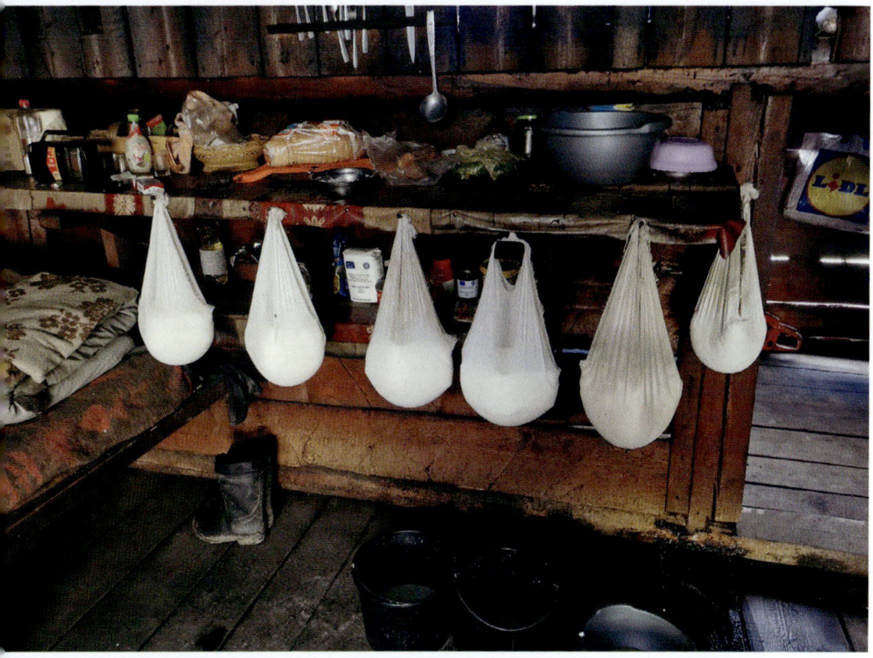

In dieser Holzhütte schlafen die Hirten auf Pritschen am Feuer, direkt daneben verarbeiten sie die Rohmilch auf traditionelle Weise zu Hartkäse.

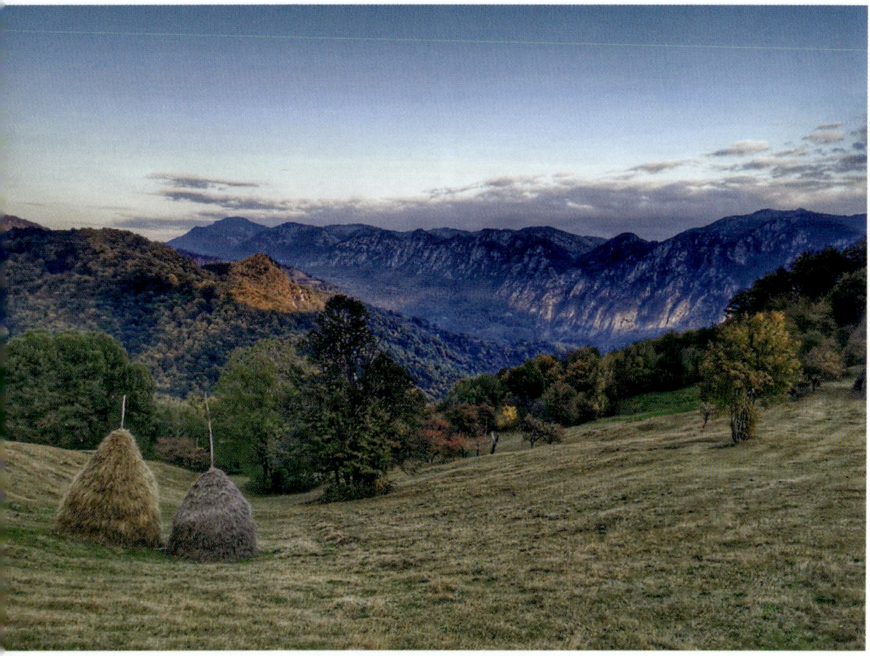

Auf dem Land sehe ich mehr Pferdefuhrwerke als Traktoren, das Heu wird oft noch mit der Sense geerntet und auf zuckerhutartigen Holzgestellen getrocknet.

FLORIDA TRAIL

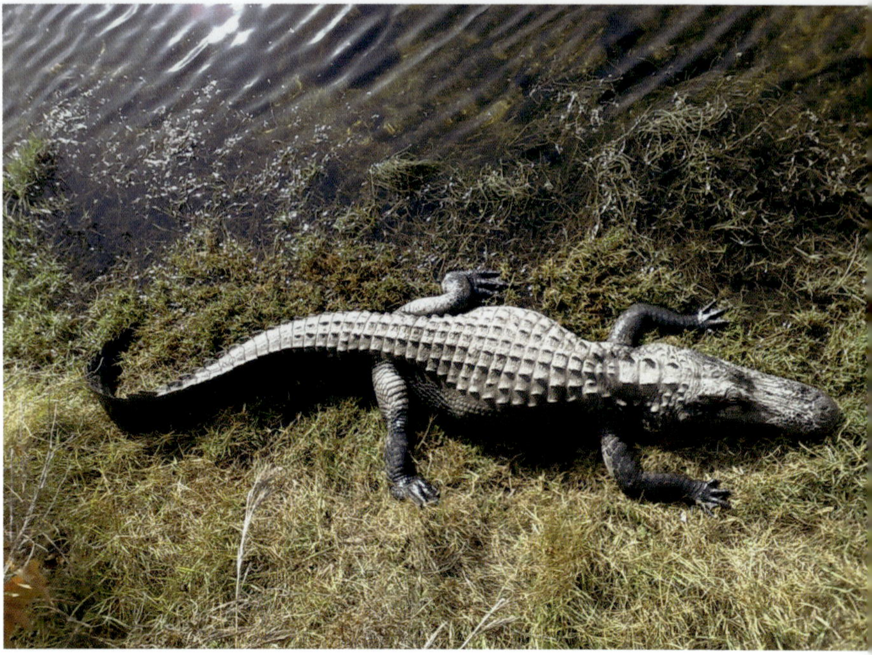

Obwohl in Florida 1,25 Millionen Alligatoren leben, ist das Risiko einer Attacke für Wanderer gering: Die bis zu vier Meter langen Reptilien sind menschenscheu.

BERGWANDERWEG EISENACH–BUDAPEST

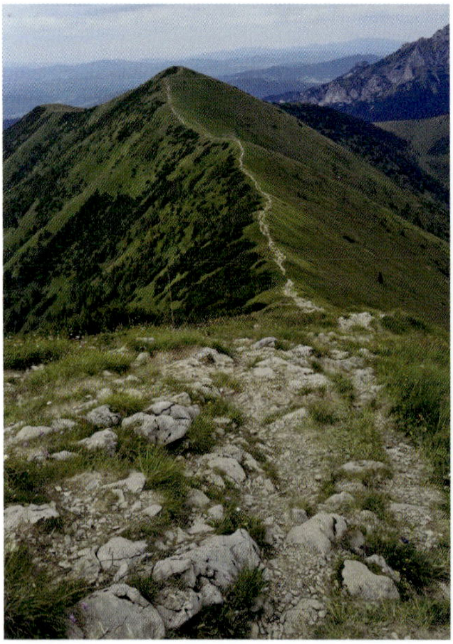

Die polnisch-tschechische Grenze verläuft direkt auf dem Kamm des Riesengebirges.

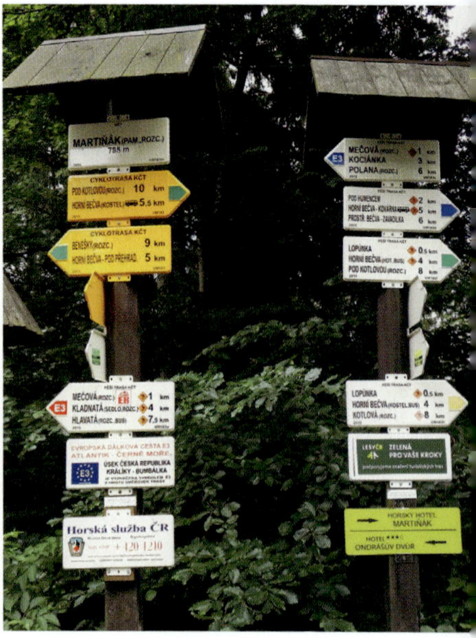

In Tschechien ist Wandern Volkssport, entsprechend gut ist die Wegbeschilderung.

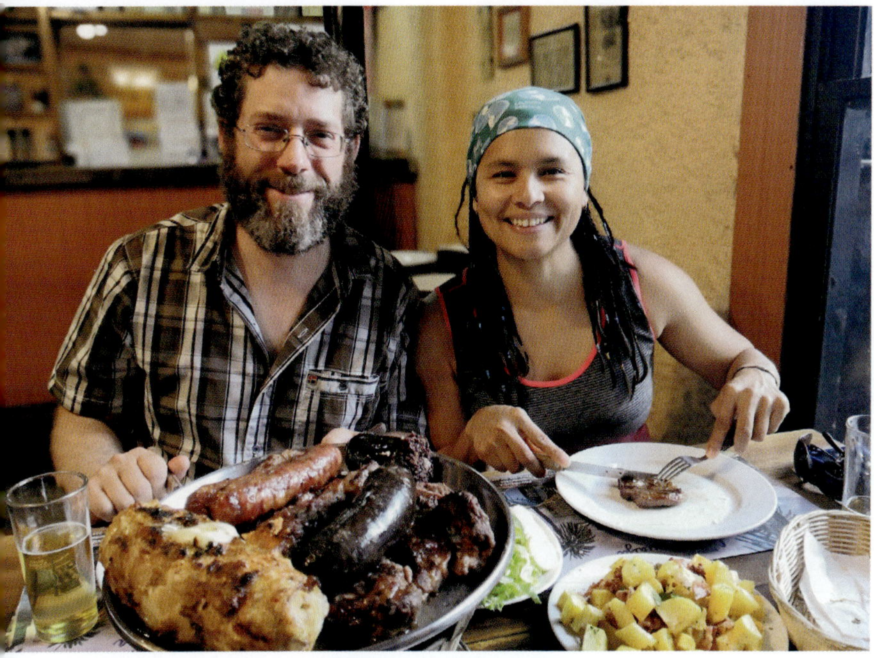

In Santiago de Chile genieße ich ein opulentes *asado* mit dem deutschen Erfinder dieses Trails, Jan Dudeck, und seiner chilenischen Frau Meylin.

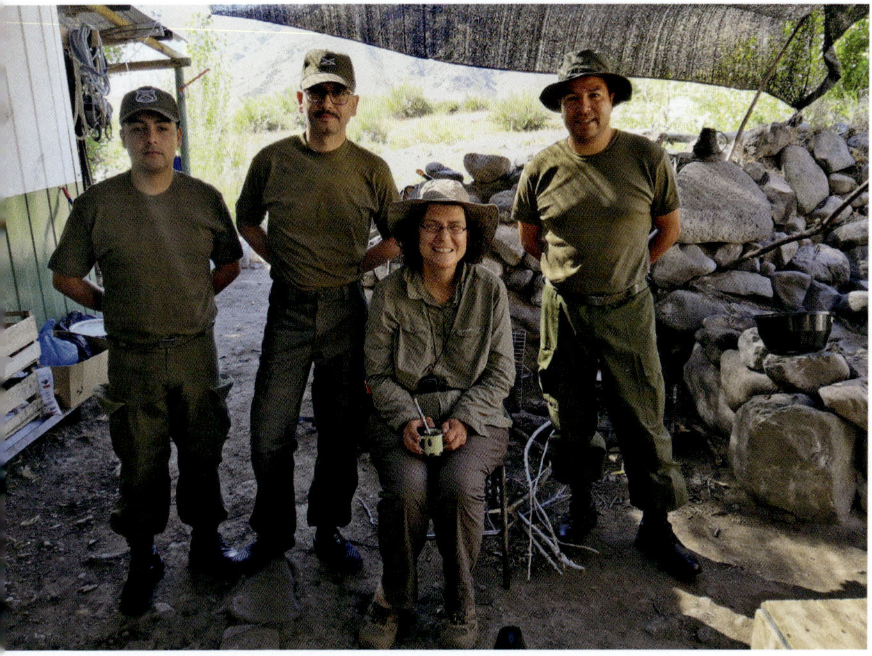

Diese chilenischen *Carabineros* bekommen auf ihrem einsamen Posten an der argentinischen Grenze nur selten Besuch und laden mich zu einer Tasse Mate-Tee ein.

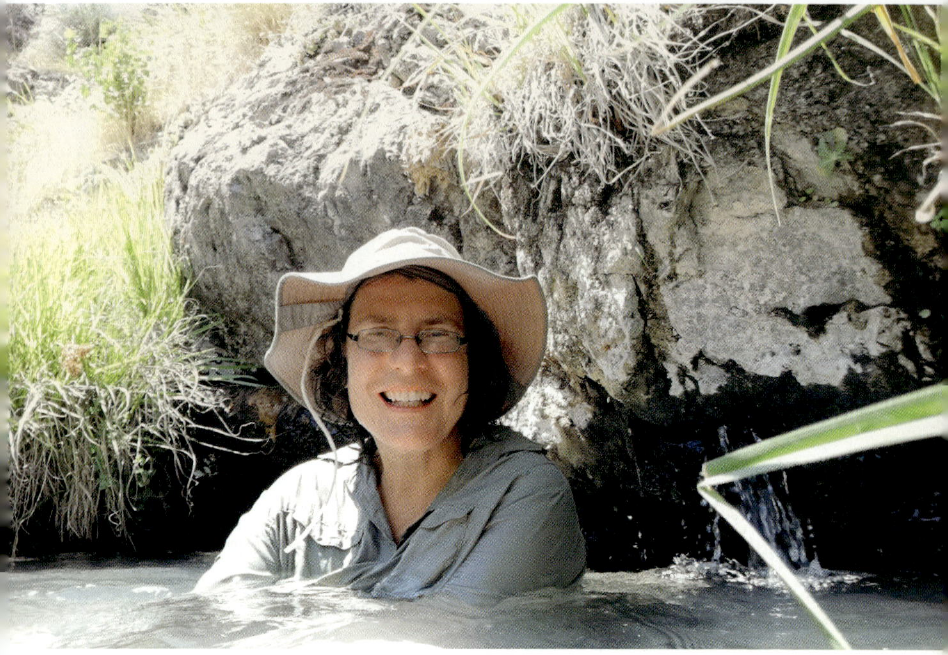

Die Route führt an mehr als einem Dutzend heißer Quellen vorbei. Dort kann ich nicht nur mich selbst, sondern auch gleich meine Wanderkleidung waschen.

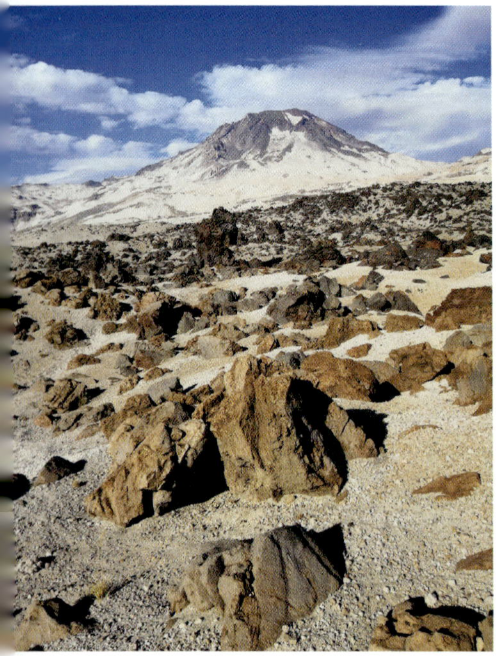

Die Vulkane am Weg verursachen ein paar ungewollte Planänderungen.

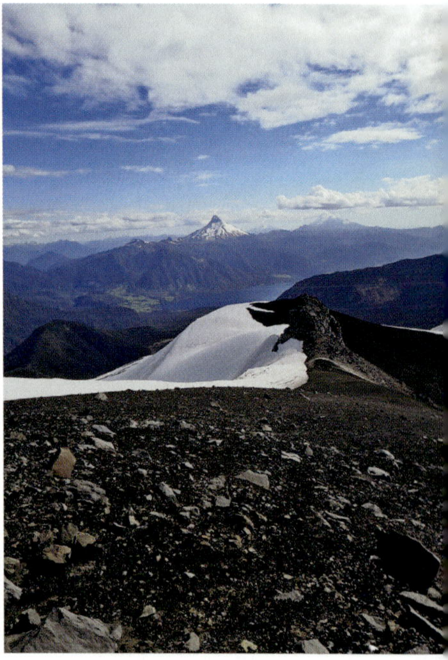

Die Landschaft um den Vulkan Antillanca ist atemberaubend, aber technisch schwierig.

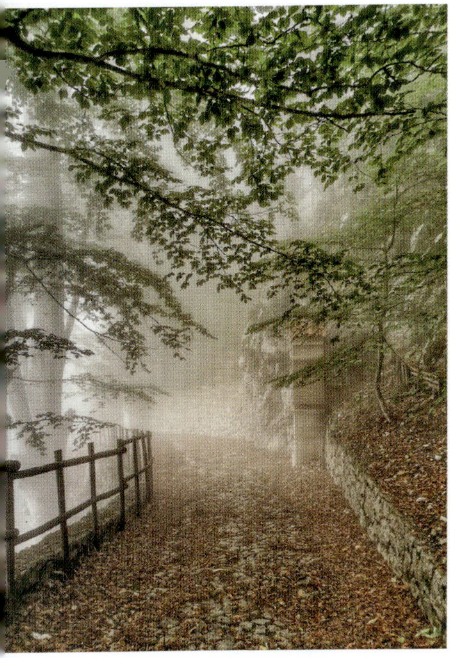

Zu den Wallfahrtsorten führen uralte Pilgerpfade mit Kreuzwegstationen.

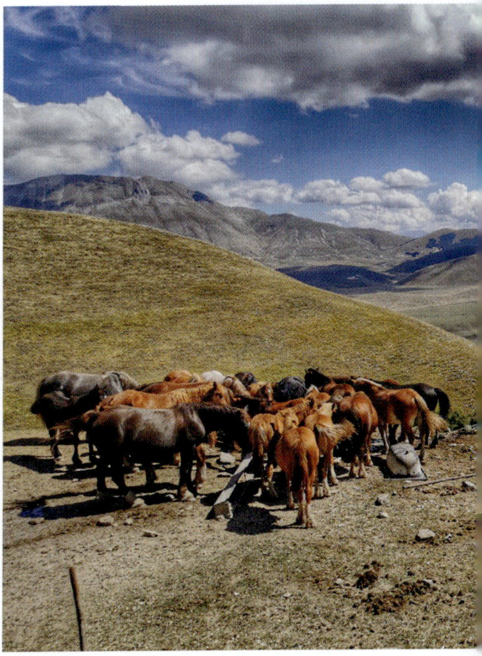

Im Nationalpark Monti Sibillini drängen sich Wildpferde um einen Wassertrog.

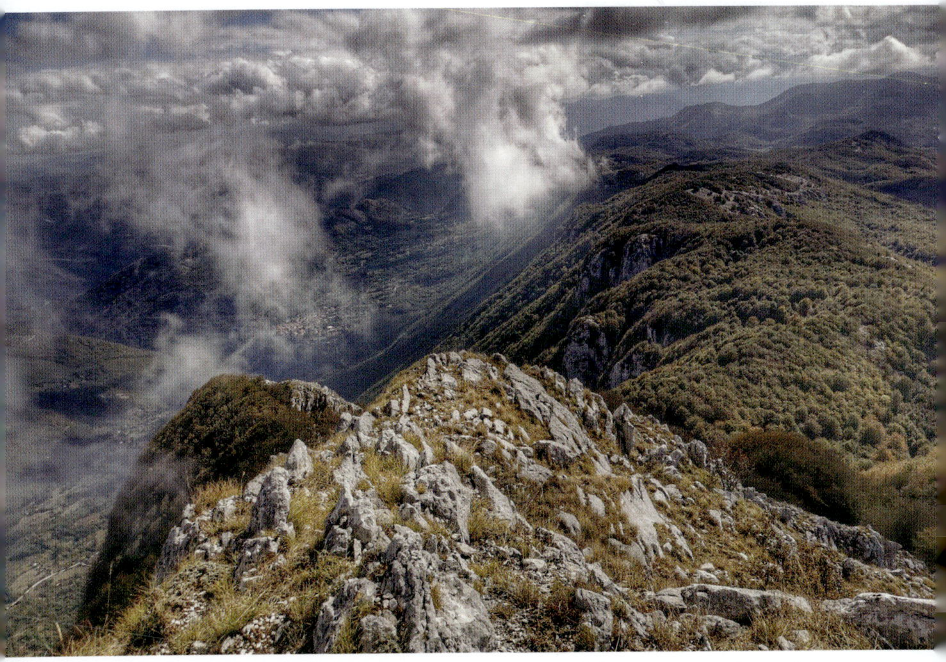

Der Kammweg verläuft über den gesamten Alpenbogen und die Apenninen bis in die Stiefelspitze Italiens, danach führt er durch Sizilien und Sardinien.

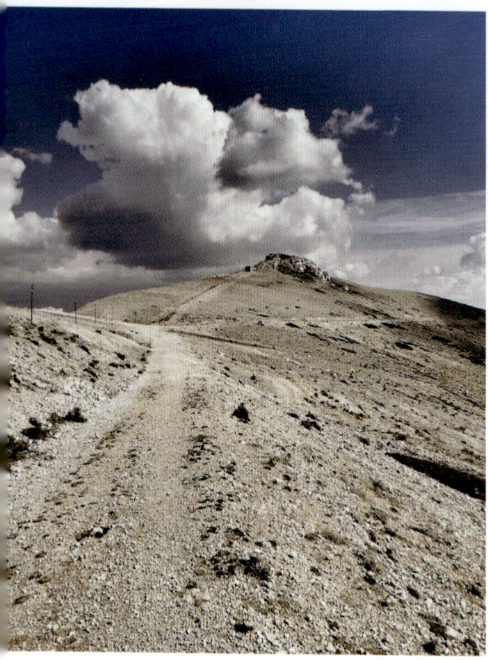

Die Monti Ernici sind nach dem altitalienischen Volk der Herniker benannt.

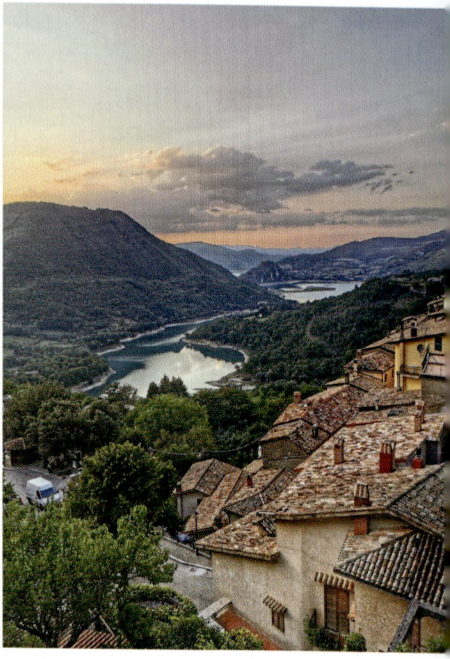

Paganico Sabino im Latium ist eines der vielen idyllischen Dörfer am Weg.

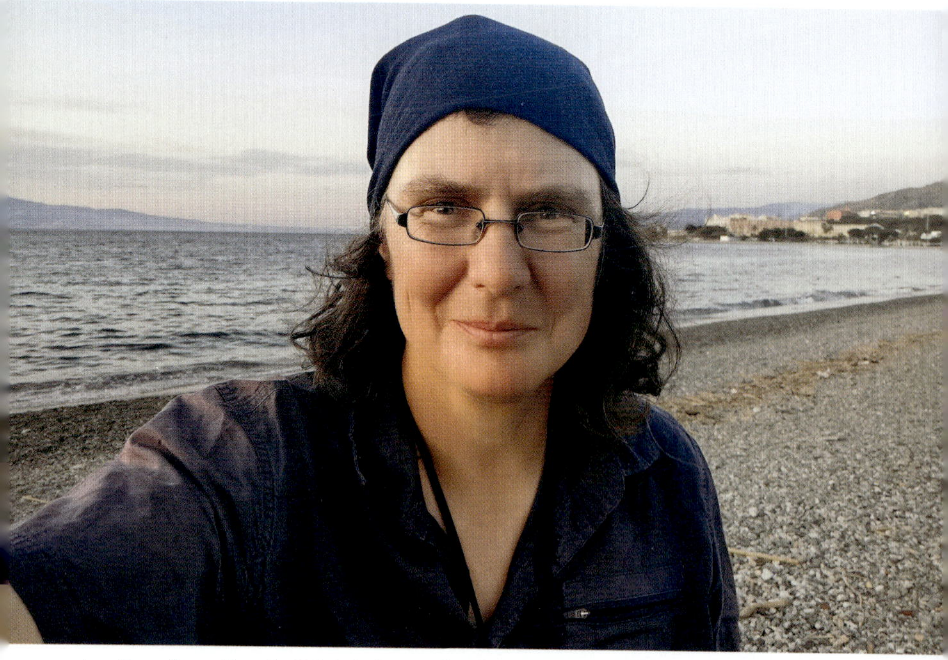

Am Strand von Reggio Calabria kann ich schon auf Sizilien blicken, doch für mich ist hier wegen des Corona-Lockdowns leider Endstation.

Für Vulkanologen:

GR131 ÜBER ALLE KANARISCHEN INSELN

Land: Spanien | *Länge:* 560 km
Schwierigkeit: ** | *Budget:* €€€ | *Jahreszeit:* ganzjährig
Natur: *** | *Kultur:* * | *Special Interest:* Winterziel mit Inselhopping

Als ich an einem nasskalten Februartag den Flug auf die Kanaren buche, ahnen noch nicht einmal gestandene Wissenschaftler etwas von dem drohenden Vulkanausbruch auf La Palma. Erst Mitte September, nachdem mehrere Erdbebenschwärme die Insel erzittern ließen, werden die Notfallpläne aktiviert und 6000 Inselbewohner evakuiert. Gerade noch rechtzeitig, denn am 19. September 2021 um 15:12 Uhr schießen die ersten Lavafontänen mit einer Temperatur von über 1000 Grad Celsius bis zu 1500 Meter hoch in die Luft. Aber bei meiner Ankunft wird alles vorbei sein, denke ich optimistisch, als ich aus den Nachrichten von der Naturkatastrophe erfahre. Doch der Cumbre Vieja spuckt immer noch Lava und Asche, als ich am 31. Oktober 2021 auf Lanzarote, der östlichsten Insel, aus dem Flugzeug steige. Der GR131 startet hier in der Hafenstadt Órzola und führt auf 560 Kilometern über alle Inseln. Ich will die Strecke bis zum Endpunkt in La Palma in gut drei Wochen schaffen – und bis dahin ist der Spuk sicher vorüber, beruhige ich mich.

Auch ohne diesen Auftakt wäre mir auf den ersten Kilometern dieses Trails klar geworden, dass die Kanaren vulkanischen

Ursprungs sind. Mehr als hundert erloschene Vulkankegel soll es auf Lanzarote geben, der letzte Ausbruch ereignete sich 1824. Unter dem strahlenden Blau des Himmels dominieren schwarzbraune Vulkanasche und Lapilli, wie die erbsen- bis nussgroßen Gesteinsfragmente im Fachjargon genannt werden. Die wenigen grünen Farbtupfer stammen von Palmen, Agaven und Kakteen, an denen üppige Kaktusfeigen sprießen. Bei dem Versuch, ein paar davon als Pausensnack zu verzehren, bohren sich mir so viele Stacheln in die Hände, dass ich selbst Tage später mit deren Entfernung beschäftigt bin. Angesichts des riesigen Angebotes denke ich allerdings ernsthaft darüber nach, mir ein Paar dicke Grillhandschuhe zuzulegen.

Inmitten dieser dunklen Mondlandschaft erstrahlen immer wieder traditionelle Dörfer in leuchtendem Weiß. Riesige Bettenburgen oder gar Hochhäuser gibt es auf Lanzarote erfreulicherweise nicht, selbst Werbetafeln sind verboten. Das ist dem hier geborenen Maler, Bildhauer und Architekten César Manrique zu verdanken. Gerade noch rechtzeitig vor Einsetzen des Massentourismus konnte er den Inselpräsidenten 1968 davon überzeugen, keine Neubauten von mehr als drei Stockwerken zu genehmigen, was der Höhe einer ausgewachsenen Palme entspricht. Das ehemalige Wohnhaus des 1992 verstorbenen Künstlers liegt direkt am Trail und wurde in ein Museum verwandelt, das durch seine zeitlose Eleganz besticht.

Auf dem Weg durch La Geria glaube ich zunächst, auf eine bizarre Open-Air-Ausstellung gestoßen zu sein. Hunderte von Mulden sind in die schwarze Vulkanlandschaft gegraben und mit halbkreisförmigen Mauern aus Lavagestein umbaut. Doch bei diesen kilometerlangen geometrischen Mustern handelt es sich nicht um Kunst, sondern um eine traditionelle Art des Trockenfeldbaus. Die Lapilli-Schicht ist hier nach den schweren Vulkanausbrüchen des 18. Jahrhunderts bis zu zwei Meter dick. Zum Weinanbau mussten die Winzer für jeden einzelnen Weinstock trichterförmige Vertiefungen bis zum darunterliegenden fruchtbaren Boden graben. Der geringe Niederschlag versickert durch die grobporigen Steinchen schnell zu den Pflanzenwurzeln, die Mäuerchen schützen die Reben zusätzlich vor dem Nordostpassat. Der bläst auch mir fast jeden Tag mit Stärke 7 ins Gesicht. Allzu gerne würde ich wie die Pflanzen in einer dieser Mulden mein Zelt aufbauen, denn Bäume oder Sträucher als natürlichen Wetterschutz gibt es nicht. Aber da die Winzer von mir als Übernachtungsgast sicherlich nicht begeistert wären, nehme ich stattdessen ein festes Quartier in der Hauptstadt Arrecife und fahre mit dem Bus zur jeweiligen Tagesetappe. Kein Problem dank der zahlreichen und günstigen Verbindungen.

Mit der Fähre fahre ich nach drei Tagen zur nächsten Insel. Fuerteventura ist ebenfalls eine windige Halbwüste, doch hier bieten mehrere offene Hütten am Wegesrand Schutz – selbst wenn sie nicht für Übernachtungen gedacht sind. Als unerwartetes Problem entpuppen sich die putzigen Atlashörnchen, die in den 1960er-Jahren aus Afrika eingeführt wurden und der Landwirtschaft seither immense Schäden zufügen. Nachts huschen sie unbemerkt in meinen Rucksack, knabbern ein Loch in eine Packung Nüsse und entschwinden mit der Hälfte des Inhalts …

Nach zwei Zeltübernachtungen im spektakulären und fast menschenleeren Inneren der Insel erreiche ich die dicht besiedelte Küste, wo sich Hotelburgen mit Stränden voller Sonnenschirme und Strandbars abwechseln. Militärisch eingezäunte All-inclusive-Ferienresorts mit Videoüberwachung zwingen den GR131 zu nervigen Umwegen. Wieder entdecke ich halbkreisförmige Mauern aus Lavagestein, nur schützen sie diesmal keine Weinstöcke, sondern sonnenbadende Touristen in unterschiedlichen Bekleidungszuständen. In voller Wandermontur mit Rucksack falle ich auf wie ein bunter Hund. Da lediglich ein paar Bauruinen Sichtschutz für Wildzelter und jugendliche Partyfreunde gewähren, nehme ich mir gezwungenermaßen ein Quartier in Morro Jable. Doch dieses Mal geht meine Strategie mit den öffentlichen Verkehrsmitteln nicht auf.

Als ich zehn Minuten vor Abfahrt zur Punta de Jandía am Bahnhof auftauche, ist der nur zweimal täglich verkehrende Bus bereits voll besetzt, ein Dutzend abgewiesener Touristen steht laut debattierend davor. Kein Problem, denke ich, dann laufe ich die Strecke einfach in entgegengesetzter Richtung und nehme den Bus zurück. Glücklicherweise frage ich den Fahrer nach der dortigen Abfahrtszeit. »Wenn der Bus voll ankommt, muss ich dich stehen lassen«, warnt er mich und fügt gleich hinzu: »Tickets vorab kaufen oder reservieren geht aber auch nicht.« Frustriert schreibe ich die Halbinsel Jandía also ab und verbringe meinen letzten Tag auf Fuerteventura damit, mir nackte Touristen am Strand anzuschauen.

Auf Gran Canaria gibt es noch keine offizielle Etappe des GR131, doch alle Wanderführer geben dieselbe Nord-Süd-Route als Alternative an. Start ist die Touristenhochburg Maspalomas im Süden der Insel, wo an den Balkonen der Feriensiedlungen deutsche Fahnen hängen und die Kneipen »Kölner Eck« heißen. Als ich abends mit dem Bus ankomme, renne ich förmlich zum Stadtrand, um rechtzeitig vor Sonnenuntergang einen guten Zeltplatz abseits des Getümmels zu finden. Und tatsächlich: Gerade mal einen Kilometer Luftlinie hinter der Schnellstraße betrete ich eine völlig andere Welt. In einem *barranco,* einem tief eingeschnittenen, ausgetrockneten Flussbett voller Geröll und staubiger Kakteen, komme ich mir vor wie in einem Wildwestfilm. Weniger als eine Stunde Fußmarsch entfernt stürzen sich gerade Hunderte von Touristen ins laute Nachtleben, doch hier höre ich in meinem Zelt nur den Ruf einer einsamen Eule.

Am nächsten Morgen steige ich auf uralten, aber kunstvoll angelegten Wegen auf 1700 Meter Höhe hinauf zu Wäldern aus Kanarischen Kiefern. Eine dicke Borke schützt sie vor den häufigen Waldbränden, sodass schon bald nach einem Feuer neue Knospen aus dem schwarz verkohlten Stamm austreiben. Die langen Nadeln verschaffen mir ein traumhaft weiches Nachtlager. Allerdings möchte ich nur ungern einen der handtellergroßen Zapfen auf den Kopf bekommen.

Auf keiner anderen Insel des Archipels gibt es so viele archäologische Fundstellen wie auf Gran Canaria. Die »Heiligen Berge« im Zentrum wurden 2019 sogar zum UNESCO-Weltkulturerbe erklärt. Meine Route führt mich im Nieselregen direkt zu den Cuevas de Caballero, den Höhlen, die der kanarischen Urbevölkerung vor der Eroberung durch die Spanier als Kultstätten dienten. Als die dichte Wolken- und Nebeldecke aufreißt und den Blick auf den Vulkankessel von Tejeda und die bizarre Felsformation des Roque Bentayga freigibt, verstehe ich sofort, warum die Altkanaren ihre Götter an diesem spektakulären Ort verehrten. Aus Schutz vor Vandalismus sind die Höhlen durch Gitter verschlossen, im neuen UNESCO-Informationszentrum in Artenara ist die berühmteste Kultstätte der Insel originalgetreu nachgebildet.

In diesem hübschen Ort muss ich mich leider schon wieder um ein lästiges organisatorisches Problem kümmern: den Weitertransport nach Teneriffa. Die Fährverbindungen reißen nicht nur mich aus dem Wanderflow, sondern auch ein tiefes Loch in mein Budget. Touristen zahlen das Vierfache des subventionierten Preises für die Einheimischen. Alle Überfahrten zusammen kosten mich mehr als 200 Euro, und das ohne einen Abstecher nach El Hierro. Würde ich die vierzig Kilometer lange Wanderstrecke auf der kleinsten Insel noch mitnehmen wollen, kämen weitere hundert Euro dazu. Inselhopping per Flugzeug ist auch nicht preiswerter. Zudem verkehren die Fähren oft so ungünstig früh oder spät, dass eine Hotelübernachtung in der Hafenstadt nötig wird. Und das ist zur Hochsaison ein teures Vergnügen, wenn überhaupt ein Bett frei ist. So hat Santa Cruz de Tenerife laut meinem Buchungsportal mehr als 500 Unterkünfte, doch die sind bis auf drei Luxusapartments allesamt für den nächsten Tag belegt, ein Campingplatz existiert nicht. Mir bleibt nichts anderes übrig, als in den Bergen Gran Canarias oberhalb der Hafenstadt Agaete zwischen ein paar stacheligen Kakteen zu zelten und noch im Dunkeln mit der Stirnlampe vorsichtig zur Frühfähre abzusteigen.

Auf Teneriffa verläuft der GR131 nicht von Küste zu Küste, sondern beginnt und endet im Landesinneren. Die warme Synthetikjacke und die Sturmhaube, die bisher nur unnützer Ballast in meinem Rucksack waren, kann ich plötzlich gut gebrauchen. Der Trail klettert bis auf 2400 Meter Höhe, wo die Temperaturen nachts unter den Gefrierpunkt fallen. Den Abstecher auf den Teide, mit 3715 Metern der höchste Berg Spaniens, spare ich mir daher. Die Mehrzahl der Besucher erklimmt den Gipfel nicht mühsam zu Fuß, sondern fährt in zehn Minuten mit der Seilbahn hinauf. Auch jetzt im November ist die Zufahrtsstraße mit Mietwagen zugeparkt.

Nachdem ich Wasser am Besucherzentrum des Nationalparks getankt habe, versperren mir plötzlich ein Flatterband und ein Warnschild die Weiterwanderung. »Zutritt verboten Montag, Mittwoch und Freitag wegen Mufflonjagd mit Feuerwaffen«, heißt es da auf Spanisch und Englisch. Die Tiere, die erst 1970 auf Teneriffa eingeführt wurden, schädigen die Hochgebirgsflora und sollen daher durch alljährliche Treibjagden langfristig wieder ausgerottet werden. Nur endete die Jagdsaison bereits vorgestern! Weil ich die Termine schon vor Tagen auf der Website des Nationalparks überprüft habe, frage ich am Informationsschalter unschuldig nach: »Haben Sie vergessen, die Absperrung zu entfernen?«

»Nein, der Weg ist heute tatsächlich geschlossen. Wir konnten im Mai nicht wie geplant jagen und haben daher zwei Tage drangehängt«, überbringt mir eine Rangerin die niederschmetternde Nachricht.

»Aber warum haben Sie das denn nicht im Internet angekündigt?«, hake ich fassungslos nach.

»Wenn wir die Jagdtermine einmal hochgeladen haben, können wir die Website nachträglich nicht mehr ändern«, erklärt mir die Frau, die HTML anscheinend für eine in Stein gemeißelte Keilschrift hält. Immerhin zeigt sie mir eine Alternativroute durch die bizarre Mondlandschaft des Nationalparks, die zwar ebenfalls verdammt spektakulär, allerdings auch deutlich länger ist als der GR131.

Und so erreiche ich erst eine Stunde vor Sonnenuntergang den höchsten Punkt des Trails am Rande der gigantischen Caldera de las Cañadas, eines Vulkankraters mit 17 Kilometer Durchmesser! Von der 500 Meter steil abfallenden Kraterwand aus blicke ich gen Norden hinunter auf den fast ebenen Boden des Einsturzkessels, in dessen Mitte der Teide in den strahlend blauen Abendhimmel aufragt. Auf der anderen Seite der Kesselwand hingegen verhüllt ein Meer aus weißen Wolken alles, was gerade mal hundert Höhenmeter tiefer liegt. Trotz der intensiven Sonnenstrahlung fröstelt es mich im Wind. Wenn ich die Nacht nicht frierend über den Wolken verbringen möchte, muss ich so schnell wie möglich absteigen. Nur widerwillig reiße ich mich von dem atemberaubenden Panorama los und eile den steinigen Pfad hinunter, der mich über Lavageröll und schwarze Aschefelder direkt durch die dicke Wolkenschicht führt. Erst im allerletzten Dämmerlicht gelange ich an die Baumgrenze und schlage mein Lager zwischen ein paar schmächtigen Kanarischen Kiefern auf. Am nächsten Morgen ist das Kondenswasser an meiner Zeltwand gefroren, und die Wege sind mit einer weißen Raureifschicht überzuckert.

Die Überfahrt von Los Cristianos nach La Gomera dauert bloß fünfzig Minuten, aber aufgrund der ungünstigen Bus- und Fährverbindungen geht auch für diesen Transfer ein ganzer Tag drauf. Kaum hat das Schiff abends angelegt, muss ich zur Zeltplatzsuche die Berge hinaufspurten. Doch als ich mein Lager auf einer nicht mehr bewirtschafteten Steinterrasse hoch über der Hafenstadt aufschlage, bin ich froh darüber, dass alle Unterkünfte ausgebucht waren. Unter mir glitzern die Lichter der Hauptstadt San Sebastián, lautlos gleiten eine Fähre und ein Fischerboot in den Hafen, und auf der Nachbarinsel Teneriffa erscheint gerade der Vollmond hinter der Silhouette des mächtigen Teide. Ich bin so fasziniert von diesem Anblick, dass ich mein Abendessen ins Freie verlege.

Während am nächsten Morgen die Sonne surreal orange über dem Meer aufgeht und den Teide in zarte Pastelltöne hüllt, stoße ich im Internet auf eine Hiobsbotschaft: Der Flugverkehr auf La Palma wurde eingestellt, weil sich der Nordostpassat gedreht hat und die Vulkanasche nicht länger auf das offene Meer hinaustreibt. Mittlerweile hat der Lavastrom mehr als 2600 Häuser zerstört und bedeckt über 1000 Hektar Fläche. Aber bei meiner Ankunft wird das alles vorbei sein, glaube ich immer noch, denn die bisherigen Flughafenschließungen waren nur von kurzer Dauer. Die Hoffnung auf eine Durchwanderung der Insel habe ich trotzdem aufgegeben, denn der GR131 ist dort schon seit Längerem fast komplett gesperrt.

Auf La Gomera wandere ich erst mal im Nationalpark Garajonay weiter durch Europas größten Laurisilva oder Lorbeerwald, ein UNESCO-Weltnaturerbe. Lange Bartflechten hängen von den Bäumen, die knorrigen Äste sind mit Moos bewachsen, und dazwischen gedeihen bis zu zwei Meter hohe Farne. An dieser üppigen Vegetation kondensiert das Wasser der Passatwolken, tropft hinunter und bewässert so den Boden.

Der Trail folgt uralten Pfaden, die förmlich an den Fels geklebt zu sein scheinen. Doch was aus der Ferne unpassierbar wirkt, erweist sich letztendlich immer als idiotensicher. Steile Stellen werden über kunstvoll angelegte Treppen bewältigt, ausgesetzte Passagen sind mit Geländern abgesichert. Wandertourismus ist ein wichtiger Wirtschaftszweig auf den Kanarischen Inseln, entsprechend viel wird in die Instandhaltung und Markierung des Wegenetzes investiert.

Uschi Groos, eine professionelle Fotografin, die mit ihrem Mann eine Künstlerresidenz in den Bergen von La Gomera betreibt, hat mich zum Abschluss meiner Tour eingeladen und macht mir einen überraschenden Vorschlag: »Ich arbeite gerade an einer Fotoserie über das Alltagsleben mit dem Vulkan. Wir könnten morgen gemeinsam mit meinem Auto La Palma erkunden.« Und so stehe ich wieder einmal im Dunkeln auf, um eine Frühfähre zu erreichen. Immerhin muss ich diesmal nicht laufen, sondern werde gefahren.

Schon bei unserer Ankunft sehen wir, dass die gesamte Insel mit einer dünnen Ascheschicht überzogen ist. Vor den Häusern und Geschäften wird eifrig gefegt, parkende Fahrzeuge sind dunkel eingefärbt, und Autofahrer betätigen ihre Scheibenwischer, obwohl es keinen Tropfen regnet. Beim Frühstück auf einem Supermarktplatz habe ich das Gefühl, Aschepartikel im Mund zu haben. Wegen der hohen Gasemissionen liegt ein eigenartiger Geruch in der Luft, Uschi klagt über brennende Augen. Kein Wunder, dass in einigen Gemeinden eine Ausgangssperre verhängt wurde. Obwohl es in der Hauptstadt Santa Cruz keine Restriktionen gibt, sind Strand und Fußgängerzone fast menschenleer. Die ausländischen Besucher bleiben aus – eine Katastrophe für die gebeutelte Bevölkerung, die auf die Einnahmen aus dem Tourismus angewiesen ist.

Als wir im Hafen von Tazacorte in einem halb leeren Restaurant gegrillten Tintenfisch verspeisen, beobachten wir fasziniert, wie wenige Kilometer entfernt riesige weiße Dampfwolken vom Strand in den Himmel steigen. »Gerade erst vor zwei Stunden hat dort ein neuer Lavastrom das Meer erreicht und erkaltet nun zischend im Wasser«, erklärt uns der Kellner das Naturschauspiel. Seit Beginn des Ausbruchs hat sich die Insel durch neue Lavafelder bereits um vierzig Hektar vergrößert.

Als es Nacht wird, erleuchtet rot glühendes Magma den Himmel in surrealen Farben, und das Brodeln des Vulkans klingt wie fernes Meeresrauschen. Nun sind die Aussichtspunkte überfüllt mit Fotografen und Kamerateams, Fernsehsender haben ganze Häuser gemietet und filmen von den Dächern aus. Überall aufgestellte Halteverbotsschilder sollen verhindern, dass die parkenden Mietwagen der Schaulustigen den Verkehr blockieren.

»Bis zu deinem Abflugtermin wird der Flughafen wieder öffnen«, versichert mir Uschi zum Abschied und entschwindet im Verkehrschaos, um selbst ein paar Nachtfotos zu schießen.

Doch als ich am Abreisetag aufwache, ist der Flugverkehr immer noch ausgesetzt. Gerade mal sechs Stunden vor dem geplanten Take-off storniert die Airline meinen Flug. Die Mehrkosten für den einzigen termingerechten Ersatzflug von der Nachbarinsel, die Fähre dorthin und eine weitere Hotelübernachtung sprengen nun endgültig mein übliches Budget. Der GR131 wird zu einem der teuersten Wanderwege meiner Laufbahn. Dennoch bereue ich keinen Cent! Selten habe ich auf so kleinem Raum so viele unterschiedliche spektakuläre Landschaftsformen und Klimazonen gesehen. Und wirklich nirgendwo sonst habe ich die Urgewalt der Erde so brutal – und zugleich so wunderschön – erleben dürfen.

Für wen:

- Die Kanaren sind die perfekte Outdoordestination für **Winterflüchtlinge,** denn hier herrscht das ganze Jahr über sonniges Wanderwetter. Nur in den Höhenlagen ist warme Kleidung notwendig.
- Wer es gerne etwas **luxuriöser** mag (und das entsprechende Budget mitbringt), kann in schicken Hotels den Wander- mit einem tollen Badeurlaub verbinden. Tagsüber ohne Gepäck laufen, abends an Hotelbar und Pool relaxen – kein Problem! Alle Etappen können von einem Standquartier aus mit Bus oder Taxi erreicht werden.
- Auch wenn die Eruption auf La Palma nach drei Monaten ein Ende fand: Europaweit sind die Kanaren nach wie vor ein beeindruckendes Anschauungsobjekt für **Hobbyvulkanologen und -geologen**.

Für Schafskäsegourmets:

BERGWANDERWEG DER FREUNDSCHAFT KOM–EMINE

Land: Bulgarien | *Länge:* 600 km
Schwierigkeit: ** | *Budget:* € | *Jahreszeit:* ganzjährig
Natur: ** | *Kultur:* ** | *Special Interest:* Bergwanderweg für jede Jahreszeit

Vom namensgebenden Startpunkt des Trails, dem über 2000 Meter hohen Berg Kom, sehe ich durch den dichten Nebel herzlich wenig. Ein Schild weist auf Bulgarisch und erstaunlicherweise auf Deutsch darauf hin, dass der Weg Teil des Europäischen Fernwanderweges E3 ist. Knapp 600 Kilometer sind es von hier zu Fuß bis zum Kap Emine am Schwarzen Meer, immer hoch oben auf dem Kamm der Stara Planina, wie das Balkangebirge auf Bulgarisch heißt. Traditionell übernachten die Wanderer auf diesem Gipfel und beginnen ihre Tour mit dem ersten Tageslicht, doch bei dem miesen Wetter würde ich vom Sonnenaufgang sowieso nicht viel sehen und laufe einfach weiter. Ich nehme auch keine zwei Steine mit. Wenn mir das Ultraleichtprinzip nicht so wichtig wäre, würde ich einen davon am Schluss ins Schwarze Meer werfen und den anderen als Erinnerung behalten.

Am Ende des ersten Wandertages bin ich patschnass, von außen durch den Dauerregen und von innen durch den anstrengenden Aufstieg. Als ich auf der asphaltierten Straße am Petrohan-Pass an einer Unterkunft vorbeitrotte, winkt mich der

Besitzer heran, und ich kann der Versuchung eines warmen Bettes nicht widerstehen. Mein Zimmer hat zwar nur Wände aus Spanplatten, und die Matratze ist schmal wie ein Handtuch, dafür erwarten mich eine Heizung und eine heiße Dusche. Das angeschlossene Restaurant wirkt mit seinen Beistelltischen und Schränken eher wie ein überdimensioniertes Wohnzimmer. Die Essensbestellung gestaltet sich überaus schwierig.

»Was gibt es zu essen?«, tippe ich in die Übersetzungs-App meines Smartphones und reiche es dem Eigentümer. Diese Art der Handykommunikation klappte bisher in ganz Osteuropa hervorragend, jetzt starrt mein Gegenüber bloß angestrengt auf den Bildschirm und kratzt sich am Kopf. Plötzlich fällt mir der Grund wie Schuppen von den Augen: Meine Tastatur zeigt lateinische Buchstaben, die Bulgaren schreiben jedoch in kyrillischer Schrift.

Bevor ich die Spracherkennung aktivieren kann, hat sich der Wirt schon auf eine andere Lösung besonnen. Statt einer Speisekarte stellt seine Ehefrau einfach ein paar Kochtöpfe zur Auswahl vor mich hin. Leider hat auch diese Methode ihre Tücken. Was ich für einen Eintopf mit Hühnerfleischstreifen halte, entpuppt sich zehn Minuten später auf meinem Teller als das bulgarische Nationalgericht *Schkembe tschorba:* Kuttelsuppe! Ich gehe dann doch ziemlich hungrig ins Bett. Beim Frühstück kann ich mein Kaloriendefizit aber schnell wieder ausgleichen. Es gibt *Mekiza,* in Fett ausgebackene Hefekrapfen, die mich stark an die *Knieküchla* meiner fränkischen Heimat erinnern.

Der Blick auf den Wetterbericht ist dagegen niederschmetternd: Dauerregen für die nächsten Tage! Mein Wanderführer zeigt für die nächste Etappe ein Bild des Siniya vir, eines Wasserfalls mit vielen kleinen Pools und fröhlich darin planschenden Menschen. Als ich daran vorbeikomme, ist mir nicht nach Baden zumute, ganz im Gegenteil fröstle ich unter meiner Regenkleidung. Immerhin heben ein paar leuchtend gelbe Feuersalamander auf dem Weg meine Laune.

In Gara Lakatnik durchschneidet der Fluss Iskar in einer tiefen Schlucht das Balkangebirge. Ich überquere sie auf einer Fußgängerbrücke, von wo aus ich trotz des diesigen Wetters einen fantastischen Blick auf die 250 Meter steil aufragenden Felsen habe. Darin befinden sich mehrere Höhlen, die größte passenderweise Temnata Dupka, »düsteres Loch«, genannt, mit einem Labyrinth von Durchlässen, Gängen, Wasserfällen, Stufen, unterirdischen Seen und Flüssen. An einer dieser vertikalen Wände klebt auch das Adlernest, eine Schutzhütte, die ausschließlich Kletterern zugänglich ist, für mich also unerreichbar. Dafür habe ich ein Zimmer in einem Gästehaus reserviert, wo ich dieses Mal keinerlei Kommunikationsprobleme habe. Die 16-jährige Tochter der Wirtin spricht ausgezeichnet Englisch und bekocht mich sogar.

»Möchten Sie die Pommes mit oder ohne Käse?«, fragt Mariana und erklärt mir angesichts meines verblüfften Gesichtsausdrucks eine weitere Besonderheit der bulgarischen Küche. *Sirene* ist ein weißer Salzlakenkäse, quasi eine Art bulgarischer Feta, der zu fast jeder Mahlzeit gereicht wird. In den Supermärkten sehe ich ganze Kühltheken voll mit unterschiedlichen Sorten. Eigentlich kannte ich ihn bisher nur vom Schopska-Salat, doch in Bulgarien wird er schon beim Frühstück zu den Krapfen gereicht und jetzt über mein Abendessen gerieben. Erstaunlicherweise schmecken »Pommes weiß« gar nicht schlecht …

Außer Mariana werde ich auf meiner Wanderung wenige junge Leute treffen. Bulgarien ist das Land mit der am schnellsten schrumpfenden Bevölkerung weltweit – und zwar nicht nur wegen seiner niedrigen Geburtenrate, sondern vor allem durch Massenemigration qualifizierter Arbeitskräfte. Kein Wunder, denn Bulgarien hat mit 617 Euro das niedrigste durchschnittliche Bruttomonatsgehalt und gleichzeitig den höchsten Korruptionsindex in der EU.

Gemäß dem Motto »Ein schlechter Job im Ausland ist immer noch besser als ein guter Job in Bulgarien« leben heute geschätzte 1,1 Millionen Bulgaren außerhalb ihrer Heimat, eine gewaltige Zahl für ein Land mit gerade mal sieben Millionen Einwohnern. Vor dem Fall der Mauer 1989 waren es zwei Millionen mehr.

Dass überall Todesanzeigen an Hauswänden, Bushaltestellen und Laternenmasten kleben, verstärkt zwar den Eindruck einer sterbenden Nation, hat aber einen ganz anderen Grund. Trauerfälle werden in Bulgarien nicht nur zum Todeszeitpunkt verkündet, ihrer wird mit diesen kopierten Zetteln auch in regelmäßigen Abständen gedacht.

Bevor ich am nächsten Morgen Gara Lakatnik verlasse, hole ich mir im kleinen Laden des Ortes noch mal Proviant. Die nächste Einkaufsmöglichkeit direkt am Weg liegt 14 Tagesetappen entfernt. Hungern müssen Kom-Emine-Wanderer trotzdem nicht: Entlang des Weges stehen in regelmäßigen Abständen 27 Berghütten, in denen man übernachten und fast immer auch etwas essen kann. Auf Wunsch gibt es sogar ein Lunchpaket für den nächsten Tag – man sollte halt nur *Sirene* mögen. Oder man fährt per Bus oder Anhalter auf einer der 18 Passstraßen, die die Stara Planina überqueren, in die nächste Stadt zum Einkaufen. Von meinem ersten Ruhetag in der Stadt Botewgrad nehme ich mir wegen der günstigen Preise sogar ein Taxi zurück zu meinem Ausstiegspunkt am Pass.

Der Trail selbst ist erfreulich asphaltfrei: Nur fünf Prozent der Gesamtstrecke verlaufen auf befestigten Straßen, ansonsten bin ich ausschließlich *cross country*, auf Pfaden oder Jeeptracks unterwegs.

Zwei weitere Tage tappe ich durch dichten Nebel, wobei mir eine Besonderheit des Kom-Emine-Trails zugutekommt. Die weiß-rot-weißen Streifen der Sommerroute übersieht man bei diesem Wetter leicht, zum Glück ist die größtenteils identische Winterroute mit gut sichtbaren schwarz-gelb gestreiften Pfosten ausgesteckt. Mit Langlaufskiern oder Schneeschuhen kann der Weg also auch im Winter begangen werden, selbst für Mountainbiker gibt es eine separate Route, die die alpinen Stellen weiträumig umgeht und daher etwas länger ist.

Als ich im Nationalpark Zentralbalkan den höchsten Teil des Gebirges erreiche, hat sich das Wetter endlich gebessert. Der Kamm der Stara Planina ist hier gänzlich unbewaldet und bietet kilometerweite Ausblicke nach Norden und Süden. Vom Gipfel des 1818 Meter hohen Yumruka kann man angeblich siebzig Prozent des gesamten bulgarischen Staatsgebietes sehen! Ich schaue hinab auf den dichten Primärwald an den Bergflanken, der ein Durchschnittsalter von 115 Jahren hat.

Für den Kom-Emine-Trail existiert ein reich bebilderter englischer Wanderführer mit Landkarten, Höhenprofilen sowie Informationen zu Unterkünften und Wasserversorgung. Ich starre gerade gedankenverloren in dieses Buch, als ich direkt hinter mir ein lautes Schnauben höre. Schon glaube ich, den heißen Atem eines Angreifers im Nacken zu spüren, reiße mit einem lauten Schrei den Kopf herum – und muss erleichtert loslachen. Hinter mir rupft ein Pferd genüsslich ein paar Grashalme. Das hätte ich mir eigentlich denken können, denn die überall frei herumlaufenden Tiere haben mich bereits am Zelt besucht. Selbst einem »Cowboy« bin ich begegnet, der die Tiere jetzt am Saisonende zusammentrieb und mich um eine Zigarette anschnorrte. Die breiten, grasbewachsenen Bergrücken, der weite Ausblick auf die umliegenden Ebenen, das frei laufende Vieh – all das erinnert mich immer wieder an den Continental Divide Trail im Westen der USA, der ebenfalls auf einer Wasserscheide entlangführt. Selbst Bären und Wölfe sowie die größte Wildkatzenpopulation Südosteuropas leben im Nationalpark Balkangebirge.

Trotz all dieser Highlights habe ich bisher Anfang Oktober keinen einzigen Wanderer getroffen. Im Sommer ist deutlich mehr los, in der dritten Juliwoche startet sogar jedes Jahr ein großer »Volksmarsch« mit Gepäcktransport, bei dem um die hundert Bulgaren vom Berg Kom bis zum Kap Emine wandern.

Die ersten Wanderkollegen entdecke ich auf der steingepflasterten Terrasse der Dobrila-Schutzhütte, und zu meinem großen Erstaunen sprechen sie deutsch! Nachdem sich meine direkte Kommunikation seit Tagen auf Radebrechen per Handy-Übersetzungsprogramm beschränkt hat, begrüße ich meine Landsleute freudig. Prompt laden sie mich an ihren Tisch ein, weshalb meine Campingküche heute kalt bleibt.

Die Dobrila-Hütte ist eine der luxuriösesten Unterkünfte am Weg und mit umgerechnet zwölf Euro pro Bett auch eine der teuersten, dafür gibt es heiße Duschen, Innentoilette und sogar Wifi. In der Cafeteria im Erdgeschoss bestelle ich mein Mittagessen anhand der zweisprachigen Speisekarte. Selbst wenn die englische Übersetzung manchmal unfreiwillig komisch ist, vermittelt sie mir doch eine ungefähre Vorstellung vom Angebot. So landet dieses Mal auch das auf meinem Teller, was ich zu bestellen glaubte.

Beim Essen und dem anschließenden Plausch sitzen wir noch sommerlich bekleidet unter einem strahlend blauen Himmel im Freien, dabei sind für die nächsten Tage ein drastischer Temperatursturz und Schneefall vorhergesagt. Die Deutschen feiern schon mit einer Dose Bier den Abschluss ihrer Tour, für sie geht es zurück in die Heimat. Mich führt der Trail ausgerechnet morgen auf den 2376 Meter hohen Botew. Dieser höchste Gipfel des Balkangebirges ist nach dem bulgarischen Dichter und Nationalhelden Christo Botew benannt, der 1848 in einem kleinen Ort am Fuße des Berges geboren wurde. Durchschnittlich 305 Tage im Jahr ist der Botew in dichte Wolken gehüllt und von heftigen Winden umtost, weil an dieser Wetterscheide zwei Klimazonen aufeinandertreffen. Dicht nebeneinander drängen sich auf dem Gipfel eine Militärbasis, eine Wetterstation und ein Fernsehsendemast, der aufgrund seiner exponierten Lage 65 Prozent des Landes versorgt.

Der Kom-Emine-Trail ist zwar technisch ausgesprochen einfach, selbst im alpinen Zentralbalkan führt er auf sicheren

Wegen über alle Felsausbrüche oder Klippen. Doch die morgige Etappe ist die schwierigste der gesamten Strecke und sogar seilversichert, selbst die einfachere Alternativroute ist extrem ausgesetzt. Mein Wanderführer warnt ausdrücklich davor, sie bei schlechtem Wetter anzugehen. Da ich die Schlechtwetterphase aber nicht tagelang im Schlafsaal einer Berghütte aussitzen will, beschließe ich, die nächsten zwei Etappen einfach im Tal zu umwandern.

Angenehmer Nebeneffekt meiner Entscheidung: Ich kann Trojan besuchen, das drittgrößte orthodoxe Kloster des Landes, bekannt für die Ikone einer dreihändigen Muttergottes. Die Kirche ist innen und außen mit großflächigen Wandmalereien verziert, die gerade restauriert werden. Amüsiert beobachte ich eine Taufe, bei der der kleine Bruder des Täuflings die lange Taufkerze wie ein Star-Wars-Laserschwert durch die Gegend schwingt, statt andächtig die Zeremonie zu beleuchten. Trotz der vielen Gerüste wimmelt es von Gläubigen, Schulkindern und vor allem bulgarischen Touristen, denn die Kirche »Zur Entschlafung der Gottesmutter« ist gleichzeitig nationales touristisches Objekt Nummer 31.

Schon 1966 hat das bulgarische Fremdenverkehrsamt insgesamt hundert wichtige Sehenswürdigkeiten auf einer Liste gesammelt, die zusammen ein umfassendes Bild vom reichen kulturhistorischen Erbe und von der Natur des Landes geben sollen. Kirchen und Klöster sind ebenso darunter wie Museen, Ausgrabungsstätten und sogar Berggipfel. So ist der Berg Kom Nummer 34 und der Botew Nummer 46 auf der Liste. Umgerechnet fünfzig Cent kostet das Stempelheft, in dem man sich den Besuch der einzelnen Objekte bestätigen lassen kann. Für 25, 50 oder 100 verschiedene Stempel gibt es ein bronzenes, silbernes oder goldenes Abzeichen, einmal jährlich findet sogar eine Verlosung unter den Teilnehmern statt.

Als ich am nächsten Morgen auf meiner Umgehungsroute in einem Hotel in der Kleinstadt Aprilzi aufwache, schüttet es in Strömen, und die Gipfel des Balkangebirges sind weiß von Schnee. Ich setze den ganzen Tag keinen Fuß vor die Tür, denn glücklicherweise verfügt die Unterkunft über ein eigenes Restaurant. Einen Tag später regnet es immer noch, und mir fällt langsam die Decke auf den Kopf. Mittags breche ich im Nieselregen auf, komme bald in knöchelhohen Schneematsch und erreiche zurück auf dem Trail just bei Sonnenuntergang die Hütte Partizanska Pesen, zu Deutsch »Partisanenlied«. 1944, als Bulgarien offiziell an der Seite Deutschlands kämpfte, wurde hier in der Nähe der 13-jährige »Partisan« Mitko Palauzow von der Polizei getötet. Das spätere kommunistische Regime stilisierte den Jungen, der von seinen Eltern wohl eher unfreiwillig in den Guerillakampf hineingezogen worden war, zum jüngsten antifaschistischen Widerstandskämpfer Bulgariens, setzte ihm ein Denkmal und widmete ihm das namensgebende Lied.

Als ich morgens vorsichtig den Kopf aus dem Fenster meines gut geheizten Zimmers strecke, erwartet mich endlich wieder ein strahlend blauer Himmel! Gleich 2 ½ Nationale Touristische Objekte liegen auf der heutigen Tagesetappe. Nummer 19 ist ein weiß-grün-rot gestreifter Dreibein mitten auf einer Wiese. Ohne meinen Wanderführer wäre ich sicher nicht darauf gekommen, dass dieses gerade mal einen Meter hohe Monument in den bulgarischen Nationalfarben den geografischen Mittelpunkt des Landes markiert.

Am 1185 Meter hohen Schipkapass erwarten mich Nummer 93 und eine Lektion in bulgarischer Geschichte, von der ich ehrlicherweise vorher so gut wie nichts wusste. Bulgarien stand seit dem Mittelalter fünf Jahrhunderte lang unter osmanischer Herrschaft. Dieses »türkische Joch« konnten die Bulgaren erst mithilfe von Zar Alexander II. im Russisch-Osmanischen Krieg abschütteln, einige der wichtigsten Schlachten fanden im August 1877 hier statt. Der russische Major Stoletow verteidigte den Schipkapass mit gerade mal 2000 Soldaten und 5500 bulgarischen Freiwilligen gegen 27 000 Türken unter Süleiman Pascha.

Als den unzureichend mit Wasser und Waffen ausgerüsteten Bulgaren die Munition ausging, bewarfen sie die Gegner sogar mit Steinen und den Leichen ihrer Kameraden. Obwohl sich die Türken nach diesem Krieg aus Bulgarien zurückzogen, blieb das Land formell noch drei Jahrzehnte Teil des Osmanischen Reichs und damit tributpflichtig. Erst 1908 erklärte Fürst Ferdinand I. die vollständige Unabhängigkeit.

Ich steige die 890 Stufen hinauf zum »Denkmal der Freiheit«, einem gut dreißig Meter hohen Turm, in dem ein Marmorsarkophag mit den Gebeinen der russischen und bulgarischen Gefallenen steht. Davor hat inmitten der letzten Schneereste eine Malerin ihre Staffelei aufgestellt und arbeitet in Winterjacke und mit Pudelmütze an einem Landschaftsgemälde. Zwischen ein paar alten Kanonen genieße auch ich die grandiose Aussicht nach Norden auf die Donauebene und nach Süden auf die Oberthrakische Tiefebene.

Im Osten kann ich schon das nächste Highlight erkennen: Busludscha, offiziell »Heimdenkmal der Kommunistischen Partei Bulgariens«, aufgrund seiner Form inoffiziell auch »UFO« genannt. Das 1981 eingeweihte Gebäude war bis 1989 Nummer 88 der 100-Monumente-Liste, wurde aber nach dem unblutigen Sturz des kommunistischen Regimes durch ein Naturdenkmal ersetzt. Das runde Gebäude hat einen Durchmesser von 42 Metern und soll die Urne eines Opferfeuers darstellen. Auf den modernen Betrachter wirkt es jedoch eher wie eine fliegende Untertasse. Daneben ragt ein siebzig Meter hoher Turm mit einem riesigen Roten Stern auf. Das ehemalige Prestigeobjekt der kommunistischen Regierung ist mittlerweile ein extrem populärer *lost place* und daher zum Schutz vor Vandalismus abgesperrt. Heute tummeln sich hier einige junge Bulgaren und ein deutsches Touristenpaar.

Durch die Gitter kann ich einen Blick in den Innenraum erhaschen, wo auf mehr als 900 Quadratmetern Mosaike aus Kobaltglas mit Szenen der Geschichte des Sozialismus die Wände zieren. Leider sind sie schon ziemlich verfallen oder mutwillig zerstört worden. Die Metallbuchstaben der Inschrift neben dem Portal sind bereits zur Hälfte geklaut, Graffiti verzieren großflächig den Beton. Direkt neben dem vergitterten Eingang hat jemand in Rot-Weiß den abgewandelten Coca-Cola-Schriftzug »*Enjoy Communism*« gesprüht.

Das meistfotografierte Motiv des Kom-Emine-Trails entdecke ich am nächsten Tag: einen alten Fernseher, der fernab jeder Straße mitten im Wald auf einer Picknickbank steht. Er taucht in wirklich jedem Reisebericht über den Trail auf, wahrscheinlich weil sich jeder fragt, wie um alles in der Welt er dort hingekommen ist.

Am Vratnik-Pass lasse ich die hohen Berge des Zentralbalkans hinter mir und wandere im mittlerweile goldenen Herbst auf dem bewaldeten Kamm des östlichen Balkangebirges, nun immer unter 1000 Höhenmetern. Vor ein paar Tagen stapfte ich noch durch knöcheltiefen Schnee, jetzt trage ich tagsüber Shorts und T-Shirt. Wegen des vielen Regens der letzten zwei Wochen sprudeln alle Quellen und Brunnen. вода *(voda)*, »Wasser«, war das erste Wort, das ich auf Bulgarisch und in Kyrillisch lernte. Viele der uralten Brunnen liegen direkt am Trail, aber zu den natürlichen Quellen weist meist ein handgeschriebenes Schild. Im Hochsommer oder nach langen Dürreperioden tröpfelt es dort mehr, als es fließt. In den Hütten werden dann die Duschen gesperrt, um das knappe Gut zu rationieren.

»Apotheke«, аптека *(apteka)*, ist das nächste Wort in meinem begrenzten bulgarischen Wortschatz, denn auf diesem Wegabschnitt hängen immer wieder kleine Holzkästchen mit Erste-Hilfe-Material wie Desinfektionsmittel, Pflaster und elastischen Binden an den Bäumen. Das allein wäre schon erstaunlich genug, doch auf den schrägen Dächern dieser Baumapotheken sind zusätzlich kleine Solarpanels integriert. Über einen USB-Anschluss im Inneren könnte ich mein Handy laden. Der

Sponsor dieses weltweit wohl einzigartigen Projekts ist folgerichtig auch ein bulgarischer Telekommunikationsanbieter.

Das Städtchen Kotel mit gut 5000 Einwohnern ist der einzige größere Ort direkt am Kom-Emine-Trail. Mit gleich zwei Einträgen in der 100-Denkmäler-Liste und einem halben Dutzend Unterkünften ist Kotel für bulgarische Verhältnisse schon ein Touristenzentrum. Doch beim Provianteinkauf für die letzte Etappe werde ich bitter enttäuscht: Statt eines Supermarkts finde ich lediglich zwei kleine Tante-Emma-Läden mit beschränkter Auswahl. Zudem gibt es in Bulgarien keine dehydrierten Fertiggerichte, selbst Soßenpulver ist nur in zwei Geschmacksrichtungen erhältlich, Carbonara und Bolognese. Und so esse ich fast vier Wochen lang jeden Abend abwechselnd Spaghetti mit weißer und roter Soße.

Die letzte Woche hält noch eine schöne Überraschung bereit: Ich verabrede mich per Social Media mit František, kurz Franta, dem ersten Wanderer seit der Begegnung mit den Deutschen vor zwei Wochen. Der Tscheche ist im Frühjahr in seiner Heimat gestartet und will bis nach Istanbul laufen. »An einem Freitag war mein letzter Arbeitstag, zwei Tage später bin ich aufgebrochen«, erzählt mir der hagere Pensionär mit weißgrauen Haaren und Rauschebart, der an einer offenen Schutzhütte auf mich gewartet hat. Franta spricht ausgezeichnet Deutsch, denn: »Ich habe in meiner Firma die deutschsprachigen Kunden betreut.«

Knapp zwei Tage wandern wir bei strahlendem Sonnenschein zusammen durch lichten Wald und Weideland. An einem Straßenimbiss gönnen wir uns *Kebapche,* die bulgarische Version von Cevapcici, natürlich mit Pommes weiß. Erstaunt beobachten wir in den Dörfern dieser Gegend eine ganz andere Kultur als im Rest des Landes. Arabische Schriftzeichen und der Halbmond zieren Brunnen und Grabsteine, in der Dorfmitte steht eine Moschee, und fast alle Frauen tragen Kopftuch. 8,8 Prozent der bulgarischen Bevölkerung sind Türken, die überwiegend hier im Osten des Landes leben. Laut der letzten Volkszählung sind weitere 4,9 Prozent Roma, ihr tatsächlicher Anteil wird deutlich höher geschätzt.

Da Franta etwas langsamer unterwegs ist, treffe ich am nächsten Tag allein am Endpunkt des Trails ein. Schon von Weitem sehe ich den Leuchtturm, der seit 1880 die Schiffe vor den schroffen Felsen am Kap Emine warnt. Ein verrostetes Schild weist das Gebiet als Militärzone aus, laut Wanderführer »sollte« man eine offizielle Erlaubnis für den Zutritt haben. Doch alles wirkt so verfallen und verlassen, dass ich völlig unbehelligt weiterlaufe. Außer ein paar Kühen interessiert sich niemand für mich.

Am Kap Emine fallen die Klippen fast senkrecht sechzig Meter schroff ins Meer ab. Ein eindrucksvoller Anblick, nur leider ohne einfachen Strandzugang. Da ich mir nicht noch auf den letzten Metern den Hals brechen will, beende ich meine Tour ganz unspektakulär oben am Kap mit einer letzten Tafel Schokolade statt einem Bad im Meer.

Mein Heimweg nach Deutschland beginnt mit einem heftigen Kulturschock. Als ich zu Fuß das wenige Kilometer entfernte Elenite erreiche, einen frisch aus dem Boden gestampften Touristenort, begrüßt mich ein gigantischer Apartmentkomplex im römischen Stil. Jetzt in der Nebensaison ist das exklusive Resort wie ausgestorben, bloß ein Securitymann beäugt mich misstrauisch. Auf der Suche nach einer Bushaltestelle schlage ich mich bis zur Hauptstraße durch, wo sich Hotels, Feriensiedlungen und Jachthäfen dicht aneinanderdrängen. Ende Oktober sind fast nur Bauarbeiter unterwegs, denn am kilometerlangen Sandstrand werden überall neue Gebäude hochgezogen. »Nein, Busse fahren jetzt nicht mehr«, erklärt mir ein junges Pärchen, das auf der einsamen Strandpromenade spazieren geht. Die beiden zücken sofort ihre Handys und rufen mir auf Bulgarisch ein Taxi.

Im Sommer hätte ich sicher noch einen Badeurlaub angehängt, doch weil es dafür schon zu kalt ist, verbringe ich meinen letzten Tag mit Sightseeing in Nessebar. Als am Abend auch Franta eintrifft, feiern wir das Ende des Kom-Emine-Trails mit frisch gegrilltem Fisch und zwei Flaschen Wein in einem schicken Restaurant, wo wir die einzigen Gäste sind. Wehmütig umarme ich den hageren Tschechen zum Abschied und schlendere zurück in mein Hotel, wo ich für dreißig Euro ein ganzes Luxusapartment bewohne. Franta hingegen läuft Richtung Strand, wo er sich schon am Nachmittag hinter einer Verkaufsbude einen sichtgeschützten Schlafplatz gesucht hat. Wenn ich morgen früh in den Bus zurück nach Sofia steige, wird er weiter Richtung Istanbul gehen. Ein wenig neidisch blicke ich ihm nach, als er im Gewirr der dunklen Altstadtgassen verschwindet.

Für wen:

- Nur **wenig Geld**, aber viel Abenteuerlust? Dann auf nach Bulgarien, einem der preiswertesten und spannendsten Länder Europas! Im Balkangebirge kostet eine Übernachtung in einer Berghütte gerade mal sieben Euro, ein halber Liter einheimisches Bier einen Euro. Da in Deutschland mehr als 200 000 Bulgaren leben, gibt es viele günstige Verbindungen mit dem Billigflieger oder dem Überlandbus nach Sofia, von wo man per Bus oder Sammeltaxi in einer Stunde zum Einstiegsort Berkowiza kommt. In der Sommersaison sind die Badeorte Burgas und Varna an der Schwarzmeerküste sogar per Direktflug erreichbar.
- Um fremde **Kulturen zu entdecken,** muss man nicht den Kontinent wechseln. Bulgarien ist wohl eines der unbekanntesten Länder der EU. Exotik-Feeling kommt schon allein durch die kyrillischen Schriftzeichen auf. Kopfschütteln bedeutet Zustimmung, Nicken Ablehnung. Und selbst die ausgebufftesten Geschichtsfreaks können noch etwas über die Landesgeschichte von den alten Römern bis zum EU-Beitritt lernen.

- Kaum ein Trail ist so **vielseitig:** Im Sommer kann man wandern oder mit dem Mountainbike fahren, im Winter Langlaufskier oder Schneeschuhe nutzen. Man kann durchgängig zelten oder ohne Campingausrüstung von Hütte zu Hütte wandern. Man kann sich selbst verpflegen oder in den Unterkünften essen. Vor allem aber kann man seine Wanderung perfekt mit einem Badeurlaub verbinden.

Für fortgeschrittene Pilger:

FRANZISKUSWEG

Land: Italien | *Länge:* 600 km
Schwierigkeit: ** | *Budget:* €€ | *Jahreszeit:* ganzjährig
Natur: ** | *Kultur:* *** | *Special Interest:* Pilgerweg durch Natur und Kunstgeschichte

Die katholische Kirche kennt etwa 6650 Heilige, aber kaum einer ist so bekannt – und modern – wie Franziskus von Assisi. Er ist Patron des Umweltschutzes und der Ökologie, sein Gedenktag am 4. Oktober wird weltweit als Tierschutztag begangen. Unzählige katholische Kirchen sind ihm gewidmet, noch heute leben mehr als 30 000 Mönche in dem von ihm gegründeten Orden. Und mittlerweile gibt es sogar einen Franziskus-Pilgerweg, der auf 600 Kilometern von Florenz über seine Heimatstadt Assisi bis nach Rom führt.

Startpunkt ist die Florentiner Franziskanerkirche Santa Croce, deren Grundstein der Heilige angeblich selbst gelegt hat. Die riesige Basilika ist eine hervorragende Einstimmung auf die Wanderung, denn in einer Seitenkapelle hat der berühmte Renaissancemaler Giotto die Lebensstationen des Heiligen in zahlreichen Fresken dargestellt. Fasziniert schaue ich sie mir genauer an.

Franziskus wurde 1181 oder 1182 in Assisi als Sohn eines wohlhabenden Tuchhändlers geboren und führte in seiner Jugend ein ausschweifendes Leben, ja, er zog sogar in den Krieg und träumte von einem Leben als Ritter. Erst durch eine Gotteserscheinung wandelte er sich zum radikalen Eremiten, der seine kostbaren Kleider an notleidende Menschen verschenkte. Das machte ihn später zum Patron der Armen und Sozialarbeiter, brachte ihm aber erst mal die gerichtliche Klage seines eigenen Vaters ein. In einer öffentlichen Verhandlung im Jahr 1207 entkleidete sich Franziskus vollständig, verzichtete mit dieser Geste auf sein Erbe und sagte sich von seiner Familie los: »Bis heute habe ich dich meinen Vater genannt auf dieser Erde; von nun an will ich sagen: ›Vater, der du bist im Himmel.‹« Fortan diente der frühere Playboy der »Herrin Armut« und kleidete sich in eine einfache Kutte, die er mit einem Strick umgürtete – bis heute das Habit der Franziskanermönche weltweit.

Bei meiner Wanderung im Februar werde ich trotz winterlicher Temperaturen zelten, meine Ruhetage aber bevorzugt in Klöstern verbringen, um dem spirituellen Aspekt des Pilgerweges nahezukommen. In Florenz habe ich mich daher bei den Nonnen des Istituto Figlie di Sant'Anna einquartiert. Fernseher oder Radio gibt es nicht, dafür hat mein karges Zimmer einen Balkon mit Blick auf den Klostergarten. Die betagten Schwestern sprechen kein Wort irgendeiner Fremdsprache, doch als ich ihnen meinen Wanderführer zeige, sind sie von meiner Routenwahl begeistert: »Ah! San Francesco!« Bei meinem Aufbruch nach der Morgenmesse in der Hauskapelle bekomme ich noch schnell den Pilgersegen.

Kaum bin ich am Ufer des Arno aus Florenz herausgewandert, sind Schuhe und Hose mit einer verkrusteten Dreckschicht überzogen, denn der winterliche Dauerregen hat die Wege in schlammige Rutschbahnen verwandelt. Die erste Nacht verstecke ich mein Zelt in einem Olivenhain. Erst bei Tagesanbruch stelle ich erstaunt fest, dass ich fast direkt neben einem Haus gelegen habe. Zum Glück ist zu dieser Jahreszeit sowieso niemand unterwegs, der mich entdecken könnte.

Am dritten Wandertag erreiche ich auf 1000 Meter Höhe die Einsiedelei Camaldoli, deren Eremitenklausen im dichten Nebel besonders mystisch erscheinen. Hier hat der Orden der Kamaldulenser, dem ich bereits in Polen und Litauen begegnet bin, seinen Ursprung. Die überladene Barockkirche mit dem melodiösen Glockenspiel nebenan passt so gar nicht zu diesen einfachen Mönchszellen. Sie liegen für Besucher unzugänglich hinter Gittern, weil selbst heute noch einige Einsiedler darin leben. Immerhin sind die öffentlichen Toiletten geöffnet, sodass ich mich ein wenig aufwärmen kann, die Nacht im Zelt war wieder bitterkalt.

Im dazugehörigen Klosterdorf erkundige ich mich an der Pforte nach der Mittagsandacht. Der erstaunte Pförtner führt mich daraufhin nicht etwa in die Kirche, sondern über viele Treppen und Gänge zur Bibliothek, die sei jetzt im Winter leichter zu heizen. Die freundlichen Mönche sitzen aufgereiht vor den Bücherregalen und drücken mir ein Stundenbuch in die Hand, damit ich ihrem Gesang besser folgen kann. Amüsiert stelle ich fest, dass sie trotz täglicher Übung stimmlich oft danebenliegen. Glücklicherweise begleitet mich ein Novize zurück zum Ausgang, sonst hätte ich mich in dem labyrinthartigen Klosterkomplex wahrscheinlich verlaufen. »*Pace e bene* – Frieden und Heil!«, verabschiedet er mich mit dem traditionellen Pilgergruß.

Camaldoli wurde im 11. Jahrhundert vom heiligen Romuald gegründet, Franziskus übernachtete hier auf seinem Rückweg aus dem Nahen Osten. Im Jahr 1219 war er als Missionar nach Palästina gereist und hatte sich dort dem Kreuzfahrerheer angeschlossen. Während des Kreuzzugs von Damiette versuchte er, zwischen den gegnerischen Parteien zu vermitteln, und predigte in Ägypten vor dem Sultan Al-Kamil. Der war zwar sehr beeindruckt und schenkte dem Bettelmönch sogar ein Signalhorn, aber Franziskus konnte weder das muslimische Heer bekehren noch die nachfolgende Schlacht verhindern.

Die Via di Francesco – nicht zu verwechseln mit der Via Francigena, einem Pilgerweg von Frankreich nach Rom – ist im nördlichen Teil nicht durchgängig markiert, nur dem Führer entnehme ich, welchem lokalen Wanderweg mit welchen Symbolen ich folgen soll. Ab Camaldoli geht es im Nationalpark Foreste Casentinesi immer oben auf dem Bergkamm einsam durch dichte Kastanienwälder, kurz vor La Verna sogar durch eine Urlandschaft mit moosbewachsenen Felsen und jahrhundertealten Bäumen. Die heruntergefallenen Kastanien liefern den Rehen und Wildschweinen gutes Futter, ich höre sie nachts im Wald danach herumsuchen. An der Ghiacciaia, auf Deutsch »Eisschrank«, bilden die Felsbrocken eine Art Höhle, die früher tatsächlich zur Kühlung genutzt wurde. Im Sommer können sich die Wanderer in dem eisigen Luftzug erfrischen, jetzt im Februar ist mir auch so schon kalt genug.

Nach drei Tagen Dauernieselregen bricht endlich für ein paar Minuten die Wolkendecke auf, und warme Sonnenstrahlen schimmern golden durch den dampfenden Wald. Ein magischer Augenblick, der mich an die erste Strophe des berühmten Sonnengesangs von Franziskus denken lässt: »Gelobt seist du, mein Herr, mit allen deinen Geschöpfen, / besonders dem Herrn Bruder Sonne, / der uns den Tag schenkt und durch den du uns leuchtest. / Und schön ist er und strahlend in großem Glanz: / von dir, Höchster, ein Sinnbild.«

Auf 1128 Meter Höhe erreiche ich am Südwesthang des Monte Penna das Kloster La Verna. Unter einem dramatisch wolkenverhangenen Himmel blicke ich von der Terrasse mit dem einfachen Holzkreuz hinweg über die schier endlose Bergkette der Apenninen. Im Sommer drängen sich hier die Pilger, doch heute habe ich diesen überwältigenden Ausblick ganz für mich allein. Der Überlieferung nach empfing Franziskus an diesem Ort in tiefer Versenkung als erster Heiliger die Stigmata, die Wundmale Christi – Skeptiker wie Martin Luther hielten dieses Wunder »für erstunken und erlogen«. Ein 78 Meter langer überdachter, mit Wandgemälden verzierter Gang führt von der Basilika zur Kapelle der Wundmale, in der Mitte kann man durch eine

Tür zum »Bett« des Heiligen gehen: Er schlief in einer feuchten Grotte im Felsen. Kein Wunder, dass Franziskus geschwächt vom vielen Fasten schon mit 45 Jahren starb.

Hungern muss ich glücklicherweise nicht, denn in der Cafeteria von La Verna bekomme ich ein dreigängiges Mittagessen. Die große Pilgerherberge ist im Winter allerdings geschlossen, und so wandere ich durch leichtes Schneegestöber noch 18 Kilometer weiter bis in das Dorf Caprese Michelangelo, den Geburtsort des gleichnamigen weltberühmten Künstlers. Die Vermieterin hat das Steinhaus aus dem 15. Jahrhundert schon mal vorgeheizt und erklärt mir nun die Funktionsweise des Holzofens. Zentralheizung gibt es in dem alten Gemäuer nicht, aber immerhin einen altersschwachen Boiler, der mir nach einer halben Stunde Vorlauf auch tatsächlich eine lauwarme Dusche spendiert. Als ich morgens jedoch Herd und Toaster gleichzeitig anschalte, springt sofort die Sicherung raus, und ich muss das Frühstücksei auf meinem Campingkocher zu Ende kochen. Den Sicherungskasten finde ich nämlich erst, als ich beim Abmarsch die Tür hinter mir zuziehe: Er befindet sich wie oft in Italien außerhalb des Hauses.

Durch die Gassen des malerischen Sansepolcro wandere ich zunächst noch unter einem strahlend blauen Winterhimmel, doch die Tage im Februar sind kurz. Nachdem ich den gotischen Dom besucht und Proviant eingekauft habe, ist es bereits stockfinster. Zum Glück verlaufen die letzten Kilometer des Tages auf einer wenig befahrenen Straße. Nur blendet mich ein Fahrzeug mit Fernlicht so stark, dass ich versehentlich in den tiefen Straßengraben trete und mich schwungvoll der Länge nach hinlege. Meine Wasserflaschen und die Hälfte meines Abendessens werden aus den Außentaschen des Rucksacks geschleudert und landen im Dreck. Erst nachdem ich alles hektisch aufgesammelt habe, entdecke ich mein aufgeschürftes Knie und meine zerrissene Hose. Der Autofahrer hat von dem Malheur wahrscheinlich nicht einmal was mitbekommen …

Nach einer ruhigen Nacht hinter einem riesigen Stoß Brennholz kann ich mich am nächsten Morgen in der Einsiedelei Montecasale ein wenig aufwärmen. Eine Inschrift am Portal der bescheidenen Kirche besagt: »Hier haben drei gottlose Räuber wie Heilige gelebt.« Der Legende nach baten drei berüchtigte Verbrecher um Essen und wurden vom erbosten Pförtner davongejagt. Als Franziskus davon erfuhr, schalt er seinen Mitbruder mit dem Verweis auf das Gebot der christlichen Nächstenliebe. Er befahl ihm, den Übeltätern mit Essensgaben hinterherzurennen und sich bei ihnen für seine Hartherzigkeit zu entschuldigen. Die Räuber waren davon angeblich so berührt, dass sie bis zu ihrem Tod ein tadelloses Leben in diesem Kloster führten.

Zwei Tage später stoße ich im wunderschönen Gubbio auf eine weitere Franziskuslegende, die am Stadtrand mit mehreren Denkmälern verewigt ist. Ein bösartiger Wolf hatte in dieser Gegend nicht nur Tiere, sondern auch Menschen angefallen, die Bewohner Gubbios trauten sich nicht mehr vor die Stadtmauern. Trotz aller Warnungen suchte Franziskus das Raubtier auf und machte ihm ein Friedensangebot: Wenn es keine anderen Lebewesen mehr tötete, würden die Stadtbewohner es zum Dank versorgen. Der Wolf gab dem Heiligen seine Tatze zur Besiegelung und lebte bis zu seinem Tod friedlich in der Stadt.

Allein in Gubbio hätte ich mindestens einen ganzen Tag gebraucht, um alle Sehenswürdigkeiten in den engen mittelalterlichen Gassen zu entdecken. Und so geht es mir eigentlich in fast jeder Stadt entlang des Weges. Selbst die Dörfer sind teilweise so malerisch, dass ich mich kaum losreißen kann. Kulturhistorischer und spiritueller Höhepunkt dieses Pilgerwegs ist jedoch Assisi, weshalb ich mir dafür gleich zwei komplette Ruhetage eingeplant habe.

Ich erreiche die hoch gelegene Stadt nach einem langen Anstieg durch Olivenhaine in einem magischen Moment: Gerade geht die Sonne hinter der Basilika unter und lässt die Ebene mit ihren letzten Strahlen golden aufleuchten. Auf der riesigen Panoramaterrasse bin ich genauso allein wie wenig später beim Vespergesang der Mönche, bloß eine Handvoll Besucher ist in der Nebensaison so spät am Abend in der Kirche. Und ich bin definitiv diejenige mit den dreckigsten Schuhen …

Von der Basilika sind es nur ein paar Hundert Meter auf den kopfsteingepflasterten Straßen bis zu meiner Unterkunft in einem Franziskanerinnenkloster, in dem es ausgesprochen kosmopolitisch zugeht. Die Nonnen stammen aus Italien, Bulgarien, Tschechien, Korea und Japan. Als ich beim Einchecken nach Ort und Uhrzeit der Morgenandacht frage, gibt mir die Schwester keine Wegbeschreibung zur Hauskapelle, sondern erklärt mitleidig lächelnd: »Wir bringen Sie am besten hin. Kommen Sie morgen früh kurz vor sieben Uhr an den Empfang.« Dank der Führung einer älteren Schwester komme ich tatsächlich pünktlich zur Messe, doch auf dem Rückweg verlaufe ich mich in den endlosen Gängen des riesigen Gebäudes. »Kann ich hier auch frühstücken?«, frage ich zaghaft, als ich in einem Speisesaal auf drei Dutzend schwarz gekleideter Nonnen treffe. Entrüstet wird meine Frage verneint, denn ich bin versehentlich im Klausurtrakt gelandet, der ausschließlich Ordensangehörigen vorbehalten ist. Eine koreanische Schwester scheucht mich zurück in den Frühstücksraum der Gäste. Tags darauf besuche ich lieber die Frühmesse in der Basilika, die ist deutlich einfacher zu finden.

Assisi ist nicht nur Geburts- und Sterbeort von Franziskus, sondern seit 2000 zudem UNESCO-Weltkulturerbe. Selbst in zwei Tagen ist es kaum möglich, alle Kirchen, Kapellen und Gedenkstätten in und um die Stadt herum zu besuchen. Eine Frage treibt mich bei ihrem Anblick besonders um: Franziskus lebte in selbst gewählter Armut und wollte Geld nicht einmal berühren. Was hätte er wohl zu all den prächtigen Gebäuden gesagt, die in seinem Namen errichtet wurden? »Franziskus, geh und baue mein Haus wieder auf, das, wie du siehst, ganz und gar in Verfall gerät!«, befahl ihm der Überlieferung nach die Stimme Gottes im Jahr 1206, worauf der Heilige um Baumaterial bettelte und eine verfallene Kapelle vor den Toren von Assisi renovierte. Als er später dort starb, ließ er sich in Erinnerung an seine Geburt und aus Treue an seine »Herrin Armut« nackt auf die Erde legen. Begraben wurde er aber nicht in dieser seiner geliebten Portiuncula, sondern innerhalb der Stadtmauern. Die Bürger fürchteten, der Leichnam des berühmten Heiligen könnte aus der kleinen Kapelle gestohlen und sie so um die sprudelnden Einnahmen aus dem Pilgergeschäft gebracht werden. Drei Jahrhunderte später wurde die winzige Portiuncula mit einer der größten Kirchen der Christenheit überbaut, der gewaltigen Basilika Santa Maria degli Angeli.

Von Assisi aus wandere ich im Valle Umbra bei strahlendem Sonnenschein durch Weinberge und Olivenhaine nach Spoleto, wo der Weg eine Schlaufe zur franziskanischen Einsiedelei Monteluco schlägt. Obwohl es bei meiner Ankunft an dem kleinen Kirchlein schon dunkel wird, besuche ich vor der Zeltplatzsuche noch den Vespergottesdienst. Welch ein Kontrast zum prunkvollen Dom von Spoleto mit den vielen Touristen, den ich erst vor wenigen Stunden besichtigt habe. Hier oben im Wald feiern sechs Mönche in brauner Kutte sowie drei junge Novizen jeden Abend um 18 Uhr die Messe, ihr Durchschnittsalter liegt wohl gerade mal bei Mitte dreißig. Das uralte Gebäude, die altbekannten Gebete und der Wechselgesang der Mönche beruhigen mich auf wunderbare Weise. Verschwitzt und atemlos vom Aufstieg habe ich das Gotteshaus betreten, ruhig und gelassen verlasse ich die Andacht und finde trotz Dunkelheit schnell einen schönen Zeltplatz.

Schon einen Tag später passiere ich die nächste Einsiedelei mitten im Wald. Die Romita di Cesi wurde bereits im 10. Jahrhundert gegründet, Franziskus schrieb dort seinen ersten Entwurf des berühmten Sonnengesangs. Als die letzten Mönche im 19. Jahrhundert vertrieben wurden, verfiel das Kloster und wurde erst in den 1990er-Jahren von Pater Bernardino wiederaufgebaut. Heute beherbergt er Pilger und spirituell interessierte Menschen. Aber Achtung: Unbedingt vorher reservieren und die Essensfrage klären, denn die nächste Einkaufsmöglichkeit befindet sich im fünf Stunden entfernten Terni!

Das nächste Highlight ist ausnahmsweise mal nicht religiöser Natur. Die Cascate delle Marmore sind mit 165 Metern der höchste menschengeschaffene Wasserfall der Welt. Schon im Jahr 271 v. Chr. begannen die Römer durch die Umleitung des Flusses Velino mit dem Bau, heute wird der Wasserfall durch einen Staudamm gespeist, der zweimal am Tag für je eine Stunde geöffnet wird. Laut Website ist die Attraktion gerade wegen Renovierungsarbeiten geschlossen, sodass ich meine Wanderung erst gar nicht mit den Betriebszeiten abgestimmt habe. Doch als ich den Monte Pennarossa hinuntersteige, vernehme ich erstaunt ein immer lauter werdendes Tosen. Schnell laufe ich zu einer Aussichtsplattform, und tatsächlich: An der gegenüberliegenden Talseite rauschen die Wassermassen über drei Stufen in die Tiefe! Ein Anblick wie ein Gemälde, kein Wunder, dass Künstler aus ganz Europa diesen Wasserfall auf ihren Bildern verewigt haben.

Im nun folgenden Rieti-Tal gibt es so viele Heiligtümer, dass es auch Valle Santa, heiliges Tal, genannt wird. Der Franziskusweg macht hier wieder eine große Schlaufe, um auch wirklich alle Wirkungsstätten des Heiligen mitzunehmen. Nach mehreren kalten Nächten im Zelt habe ich mir in Rieti ein Bed & Breakfast reserviert. Doch als ich bereits im Dunkeln an der angegebenen Adresse ankomme, überfallen mich heftige Zweifel an den durchweg positiven Bewertungen dieser Unterkunft. Das Haus macht einen so heruntergekommenen Eindruck, dass ich fast wieder umdrehe. Auf mein Klingeln hin erscheint eine äußerst elegant gekleidete Dame, die in engem Bleistiftrock und Stilettos vor mir ein Treppenhaus mit abgeblätterter Wandfarbe und abgewetzten Stufen hinaufsteigt, ein bizarrer Kontrast zu meinen drei Schichten müffelnder Winterwanderkleidung und den verschlammten Schuhen. Im Dachgeschoss zückt sie einen gewaltigen Schlüsselbund und öffnet mir die Tür zu einem riesigen Studio, dessen schickes Design dem Titelblatt von »Schöner Wohnen« entsprungen sein könnte. Unauffällig überprüfe ich erneut die Buchungsbestätigung auf meinem Handy, gerade mal 38 Euro soll mich dieser Palast kosten. »Hier hat vor über hundert Jahren sogar schon der Tenor Enrico Caruso gewohnt«, erzählt die Vermieterin stolz und schreibt exakt den vereinbarten Betrag auf die Rechnung. Erfreut setze ich abends keinen Fuß mehr vor die Tür meines Luxusapartments, sondern genieße bis zum nächsten Morgen das gigantische Himmelbett. Merke: Bei italienischen Unterkünften trügt oft der äußere Schein.

Zwei Tage später bin ich in Calvi dell'Umbria sogar noch preiswerter, aber auch weniger komfortabel untergebracht. Obwohl ich der einzige Gast in dem Landgasthaus bin, zaubert mir die junge Besitzerin ein erstklassiges Abendessen mit drei Gängen. Ein halber Liter Rotwein sorgt neben dreißig Tageskilometern für die nötige Bettschwere. »Im Sommer beherberge ich überwiegend Pilger, die meisten kommen aus Deutschland oder den Niederlanden«, erzählt mir Gabriella beim Dessert in ausgezeichnetem Englisch. Leider sind solche Sprachkenntnisse in Italien selten. »Weil die meisten Hotelbesitzer keine Fremdsprache beherrschen, bitten mich die Pilger jeden Morgen, für sie die nächsten Unterkünfte zu buchen«, bestätigt sie lachend. »Ich komme dann vor lauter Telefonieren kaum zum Arbeiten!«

Die nächste Nacht kampiere ich im uralten Eichenwald oberhalb des Heiligtums von Greccio. Noch vor Sonnenaufgang packe ich bibbernd mein gefrorenes Zelt zusammen und werde mit einer geradezu mystischen Morgenstimmung belohnt. Die Klosteranlage und das Rieti-Tal unter mir sind im dichten Bodennebel verborgen, darüber geht an einem strahlend blauen Winterhimmel orange glühend die Sonne auf und taucht die *prati,* die vor mir liegende Hochweide, in ein surreales Licht. Die absolute Stille wird nur durch das Schnauben der frei laufenden Pferde und meine Schritte auf dem gefrorenen Boden durchbrochen. Raureif und Nebelfetzen überziehen die parkähnliche Landschaft wie ein Weichzeichner, Eiskristalle verwandeln die Spinnweben an den Weidezäunen und Sträuchern in filigrane Kunstwerke. Trotz der Temperaturen weit unter dem Gefrierpunkt wird mir vor so viel Schönheit warm ums Herz, und ich muss wieder einmal Franziskus in seinem Sonnengesang zustimmen: »Gelobt seist du, mein Herr, für unsere Schwester Mutter Erde, / die uns erhält und lenkt / und vielfältige Früchte hervorbringt.«

Je näher ich meinem Ziel Rom komme, desto stärker verändert sich die Landschaft. Der Weg verläuft zwar durchgängig naturnah auf Pfaden oder Schotterpisten und nur selten auf Asphaltstraßen, doch immer häufiger geht es nun durch Weinberge, Olivenhaine und Weideflächen. Mehr und mehr Häuser und Siedlungen liegen entlang der Route, Wildzelten wird schwieriger. Die Etappen vor Rom sind die unattraktivsten des ganzen Weges – wer wenig Zeit hat, sollte sich am ehesten die letzten beiden Abschnitte sparen.

In Rom habe ich mich wieder in einem Kloster einquartiert. Das Casa di Accoglienza Tabor gehört den Franziskanischen Schwestern von der Schmerzhaften Mutter, beschäftigt sind aber überwiegend weltliche Mitarbeiter. »Oh, Sie sind ja aus Deutschland«, stellt der junge Rezeptionist beim Einchecken fest und winkt einer Nonne, die gerade nach der Vesper aus der Hauskapelle kommt. »Da wird sich Schwester Adelgunde freuen.« Die wohl deutlich über 80-Jährige humpelt schwerfällig auf einen Gehstock gestützt heran und begrüßt mich in breitem Oberpfälzer Dialekt. Trotz ihres hohen Alters strahlen ihre Augen, als sie mir von ihrer Missionstätigkeit in Afrika und Südamerika erzählt. In Rom war sie schon bei ihrem Eintritt ins Kloster vor über sechzig Jahren, heute verbringt sie hier ihren Ruhestand. »In meiner Jugend gab es im Haus noch ein paar Hundert

Schwestern aus Deutschland und Italien, jetzt sind wir nicht mal mehr ein Dutzend. Der Ordensnachwuchs kommt meist aus Übersee. Europa hat viel von seinem spirituellen Reichtum verloren«, beendet sie seufzend ihre Erzählung.

Ihre Worte gehen mir immer noch durch den Kopf, als ich mich in meinem einfachen Zimmer mit dem Holzkreuz über dem Bett schlafen lege. Vor über 800 Jahren war Franziskus aufgebrochen, um »Gottes Haus wiederaufzubauen, das ganz und gar in Verfall geraten war«. Er nahm diesen göttlichen Auftrag wörtlich und renovierte ein altes Kirchengebäude, doch im übertragenen Sinne erneuerte er durch seine Ordensgründung auch die Institution der Kirche, die von Machtgier, Korruption und Ausschweifungen befallen war. Ein Fresko in der Franziskusbasilika in Assisi zeigt, wie der arme Bettelmönch mit seiner Schulter die reiche, aber kippende Mutter Kirche stützt. Auch heute haben handfeste Skandale das Vertrauen vieler Gläubiger ins Wanken gebracht. Auf dem Franziskusweg ist mir jedoch klar geworden, welch spirituellen Reichtum die Kirche trotz aller Schattenseiten immer noch bieten kann.

Für wen:

- **Erfahrene Pilger** werden begeistert sein! Der Franziskusweg kombiniert naturnahes Wandern, mystische Orte und eine angemessene Infrastruktur geradezu perfekt. Da die Strecke allerdings bei Weitem nicht so gut markiert ist wie die spanischen Caminos, braucht man etwas Erfahrung im Navigieren.
- Auch **Kunst- und Kultursuchende** werden diesen Weg lieben. Auf kaum einer anderen Wanderung folgt so schnell ein geschichtlicher, architektonischer und künstlerischer Höhepunkt auf den nächsten, allein an den Start- und Endpunkten Florenz und Rom könnte man Tage in Kirchen

und Museen verbringen. Hartgesottene Wanderer können die Strecke das ganze Jahr über begehen, jedoch sind in der Nebensaison die Öffnungszeiten der Sehenswürdigkeiten teilweise eingeschränkt.

- Der Franziskusweg ist die reinste **Gourmet**-Tour: In fast jedem Ort wartet eine Osteria, in der man mittags und abends für wenig Geld die ausgezeichnete italienische Küche genießen kann. Wer lieber zeltet, kann sich in den Supermärkten aus der »heißen Theke« mit köstlicher Focaccia, Pizza und Lasagne versorgen, im Kühlregal gibt es frische Pasta für das Abendessen auf dem Campingkocher, gerne kombiniert mit einem halben Liter Wein aus dem gewichtsoptimierten Tetra Pak.

Für Wildwestromantiker:

OREGON DESERT TRAIL

Land: USA | *Länge:* 1200 km
Schwierigkeit: *** | *Budget:* €€€ | *Jahreszeit:* Frühjahr und Herbst
Natur: *** | *Kultur:* * | *Special Interest:* Hochwüste und Canyons

»Wo willst du denn hin?«, ruft mir der schnauzbärtige Fahrer eines rostigen Pick-ups zu. Er trägt einen ausgebeulten Hut, ein grobes Hemd, Jeans und Stiefel – ein echter Cowboy eben. »Nach Paisley«, antworte ich hocherfreut, denn ich hoffe auf eine Mitfahrgelegenheit. Ich muss in dem 240-Seelen-Ort dringend Proviant einkaufen, der Laden schließt allerdings in zwei Stunden, und vor mir liegen noch mehr als acht Kilometer Fußmarsch.

»Steig ein!« Einladend öffnet er mir die quietschende Beifahrertür. Obwohl ich erst mal ein Gewehr vom Sitz räumen muss, nehme ich begeistert Platz.

Während wir auf der schnurgeraden Straße Richtung Paisley rollen, fragt Dwight mich neugierig aus. Er arbeitet zwar seit dreißig Jahren auf einer hiesigen Ranch, hat aber noch nie vom Oregon Desert Trail (ODT) gehört. Das überrascht mich nicht, denn seit ihrer Eröffnung im Jahr 2013 wurde die Strecke von weniger als fünfzig Menschen begangen.

»Ähm, das ist doch nicht mehr der Weg nach Paisley«, bemerke ich alarmiert, als Dwight plötzlich *cross country* in die staubige Hochwüste abbiegt.

»Stimmt«, sagt er grinsend und fügt erst nach einer längeren Pause hinzu: »Aber ich wollte dir die Ranch zeigen.« Ich atme erleichtert auf, als Dwight mich nun an den Baracken der Cowboys vorbei zu den *corrals* fährt, den Gehegen der Rinder und Pferde. Die 11 000 Kühe dieses gewaltigen Betriebs werden jetzt im Frühjahr sukzessive mit Viehtransportern in die Berge zur Sommerweide gebracht.

»Wie heißt die Ranch eigentlich?«, frage ich im Plauderton, als wir gerade ein Gatter mit 500 Bullen passieren.

Dwight bremst abrupt ab und grinst mich schon wieder breit an. Dann knöpft er langsam sein Hemd auf. Nervös blicke ich mich um, doch weit und breit ist niemand zu sehen. Ich suche bereits unauffällig nach dem Türgriff, als Dwight auch noch sein T-Shirt hochzieht – und auf eine große Tätowierung deutet. Auf seiner linken Brust prangen die Buchstaben »ZX«, der Name der Ranch. »Alle unsere Cowboys haben so ein Tattoo«, erklärt Dwight lächelnd und knöpft sein Hemd wieder zu. Um mir weiteren Anschauungsunterricht zu ersparen, frage ich jetzt lieber nicht nach, wie viele Kälber die 500 Bullen des Betriebes pro Jahr produzieren. Nach einer halben Stunde Besichtigungstour stelle ich fest, dass mein Cowboy zwar ein paar Kommunikationsprobleme hat, aber im Grunde ein echter Gentleman ist: Er liefert mich wohlbehalten vor dem Dorfladen von Paisley ab.

Während Dwight als »angestellter« Cowboy bei einem Großbetrieb arbeitet, sind die kleineren Ranches in Oregon Familienunternehmen, bei denen der Nachwuchs schon von Kindesbeinen an im Sattel sitzt. Manchmal begegne ich ganzen Familien beim Viehtrieb, darunter sowohl Jungen als auch Mädchen im Teenageralter. »Früher haben die Töchter der Rancher im Sommer bei mir im Geschäft ausgeholfen«, beschwert sich ein Ladenbesitzer über so viel Emanzipation. »Aber heutzutage reiten die lieber Rodeos, weil sie da mehr verdienen.«

Die Hochwüste von Oregon ist eine Landschaft wie aus dem Wildwestfilm, geologisch gesehen wandere ich durch *basin and range*, zu Deutsch »Gräben und Horste«. Die *basins* sind brettflache und staubtrockene Hochplateaus, auf denen im Wind ein *sea of sagebrush* wogt, ein Meer aus aromatisch duftendem Wüsten-Beifuß. Die einzige Abwechslung bilden ein paar kaum bis gar nicht befahrene, schnurgerade Jeeptracks und kilometerlange Weidezäune.

Dazwischen ragen im Abstand von dreißig bis fünfzig Kilometern immer wieder *ranges* auf, Gebirgsketten mit einer Höhe von bis zu 3000 Metern, die teilweise sogar dicht bewaldet sind. Während ich in den schattenlosen *basins* von der Sonne geröstet werde, liegt auf den Gipfeln der *ranges* noch Schnee. Der optimale Startzeitpunkt für diesen Trail ist deshalb Mitte Mai: Dann ist es in den *basins* noch nicht zu heiß, und die Altschneefelder auf den *ranges* sind bereits passierbar. Doch leider ist dies kein normales Jahr …

»Der Südwesten der USA befindet sich in einer Dürrephase«, schrieb mir die Trailkoordinatorin Renee Patrick Anfang des Jahres. »Am besten kommst du schon Anfang Mai, dann ist auf die wenigen Wasserquellen am Weg noch Verlass.« Und so bin ich bereits am 3. Mai gestartet, mitten hinein in das unerwartet nasseste und kälteste Frühjahr seit Jahrzehnten. Was ein Segen für die ausgedörrte Natur ist, macht den Trail für mich zu einer der größten Herausforderungen meiner Wanderlaufbahn.

Als Renee mich unter einem strahlend blauen Himmel zum westlichen Terminus in der Nähe von Bend fährt, herrschen angenehm frühlingshafte Temperaturen. Noch völlig blauäugig frage ich die erfahrene Langstreckenwanderin: »Warum muss man auf eurer Website eigentlich einem Haftungsausschluss zustimmen, bevor man sich den Wanderführer und die Tracks herunterladen kann?«

»Zur Abschreckung, denn wir wollen keine Anfänger«, erwidert Renee nur halb im Spaß und erklärt: »Unser Trail ist nicht markiert und extrem abgelegen, dazu führt ein Drittel der Strecke *cross country* durch teilweise schwieriges Gelände. Es gibt bloß wenige, größtenteils unzuverlässige Wasserquellen. Das bewältigt man nur mit viel Outdoorerfahrung und guten Navigationskenntnissen.« Nach einer kurzen Umarmung verabschiedet sie sich vielsagend mit: »*Good luck!*«

Das Glück verlässt mich leider schon am nächsten Tag: Ein Temperatursturz drückt das Thermometer nachts unter den Gefrierpunkt, zu tief für meine Wüstentourausrüstung. Daher bibbere ich vor Kälte, als ich am dritten Wandertag auf einem primitiven Campingplatz erstmals wieder auf Menschen treffe. Nach einem kurzen Plausch mit einem Pärchen verschwindet der Mann in seinem Wohnmobil und kommt mit einem Thermounterhemd zurück. »Das sollte dir passen und ist frisch gewaschen«, kommentiert er mit mitleidigem Blick und rettet mich damit über die nächste kalte Nacht.

Doch die Temperaturen sinken unbarmherzig weiter. Auf dem Weg nach Christmas Valley, dem ersten Ort am Trail, laufe ich sogar durch einen Schneesturm. Die Bewohnerin eines abgelegenen Anwesens fährt auf der unbefestigten Straße erst an mir vorbei, wendet in einiger Entfernung und hält direkt neben mir an. »Ich kann dich bei diesem Wetter nicht allein hier draußen lassen. Darf ich dich irgendwo hinfahren?«, bietet sie mir besorgt an. Eine Viertelstunde später sitze ich in meinem beheizten Hotelzimmer und studiere die verheerende Wettervorhersage: vier Tage am Stück Nachttemperaturen von minus sechs Grad!

Glücklicherweise entdecke ich im *hardware store* des Ortes neben Hufeisen, Hustenmitteln und Stacheldraht in einer verstaubten Regalecke Thermounterwäsche für Bauarbeiter – leider nur noch in 3XL für Herren. »Haben Sie das auch in Damengröße?«, frage ich den Verkäufer, der genau wie die Mehrzahl seiner Kunden Jeans und Cowboystiefel trägt. Er schüttelt bloß amüsiert den Kopf.

Ich verlasse das Geschäft mit einem klobigen Pullover und einem Paar grober Arbeitshandschuhe, die ich trotz ihres viel zu hohen Gewichtes bis zum Ende meiner Wanderung fluchend mit mir herumschleppen werde. Doch wenn ich morgens eine dicke Eisschicht von meinem steif gefrorenen Zelt kratze, bin ich unendlich froh über meine nun sechs Schichten Kleidung, die mich warm durch die Nacht gebracht haben.

Der Wetterbericht für den 28. Mai ist gar nicht so schlecht: ein bisschen Regen, ein bisschen Wind, aber nicht zu kalt. Und so mache ich mich sorglos auf den Weg in die Pueblo Mountains, eine *range* von knapp fünfzig Kilometern Länge und mit einer Höhe von über 2500 Metern. Beim Aufstieg passiere ich noch eine Ranch an einer Schotterpiste, danach geht es *cross country* durch die schroffe Berglandschaft. Nur ein paar meterhohe Steinmänner weisen mir die Richtung, sind zwischen den zerklüfteten Felsen und dem struppigen *sagebrush* allerdings gar nicht so leicht zu erkennen. Die wenigen Altschneefelder auf der Hauptkammlinie stellen kein großes Hindernis mehr dar, der Wind hingegen ist so stark, dass ich auf der Westseite des Kamms förmlich umgeweht werde und auf der Ostseite Schutz suchen muss. Dafür ist der Ausblick auf die tiefer gelegenen *basins* und die wellenartig daraus aufragende *range* unter dem dramatisch bewölkten Himmel einfach atemberaubend.

Ich komme in dem schwierigen Gelände viel langsamer voran als geplant, mache mir aber angesichts der harmlosen Vorhersage keine großen Sorgen – bis das Wetter innerhalb von Minuten unerwartet kippt. Von Westen her ziehen dicke Nebelschwaden über den Kamm, die Temperatur rauscht in den Keller. Die Sichtweite ist urplötzlich auf wenige Meter reduziert, was die Navigation mittels Steinmännern unmöglich macht.

Innerlich blinkt Alarmstufe Orange: Die Situation ist zwar unangenehm, aber nicht wirklich bedrohlich. Da in einer guten Stunde sowieso die Sonne untergeht, steige ich einige Höhenmeter in einen ausgetrockneten Flusslauf ab, um dort im Schutz der Felsen mein Lager aufzuschlagen. Als ich endlich einen halbwegs flachen Platz gefunden habe, beginnt es dicht zu schneien. Dann lassen heftige Fallwinde mein inneres Warnsystem von Orange auf Dunkelrot springen. Obwohl ich mich auf der geschützten Ostseite der Bergkette befinde und von massiven Felswänden umgeben bin, reißen mir die Böen das Zelt fast aus den Händen! Hier kann ich unmöglich bleiben, doch es ist bereits viel zu spät und zu gefährlich, noch weiter querfeldein abzusteigen.

Als ich mich verzweifelt umschaue, reißt die Nebelwand für eine Minute auf, und ich kann etwas tiefer eine rettende Höhle im Fels erkennen. Erleichtert baue ich darin mein Zelt auf, trotz der geschützten Lage wird es weiterhin von aggressiven Böen durchgeschüttelt. Bibbernd vor Kälte finde ich kaum Schlaf in dem Schneesturm, den ich ohne diesen Zufluchtsort wohl kaum unbeschadet überstanden hätte.

Am Morgen des 29. Mai erwartet mich eine Winterlandschaft mit zehn Zentimeter Neuschnee, und es schneit in dicken Flocken weiter. Da ich bei diesem Wetter nicht zurück auf den ausgesetzten Kamm will, klettere ich durch das Gestrüpp des Flusslaufs bis zu einem Jeeptrack hinunter. Für diese *cross-country*-Strecke von nicht einmal zwei Kilometern Luftlinie brauche ich im heftigen Schneetreiben laut fluchend über zwei Stunden, danach geht es bis zum Nachmittag auf verschneiten *dirt roads* weiter.

Als ich am Abend nach dreißig Kilometern endlich ins nächste *basin* gelange, wölbt sich ein strahlend blauer Himmel über dem *sea of sagebrush,* und ich schlage mein Zelt im staubtrockenen, warmen Sand auf. Nur die schneebedeckten Gipfel der nächsten *range* erinnern noch an die Gefahren der letzten Nacht. Ich bin wohl einfach ein paar Wochen zu früh losgewandert, werfe ich mir angesichts der ständigen Wintereinbrüche vor. Doch im Hart Mountain National Antelope Refuge werde ich schnell eines Besseren belehrt.

Das über 1000 Quadratkilometer große Gebiet ist dem Schutz der *pronghorns* gewidmet, irrtümlicherweise oft »amerikanische Antilope« genannt, obwohl diese Gabelböcke gar nicht mit ihren Namensvettern in Afrika verwandt sind. Die eleganten Tiere können auf der Flucht eine Geschwindigkeit von über siebzig Stundenkilometern erreichen und diese kilometerlang durchhalten! Fast jeden Tag ziehen kleine oder große Herden in der Ferne an mir vorbei.

Das Besucherzentrum des Reservats ist eine Oase in der Hochwüste Oregons, ganz in der Nähe – und direkt am ODT – befinden sich heiße Quellen. Auf dem dazugehörigen primitiven Campingplatz lagert bereits mehr als ein Dutzend Wohnmobiltouristen, ich bin die einzige Wanderin. Wir alle genießen es, nachts die müden Glieder in dem angenehm temperierten Wasser auszustrecken und dabei den funkelnden Sternenhimmel zu betrachten. Am nächsten Morgen darf ich beim Besuch der kleinen Ausstellung im klimatisierten Informationszentrum sogar das Wifi nutzen – mein erster Internetzugang seit Tagen.

Ich nutze die Gelegenheit auch, um eine wichtige Frage loszuwerden: »Führt der Rock Creek noch Wasser?« Dieser Bach ist in meinem Wanderführer als nächste, wenngleich unzuverlässige Quelle genannt. Auf der Website der Trailorganisation gibt es zusätzlich einen *water report,* in dem die Wanderer während ihrer Tour die aktuelle Situation melden können – wenn sie denn Handyempfang haben. Doch leider existiert für die vor mir liegende Etappe im Moment noch kein Eintrag.

»Im Rock Creek wirst du außer Steinen nichts finden«, lautet die niederschmetternde Antwort der Ranger. Die nächste verlässliche Wasserquelle am Weg ist sechzig Kilometer, also zwei Tagesetappen, entfernt! Während Handy und Powerbank an der Steckdose laden, koche ich ein vorgezogenes Mittagessen und trinke fast zwei Liter »auf Vorrat«. Dann fülle ich alle meine Wasserbehälter randvoll und verlasse diesen letzten Außenposten der Zivilisation ächzend mit sieben Kilogramm flüssigem Zusatzgewicht.

Kaum bin ich von der unbefestigten Zufahrtsstraße des Besucherzentrums abgebogen, komme ich mir wieder vor wie in einem Wildwestfilm. Vor mir liegt eine endlose, staubige Steppe, in der nichts wächst außer hüfthohem *sagebrush.* Die Sonne brennt unbarmherzig auf mich herunter. Ich bedecke fast jeden Quadratzentimeter Haut mit Stoff, setze meine Sonnenbrille auf und ziehe meine Schirmmütze tief ins Gesicht. Zwei Tage lang sehe ich keinen noch so winzigen Baum. Der einzige mildtätige Schatten wird von den Befestigungssäulen der Viehgatter geworfen, die leider viele Stunden voneinander entfernt sind. Kilometer um Kilometer schleppe ich mich über mehr oder weniger gut erkennbare Jeeptracks, die unglaubliche Weite und brutale Schönheit dieser Landschaft gleichzeitig bewundernd und verfluchend. Bereits jetzt Mitte Mai ist die Hitze kaum erträglich, und alle potenziellen Wasserquellen sind ausgetrocknet, im Hochsommer ist Wandern hier unmöglich.

Nach zwei heißen Tagen und zwei kalten Nächten ist mein Wasservorrat auf einen halben Liter geschmolzen. Am kühlen Morgen des dritten Tages wandere ich besorgt Richtung Mud Spring Reservoir, einem künstlich angelegten Viehtümpel. Tatsächlich glitzert mir das heiß ersehnte Nass bald entgegen, entpuppt sich aber als stinkende dunkelbraune Brühe, auf der Kuhfladen schwimmen. Schnell treffe ich die Entscheidung, bis zur nächsten Quelle weiterzulaufen, die »nur« acht Kilometer entfernt ist. Ich kippe meinen letzten halben Liter sauberen Trinkwassers auf ex hinunter, fülle meine Behälter vorsichtshalber mit der Ekelbrühe und eile weiter.

Während der ODT sonst riesige Schlenker macht, um Privatgrundstücke zu umgehen, führt er nun mit Erlaubnis der Eigentümer direkt über das Land der Miller Ranch. Sehnsüchtig halte ich nach der angekündigten Windmühle Ausschau, die das überlebensnotwendige Wasser für das Vieh aus dem Boden pumpt. Als ich den Miller Place endlich mit ausgedörrter Kehle erreiche, kann ich mein Glück kaum fassen: Kalte, klare Flüssigkeit strömt in einen Trog, direkt daneben ein riesiger Schatten spendender Baum! Wäre ein Mitglied der Familie Miller vorbeigekommen, ich hätte ihm vor lauter Dankbarkeit die Füße geküsst.

Wasser ist eines der größten Probleme auf dem ODT. Die meisten Wanderer legen vor ihrer Tour Depots in der Wüste an, was für mich als unmotorisierte Ausländerin leider keine Option war. Glücklicherweise hatte sich ein Wanderkollege bereit erklärt, zusammen mit seinem eigenen Vorrat auch ein paar Liter für mich zu verstecken. Außerdem bestücken ehrenamtliche Helfer Caches an zwei weiteren besonders kritischen Stellen.

Doch nicht nur zu wenig, sondern auch zu viel Wasser kann zu Komplikationen führen. Das beweist mir wenig später der Owyhee River. Der ungewöhnliche Name – ausgesprochen »Oh-wah-hih« – ist eine Verballhornung von Hawaii und zollt drei hawaiianischen Trappern Tribut, die 1819 zur Erkundung des Flusses ausgesandt wurden und nie zurückkehrten. 1933 wurde ein Staudamm errichtet, 1984 eine Strecke von 190 Kilometern stromabwärts zum *Wild and Scenic River* erklärt. Die ihn umgebenden mehr als 8000 Quadratkilometer großen Owyhee Canyonlands hingegen sind das letzte intakte Stück Wildnis der USA, das noch keinen Schutzstatus genießt. Dabei sind die tiefen Schluchten des Owyhee und seiner Nebenflüsse ein wahres – und ziemlich unbekanntes – Juwel der Natur, nicht umsonst auch »Oregon's Grand Canyon« genannt.

»Wir wollen die Hochwüste und die Canyonlands ins öffentliche Bewusstsein rücken und damit für deren Bewahrung werben. Denn die Menschen setzen sich vor allem für das ein, was sie kennen«, so hat mir Renee Patrick die Idee hinter dem Oregon Desert Trail erklärt. Allerdings sei es schwierig, die Interessen von Ranchern, Freizeitjägern und -sportlern sowie Naturschützern unter einen Hut zu bringen.

»Der Owyhee River ist ohne Zweifel die schwierigste Etappe des Trails«, konstatiert mein Wanderführer nüchtern. »In den *slot canyons* versperren mannshohe Felsbrocken den Durchgang, viele tiefe Pools müssen durchschwommen werden, die Vegetation aus Weiden und Büschen ist nahezu undurchdringlich. Dazu gibt es Klapperschlangen im Überfluss.« Wie fast alle Wanderer, die zu diesem Zeitpunkt schon von den Schwierigkeiten der letzten 1000 Kilometer weichgekocht sind, wähle ich also die einfachere Alternativstrecke oben am Rand des Canyons. Doch nach zwanzig Kilometern auf einer *dirt road* muss auch ich hinunter in die Klamm und den Owyhee River auf der Hauptroute furten. Ein Moment, vor dem ich mich seit Tourbeginn fürchte. In besonders schneereichen Jahren ist der Strom so tief und reißend, dass selbst Schwimmen gefährlich ist, und hier gibt es keine Rancher, keinen Handyempfang und keinen Mitwanderer, der mir im Notfall helfen könnte. Ich weiß nicht einmal, wie ich meine Ausrüstung wasserdicht verpacken soll, denn mein dafür vorgesehener großer Müllsack hat durch die vielen Einsätze im Regen bereits mehrere Löcher.

Als ich in der Abenddämmerung zum ersten Mal in den Canyon hinabsteige, verschlägt mir seine atemberaubende Schönheit schlichtweg den Atem. Bis zu 300 Meter ragen die Felswände vertikal empor, dazwischen windet sich der Owyhee River, rechts und links begrünt von einem schmalen Streifen aus *sagebrush* und Weiden. Als ob das alles nicht schon spektakulär genug wäre, geht gerade die Sonne orangefarben hinter dramatischen Wolken unter und taucht die Szene in ein geradezu überirdisches Licht. Ich bin so berührt, dass ich an Ort und Stelle mein Zelt aufschlage und die Furt auf den nächsten Morgen verschiebe. Sie ist letztendlich unproblematisch, denn nach einigen Anläufen finde ich eine Stelle, an der das Wasser auf Hüfthöhe ruhig dahinfließt.

Bis zum östlichen Terminus am Owyhee-Stausee verläuft der Trail nun weitgehend oberhalb des Flusses, leider bezahle ich die grandiosen Blicke hinunter in den Canyon mit anstrengenden *cross-country*-Abschnitten durch die steinige Halbwüste. Und wie so oft auf dieser Tour muss ich immer wieder Schluchten auf dem *path of least resistance* durchqueren: Fast vertikal geht es über Geröll und *sagebrush* über hundert Höhenmeter hinauf und hinunter, die beste Strecke »mit dem geringsten Widerstand« sucht man sich selbst.

Am Abend des 11. Juni, wenige Tage vor dem Ziel, endet meine Tagesetappe am Ufer des Owyhee. In der Abenddämmerung schöpfe ich mehrere Liter glasklaren Wassers aus dem Fluss und nehme anschließend ein erfrischendes Bad. Auf der anderen Seite befinden sich laut meinem Wanderführer heiße Quellen, doch ich bin zu müde für die Furt und schlage mein Lager am diesseitigen Ufer auf – was sich als glückliche Fügung entpuppen wird.

Mitten in der Nacht werde ich von ohrenbetäubendem Donner geweckt, gefolgt von grellen Blitzen und einer Sintflut von wahrhaft biblischem Ausmaß. Zwölf Stunden lang schüttet es wie aus Kübeln, mein Rucksack im Vestibül schwimmt bald in einer Pfütze. Nach Beendigung meiner Tour werde ich in der Zeitung lesen, dass allein diese eine Regennacht die Wasserspeicher im Osten Oregons so weit gefüllt hat, dass ein weiteres Dürrejahr damit überbrückt werden kann.

Als ich am frühen Nachmittag in einer Regenpause endlich loswandere, hat sich der ruhig dahinfließende Owyhee in einen reißenden Strom verwandelt und das klare Wasser in eine sedimenthaltige braune Brühe. Bereits nach einem Kilometer beginnt es wieder zu schütten. Mein größtes Problem ist allerdings nicht der Regen, sondern der davon aufgeweichte Boden. Bei jedem Schritt sinke ich zentimetertief ein, kiloschwer klebt Lehm an meinen Schuhen und Trekkingstöcken. Zwar erwache ich schon am nächsten Morgen unter einem wolkenlosen Himmel, doch es wird mehrere Tage dauern, bis die Wege wieder getrocknet und in normaler Wandergeschwindigkeit begehbar sind.

Als ich nach sechs Wochen am östlichen Terminus des ODT anlange, habe ich wohl so ziemlich jedes Wetterextrem dieser Region erlebt und bin voller Bewunderung für die ersten amerikanischen Siedler. Der Weg führte mich an einem Dutzend alter *homesteads* vorbei, verfallenen Holzhäusern europäischer Auswanderer, die hier mitten im Nirgendwo eine neue Existenz aufbauen wollten und wohl allzu oft am rauen Klima scheiterten. Auch die amerikanischen Ureinwohner haben ihre Spuren hinterlassen. Als ich am Fuße der Pueblo Mountains meinen Lagerplatz vor dem Zeltaufbau auf Unebenheiten untersuchte, schimmerte mir im Staub ein auffallend geformter Obsidian entgegen. Neugierig polierte ich den schwarzen Stein und stellte fest, dass es sich um eine indianische Pfeilspitze handelt.

Der Osten Oregons ist selbst heute noch eines der am dünnsten besiedelten Gebiete der USA. So leben zum Beispiel im Harney County gerade einmal 7500 Menschen auf einer Fläche von 26 500 Quadratkilometern, das entspricht etwas mehr als der Größe von Mecklenburg-Vorpommern. Der zuständige Sheriff kontrolliert dieses riesige Gebiet mit gerade mal sechs Beamten. Kein Wunder also, dass hier jeder Rancher ein Gewehr besitzt und notfalls selbst *law and order* durchsetzt.

Auf gut 1200 Kilometern führt der Trail an einer einzigen Stadt mit Supermarkt vorbei, für die restliche Strecke musste ich mir Proviantpakete vorausschicken. Die winzigen Siedlungen am Wegesrand haben zwar nur eine Handvoll Einwohner, aber meist auch ein *mercantile.* In diesen Läden, die gleichzeitig als Tankstelle, Kneipe, Restaurant und Postamt fungieren, wird von Schokoriegeln bis Arbeitshandschuhen alles an kurzfristigem Ranchbedarf verkauft – zu Preisen, die der Abgeschiedenheit des Ortes entsprechen. Outdoortaugliche Nahrung sucht man allerdings vergebens. So gut wie jeder Kunde, egal welchen Geschlechts, trägt Cowboystiefel und -hut und fährt im riesigen Pick-up mit Viehanhänger vor. Bei meiner Bitte um das WLAN-Passwort in einem der Geschäfte antwortete der Mann hinterm Tresen freundlich lächelnd: »Trump_wins!«

Kulinarisch ist der Weg eine Katastrophe. »Ich fahre nur einmal pro Woche in die Stadt zum Einkaufen. Das sind 150 Kilometer einfache Strecke«, erklärte mir der Besitzer der Rome Station, des einzigen Außenpostens der Zivilisation am Highway 95. Wie alle *mercantile*-Besitzer serviert er dementsprechend frittiertes Fast Food, auf frisches Obst und Gemüse musste ich wochenlang verzichten. Rühmliche Ausnahme: das Spielcasino mit Restaurant in McDermitt, das sich direkt hinter der Grenze zu Nevada befindet. Hier können sich die Wanderer zwischen blinkenden Glücksspielautomaten mit einem Steak zum Frühstück verwöhnen.

Als ich nach dem Ende der Tour wieder wohlbehalten in Bend ankomme, gratuliert mir Renee Patrick: »Du hast den ODT als 52. Thruhiker geschafft!« Und dann stellt sie mir die Gretchenfrage: »Wie hat der Trail dir denn gefallen? Bitte sei brutal ehrlich!«

Meine aufrichtige Antwort: »US-amerikanische Wanderer unterscheiden drei Arten von Outdoorspaß: Bei *type 1 fun* ist eine Tour währenddessen toll und hinterher in der Erinnerung natürlich auch. Im Gegensatz dazu ist *type 3 fun* weder unterwegs noch anschließend eine gute Erfahrung. Der ODT ist hingegen *type 2 fun* wie aus dem Lehrbuch: Ich habe ihn sechs Wochen lang verflucht und gehasst, doch jetzt, wo er hinter mir liegt, bin ich unglaublich stolz und froh über meine Erlebnisse. Das war einer der härtesten Trails meiner ganzen Outdoorlaufbahn, aber die Strapazen haben sich absolut gelohnt!«

Für wen:

- **Wildwestfans** treffen nicht nur auf moderne Cowboys, sondern auch auf die Spuren der amerikanischen Ureinwohner und der ersten weißen Siedler, und das alles in einer Landschaft, in der man ständig erwartet, plötzlich Winnetou oder Old Shatterhand gegenüberzustehen.

- **Wirklich erfahrene Langstreckenwanderer** finden eine echte Herausforderung: Bei unberechenbaren Klimaextremen muss ein Drittel der unmarkierten Gesamtstrecke *cross country* selbst gesucht werden, dazu kommen lange wasserlose Abschnitte genauso wie gefährliche Furten. Definitiv kein Weg für Anfänger!
- Wer eine echte **Wildniserfahrung** sucht, stößt im Osten Oregons auf eine der größten – und unbekanntesten – naturbelassenen Landschaften der USA. Dazu besticht das *sea of sagebrush* mit einer schier endlosen Weite, die man in Europa vergeblich sucht. Aber Vorsicht: Während diese staubige Weitläufigkeit dem einen spektakulär und atemberaubend erscheint, wirkt sie auf den anderen eintönig und depressiv. Überlegen Sie sich daher gut, ob Sie diese Monotonie aushalten.

Für Kakteenzüchter:

ARIZONA TRAIL

Land: USA | *Länge:* 1300 km
Schwierigkeit: *** | *Budget:* €€€ | *Jahreszeit:* Frühjahr und Herbst
Natur: *** | *Kultur:* * | *Special Interest:* US-Thruhike in sechs Wochen

»Letzte Woche wurde hier in der Gegend ein Rancher erschossen«, erzählt mir John, als er mich mit seinem Pick-up zum Startpunkt des Arizona Trail (AZT) an der mexikanischen Grenze fährt. Er ist ein sogenannter *trail angel,* der Wanderer wie mich kostenlos durch Shuttledienste, Beherbergung oder Wasserdepots in der Wüste unterstützt.

Bis zu diesem Zeitpunkt habe ich die schneebedeckten Huachuca Mountains vor uns studiert und mich entsetzt gefragt, wie ich durch diese Schneemassen durchkommen soll. Nun starre ich stattdessen alarmiert John an, der mir die Details berichtet: »Er ist den *coyotes* in die Quere gekommen, den Schleppern, die mexikanische Migranten in die USA schleusen.« Plötzlich biegt John vom Highway auf den Parkplatz eines chinesischen *All-you-can-eat*-Restaurants ein: »Lass uns noch was Gutes essen, damit du nicht mit leerem Magen starten musst.«

Angesichts der schlechten Nachrichten hat es mir jedoch den Appetit verschlagen. Viel mehr Schnee als jetzt Anfang April erwartet, dazu Schleuser mit Schusswaffen. Keine guten Startbedingungen für den Arizona Trail, der auf knapp 1300 Kilometern den gesamten Bundesstaat in Nord-Süd-Richtung durchläuft. Meinen Teller lade ich trotzdem voll, denn kein echter Thruhiker lässt ein Selbstbedienungsbüfett links liegen …

Als ich wenige Stunden später meine Wanderung am Border Monument 101 beginne, steht dieser blechverkleidete Grenzpfosten in der hellbraunen Hügellandschaft der Sonora-Wüste noch hinter einem simplen Stacheldrahtzaun, über den ich kinderleicht nach Mexiko gelangen könnte. Heute befindet sich dort die sogenannte Trump-Mauer, errichtet in den letzten Monaten seiner Präsidentschaft. Diese neun Meter hohe Grenzbefestigungsanlage kann man nicht mehr einfach überklettern, dafür kann man drum herumlaufen: Die Mauer ist gerade mal 400 Meter lang, weil Nachfolger Biden das Projekt nach Regierungsantritt sofort stoppte.

Trotz der fortgeschrittenen Stunde müsste ich eigentlich noch etliche Kilometer und Höhenmeter schaffen, denn Zelten ist im Coronado National Memorial verboten. Doch die Angst vor dem Schnee und den *coyotes* bringt mich dazu, an der Station der *border patrol* am nahe gelegenen Montezuma Pass um Campingerlaubnis zu bitten. »Meine Kollegen sind 24/7 vor Ort. Wenn Sie Ihr Zelt etwas abseits aufbauen, stören Sie uns nicht«, genehmigt ein junger Beamter mit militärischer Kurzhaarfrisur mein Anliegen.

Trotz der sicheren Umgebung schlafe ich schlecht: Der Boden ist steinhart, alle paar Minuten leuchtet ein Autoscheinwerfer auf, und die Unterhaltungen und der Funkverkehr der Grenzer halten mich wach. Ziemlich gerädert steige ich am nächsten Morgen steil hinauf in die weiß bekrönten Berge. Doch der kniehohe Schnee auf dem schmalen Wanderpfad ist gut ausgetreten, sowohl von den Grenzschützern als auch den illegalen Migranten, die auf ihrem nächtlichen Weg leere Plastikflaschen, Konservendosen und Kleidungsstücke hinterlassen haben.

Ab einer Höhe von 2000 Metern wandere ich durch Douglastannen und stattliche Ponderosa-Kiefern, die den häufigen

Waldbränden mit ihrer fünf Zentimeter dicken Rinde besonders gut widerstehen können. Ihre zwanzig Zentimeter langen Nadeln bedecken den Waldboden wie ein weicher brauner Langflorteppich – nur ist der jetzt noch weitflächig unter Schnee verborgen. Immerhin entfällt damit das Problem des Wassernachschubs.

Das ändert sich in den nächsten Tagen drastisch, als ich wieder in niedrigere Lagen absteige und mir in der staubtrockenen Halbwüste vorkomme wie auf einer Kaktusfarm. Statt immergrünem Nadelwald wachsen hier langgliedrige Chollas mit lilafarbenen Blüten, Opuntien mit eiförmigen Blattsegmenten, der strauchartige Ocotillo oder Weinkaktus, Kugelkakteen mit gewaltigem Umfang und, am beeindruckendsten, die gigantischen, säulenförmigen Saguaro-Kakteen, die bis zu 15 Meter hoch und mehr als 200 Jahre alt werden können. Weil ich in einem besonders niederschlagsreichen Frühjahr unterwegs bin, erlebe ich sogar die Blüte einiger Wüstenpflanzen wie des orangefarbenen Kalifornischen Mohns und des gelben *brittlebush*.

Auch temperaturmäßig komme ich von einem Extrem ins nächste. Während nachts das Thermometer unter null Grad fällt und ich in meinem Schlafsack bibbere, schwitze ich tagsüber in der gleißenden Sonne so sehr, dass mein langärmeliges Hemd schon am zweiten Tag mit einer weißen Schicht aus getrocknetem Schweiß überzogen ist. Besonders meine Füße leiden, denn obwohl ich sie jede Nacht mit Feuchtigkeitscreme einreibe, wird die ausgetrocknete Haut durch meine dreckverkrusteten Socken regelrecht aufgeschürft und heilt durch die andauernde Beanspruchung nur sehr langsam.

Noch bevor ich den ersten kleinen Ort am Trail erreiche, habe ich schon ein Ausrüstungsproblem: Der Reißverschluss meines Zeltes schließt nicht mehr! Eigentlich ließe sich dieser Defekt mit einem neuen Schieber schnell beheben, doch den habe ich leider nicht dabei. Und in Patagonia mit seinen gerade mal gut 800 Einwohnern gibt es nur einen winzigen Supermarkt, der bestimmt keine Zipper in Größe 3C führt. Ich poste ein Hilfsgesuch im Internetforum des Arizona Trail – und während ich meinen Proviant einkaufe, bietet mir bereits ein völlig unbekannter *trail angel* an, das gewünschte Teil postlagernd in die nächste Stadt zu schicken. Ich liebe die US-amerikanische *trail community!*

Der Status des *National Scenic Trail* wurde dem AZT erst ein Jahr zuvor verliehen, er ist noch nicht einmal fertig markiert, und entsprechend wenige Thruhiker sind unterwegs. Umso erstaunter bin ich daher, als mir eine outdoorbegeisterte Frau in Patagonia erzählt: »Gestern habe ich bei einem Tagesausflug einen anderen AZT-Wanderer gesehen, und der ist echt stilvoll unterwegs! Zwei Freunde begleiten ihn in einem Wohnmobil, bringen ihm zu jeder Straßenkreuzung Proviant und bekochen ihn sogar – ein echter *gentleman hiker!*«

Als kurz danach auf einer unglaublich steinigen Forststraße ein Jeep an mir vorbeirumpelt, vermute ich darin genau diese *support crew.* Und tatsächlich: Bei einer weiteren Begegnung zwei Tage später stellen sich die Insassen als Dale und Gloria vor. Sie versorgen ihren Freund John täglich mit Wasser und Proviant und laden auch mich nach einem kurzen Plausch für einen Ruhetag in ihr Haus nach Tucson ein. Als ich den vollschlanken Wanderanfänger John dort zum ersten Mal persönlich treffe, verpasse ich ihm mit *Gentleman Hiker* seinen neuen Trailnamen und gebe ihm angesichts seines gewaltigen Rucksacks gleich noch eine Einführung in das Ultraleichtkonzept. »Dich hat der Himmel geschickt«, freut sich der gläubige Mormone und setzt meine Anregungen im hiesigen Outdoorladen sogleich um, denn auf dem Trail hatte er aufgrund von Übergewicht an Körper und Gepäck bisher erheblich zu kämpfen.

Als ich John am Ende unserer Wanderung wiedersehe, hat er nicht nur seine Ausrüstung, sondern auch sich selbst immer weiter abgespeckt. »Ich habe in anderthalb Monaten 32 Pfund verloren, genau so viel, wie meine Ausrüstung am Anfang wog«, erzählt er begeistert und schenkt mir zum Abschied das Buch »Mormon« – natürlich in der Miniaturausgabe auf Dünndruckpapier.

Ultraleichte Ausrüstung ist auf diesem Trail besonders wichtig, weil ein Faktor im wahrsten Sinne des Wortes überproportional ins Gewicht fällt: das Wasser! Wenn ich mich nicht gerade im Gebirge durch Altschneefelder quäle, finde ich kaum natürliche Quellen und muss mich hauptsächlich aus Weidetrögen mit höchst zweifelhaftem Inhalt versorgen. Manchmal verweist der Wanderführer sogar auf dreckige Viehtümpel, aus denen wohl nicht mal die Kühe besonders gerne saufen. Selbst wenn das Wasser per Windrad in die Metalltränken gepumpt wird, ist die Oberfläche mit einer giftgrünen Algenschicht oder einem Teppich aus toten Insekten überzogen, aggressive Bienen machen das Wasserschöpfen zusätzlich gefährlich.

Auf dem Weg aus der Kleinstadt Oracle folge ich dem AZT auf einer unbefestigten Straße in die Hochwüste der *Black Hills*. Nur ein paar Hochspannungsleitungen und Viehzäune zieren diese gottverlassene Gegend, und nachdem ich den Verkehrslärm des Highway 77 hinter mir gelassen habe, ist es totenstill. In den 1890er-Jahren hätte ich hier meilenweit den Lärm der Mammoth Mine gehört, in der bis zur Schließung 1954 mehr als 11 Tonnen Gold und 28 Tonnen Silber abgebaut wurden.

Entdeckt wurden die hiesigen Edelmetallvorkommen 1881 vom österreichischen Einwanderer Frank Schultz. Da er beim Goldschürfen dasselbe Problem hatte wie ich beim Wandern – es gab kein Wasser –, bauten die Minenbesitzer eine Schwebetrambahn zum San Pedro River, eine Art Skilift mit Eimern statt Sitzen. Auf dem Hinweg wurde das Erz zum Pochwerk befördert, auf dem Rückweg Wasser zur Mine. In der gleichnamigen Siedlung am Fluss lebten schon damals fast 700 Menschen – mit sechs Saloons.

Für die Wanderer wird das Problem heutzutage durch die *trail angels* gelöst, die entlang dieser langen Etappe ein Wasserdepot angelegt haben. Wenn ich die dort versteckten Behälter aber nicht finden kann oder sie gar leer sind, stehe ich vor einem riesigen Problem. Ich habe nämlich keinen einzigen Tropfen mehr, und die nächste sichere Quelle ist mehr als einen Tagesmarsch entfernt. Auch Trampen wäre keine Option, denn der abgelegene Cache ist nur über die unbefestigte Freeman Road erreichbar, die so gut wie nie befahren wird. Trotz der gnadenlosen Hitze bricht mir bei diesen Gedanken der eiskalte Angstschweiß aus …

Doch als ich den markierten Wegpunkt mithilfe meines GPS-Gerätes erreiche, entdecke ich im Straßengraben sehr schnell ein gutes Dutzend weißer Ein-Gallonen-Plastikbehälter, die mit einer Schnur zusammengebunden sind. Hastig hebe ich sie an und atme erleichtert auf: Fast alle sind noch komplett gefüllt. Der ständig aktualisierte Wasserbericht des AZT war korrekt: Erst vor Kurzem hat ein *trail angel* den Cache aufgestockt. Mit weichen Knien werfe ich meinen Rucksack ab, lasse mich direkt daneben in den Staub sinken und nehme erst einmal einen gewaltigen Schluck. Obwohl das Wasser von der Hitze lauwarm ist und stark nach Chlor riecht, rinnt es mir köstlich erfrischend die Kehle hinunter.

Als ich nach einer halben Stunde Pause wieder aufbreche, erdrückt mich das Gewicht meines Rucksacks fast. Sieben Liter Wasser werde ich bis zur nächsten sicheren Quelle brauchen. Die Tageshöchsttemperatur liegt selbst jetzt Mitte April bei dreißig Grad Celsius, und da Kakteen leider wenig Schatten werfen, bin ich der Sonne auf der Etappe durch die Tortilla Mountains schutzlos ausgeliefert. Vielleicht hätte ich doch einen Sonnenschirm mitnehmen sollen …

Obwohl sich das Zusatzgewicht durchs Trinken rasch reduziert, wird es mir fast zum Verhängnis. Das warnende Rasseln einer Klapperschlange am Wegesrand erschreckt mich so sehr, dass ich stolpere und wegen meines schweren Rucksacks das Gleichgewicht verliere. Keine fünfzig Zentimeter vor der zusammengerollten Giftschlange stürze ich zu Boden. Panisch beobachte ich quasi auf Augenhöhe, wie mich das Reptil mit hochgestrecktem Kopf neugierig züngelnd beobachtet, während ich unbeholfen wie eine Schildkröte auf dem Rücken liege. Um schnell außer Reichweite zu gelangen, rolle ich mich erst ungelenk zur Seite, bevor ich mich aufrappeln und das Weite suchen kann.

Als nach Tagen in der Halbwüste plötzlich der türkisblaue Theodor Roosevelt Lake am Horizont auftaucht, erscheint er mir fast wie eine Fata Morgana. Mit dem Bau dieses gewaltigen Stausees wurde bereits 1905 begonnen, erst sein Wasser und das dortige Kraftwerk ermöglichten das Wachstum der nahe gelegenen Metropolregion Phoenix. Die einzige Einkaufsmöglichkeit direkt am Weg ist der Minimarkt im Jachthafen der winzigen Siedlung Roosevelt. Angesichts der gesalzenen Preise habe ich mir vorsichtshalber ein Nachschubpaket dort hingeschickt.

Hier erwarte ich meinen Wanderfreund Li, den ich vor drei Jahren auf dem Continental Divide Trail kennengelernt habe. Zusammen gewandert sind wir damals nur einen halben Tag, denn der drahtige US-Amerikaner ist unglaublich schnell unterwegs. »Ich kann mich aber runterregulieren«, hat er mir am Telefon versichert, als wir uns für die nächste Etappe verabredeten. Li taucht mit einer Stunde Verspätung auf, als Entschuldigung hat er mir einen Burrito aus einem mexikanischen Restaurant und die Zutaten für eine kulinarische Eigenkomposition namens *Grasshopper Pie* mitgebracht, von der er mir versichert: »Du wirst sehen: Das wird der leckerste Outdoornachtisch deines Lebens!« Leider werden wir eine solche Aufmunterung in den nächsten Tagen auch dringend brauchen, denn vor uns liegt der schwerste Abschnitt des AZT.

Schon am ersten gemeinsamen Tag stoßen wir nach einem Aufstieg von 1000 Höhenmetern auf einen seit Jahren vernachlässigten Trail, auf dem wir uns mit weniger als zwei Stundenkilometern Tempo durch Manzanita-Sträucher und *catclaw* quälen müssen. Dieser stachelige Busch trägt die Namen Katzenkralle oder *Wait-a-minute Bush* völlig zurecht: Wer hier hängen bleibt, muss in der Tat »eine Minute warten«, um sich wieder zu befreien, möglichst ohne dabei die Kleidung komplett zu zerreißen. Als wir völlig zerkratzt erst in der Dunkelheit zur nächsten Wasserquelle gelangen, finden wir dort nicht mal einen ebenen Platz zum Zelten vor. Zum ersten Mal in meiner Outdoorkarriere muss ich direkt auf dem Trail schlafen, der auch gerne von wilden Tieren frequentiert wird, die darauf schneller vorankommen als im unwegsamen Unterholz. Glücklicherweise bleiben wir in dieser Nacht ungestört.

In der Mazatzal Wilderness erklärt Li sarkastisch: »Der Name Mazatzal bedeutet wohl *mad as hell,* verrückt wie die Hölle.« Ein Feuer zerstörte hier fast 500 Quadratkilometer Nadelwald, und selbst jetzt, sechs Jahre später, liegen die verkohlten Bäume noch kreuz und quer über dem Weg, zusätzlich überwuchert mit Brombeersträuchern. Egal, ob wir oben drüberklettern oder unten durchkriechen, die Vegetation zerkratzt unsere Haut und zerreißt Kleidung und Rucksack. Dieses Limbo-Wandern ist schon nach einem Tag nervig, man kann es vielleicht auch zwei Tage aushalten und hinterher stolz drauf sein – doch wir müssen uns vier ganze Tage durch diesen Hindernisparcours kämpfen. Li, der zuvor kein Wort Deutsch kannte, lernt jede Menge Schimpfwörter. Und zu allem Überfluss gehen ihm am dritten Tag die Zutaten für die *Grasshopper Pie* aus. Dazu zerbröselt er Kekse mit Pfefferminzgeschmack und vermanscht sie in einer Plastiktüte mit grünem Instant-Wackelpudding und einem ordentlichen Schuss Sahnelikör. Das Ergebnis sieht ekelerregend aus, schmeckt aber in der Tat himmlisch.

Als Li am sechsten Tag seine komplette warme Kleidung zum Wandern anzieht und angesichts des bedrohlich grauen Himmels etwas von einem möglichen Schneesturm murmelt, mache ich mich über ihn lustig: »Vor einer Woche haben wir uns noch am Roosevelt Lake halb zu Tode geschwitzt. Und Anfang Mai schneit es nicht mehr in Arizona!« Eine halbe Stunde später fallen dicke Flocken vom Himmel … Wir erreichen das Ende dieser Etappe mit einem ganzen Tag Verspätung und komplett leeren Proviantbeuteln.

»Der nächste Abschnitt ist idioteneinfach«, erklärt Li, als er mich nach einem Ruhetag in Phoenix zurück zum Trail fährt und sich verabschiedet. »Du musst nur hoch auf den Mogollon Rim. Danach wanderst du fünf Tage fast brettflach vor dich hin.« Tatsächlich ähnelt dieser entspannte Abschnitt über das Hochplateau mit vielen Ponderosa-Kiefern einem idyllischen Landschaftspark, wobei die frei laufenden Rinder für etwas Wildwestfeeling sorgen.

Doch als ich am ersten Tag zur Orientierung mal wieder mein GPS-Gerät einschalte, bleibt der Bildschirm schwarz. Batteriewechsel, ein harter Reset – nichts kann es wiederbeleben. Natürlich habe ich die Navigation doppelt abgesichert und kann auf meine ausgedruckten Papierkarten zurückgreifen, aber ausgerechnet jetzt schwächelt auch die Batterie meiner Outdooruhr, und die benötige ich als Kompass und Zeitmesser für die Kilometerangaben.

Glücklicherweise ist die Strecke gut mit braunen Fiberglaspfosten markiert, auf denen das Traillogo mit dem Umriss des Bundesstaates Arizona klebt. Außerdem sind die Viehtränken auf dieser Etappe dicht gesät und leicht erkennbar, sodass ich wegen der überlebensnotwendigen Wasserstellen nicht auf mein GPS-Gerät angewiesen bin.

An einem dieser Metalltanks treffe ich Colin, der als Luft- und Raumfahrtingenieur beim Militär arbeitet. Nachdem er das defekte Gerät auf meine Bitte hin fachmännisch untersucht hat, meint er nur trocken: »Das kannst du einfach wegschmeißen!«

»Das Ding hat über 300 Euro gekostet! Und gerade erst vor ein paar Monaten ist die Garantie abgelaufen!«, jammere ich verzweifelt. Doch mein Wanderkollege zuckt bloß mit den Schultern und rät: »Vielleicht kriegst du ja in Flagstaff Ersatz.«

Während Colin vorauseilt, um in der Stadt seine Freundin zu treffen, stehe ich tags darauf schon vor dem nächsten Problem: Es beginnt wieder mal heftig zu schneien. Die Flocken fallen so dicht vom Himmel, dass ich kaum hundert Meter weit sehen kann, dazu fällt das Thermometer auf minus fünf Grad Celsius – und das Anfang Mai! Als ich am Morgen Wasser in mein Müsli gießen will, muss ich den eingefrorenen Schraubverschluss der Trinkblase erst mal durch meine Körperwärme auftauen. Bibbernd kaue ich auf meinem Frühstück herum, als sich in meinem Mund etwas ganz und gar nicht wie Haferflocken anfühlt. Vorsichtig spucke ich den Fremdkörper aus. Es ist die Goldkrone, die sich bisher auf meinem linken unteren Backenzahn befunden hat. Die nächsten fünf Tage kann ich meine Mahlzeiten also nur auf der rechten Seite kauen.

»*The AZT is an abusive trail* – der AZT ist ein Weg, der dich misshandelt«, bemerkte Li augenzwinkernd vor ein paar Tagen. Damit meinte er natürlich die stachelige Vegetation und den steinigen Untergrund, denn beides hat uns zerrissene Klamotten, abgewetzte Schuhe, aufgekratzte Arme und Beine sowie Löcher im Zeltboden beschert. Doch nun sind ihm auch noch mein GPS-Gerät und meine Zähne zum Opfer gefallen.

Kaum bin ich am fünften Tag in Flagstaff angekommen, telefoniere ich alle Zahnärzte durch und bekomme so schnell einen Termin, dass ich es vorher nicht mal mehr zum Duschen ins Hotel schaffe. »Das macht nichts«, erklärt mir die Sprechstundenhilfe am Telefon. »In der Praxis tragen wir ja sowieso Mundschutz.« Trotz meiner intensiven Duftnote und verdreckten Kleidung verzieht der Zahnarzt keine Miene und klebt die Krone innerhalb von ein paar Minuten wieder ein. Die Rechnung beläuft sich trotzdem auf 250 Dollar, aber vielleicht beinhaltet dieser Betrag ja einen Erschwerniszuschlag wegen Geruchsbelästigung …

Nachdem ich mich endlich im Hotel waschen konnte, durchforste ich sämtliche Outdoorläden der Stadt nach einem GPS-

Gerät. Ich finde zwar leider keinen passenden Ersatz, treffe dafür jedoch Colin samt Freundin Kimberley. Und die macht mir beim *hiker talk* einen grandiosen Vorschlag: »Ich leihe dir einfach mein Gerät, denn die nächste Etappe bis zum Grand Canyon setze ich aus. Wenn wir uns in fünf Tagen dort treffen, gibst du es mir wieder zurück. Bis dahin kannst du dir passenden Ersatz von einem Onlinehändler schicken lassen.« Gesagt, getan! Selbst die Versandadresse ist kein Problem, denn unser Wanderkollege Li arbeitet als Ranger im Grand Canyon Nationalpark und hat uns alle drei zu sich eingeladen. Auch auf dem AZT gilt also die alte Thruhiker-Regel: »*The trail provides* – der Weg versorgt dich!«

Als ich fünf Tage später an der Südseite des Grand Canyon stehe, bin ich sprachlos. Natürlich habe ich schon Unmengen Fotos dieses Naturwunders gesehen, dennoch ist der erste Eindruck einfach überwältigend. Keine Aufnahme wird den atemberaubenden Dimensionen dieser Schlucht gerecht: 450 Kilometer ist der Canyon lang und bis zu 1800 Meter tief! Der AZT führt *rim-to-rim,* also vom südlichen bis zum nördlichen Rand genau mittendurch.

Der Zugang ist allerdings streng reglementiert, denn dies ist eine der am stärksten frequentierten Wanderstrecken der gesamten USA. Zelten ist im Canyon nur auf ausgewiesenen Plätzen mit Permits erlaubt, die schon Wochen und Monate im Voraus ausgebucht sind. Weil Thruhiker ihre Ankunft aber nicht genau planen können, wird für sie und andere Spontanbesucher ein kleines Kontingent zurückgehalten, das erst am Vortag freigegeben wird. Gestern habe ich mich im Besucherzentrum des Nationalparks auf die entsprechende Warteliste setzen lassen und nach ein paar Stunden nervenaufreibenden Bangens tatsächlich die heiß begehrte Genehmigung für den Cottonwood Campground erhalten, die jetzt in einer Plastiktüte verpackt an meinem Rucksack baumelt.

Am South Kaibab Trailhead kommen mir bereits Dutzende erschöpfte Wanderer entgegen, einige haben sich mit dem langen Aufstieg völlig übernommen und humpeln stark. Für mich hingegen geht es auf endlosen Serpentinen erst mal 1500 Höhenmeter hinunter, vorbei an einer langen Reihe keuchender und schwitzender *weekend warriors,* wie die Wochenendausflügler im Thruhiker-Jargon augenzwinkernd genannt werden. Mittags bin ich auf über 2000 Meter Höhe noch frierend in meiner warmen Jacke gestartet, drei Stunden später ist es mir am Colorado River selbst in Shorts und T-Shirt zu heiß. Im Hochsommer kann die Temperatur in der Schlucht auf über 45 Grad Celsius klettern. Um der Hitze zu entgehen, breche ich am nächsten Morgen bereits bei Sonnenaufgang auf – und stehe nach 1700 Höhenmetern Aufstieg am Nordrand wieder in tiefem Schnee …

Am 18. Mai erreiche ich die Grenze zum Bundesstaat Utah und damit das Ende des AZT. Am dortigen Stateline Campground treffe ich auf einen Deutschen mit dem passenden Trailnamen Alpenzorro. Während ich den AZT gewandert bin, hat er ihn mit dem Mountainbike befahren. »Aber im Grand Canyon ist Radfahren doch verboten!«, rufe ich ungläubig aus, als wir im Picknickpavillon unser Abendessen zubereiten und gemeinsam das Ende unserer jeweiligen Tour feiern. »Das Fahren schon, die Räder an sich nicht«, korrigiert mich Alpenzorro grinsend. »Ich habe mein Bike einfach durch die Schlucht getragen. Das ist erlaubt, solange die Reifen den Boden nicht berühren.« Entgeistert schaue ich ihn an. Und ich fand schon meinen Rucksack schwer …

Für wen:

- Auf dem AZT finden Sie alles, was einen **echten US-amerikanischen Thruhike** auszeichnet: eine *trail community* mit spannenden Mitwanderern und hilfsbereiten *trail angels,* eine atemberaubende Landschaft mit den unterschiedlichsten Klimazonen sowie eine mittlerweile vollständig und gut markierte Strecke fast ohne Asphalt. Gleichzeitig kann man den AZT in gut sechs Wochen schaffen und muss sich kein monatelanges Sabbatical nehmen. Allzu knapp sollten Sie allerdings nicht planen, denn auch wenn die Mazatzal Wilderness mittlerweile geräumt ist, können Waldbrände den Zeitplan nach wie vor durcheinanderbringen.

- Noch schneller geht es auf dem **Mountainbike,** das hier im Gegensatz zu den meisten anderen *National Scenic Trails* tatsächlich erlaubt ist; nur E-Bikes sind nicht gestattet. Neue Trailabschnitte werden sogar speziell nach den Richtlinien der International Mountain Biking Association angelegt. Wenn die Wanderroute durch geschützte Wildnisgebiete oder Nationalparks führt, ist parallel dazu eine Rad-Alternative ausgewiesen.
- Für **Kakteenliebhaber** gibt es einiges zu entdecken. Nirgendwo sonst bin ich durch so viele stachelige Sukkulenten gewandert, die in Arizona anders als auf der heimischen Fensterbank gewaltige Ausmaße erreichen können. Aber Achtung: Die stachelige Vegetation ist leider auch eine Gefahr für fragile Isomatten, also unbedingt eine durchstichfeste Unterlage mitnehmen!

Für Dracula-Begeisterte und Zeitreisende:

VIA TRANSILVANICA

Land: Rumänien | *Länge:* 1400 km
Schwierigkeit: ** | *Budget:* € | *Jahreszeit:* Frühjahr bis Herbst
Natur: ** | *Kultur:* *** | *Special Interest:* Zeitreise durch ein Multikulti-Land

»Im Ausland sagen wir nie, dass wir Rumänen sind. Sonst müssen wir uns ständig Geschichten über bettelnde Roma, Kinderarmut und Sozialhilfebetrug anhören«, erklärt mir das junge Pärchen aus Cluj-Napoca seufzend am Ende meiner Wanderung. »Stattdessen erzählen wir lieber, dass wir aus Transsilvanien stammen. Dann kommen zwar blöde Fragen nach Dracula und Knoblauch, aber daran gewöhnt man sich schnell.«

Betreten blicke ich zu Boden, denn auch ich musste mir von meinen deutschen Freunden während dieser Tour Sprüche über Vampire anhören und jede Menge durchweg negativer Vorurteile über Rumänien, das in der Tat eines der ärmsten und korruptesten Länder der EU ist. Vier Millionen Rumänen, also zwanzig Prozent der Gesamtbevölkerung, sind wegen der schlechten wirtschaftlichen Lage dauerhaft ausgewandert, in den Sommermonaten verlässt zusätzlich eine weitere Million Saisonarbeiter das Land. Während die Regierung diesem Exodus bisher tatenlos zuschaut, will ein rumänischer Privatmann die Landflucht mit einem neuen Wanderweg namens Via Transilvanica bekämpfen.

Wie viele seiner Landsleute kehrte Alin Uhlmann Uşeriu seiner Heimat nach der Revolution von 1989 den Rücken. Der junge Mann gründete in Franken eine eigene Firma, verliebte sich in eine Deutsche und bekam mit ihr einen Sohn. Doch trotz erfolgreicher Karriere und Familienglück fühlte er sich in Deutschland nicht wohl. »Vor lauter Heimweh nach Rumänien bekam ich sogar gesundheitliche Probleme. Mein Land ist heruntergewirtschaftet und korrupt, aber ich kann einfach nicht anders: Ich liebe es!«, erzählt er mir bei unserer ersten Begegnung. 2001 kehrte er daher zurück und steckte seine gesamten Ersparnisse in die von ihm gegründete gemeinnützige Organisation Asociaţia Tăşuleasa Social, benannt nach dem Berg in der Nähe des elterlichen Grundstücks.

Der charismatische Alin ist ein Menschenfänger im besten Sinne, seine Tatkraft und Energie sind ansteckend. Unter seiner Führung stemmten im Laufe der nächsten Jahre Tausende von freiwilligen Helfern gewaltige Projekte. Sie pflanzten eine Million neue Bäume, sammelten 450 Tonnen Müll und klärten im einzigen Walderlebniszentrum des Landes mehr als 9000 Besucher über die Folgen von Abholzung und Holzdiebstahl auf. Als *Christmas trucker* transportieren sie zusammen mit den deutschen Johannitern alljährlich Weihnachtspakete von Deutschland nach Rumänien und haben damit bereits mehr als 450 000 sozial benachteiligte Kinder persönlich beschenkt.

Beim Pilgern auf dem spanischen Camino Francés kam Alin eine weitere Idee: ein Fernwanderweg durch ganz Rumänien, genauer gesagt durch die Region Transsilvanien im Zentrum des Landes. »Dort sterben ganze Dörfer durch Emigration und Landflucht. Mit der Via Transilvanica will ich der verbliebenen Bevölkerung neue wirtschaftliche Perspektiven durch den Wandertourismus eröffnen«, erklärt mir Alin in bestem Deutsch mit fränkischem Dialekt. »Vor allem aber möchte ich ihr Selbstbewusstsein heben. Die glauben, sie leben in einem gottverlassenen Kaff, wo niemand tot überm Zaun hängen möchte – und plötzlich kommen da Dutzende von Wanderern durch und sind begeistert!«

Ich treffe Alin auf dem Campus der Tăşuleasa Social, der sich 210 Kilometer vom nördlichen Terminus der Via Transilvanica direkt am Weg befindet. Schon auf dieser ersten einwöchigen Etappe durch die rumänische Bukowina erlebe ich, dass Alins Kalkül aufgegangen ist – und das, obwohl der Abschnitt erst vor zwei Jahren markiert wurde.

»*Bună ziua!* – Guten Tag!«, rufe ich dem hoch aufgeschossenen Hirten von Weitem zu, als ich mich seiner Holzhütte über eine idyllische Hochweide nähere. Das Heu ist wie in einem Heidi-Heimatfilm auf Holzgestellen zuckerhutartig zum Trocknen aufgetürmt, die Weidezäune bestehen aus langen, dünnen Baumstämmen. Meine laute Begrüßung soll den Hirten dazu bewegen, seine drei großen zottigen Hunde im Zaum zu halten. Glücklicherweise ist ein rumänisches Ehepaar, das ich in den letzten Tagen schon mehrmals getroffen habe, vor mir angekommen und hat mein Erscheinen angekündigt.

Wortlos geleitet mich der Hirte an den Hütehunden vorbei in die rauchgeschwängerte Holzhütte, wo meine Wanderkollegen Marian und Iulia bereits auf einer Holzbank sitzen. Direkt neben einem offenen Feuer steht eine Pritsche mit Kissen, Fellen und Decken. Darauf schlafen die zwei Hirten die ganze Nacht, während mir der Qualm schon nach wenigen Sekunden in den Augen beißt und mich husten lässt.

»*Lapte? Brânză?* – Milch? Käse?«, offerieren mir die beiden raubeinigen Männer freundlich und stecken sich trotz des Rauchs auch noch eine Zigarette an. Sie haben wahrscheinlich deutlich länger keine Dusche gesehen als ich, und die fehlenden Zähne in ihrem Mund lassen darauf schließen, dass das auch für Zahnärzte gilt. Fasziniert blicke ich mich um: Vor der niedrigen Tür stapeln sich blecherne Milchkannen, drinnen hängen an einem Holzbrett sechs weiße Stoffbeutel mit geronnener Milch, aus denen die Molke in Eimer am Lehmboden tropft. Auf einem weiteren Bord türmen sich mehrere Laib Käse neben einem Transistorradio, aus dem leise rumänische Volksmusik dudelt. Nur eine Plastiktüte mit einem Supermarktlogo weist darauf hin, dass wir uns im 21. Jahrhundert befinden.

Ich probiere vorsichtig ein Stück Käse und ein Glas Rohmilch mit der nagenden Frage im Hinterkopf: Verträgt mein Magen Milchprodukte ohne Pasteurisierung? Beides schmeckt zum Glück köstlich, bessere Bioqualität kann ich mir gar nicht vorstellen. Iulia erzählt auf Englisch, dass die Hirten hier den Sommer über mit drei Hunden auf fünfzig Kühe aufpassen. Die Milch verarbeiten sie an Ort und Stelle, denn der Transport ins nächste Dorf wäre viel zu aufwendig. Marian drückt den beiden beim Abschied für die Bewirtung eine 10-Lei-Note in die Hand, umgerechnet zwei Euro. Ich tue es ihm gleich.

»Die Hirten stehen in der sozialen Hierarchie ganz unten«, erzählt mir Iulia beim Weitergehen. »Sie werden von den Dorfbewohnern angeheuert, um das Vieh einer ganzen Gemeinde auf der Sommerweide zu beaufsichtigen und zu melken. Sie müssen meist auch noch die Hofhunde mitnehmen, obwohl sie ihnen gar nicht gehorchen und daher zum Viehhüten nur bedingt geeignet sind.« Jetzt verstehe ich plötzlich, warum ich schon mehrmals von wütend kläffenden Hunden umringt wurde, die selbst der Hirte kaum bändigen konnte.

»Bezahlt werden sie nicht mit Geld, sondern ganz oder zumindest teilweise mit Käse. Da sind die Einnahmen durch die Wanderer ein nettes Zubrot«, berichtet Iulia weiter. »Ungefährlich ist ihr Job nicht«, ergänzt Marian. »Die beiden haben uns erzählt, dass erst vorgestern Nacht ein Bär zwei Kälber gerissen hat.«

Ich muss schlucken. Im Wanderführer wird zwar vor Bären gewarnt, und vor jedem größeren Waldstück hat die Trailorganisation entsprechende Schilder aufgestellt, aber so richtig ernst genommen habe ich das Thema bisher nicht. Dabei werde ich in jedem Dorf auf die *urs* angesprochen, jeden Tag sehe ich ihre Exkremente und manchmal höchst beeindruckende Tatzenabdrücke. In Rumänien gibt es die größte Population Europas, mehr als 5000 Bären leben hier, Tendenz steigend, denn die Tiere stehen unter Naturschutz und dürfen nicht gejagt werden. Selbst Marian und Iulia, beides Polizisten, blasen alle paar Minuten in eine große Fußballtröte. Der Krach soll die Bären warnen und damit Zufallsbegegnungen vermeiden.

Vorsichtshalber verzichte ich auf Camping, und wir übernachten gemeinsam in einer Pension, wo uns die Wirtin zum Abendessen gebratene Forelle aus dem nahe gelegenen Fluss serviert. »Die Hälfte meiner Gäste sind Wanderer auf diesem Weg«, erzählt sie begeistert und zückt den Via-Transilvanica-Stempel für unseren Wanderpass. Danach berichtet sie von einem Bären, der vor Kurzem die Mülltonnen an der Dorfstraße geplündert hat. Gut, dass ich nicht gezeltet habe …

Den detaillierten Wanderführer des Trails kann man kostenlos auf Rumänisch, Englisch und sogar Deutsch im Internet herunterladen. Recherchiert, verfasst und gestaltet wurde er von einem rein weiblichen »Investigativ«-Team. Diese Frauen beruhigen mich zum Thema Bären: »Tagsüber musst du dir keine Sorgen machen, denn die Tiere sind nachtaktiv. Bei unseren Recherchetouren haben wir Meister Petz nur ein einziges Mal gesehen, und da ist er gleich Hals über Kopf vor uns weggerannt.« Dennoch legen sie mir ans Herz, im Bärengebiet auch zukünftig besser nicht im Wald zu zelten: »Sicher ist sicher – und außerdem erlebst du in den Unterkünften viel mehr Abenteuer!«

Die Herbergssuche fällt mir nicht schwer, denn das Frauenteam hat hervorragende Arbeit geleistet. Im Wanderführer sind für jede Etappe Privatunterkünfte sowie deren Telefonnummern und Preise aufgelistet. Weil Ausländer mangels Sprachkenntnis nicht einfach anrufen können, gibt es für Übernachtungsanfragen eine Standard-SMS in Rumänisch, die die Vermieter bloß noch mit Ja oder Nein beantworten müssen. Fast alle bieten für ein paar Euro auch Abendessen und Frühstück an, eine hervorragende Möglichkeit, die rumänische Küche kennenzulernen. Ein Einzelzimmer kostet in der Regel zehn bis zwanzig Euro, Zelten im Garten um die fünf Euro. Die Erlebnisse dabei sind jedoch unbezahlbar und zeigen mir Rumänien in seiner ganzen Vielfalt. So schlafe ich in modernen, mit EU-Mitteln geförderten Landpensionen mit superschnellem Wifi genauso wie in uralten Bauernhäusern mit knarzenden Holzdielen und schilfgeflochtenen Pantoffeln.

Besonders abenteuerlich ist meine Unterkunft im Dorf Prisăcina hoch über dem Cerna-Tal im Süden des Landes. Die unbefestigte Dorfstraße ist in der einbrechenden Dunkelheit nicht beleuchtet, nur Hundegebell kündigt meine Ankunft an. Vorsichtshalber erkundige ich mich im ersten Haus nach dem Weg, wo mir die erstaunte Bewohnerin schnell die Richtung weist. Schon nach wenigen Minuten wird mir allerdings klar, dass man sich in Prisăcina gar nicht verlaufen kann: Es gibt bloß einen schlammigen Weg und zwei bewohnte Gebäude …

Meine Wirtin führt mich im Schein einer Stirnlampe durch ihr dunkles Haus zu meinem Zimmer. Wahrscheinlich ein Stromausfall, denke ich und drücke trotzdem automatisch auf den Lichtschalter. Zu meinem großen Erstaunen erhellt eine kitschige Deckenlampe mehrere Betten mit verstaubten bunten Kissen und Decken.

Müde und erschöpft von einem 30-Kilometer-Tag bei einstelligen Temperaturen frage ich bibbernd nach einer Dusche. Meine Gastgeberin, *Tanti* Ioana, schaltet das Zimmerlicht wieder aus und begleitet mich über den dunklen Flur zum Badezimmer. Das deutsche Lehnwort *Tanti* sagt in Rumänien nur bedingt etwas über den Verwandtschaftsgrad aus, sondern ist eine liebevolle Anrede für ältere Damen. In dem mit einer nackten Glühbirne erleuchteten Bad entdecke ich neben einer schmuddeligen Wanne einen gusseisernen Ofen.

Während *Tanti* Ioana mit Stirnlampe und Schürze in der Küche werkelt, heizt ihr Mann in Gummistiefeln und blauem Arbeitsanzug das Badewasser an und erklärt mir anschließend mein Abendprogramm: »*Pălincă, duș, mâncare* – Schnaps, Dusche, Essen.« Dafür entkorkt er eine Keramikflasche mit Obstbrand, gießt die klare Flüssigkeit in zwei nicht ganz so saubere Schnapsgläser und prostet mir zu: »*Noroc!*« Als ich eine halbe Stunde später unter der Dusche stehe, ist das Wasser trotz bollerndem Ofen gerade mal lauwarm.

Meine Laune hebt sich jedoch schlagartig, als *Tanti* Ioana mein Abendessen auffährt: eine riesige Terrine mit *ciorbă,* einer sauren Gemüsesuppe, dazu Berge von Polenta und dem Weichkäse *brânză,* ein Dutzend Stücke fetten Specks sowie Tomaten, Paprika und Gurken aus dem eigenen Garten. »*Singură!*«, rufe ich überrascht angesichts dieser gewaltigen Portion: »Ich bin doch allein!«

Tanti Ioana erklärt mir radebrechend, dass die Menge eigentlich für vier Personen bestimmt war. Sie konnte sich nämlich trotz meiner eindeutigen Reservierungs-SMS nicht vorstellen, dass eine Frau solo wandert und hat daher für mehrere Personen gekocht.

Macht nix, denn ich habe sowieso Appetit für zwei und bekomme den Rest der Köstlichkeiten einfach zum Frühstück vorgesetzt. Neben Rührei von den eigenen Hühnern gibt es Polenta und *brânză* diesmal in gebratener Form, dazu kross geröstete Speckschwarte und frische Milch. Lediglich das obligatorische Glas *palinca* verschmähe ich so früh am Morgen, obwohl ich nach einer Nacht im ungeheizten Zimmer bei einem Grad Außentemperatur eigentlich etwas Wärmendes brauchen könnte.

Bei meinem Abschied arbeitet *Tanti* Ioana bereits eifrig in ihrem Gemüsegarten, wo mir ein großes Solarpanel ins Auge sticht. Erst jetzt dämmert mir, dass das kleine Dorf gar nicht ans Stromnetz angeschlossen ist. Meine Gastgeber nutzen nachts die

Stirnlampen, um die selbst produzierte Solarenergie nicht durch unnötige Beleuchtung zu verschwenden.

Der Slogan der Via Transilvanica lautet: »Der Weg, der verbindet!« Als ich dieses Motto zum ersten Mal höre, halte ich es für einen platten Gemeinplatz. Nach ein paar Wochen wird mir jedoch klar, dass dieser kurze Satz den Trail perfekt zusammenfasst. Rumänien ist ein Land mit großen sozialen Gegensätzen, den unterschiedlichsten Landschaftsformen und verschiedenen Kulturen, und der Weg zeigt dem Wanderer jede dieser Facetten. Meist ist das höchst pittoresk, oft sogar atemberaubend schön, aber manchmal schmerzt es auch.

Denn so idyllisch die alten Bauernhäuser, die Pferdefuhrwerke oder die einsamen Schäfer wirken mögen, sie sind ein Zeichen von Armut. In einigen Dörfern gibt es immer noch keinen Strom- oder Wasseranschluss, viele Bauern können sich keinen Traktor leisten, und die Schäfer müssen oft sogar ihre Frauen und Kinder zum Arbeiten einspannen. Die alten Damen mit Kopftuch und Filzpantoffeln, die sich am Straßenrand mit dem Verkauf von selbst gepflückten Blumen oder Beeren die winzige Rente aufbessern müssen, zerreißen mir das Herz. Weil sie sich keine orthopädischen Krücken oder gar einen Rollator leisten können, humpeln sie an Holzstöcken, während ihre Kunden oft in schicken Luxuskarossen vorfahren.

Die Via Transilvanica führt durch mehrere atemberaubende National- und Geoparks, hier befinden sich die letzten großen Urwälder, Bären- und Wolfspopulationen Europas. Nachdem ich sieben Wochen lang von den mehr als 1300 Meter hohen Karpatengipfeln bis zum Ufer der Donau durch eine extrem dünn besiedelte Landschaft gelaufen bin, erscheint mir Rumänien – mal abgesehen von ein paar wilden Müllkippen – fast wie ein unberührtes Paradies, in dem Mensch und Natur größtenteils noch im Einklang stehen.

Doch Alin erzählt mir von der Kehrseite der Medaille: »In keinem anderen EU-Land ist noch so viel Urwald erhalten wie in Rumänien, er ist aber durch illegalen Holzeinschlag bedroht.« Sofort denke ich an die vielen Warnschilder der staatlichen Forstverwaltung Romsilva, auf denen ein hämisch grinsender Holzdieb mit Axt und Maske durch den Wald schleicht und dabei in ein Paar Handschellen tappt. Unter der fast schon komisch wirkenden Zeichnung heißt es: »Denk daran! Unrechtmäßiges Abholzen des Waldes wird bestraft!«

Alin dämpft meine Hoffnung, dass solche behördlichen Maßnahmen den Raubbau verhindern würden: »Während früher kriminelle Banden oder verarmte Dorfbewohner heimlich Bäume fällten, sind heute vor allem korrupte Forst- und Regierungsbeamte für den Kahlschlag verantwortlich. Mit der Via Transilvanica wollen wir beweisen, dass es langfristig lukrativer ist, den Wald zu erhalten als für den kurzfristigen Profit abzuholzen.«

Dabei führt die Via Transilvanica nicht nur durch Waldeinsamkeit, sondern auch an den unterschiedlichsten Attraktionen vorbei. So wandle ich in Praid durch eine riesige unterirdische Salzmine, in deren Heilklima sich Massen von Touristen unter Tage erholen. Im Salzschwimmbad nebenan kann ich bloß herumplanschen, denn Schwimmen ist aufgrund des Auftriebs durch das extrem salzhaltige Solewasser gar nicht möglich. Die Schlucht Râpa Roșie bei Sebes hingegen erinnert mich mit ihren bizarren, durch Wind- und Wassererosion geformten Sandsteingebilden eher an das australische Outback denn an Europa. Und im Nationalpark Semenic-Cheile Carașului kann ich mich durch einen glücklichen Zufall einer Tour durch die Peștera Comarnic anschließen, einer mehr als sechs Kilometer langen Tropfsteinhöhle. Ein junger Parkranger führt uns durch Säle und vorbei an Formationen mit so klingenden Namen wie Orgel, Chinesische Mauer oder Kokosnuss.

Alin will den Wanderern neben den vielen Schokoladenseiten Rumäniens aber auch ganz bewusst Orte wie Copșa Mică, auf Deutsch Kleinkopisch, die »Giftküche« des Landes, zeigen. Eine

Rußfabrik und eine Buntmetallhütte sorgten dort bis zu ihrer Stilllegung im Jahr 2008 für beißenden Gestank und schwarzen Schnee. Noch heute sind die Häuser rußgeschwärzt, die Lebenserwartung liegt neun Jahre unter dem nationalen Durchschnitt. Kaum habe ich diesen dystopischen Ort mit den hochaufragenden Schloten und zerfallenden Industrieruinen durchwandert, präsentiert mir das zwei Stunden Fußmarsch entfernte Axente Sever, zu Deutsch Frauendorf, ein idyllisches Kontrastprogramm. Hier übernachte ich in einem liebevoll renovierten zweistöckigen Apartment direkt in den Festungsmauern der mittelalterlichen Wehrkirche. Die junge Mitarbeiterin kommt am nächsten Morgen sogar extra für mich früher zur Arbeit, damit ich vor dem Abmarsch noch das dazugehörige Museum und die Kirche besichtigen kann. Der Aufstieg auf den Turm über enge Steintreppen und Holzstiegen voller Taubendreck hätte in Deutschland sicher keine TÜV-Zulassung bekommen, doch oben erwartet mich zwischen Glocken und Holzgebälk ein grandioses 360-Grad-Panorama auf das gut erhaltene Straßendorf der Siebenbürger Sachsen.

Rumänien ist ein Multikulti-Land, in dem 18 verschiedene staatlich anerkannte Minderheiten leben. Anders als der Name vermuten lässt, kommen die Siebenbürger Sachsen jedoch nicht aus Sachsen, sondern sind vor 800 Jahren aus dem Moselfränkischen eingewandert, ihr Dialekt ähnelt dem Luxemburgischen. Von den einst 300 000 Angehörigen dieser Volksgruppe leben heute nur noch 15 000 in Rumänien. Nach dem Zweiten Weltkrieg wurden sie zunächst als Nazikollaborateure nach Sibirien verschleppt und rechtlich diskriminiert, ab den 1970er-Jahren von Ceaușescu im wahrsten Sinne des Wortes in die Bundesrepublik verkauft, und nach dem Mauerfall wanderten die verbliebenen Sachsen in den 1990er-Jahren fast komplett nach Deutschland aus.

Ohne aktive Gemeinde waren die imposanten Wehrkirchen, Wahrzeichen der siebenbürgischen Dörfer und Städte, jahrzehntelang dem Verfall preisgegeben. In der beeindruckenden spätgotischen Margarethenkirche von Mediaş, zu Deutsch Mediasch, wird daher gleich ein halbes Dutzend Altäre aus dem gesamten Landkreis aufbewahrt. »Die haben wir aus Dörfern gerettet, wo sie in den alten Gemäuern schutzlos der Witterung, Vandalismus oder Diebstahl ausgesetzt waren«, erzählt mir die junge Pfarrerin Hildegard Servatius-Depner, die zusammen mit ihrem Mann und drei Kollegen die insgesamt 49 evangelischen Gemeinden des Landkreises betreut.

»Teilweise lebt in einem Ort nur noch eine Handvoll Protestanten. Wir sammeln dann alle mit dem Kleinbus ein und feiern gemeinsam Gottesdienst mit anschließendem Kaffeeklatsch«, berichtet die waschechte Siebenbürger Sächsin, die sowohl in Sibiu (Hermannstadt) als auch in München Theologie studiert hat. Das erklärt den großen Fuhrpark vor dem Pfarrhaus. Direkt neben der Kirche befinden sich ein deutschsprachiger Kindergarten, eine Grundschule und sogar ein Gymnasium.

»Mehr als achtzig Prozent der Schüler sind keine deutschen Muttersprachler mehr, sondern Rumänen. Ihre Eltern versprechen sich von unserer Schule mit Unterrichtssprache Deutsch bessere Zukunftschancen für ihre Kinder«, erklärt die engagierte Pfarrerin bei einem kleinen Plausch in ihrer Küche, bevor sie zur nächsten Stunde Religionsunterricht eilt.

Mit insgesamt 1,2 Millionen sind die Ungarn die größte ethnische Minderheit in Rumänien. Als ich in ihrem Siedlungsgebiet, dem sogenannten Szeklerland, durch die Dörfer mit den kunstvoll geschnitzten Hoftoren wandere, schallt mir zur Begrüßung öfter ein ungarisches *jo napot* denn ein rumänisches *bună ziua* entgegen. Da sich viele der Szekler zum unitarischen Glauben bekennen, findet sich in ihren schmucklosen Kirchen kein einziges Kreuz. Dafür sind die Einbände der Gesangbücher liebevoll mit geometrischen Mustern bestickt und die Decken mit Bibelzitaten verziert – selbstverständlich auf Ungarisch.

Rumänien ist eines der religiösesten Länder der EU, 87 Prozent der Bevölkerung bekennen sich zum rumänisch-orthodoxen Glauben. Der Weg führt mich zu unzähligen Klöstern, Kapellen und Kirchen, und ich staune dabei immer wieder über die jungen Priester, Mönche und Nonnen. Nachwuchssorgen gibt es hier wohl nicht. Am meisten beeindrucken mich die Moldauklöster in der Bukowina, die sowohl innen als auch außen komplett mit Bibelszenen bemalt sind. Ganze Busladungen von Touristen besuchen täglich diese mittelalterlichen UNESCO-Weltkulturerbestätten.

Das Kloster des heiligen Pantelimon in Mestecăniş hingegen wurde erst 1999 gegründet und ist auf über 1200 Metern zwischen urwüchsigem Wald und Almen gelegen nur über eine holprige Piste erreichbar. Der junge Mönch in löchriger Arbeitskutte staunt nicht schlecht, als ich kurz vor Sonnenuntergang atemlos auftauche und darum bitte, mein Zelt zum Schutz vor den Bären im holzumzäunten Innenhof aufschlagen zu dürfen. Gastfreundlich bietet er mir sogar ein Zimmer an, doch ich schlafe lieber unter Gottes freiem Himmel. Die angespitzten Zaunpfosten und mehrere Hofhunde beweisen mir, dass Meister Petz auch von den Klosterbewohnern gefürchtet wird.

Rein technisch ist die Via Transilvanica relativ einfach und führt meist über unbefestigte Straßen, Schotterpisten oder Karrenwege. Allerdings kann schon ein einziger heftiger Regenschauer in Verbindung mit dem Almauftrieb einer Kuhherde diese schönen Wege in eine rutschige Schlammpartie verwandeln, von Traktoren oder Allradfahrzeugen ganz zu schweigen. Aber selbst der fußunfreundliche Bahnschotter einer alten Dampflokomotivenstrecke, ein paar altersschwache Hängebrücken mit morschen Planken oder knöcheltief überflutete Wege sind eher das Salz in der Suppe als ernsthafte Hindernisse. Und Verlaufen ist ohnehin fast ausgeschlossen, denn der Weg ist hervorragend markiert mit orangefarbenem »T« auf weißem

Grund und 1400 Meilensteinen, die im Abstand von je einem Kilometer am Wegesrand aufgestellt wurden.

»Für die Markierung suchte ich etwas, das man weder klauen noch zerstören kann. Da fiel mir der Steinbruch um die Ecke ein«, erklärt mir Alin schmunzelnd. Jeder einzelne Meilenstein wiegt 230 Kilogramm und wurde von Kunststudenten gestaltet, die ihrer Kreativität freien Lauf lassen konnten. Mehr oder minder abstrakte Tier- und Aktbilder, geometrische Muster und religiöse Motive, ja sogar die Parole »*Forest lives matter*« oder röhrende Hirsche haben sie in den Stein gemeißelt und geschliffen. Diese Wegbegleiter sind nicht nur gute Orientierungspunkte, sondern auch ziemlich motivierend: Man ist immer gespannt, was einen wohl in einem Kilometer erwartet.

»Am Anfang gab es eine Kooperation mit einer Kunsthochschule«, erzählt mir Ilie Duta, einer der rumänischen Künstler, die im Sommer auf dem Campus von Tășuleasa Social die Steine bearbeiten. »Aber schon im nächsten Jahr kamen die Studenten begeistert zurück und brachten Freunde mit. Ich arbeite hier bereits im zweiten Sommer für Kost und Logis an der ›längsten Kunstausstellung‹ der Welt.« Selbst ich darf Hand anlegen, denn Ilie Duta hat einen Stein entworfen, auf den Besucher aus aller Herren Länder ihre Wandergrüße gravieren können.

Obwohl es keine nennenswerten technischen Herausforderungen gibt, ist die Via Transilvanica – zumindest psychisch – eine anspruchsvolle Route. Und das liegt nicht nur an der gewaltigen Schere zwischen Arm und Reich, sondern vor allem an der Unberechenbarkeit des Weges, die durch mangelnde Sprachkenntnisse noch verschärft wird. So kann ein Wandertag zur emotionalen Achterbahn werden. Beispiel gefällig?

Der 15. September beginnt für mich idyllisch: Stundenlang wandere ich durch sanftes Hügelland, vorbei an ungarischen Steppenrindern mit imposanten Hörnern, die unter vereinzelten alten Buchen Schatten suchen; durch verträumte Dörfer, in denen mir die Weintrauben und Pflaumen am Straßenrand förmlich in den Mund wachsen; über Feldwege, auf denen lediglich ein paar Pferdefuhrwerke unterwegs sind. Kein einziger kläffender Hütehund trübt dieses ländliche Paradies unter blauem Himmel bei angenehm spätsommerlichen Temperaturen.

Nur mit dem Wasservorrat habe ich mich verkalkuliert. Glücklicherweise erspähe ich an einem einsamen Bauernhof ein älteres Ehepaar, das gerade die Gemüsebeete bearbeitet. »*Apa* – Wasser«, bitte ich die beiden, halte meine leere Plastikflasche über den Zaun und weise auf den Brunnen im Hof.

Während die Frau immer wieder »*Izvor* – Quelle!« ruft und sich dabei lächelnd den Bauch reibt, verschwindet ihr Mann ohne meinen Behälter in der Garage und drückt mir wenig später eine Zwei-Liter-Flasche einer bekannten Mineralwassermarke in die Hand. Okay, Brunnen- oder Leitungswasser hätte es auch getan, aber ich bedanke mich beim Abschied aufrichtig für das Geschenk. Die beiden winken mir noch freundlich hinterher, bis ich außer Sichtweite bin.

Ich bin so durstig, dass ich die Flasche hastig öffne und mit tiefen Schlucken trinke. Erst nach einem halben Liter setze ich ab – und spucke sofort angewidert aus! Das Wasser schmeckt entsetzlich nach Benzin und ist bestimmt nicht aus dem Supermarkt! Meine Gedanken überschlagen sich: Wollten die beiden mich vergiften? Wohl kaum! Mir fällt nur eine einzige Erklärung ein: Der alte Mann hat im Dämmerlicht seiner Garage versehentlich Leitungswasser in einen alten Benzinbehälter statt in eine saubere Flasche gefüllt. Ist Benzin krebserregend? Muss ich nun wegen Vergiftung in die Notaufnahme? Ich gerate so sehr in Panik, dass ich mir die Finger in den Hals stecke, um das verunreinigte Wasser komplett zu erbrechen.

Da es hier sowieso weit und breit kein Krankenhaus gibt, wandere ich auf wackligen Beinen weiter nach Dârjiu zu meiner vorab gebuchten Unterkunft. Meine Vermieterin passt mich schon auf der Straße ab, spricht aber ausschließlich Rumänisch.

Wild gestikulierend führt sie mich zu ihrer Herberge direkt neben der riesigen Dorfkirche. Dort wartet allerdings kein ruhiges Zimmer auf mich, sondern ein Dutzend Bauarbeiter, die im Garten gerade mehr als nur ein Feierabendbier leeren. Die Vorstellung, meine Benzinvergiftung nun im Kreise angetrunkener Männer in Partylaune auszukurieren, bringt mich fast zum Weinen. Geradezu willenlos lasse ich mich nach einem längeren Palaver, von dem ich natürlich kein Wort verstehe, in einen uralten Dacia bugsieren. Einer der Männer brettert mit mir in den Wald zu einer Baustelle, wo ich mich fast schon frage, ob ich nun gleich an meiner Vergiftung sterbe oder vorher noch vergewaltigt werde.

Doch an diesem Tiefpunkt des Tages löst sich plötzlich alles in Wohlgefallen auf – und ich schäme mich für meine Verdächtigungen. Der Fahrer entpuppt sich als Ehemann meiner Vermieterin und die Baustelle als das im Umbau befindliche Privathaus der Familie. Dort werde ich untergebracht, weil die Herberge mit den Bauarbeitern komplett belegt ist und man mich nicht wegschicken wollte. Und genau das hätten mir die angeheiterten Herren eigentlich ins Deutsche oder Englische übersetzen sollen, aber das Feierabendbier hatte sich anscheinend auf ihre Sprachkenntnisse geschlagen …

Keine halbe Stunde später sitze ich vergnügt am Küchentisch der Familie vor einem dampfenden Teller mit köstlichem Gemüseeintopf und stoße mit einem Glas *palinca* auf Rumänien an. Schlafen werde ich im ehemaligen Kinderzimmer zwischen Plüschtieren und Playstation, ein weiterer rumänischer Wanderer wird kurzerhand auf dem Sofa im Wohnzimmer einquartiert. Vorher erklärt er mir allerdings noch lachend auf Englisch, dass ich mir meine Vergiftungserscheinungen nur einbilde: »Du hast statt Leitungswasser eigens abgefülltes Heilwasser aus der Quelle von Sângeorz-Băi (Sankt Georgen) geschenkt bekommen. Das schmeckt bestialisch nach Petroleum, soll aber angeblich Wunder bei Verdauungsproblemen wirken. Um dir das zu erklären, hat sich die Frau den Bauch gerieben – nur hast du es nicht verstanden.«

Als ich nach 53 Tagen den südlichen Terminus der Via Transilvanica erreiche, besteht Alin darauf, mich dort persönlich zu empfangen. »Du bist schließlich die erste Frau, die diesen Weg komplett gewandert ist«, erklärt er mir. »Außerdem könnten vielleicht ein oder zwei Journalisten darüber berichten wollen.«

Gemeinsam laufen wir die letzten beiden Kilometer durch Drobeta-Turnu Severin entlang der Donau, die träge im goldenen Licht der Herbstsonne dahinfließt. Der finale Meilenstein befindet sich direkt am Ufer, wo die Römer im Jahr 105 n. Chr. in gerade mal zwei Jahren Bauzeit die 1,1 Kilometer lange Trajansbrücke errichteten. Heute ist davon lediglich ein verfallenes Fundament zu sehen, an dem uns tatsächlich nicht ein oder zwei, sondern gleich ein ganzes Dutzend Journalisten mit Fernsehkameras und Mikrofonen erwartet. Ein Beitrag über meine Tour wird abends sogar in den rumänischen Nachrichten ausgestrahlt. »Was fühlen Sie am Ende dieses langen Weges?«, fragt mich ein Reporter des Senders TVR. Ich muss nicht lange überlegen: »Ich habe mich in dieses Land verliebt.« Und ich glaube, dass es noch vielen Wanderern auf der Via Transilvanica so ergehen wird.

Für wen:

- **Nostalgiker** können in Transsilvanien erleben, wie es in Deutschland wohl vor fünfzig oder gar hundert Jahren ausgesehen hat: Pferdefuhrwerke, blecherne Milchkannen und Heugabeln sind noch im täglichen Einsatz und nicht nur schöne Deko.
- Wer sich für **Bildhauerei und Steinmetzkunst** interessiert, wird auf der längsten Kunstausstellung der Welt begeistert von einem Meilenstein zum nächsten wandern.

- Die Via Transilvanica verbindet auf einzigartige Weise großartige Natur und spannende Kulturen mit einem sozialen Projekt, das den Menschen vor Ort neue wirtschaftliche Perspektiven bietet. Hier kann man beim Wandern also auch noch **Gutes tun!**

Für Reptilienfreunde:

FLORIDA TRAIL

Land: USA | *Länge:* 1800 km
Schwierigkeit: *** | *Budget:* €€€ | *Jahreszeit:* Winter
Natur: ** | *Kultur:* * | *Special Interest:* Sumpflandschaften mit Alligatoren

»*Foot travel welcome* – Fußgänger willkommen!«, entziffert mein Wanderkumpel Birdnut auf dem braunen Fiberglaspfosten mit dem Logo des Florida Trail (FT) vor uns, der circa dreißig Zentimeter tief im Wasser steckt. Auch der Wanderweg ist komplett überschwemmt. Willkommen fühle ich mich daher nicht…

»Danke fürs Herfahren«, wende ich mich seufzend an meinen Begleiter, der mich zum südlichen Terminus des Trails am Oasis Visitor Center gebracht hat. Eine Busverbindung nach Miami, das auf dem US-Highway 41 gerade mal siebzig Kilometer entfernt ist, gibt es leider nicht. Für den Bau der zweispurigen Landstraße, auch Tamiami Trail genannt, wurde ein breiter Kanal durch das riesige Sumpfgebiet des Big Cypress National Preserve gegraben und der Aushub zu einem erhöhten Straßendamm aufgeschichtet. Am Rand dieses Entwässerungsgrabens, keine zwei Meter von uns entfernt, sonnt sich gerade ein halbes Dutzend Alligatoren. Zwischen ihnen und den zahlreichen Touristen auf dem Parkplatz befindet sich kein Zaun.

»Die Floridianer behaupten, dass Alligatoren bestenfalls Kleinkinder und altersschwache Rentner auf Golfplätzen anfallen«, versucht Birdnut mich aufzumuntern. Vergeblich, denn auf der Fahrt hierher hat er mich bereits vor entflohenen Pythons, schießwütigen Rednecks, illegalen *methlabs* sowie fahruntüchtigen Pensionären gewarnt, die ihren Lebensabend in diesem sonnigen Klima verbringen. Seiner Miene ist anzusehen, dass er keineswegs bedauert, gleich wieder nach Hause zurückkehren zu dürfen.

»*Happy trails!*«, verabschiedet er sich mit einem leicht ironischen Unterton und dem typischen Gruß der US-amerikanischen Thruhiker. Beherzt trete ich mitten auf den überschwemmten Weg und spüre mit tiefem Bedauern, wie sich meine Socken und Schuhe sofort mit dem schokoladenbraunen Sumpfwasser vollsaugen.

Die erste Etappe bis zur Interstate 75 – sinnigerweise »Alligator Alley« genannt – führt mich durchs Big Cypress National Preserve, ein 2900 Quadratkilometer großes Sumpfgebiet. Normalerweise würde ich diese brettflachen fünfzig Kilometer in maximal anderthalb Tagen schaffen. Ich verstehe aber sehr schnell, warum mein Wanderführer drei bis vier Tage veranschlagt: Das Waten durch knöchel- bis hüfthohes Wasser ist selbst mit Trekkingstöcken extrem kräftezehrend. Als die Sonne sich langsam dem Horizont zuneigt, steigt neben der Erschöpfung Panik in mir auf. Der nächste Zeltplatz ist noch fast zwei Kilometer entfernt, und ich komme gerade mal einen guten Kilometer pro Stunde voran! Um mich herum sehe ich nur Wasser und Mangroven, keinen einzigen trockenen Fleck zum Hinsetzen, geschweige denn für ein Zelt. Meine einzige Orientierungsmöglichkeit sind die orangefarbenen Markierungen an den Sumpfzypressen, die ich in der bald einsetzenden Dunkelheit nicht mehr werde erkennen können.

Hastig platsche ich weiter und entdecke voll Entsetzen einen aufgequollenen Schlafsack, der auf dem Wasser treibt. Hundert Meter weiter hängt sogar ein Rucksack in den verschlungenen Mangroven. Kein Wanderer würde seine überlebensnotwendige Ausrüstung einfach so im Sumpf zurücklassen. Ist hier etwa ein Unglück geschehen? Leider werde ich es nie erfahren, doch der Anblick lässt mich alarmiert noch schneller vorwärtseilen.

Vor Erleichterung könnte ich den trockenen Boden küssen, als ich mithilfe meines GPS-Gerätes im allerletzten Tageslicht endlich das Seven Mile Camp erreiche. Es ist nichts anderes als etwa hundert Quadratmeter leicht erhöhtes Gelände, eine sogenannte *hammock.* Hastig errichte ich mein Zelt und falle erschöpft in einen bleiernen Schlaf.

Erst am nächsten Tag kann ich die Schönheit dieses einzigartigen Ökosystems so richtig genießen, wo ein halber Meter Höhenunterschied schon ausreicht, um die gesamte Vegetation zu verändern. Aus einer grünbraunen Prärie von Binsenschneide, dem *saw grass,* ragen gräuliche Sumpfzypressen heraus, auf denen wiederum üppige Bromelien gedeihen. Auf den *hammocks* hingegen wachsen Kiefern, Palmettopalmen und sogar Grapefruitbäume. Ich entdecke Abdrücke von Bärentatzen, im Wasser schwimmen Schildkröten, und sogar eine giftige Wassermokassinotter schlängelt sich an mir vorbei. Alligatoren sehe ich – zumindest vorläufig – nicht mehr.

Nördlich der »Alligator Alley« gelange ich endlich wieder auf halbwegs trockenes Land, der Trail führt hier durch ein Reservat der Seminolen, des einzigen indigenen Volkes Nordamerikas, das zurückgezogen in den unzugänglichen Sümpfen Floridas nie komplett von den weißen Siedlern besiegt worden war. Der Stamm gewährt Mitgliedern der Florida Trail Association ein Permit für ihr Territorium. Das habe ich auch rechtzeitig einen Monat im Voraus beantragt, nur ist es eigentlich erst ab übermorgen gültig. Ich beschließe, es drauf ankommen zu lassen – und laufe schon nach zwei Kilometern einem Stammespolizisten in die Arme.

»Wo kommst du denn her?«, fragt er mich und springt neugierig aus seinem Golf Cart.

»Aus Deutschland«, setze ich an und will gleich offensiv die Sache mit dem Permit klären.

»Da war ich bei der US Army stationiert«, fällt mir der Ordnungshüter freudestrahlend ins Wort und schwärmt: »Das war super, weil die Frauen sich immer oben ohne gesonnt haben.« Mein Permit will er vor lauter Begeisterung über so viel deutsche Barbusigkeit gar nicht sehen, und vom Florida Trail hat er noch nie etwas gehört, obwohl wir direkt neben einer der orangefarbenen Markierungen stehen.

Es bleibt aber nicht meine einzige Begegnung mit der Polizei. Das sonnige Florida zieht zum Überwintern nicht nur Rentner, sondern auch Obdachlose an, von denen sich Thruhiker optisch nicht groß unterscheiden. Wenn die Ortspolizisten den wenig begangenen Florida Trail nicht kennen, verwechseln sie die bärtigen, ungepflegten Wanderer oft mit Landstreichern. Und so hat sich bisher jeder männliche Thruhiker über wiederholte Polizeikontrollen und Behördenschikane beklagt. Als ich also eines Vormittags im strömenden Regen auf einer wenig befahrenen Landstraße entlanglaufe und direkt neben mir ein Streifenwagen hält, denke ich, dass es nun auch mich erwischt hat. Schicksalsergeben will ich schon meinen wasserdicht verpackten Reisepass herauskramen, als der junge Polizeibeamte freundlich lächelnd fragt: »Kann ich Ihnen helfen? Sie sind doch sicher eine Wanderin auf dem Florida Trail.«

»Nein, ich habe alles, was ich brauche«, erwidere ich erleichtert, erkundige mich angesichts des heftigen Niederschlags aber nach dem Wetterbericht.

»Tut mir leid, ich habe heute vor Dienstbeginn kein Radio gehört«, bedauert der Polizist und braust nach einem kurzen Plausch davon – nur um zehn Minuten später wieder zurückzukommen. Vermutlich ist ihm erst jetzt gedämmert, dass er mich eigentlich hätte kontrollieren müssen, überlege ich und greife erneut nach meinen Ausweispapieren. Da ruft der Beamte mir zu: »Ich bin bloß schnell auf den nächsten Hügel mit Handyempfang gefahren, um meine Mutter anzurufen. Sie meint, laut Wetterbericht soll es die ganze nächste Woche regnen.« Ich wusste schon immer, dass Frauen beim Langstreckenwandern klar im Vorteil sind!

Eigentlich herrscht im Süden Floridas ein tropisches Monsunklima, selbst im Januar beträgt die durchschnittliche Tageshöchsttemperatur über 25 Grad, nachts fällt das Thermometer selten in den einstelligen Bereich. Die Wintermonate von Januar bis März sind daher die beste Jahreszeit für diesen Trail, denn im Sommer ist es viel zu heiß und mückenverseucht, dazu herrscht von Juni bis Dezember Hurrikansaison. Nur leider habe ich das Pech, ausgerechnet in einem El-Niño-Jahr unterwegs zu sein, das für extrem kaltes und regnerisches Wetter sorgt – mit vielfältigen Auswirkungen für mich.

Durch den starken Niederschlag ist der Boden so saturiert, dass die Heringe meines Zelts keinen Halt finden – wenn ich überhaupt ein halbwegs trockenes Plätzchen entdecken kann. Da ich leider kein frei stehendes Modell mitgenommen habe, muss ich nachts mehrfach im strömenden Regen hinaus, um meine halb eingestürzte Behausung wieder aufzurichten. Viele Thruhiker sind mit einer Hängematte unterwegs. Allerdings gibt es nicht in allen Abschnitten passende Bäume und auch nur insgesamt acht Schutzhütten auf 1800 Kilometern.

Da der Wetterbericht wieder einmal Nachtfrost ankündigt, lege ich einen Gewaltmarsch zum Madison Shelter ein, das aus Fliegengitter mit einem Blechdach darüber besteht. Zwar befindet sich darin ein kleiner Ofen, den ich mit trockenen Palmwedeln schnell anfeuern kann, doch ohne feste Wände wird nun mein Bauch am Feuer geröstet, während mein Rücken eiskalt bleibt. Als ich am nächsten Morgen aufwache, ist der Ofen aus und meine nassen Socken und Schuhe sind steif gefroren.

Vor allem aber lässt der ständige Regen die Flüsse über die Ufer treten. Die wenigen Thruhiker vor mir haben schon abgebrochen oder mussten auf der Straße um die Überschwemmungsgebiete herumlaufen. Der Wanderführer gibt an, ab welchem Pegelstand die wunderbare Etappe entlang des Suwannee River unpassierbar wird, laut Website des Wasserwirtschaftsamtes ist der Schwellwert fast erreicht. Trotzdem gibt mir der Vorsitzende des FT-Ortsverbandes ein Go und beschreibt eine Umleitung um die zwei kritischen Stellen.

Der gut hundert Kilometer lange Abschnitt entlang des naturbelassenen Suwannee entpuppt sich als echtes Highlight, ist aber extrem anstrengend. Ständig muss ich Nebenflüsse in tiefen Sturzrinnen furten oder auf umgestürzten Baumstämmen queren. Das Wasser ist braun gefärbt, nur dort, wo eine Quelle aus einer Doline hochsprudelt, kristallklar. In den Flussschleifen haben sich traumhaft weiße Sandstrände gebildet, leider ist es viel zu kalt zum Baden. Lange Flechten von Spanischem Moos, passenderweise auch Engelshaar genannt, hängen von den uralten Lebenseichen, Zypressen und Tupelobäumen und verwandeln das fast undurchdringliche Gestrüpp in einen mystischen Märchenwald. Märchenhaft erscheint mir auch der Disappearing Creek, der – wie sein Name schon sagt – einfach komplett in einem Karsttrichter verschwindet.

Weil es am nachfolgenden St. Marks River keine Brücke gibt, rät der Wanderführer, für die Querung ein Fischerboot anzuhalten oder wie ich am Vortag ein Wassertaxi zu bestellen. Doch als ich morgens zur vereinbarten Zeit am Ufer stehe, ist weit und breit kein Boot in Sicht, und natürlich habe ich keinen Handyempfang. Nervös schaue ich immer wieder auf die Uhr, denn schon bald bin ich am anderen Ufer mit einem *trail angel* verabredet, der mich für einen Ruhetag in die Bundeshauptstadt Tallahassee eingeladen hat. Erst nach einer Stunde Wartezeit taucht statt eines Taxis ein kleines Motorboot auf. Ich fuchtle so verzweifelt mit beiden Armen herum, dass die zwei Angler wahrscheinlich einen Notfall befürchten und mich tatsächlich mitnehmen. Rückblickend ist es mir ein Rätsel, wie ich es trotz mangelndem Gleichgewichtssinn und unterentwickelter

Sprungkraft vom schlammigen Ufer in das schaukelnde Boot hinein- und am anderen Ufer wieder hinausgeschafft habe, aber ich komme pünktlich – und trocken – am Treffpunkt an.

Die Unzuverlässigkeit des Wassertaxis hatte einen sehr plausiblen und traurigen Grund. »Gleich nach deinem Anruf kam die Nachricht von einem Todesfall in der Familie. Und in der ganzen Aufregung habe ich dann vergessen, die Abholung zu notieren«, erklärt der Anbieter später am Telefon.

Die nun folgende Bradwell Bay Wilderness ist schon in einem normalen Jahr eine Herausforderung, denn inmitten des riesigen Sumpfgebietes gibt es nur eine einzige trockene Insel. Um sie zu erreichen, muss man über zehn Kilometer durch knöchel- bis hüfthohes Wasser waten. Weil die Holzfäller nicht so weit vordringen konnten, haben sich in dieser Wildnis uralte Zypressen und Kiefern erhalten. Unter El-Niño-Einfluss ist der Florida Trail hier jedoch unpassierbar. Ich muss auf unbefestigte Straßen ausweichen, auf denen ich im wahrsten Sinne des Wortes fast untergehe. Das stellenweise brusthohe Wasser steht nämlich nicht etwa still, sondern hat eine starke Strömung, weil sich über die überschwemmten Forststraßen ein Sumpf in den anderen entleert.

Die dunkelbraune Brühe, durch die ich in den Sumpfgebieten wate, muss ich auch trinken. Trotz der oft abschreckenden Farbe schmeckt das Wasser recht gut, wenngleich ein bisschen schwefelhaltig. Schwierig ist es jedoch am Lake Okeechobee, aufgrund seiner gewaltigen Ausmaße auch Big O genannt. Der Trail teilt sich, um durch endlose Zuckerrohrplantagen auf beiden Seiten um diesen drittgrößten See der USA herumzuführen. Weil vor der Ernte Unkraut und Unterholz lichterloh abgefackelt werden, stehen atompilzartige Rauchwolken über den Feldern. Einzige Wasserquelle sind die kilometerlangen Entwässerungskanäle, in denen sich neben der Brandasche vermutlich auch jede Menge Pestizide sammeln. Die Einheimischen ermahnen mich, dort vor dem Wasserholen laut in die Hände zu klatschen, um die

Alligatoren zu verschrecken, die mich sonst für ein Beutetier halten könnten. Als ob all das nicht schon abschreckend genug wäre, schwimmen auf dem Wasser auch noch jede Menge toter Fische, die durch die ungewöhnlich kalten Temperaturen erfroren sind.

Thruhiker vergleichen den Florida Trail oft mit Perlen auf einer Schnur: Zwischen den beiden Nationalparks am Start- und Endpunkt durchquert er mehr als drei Dutzend Schutzgebiete, Staatsforste und Regionalparks, die mich mit ihrer exotischen Flora und Fauna immer wieder aufs Neue in Erstaunen versetzen. Doch zwischen diesen Perlen liegen schier endlose Straßenabschnitte, mehr als ein Viertel des Weges führt über Asphalt, was ein Grund dafür sein könnte, dass nur sehr wenige Thruhiker die gesamte Strecke laufen. Sie wurde nämlich erst 1983 zum *National Scenic Trail* erklärt, und da stand im dicht besiedelten Bundesstaat Florida einfach nicht mehr genug öffentliches Land für einen durchgängigen Trailkorridor zur Verfügung. Seit ihrer Gründung im Jahr 1966 versucht die Florida Trail Association (FTA), die Route durch Grundstückskäufe und Pachtverträge von der Straße weg auf naturnahe Wege zu verlegen. Angesichts der langen Distanzen und der begrenzten finanziellen Mittel ist das aber ein langer Prozess.

Besonders asphaltlastig ist der Weg im zentralen Florida, wo er die Metropolregion Orlando in einer West- und Ostvariante umgeht. Hier sind besonders viele der hilfsbereiten *trail angels* beheimatet. So lassen mich Jon und Joan, zwei langjährige Ehrenamtliche der FTA, mehrere Nächte in ihrem Haus übernachten. Sie nehmen mich sogar zum monatlichen Treffen ihres Ortsverbandes mit, wo mich die Vorsitzende fragt: »Kannst du uns nicht etwas von deiner Wanderung erzählen?« Und so halte ich zehn Minuten später einen Spontanvortrag vor den höchst interessierten Freiwilligen. Da der Trail vor allem bei Tages- und Wochenendausflüglern beliebt ist, sind Thruhiker ausgesprochen seltene, aber dafür sehr beliebte Gäste. In den anschließenden Gesprächen wird mir bewusst, wie viel Schweiß die oft schon pensionierten Ehrenamtlichen in ihr Herzensprojekt investieren. Die gut 500 aktiven Mitglieder leisten jährlich rund 23 000 Arbeitsstunden, ausgerüstet mit Schutzhelm, Kettensäge und Heckenschneider.

Zu ihnen zählt auch der 82-jährige Ken Smith, der mich ein paar Tage später in seinem Haus beherbergt und mir dabei von einem ganz speziellen – und rekordverdächtigen – Trip erzählt: »*Over eighty across Florida* – Über achtzig durch Florida«. Zusammen mit drei Freunden, allesamt über achtzig Jahre alt, wanderte er in zwei Wochen vom Golf von Mexiko bis zum Atlantischen Ozean, der älteste Mitstreiter war sogar schon neunzig Jahre! »Wie ist es euch denn unterwegs ergangen?«, frage ich den hageren *trail angel,* der trotz seines Alters eine unglaubliche Lebensfreude und Energie ausstrahlt.

»Wir hatten viel Spaß, obwohl ich quasi blind und taub ankam. Erst habe ich mich auf meine Brille gesetzt, und dann ist mein Hörgerät im Regen kaputtgegangen«, kichert der hochgewachsene Senior verschmitzt. »Aber mein neunzigjähriger Kumpel hat danach seiner achtzigjährigen Freundin einen Heiratsantrag gemacht.« Wer wandert, bleibt eben jung!

Rekorde hält auch der »Senator«, eine Sumpfzypresse am Rand von Orlando. Mit einer Höhe von knapp vierzig Metern und einem geschätzten Alter von 3500 Jahren ist sie der fünftälteste Baum der Welt, die größte Zypresse der Vereinigten Staaten und der höchste Baum östlich des Mississippi, als ich auf dem Cross Seminole Trail, einem leider asphaltierten Wander-, Rad- und Reitweg, an ihm vorbeiwandere. Kurz nach meinem Besuch wird dieser beeindruckende Baum durch ein Feuer in sich zusammenfallen, heute ragen seine verkohlten Überreste nur noch knapp sieben Meter in die Höhe. Hier kommen mir zwei Vogelbeobachter entgegen. Kein Wunder, denn aufgrund seines milden Klimas und seiner unterschiedlichen Habitate ist Florida ein Paradies für Ornithologen: Pelikane, Ibisse,

Grau- und Silberreiher, Fisch- und Weißkopfadler und der zart gefärbte Rosalöffler sind hier heimisch.

Im Gegensatz zu mir sind die beiden Naturfreunde an diesem besonders kalten Februartag warm angezogen, bei unserem kurzen Plausch schaue ich neidvoll auf ihre gestrickten Fäustlinge. »Du brauchst die nötiger als ich«, erklärt der eine kurzerhand und streckt mir hilfsbereit seine warmen Handschuhe entgegen. Dabei kennen wir uns gerade mal seit fünf Minuten! »Das kann ich nicht annehmen«, stammele ich leicht überfordert von so viel Großzügigkeit.

»Ist schon in Ordnung«, wiegelt der Hobbyornithologe ab. »Leg sie einfach am Ende der Etappe in den Holzkasten mit dem Gästebuch. Ich nehme sie dann bei meiner morgigen Exkursion wieder mit.« Rednecks hatte ich mir nun ganz anders vorgestellt.

Nicht nur die Vögel, sondern auch die US-Luftwaffe schätzt das milde Klima Floridas. Der Trail führt über drei Militärstützpunkte, die man als Mitglied der FTA und Thruhiker legal durchqueren darf – sofern dort kein Manöver stattfindet. Leider habe ich versäumt, mich rechtzeitig bei der Avon Park Air Force Base zu erkundigen. So stehe ich eines Mittags am südlichen Eingang des riesigen Übungsplatzes und studiere ratlos den dort ausgehängten Wochenplan. »*Closed as required* – nach Bedarf geschlossen«, heißt es dort beim heutigen Datum. Nur: Was bedeutet das? Da ich es ohne Handyempfang eh nicht herausfinden kann, übersteige ich nach dem Prinzip Hoffnung einfach den Zaunübertritt und marschiere los.

Meine optimistische Entscheidung bereue ich schon eine Stunde später, als sich zwei Helikopter nähern und über mir Schüsse abfeuern! Innerhalb von Sekunden verwandelt sich die vorher so friedliche Weidelandschaft in die Kulisse eines Vietnam-Kriegsfilms. Mir bricht der kalte Schweiß aus, und die Gedanken überschlagen sich in meinem Kopf: Was, wenn die Piloten mich übersehen und ich von einem Geschütz getroffen werde? Was, wenn sie mich entdecken und aufgrund widerrechtlichen Betretens einer Militäranlage verhaften? Soll ich auf mich aufmerksam machen oder mich lieber verstecken? Panisch vor Angst ducke ich mich ins dichte Gebüsch, während über mir eine Salve nach der anderen die Luft durchpeitscht.

Erst nach einigen Minuten realisiere ich verblüfft, dass die Kühe um mich herum trotz der dramatischen Geräuschkulisse einfach weitergrasen. Ich blicke noch einmal genauer prüfend gen Himmel, und tatsächlich schweben die Helikopter nicht direkt über mir. Vorsichtig wage ich mich aus meinem Versteck, laufe mit wackligen Beinen ein paar Hundert Meter den Trail entlang und bin nach einer weiteren Stunde von der Ballerei in der Ferne genauso wenig beeindruckt wie die friedlich käuenden Kühe.

Nach diesem nervenaufreibenden Erlebnis bitte ich vor der Durchquerung von Camp Blanding, dem Trainingszentrum der Nationalgarde, bei der Standortleitung um offizielle Genehmigung. »*Yes, ma'am*«, antwortet ein junger Soldat militärisch knapp und beendet unser kurzes Telefonat mit einem zackigen »*Over!*«. Diese Etappe verläuft erfreulicherweise ereignislos.

Während meiner gesamten zwei Monate auf dem Florida Trail treffe ich nur einen einzigen anderen Thruhiker, einen alten Armeeveteranen. Als ich ihm von meinen Erlebnissen auf der Avon Park Air Force Base erzähle, winkt er lachend ab: »Die Schießübungen finden nie direkt über dem öffentlich zugänglichen Teil des Geländes statt. Die Sperrung erfolgt nur, weil theoretisch bei starkem Wind Munition dorthin verweht werden kann. Du hast dich also völlig umsonst gefürchtet.«

Wildzelten ist in den Naturschutz- und Militärgebieten natürlich nicht erlaubt und aufgrund des sumpfigen Geländes oft auch nicht möglich, dafür gibt es insgesamt 176 ausgewiesene Zeltplätze entlang des Trails. Meist handelt es sich dabei lediglich um ein Stück halbwegs trockenen Boden mit einem Feuerring und ein paar umgestürzten Baumstämmen als Sitzgelegenheit. Andere Wanderer treffe ich dort nie, aber auf dem

Swift Creek Campsite am Suwannee River missbraucht nun ausgerechnet ein riesiger SUV die ebene Zeltfläche als Parkplatz! Wütend über den Falschparker, den ich in der Ferne herumballern höre, stelle ich mein Zelt stattdessen versteckt daneben im Gebüsch auf. Dort bemerkt der Jäger mich auch nicht, als er bei Sonnenuntergang zu seinem Fahrzeug zurückkehrt.

Kaum hat er die Heimfahrt angetreten, raschelt es plötzlich im Unterholz. Normalerweise verschwinden Wildtiere sofort, sobald sie mich sehen oder wittern, doch dieses Exemplar nähert sich mir völlig unbeeindruckt, obwohl ich nach einer Woche ohne Dusche wohl genügend olfaktorische Hinweise aussende. Als ich durch das Mesh-Gewebe meines Zelteingangs ein ausgewachsenes und ziemlich kurzsichtiges Gürteltier direkt auf mich zukommen sehe, klatsche ich zur Warnung laut in die Hände. Das aufgescheuchte Armadillo rennt in Panik los und stolpert über meine Zeltschnüre, woraufhin meine Behausung über mir zusammenbricht. Das arme Tier verheddert sich in den Leinen und krabbelt schließlich direkt über mich hinweg, durch die dünne Zeltplane kann ich seine scharfen Klauen auf meinem Rücken spüren. Es dauert eine halbe Stunde, bis sich mein Herzschlag wieder beruhigt hat. Dem Gürteltier wird es wohl ähnlich ergangen sein.

Um Mitternacht werde ich dann durch Motorengeräusche aus dem Schlaf gerissen. Ein schweres Fahrzeug bahnt sich seinen Weg durch die überschwemmten Forststraßen und bleibt ausgerechnet schon wieder auf dem offiziellen Zeltplatz neben mir stehen. Gott sei Dank bin ich nicht dorthin umgezogen! Das fahle Mondlicht beleuchtet selbst die Wipfel der hoch aufragenden Kiefern nur sehr spärlich, sodass mich der Fahrer, genau wie sein Vorgänger, inmitten der üppig wuchernden Sägepalmettos übersieht.

Doch vielleicht wittern mich ja die aufgeregt bellenden Hunde auf der Ladefläche des Pick-ups? Wird er sie aus ihren Käfigen lassen? Aber vor allem: Was macht dieser Mensch hier mitten in der Nacht, im Dunkeln und außerhalb der Jagdsaison? Erzählungen meiner Wanderkollegen über schießwütige Rednecks und skrupellose Drogendealer wirbeln mir durch den Kopf, vermischt mit Sequenzen des Films »Deliverance«. Das Wort Kopfkino erhält plötzlich eine ganz neue Bedeutung … Es dauert eine gefühlte Ewigkeit, bis das Auto im Schneckentempo davonfährt. Das sich immer weiter entfernende Motorengeräusch und Hundegebell hält mich noch mehrere Stunden wach, denn so sehr ich mir auch den Kopf zerbreche, ich finde einfach keine plausible Erklärung für diesen nächtlichen Besuch.

Erst eine Woche später löst Mark, ein *trail angel* und Mitarbeiter des US Forest Service, das Rätsel auf: »Du bist einem *coon hunter*, einem Waschbärjäger, begegnet!« Die in Florida heimischen Tiere haben sich unkontrolliert vermehrt und dürfen daher zu jeder Jahreszeit geschossen werden. Speziell ausgebildete *coon dogs* spüren die nachtaktiven Waschbären auf, die immer hinauf in die Bäume flüchten. In dieser »Sackgasse« strahlt der Jäger sie mit den Autoscheinwerfern oder einer starken Stirnlampe an, ihre reflektierenden Augen geben dann ein gutes Ziel ab.

Am nördlichen Ende verzweigt sich der Florida Trail nochmals in zwei Alternativen. Eine Route führt nach Norden zur Grenze mit Alabama, von wo aus ich auf dem Eastern Continental Trail weiter bis nach Kanada wandern könnte. Ich entscheide mich jedoch für die Variante entlang des Gulf-Island-Nationalparks, wo sich die Landschaft erneut komplett ändert. Die letzten 45 Kilometer geht es durch sanfte Dünen entlang an einem weißen Traumstrand bis zum Endpunkt am historischen Fort Pickens, einer Befestigungsanlage aus dem Britisch-Amerikanischen Krieg.

Wieder einmal holen mich *trail angels* ab, um mich in ihrem sturmflutsicheren Haus auf Stelzen in Pensacola zu beherbergen. Tom, Vorsitzender des FT-Ortsverbandes, hat eine besondere Überraschung für mich. »Du bist der erste Mensch aus

Deutschland, und genauer gesagt sogar die erste Europäerin, die den Trail komplett gelaufen ist«, erklärt er und zeigt mir die Liste mit den *end-to-end*-Wanderern. Vor mir haben das gerade mal gut hundert Thruhiker geschafft. Ich hoffe, dass nach mir noch viele folgen werden, denn der Florida Trail ist zwar flach, aber alles andere als langweilig!

Für wen:

- Der Florida Trail ist am besten geeignet für **risikofreudige Abenteurer** – obwohl Sie dort rein statistisch eher durch Blitzschlag sterben werden als durch einen Alligator, El Niño durchschnittlich nur alle vier Jahre zuschlägt und die mittlerweile 30 000 Nachfahren entlaufener Pythons bisher noch nie einen ausgewachsenen Menschen erwürgt haben.
- Für diese Risikobereitschaft werden **Botaniker, Vogelbeobachter und Reptilienfans** mit einer einzigartigen Flora und Fauna belohnt – auch wenn die Landschaft brettflach ist. Alpen kann jeder, doch wer kann schon von Sümpfen mit Alligatoren und Mangroven berichten?
- Allerdings sollten Sie für diese Tour keine Angst vor feuchten Füßen haben und generell ein **Freund des nassen Elementes** sein. In den gut zwei Monaten meiner Wanderung hatte ich an gerade mal fünf Tagen trockene Schuhe.

Für Ostalgiker:

INTERNATIONALER BERGWANDERWEG DER FREUNDSCHAFT EISENACH–BUDAPEST

Land: Deutschland, Tschechien, Polen, Slowakei, Ungarn | *Länge:* 2700 km
Schwierigkeit: ** | *Budget:* € | *Jahreszeit:* Frühjahr bis Herbst
Natur: ** | *Kultur:* ** | *Special Interest:* Kultweg durch Osteuropa

Nachdem ich meinen Vortrag im Kulturhaus des sächsischen Ortes Aue beendet und schon mehr als ein Dutzend Publikumsfragen beantwortet habe, lasse ich meinen Blick abschließend durch den Saal wandern: keine weiteren Wortmeldungen. Ich setze also zur Verabschiedung an, da springt urplötzlich ein Herr aus der ersten Reihe auf und stürmt auf die Bühne. Als er dann auch noch etwas aus der Brusttasche seiner Jacke zieht, werfe ich einen alarmierten Blick zum Veranstalter, der mir bereits zu Hilfe eilt.

»Ich komme von der Interessengemeinschaft Eisenach–Budapest und möchte Ihnen für Ihre Wanderung auf dem Internationalen Bergwanderweg der Freundschaft das rote Ehrenabzeichen verleihen«, erklärt da der vermeintliche Angreifer und überreicht mir strahlend ein kleines Kästchen mit einer Anstecknadel. Einige der Zuschauer klatschen, der Veranstalter zieht sich erleichtert an den Techniktisch zurück, und ich nehme die Auszeichnung gerührt entgegen. Eine Vorwarnung wäre trotzdem nicht verkehrt gewesen. Dabei hätte ich in Aue, das direkt am Weg liegt, eine solche Überraschung eigentlich erahnen können. Denn: »Der EB ist Kult!« So steht es schon auf der Website der Interessengemeinschaft EB, wie der Weg von Eisenach nach Budapest abgekürzt wird. Dort ist auch das alte Reglement abgedruckt, nach dem die vier Stufen dieses Ehrenabzeichens vergeben werden, und man kann die alten Stempelhefte bestellen – alles made in DDR. Das jährliche Treffen der EB-Wanderer findet ebenfalls immer in den neuen Bundesländern statt. Kein Wunder, denn der EB war der einzige grenzüberschreitende Fernwanderweg des ehemaligen Ostblocks.

Die Idee entstand 1980 beim XIV. Internationalen Touristentreffen der Freundschaft in Eisenach und Wilhelmstal, zu dem der Kulturbund der DDR auch Delegationen aus der Tschechoslowakei und der Volksrepublik Polen geladen hatte. Ursprünglich sollte die Route sogar über den Kom-Emine-Weg bis nach Bulgarien ans Schwarze Meer führen. Doch Rumänien hatte nicht genug Geld und Kapazitäten für ein solches Outdoorprojekt, und wegen Titos liberalem Sonderweg wollte man die Strecke nicht durch Jugoslawien verlegen. Also wurde Budapest als Endpunkt gewählt. Ein Bezug zur heiligen Elisabeth, die in Ungarn geboren wurde und als Landgräfin von Thüringen in Eisenach wirkte, war bei der Wahl des Start- und Endpunktes jedoch nicht beabsichtigt. Bereits am 28. Mai 1983 wurde der EB mit einem Festakt auf der Wartburg eröffnet und von den Funktionären auf der ersten Etappe zum Großen Inselsberg »angewandert«.

Die ersten 110 Kilometer des EB eignen sich in der Tat hervorragend zum Einlaufen, denn sie folgen dem ältesten und meistbegangenen Weitwanderweg Deutschlands, dem Rennsteig. Als Rynnestig wurde er bereits in einer Urkunde aus dem Jahr 1330 erwähnt, heute sind pro Jahr um die 100 000 Wanderer darauf unterwegs. Mit »Gut Runst« gibt es sogar einen speziellen Rennsteig-Gruß. Mich persönlich begeistern am meisten die zahlreichen Schutzhütten in Hilton-Qualität, denn selbst im April stapfe ich hier durch verharschten Altschnee.

Nach dem Abstieg vom Großen Inselsberg entdecke ich in der Abenddämmerung direkt am Wegesrand einen verglasten und sogar geöffneten Container, wahrscheinlich das Überbleibsel einer Langlaufveranstaltung. In dieser futuristisch anmutenden Behausung liege ich zwar wie auf dem Präsentierteller, aber das ist immer noch verlockender, als mein Zelt auf Schnee aufbauen zu müssen. Außerdem wird nachts ja wohl niemand durch den verschneiten Wald kommen. Denke ich jedenfalls.

Ich bin gerade sanft eingeschlummert, als um 22 Uhr der Strahl einer Taschenlampe den Container streift. Wahrscheinlich ein verspäteter Wanderer, denke ich nicht sonderlich besorgt, als sich die Schritte bereits wieder entfernen. Um Mitternacht erleuchten plötzlich grelle Autoscheinwerfer meine Behelfsunterkunft. Schlagartig bin ich hellwach und realisiere mit wachsender Panik, dass das Fahrzeug in unmittelbarer Nähe meines Schlafplatzes anhält. Autotüren klappen, Taschenlampen blitzen auf, mit angehaltenem Atem höre ich Fetzen einer gedämpften Unterhaltung. Entsorgt hier jemand illegal Müll? Oder gar eine Leiche? Nach zehn Minuten ist der Spuk vorbei, das Auto verschwindet langsam in die Nacht, und draußen sind weder weggeworfene Müllsäcke noch Körperteile zu sehen. Kaum ist mein Adrenalinspiegel wieder etwas gesunken, taucht schon das nächste Fahrzeug auf! Weitere drei Male halten in dieser Nacht Autofahrer direkt vor meiner Unterkunft, leuchten im Wald mit ihren Taschenlampen herum und verschwinden dann wieder. Entnervt, aber glücklicherweise unentdeckt, verlasse in der Morgendämmerung diesen unheimlichen Ort, der nächtliche Besucher anzieht wie das Licht die Motten.

»Was war denn da los?«, frage ich ein paar Tage später meinen Wanderkollegen Gerhard und erläutere mehrere wilde Theorien über kriminelle Aktivitäten nachts im Wald.

»Das einzig Illegale daran war, dass man ohne Genehmigung nicht einfach im Wald herumfahren darf«, erklärt mir Gerhard lachend, der hauptberuflich als Förster arbeitet. »Das waren höchstwahrscheinlich harmlose Nacht-Geocacher!« Von dieser Art Schnitzeljagd per GPS habe ich schon gehört, aber ich wundere mich: »Wie soll das denn in der Dunkelheit funktionieren?«

»Die Nachtcaches sind mit fluoreszierender Farbe oder Reflektoren markiert, die man eben nur nachts mit einer Taschenlampe entdecken kann«, klärt Gerhard mich auf – und ich muss rückblickend lachen über meine abstrusen Vermutungen.

Nach dem Fall der Mauer 1989 wurde der EB größtenteils in das Europäische Fernwanderwegenetz integriert, nur die 731 Kilometer lange Strecke durch Deutschland wird weiterhin eigenständig mit dem EB-Logo markiert. Nach dem Rennsteig wandere ich zunächst malerisch an der Saale, dann durch das Vogtland und an der tschechischen Grenze entlang bis zum Erz- und Elbsandsteingebirge.

Bei Hřensko führt mich der erste von insgesamt sieben Grenzübergängen direkt in einen Kulturschock. Vor Dutzenden von tschechischen Verkaufsständen warten Gartenzwerge, Buddha- und Marienstatuen, römische Göttinnen und pausbäckige Putten auf Käufer, daneben Restaurants und Imbissbuden auf hungrige Touristen, die in Heerscharen auf dem Weg zum Prebischtor, der größten natürlichen Sandstein-Felsbrücke Europas, vorbeidefilieren. In den nun folgenden Sudeten geht es jedoch meist geruhsamer zu, fast täglich durchwandere ich ein neues »Gebirge«: Böhmische Schweiz, Lausitzer Gebirge, Jeschkengebirge, Isergebirge, Bober-Katzbach-Gebirge, Glatzer Schneegebirge, Altvatergebirge. Diese Bezeichnungen waren vielleicht noch meinen Großeltern geläufig, für mich klingen sie zunächst – passend zur Region – wie »böhmische Dörfer«.

Dreimal schlägt der EB eine große Schlaufe, die allerdings nicht dem Umweg zu Sehenswürdigkeiten geschuldet ist, sondern dem Grenzverlauf. Zu Zeiten des Eisernen Vorhangs konnten die Wanderer nicht wie heute einfach über die grüne Grenze, sondern mussten die weit auseinanderliegenden offiziellen Straßenübergänge benutzen. Probleme beim Übertritt gab es trotzdem, wie der erste EB-Thruhiker im Jahr 1987 erleben durfte. Der Erfurter Kinderarzt Dr. Wolfgang Buchenau, der die Strecke damals in gerade mal 74 Tagen absolvierte, wurde am polnischen Kontrollpunkt Międzylesie von einem misstrauischen Milizionär für einen heimlichen Grenzgänger gehalten, erst nach einem »klärenden Gespräch« auf der Polizeistation durfte er weiterziehen.

Da die erste dieser Schlaufen das berühmte Riesengebirge im Hirschberger Kessel umgeht, verlasse ich auf Anraten des Wanderführers die EB-Route und laufe stattdessen vierzig Kilometer lang direkt auf der tschechisch-polnischen Grenze im gleichnamigen Nationalpark weiter. Hier kann ich mein Trinkwasser aus der reich geschmückten Elbequelle schöpfen und die 1603 Meter hohe Schneekoppe besteigen, den höchsten Berg Tschechiens und des Sudentengebirges. Dabei stoße ich auf zwei ältere Herren, die sich gerade in breitem Sächsisch über die spektakuläre Aussicht unterhalten.

»Können Sie bitte mal ein Foto von mir machen?«, frage ich die beiden spontan angesichts des tollen Hintergrundmotivs, und wir kommen ins Plauschen. Die Rentner sind schon seit DDR-Zeiten regelmäßig auf dem Trail unterwegs, früher allerdings zu dritt. »Aber dann ist unser Freund viel zu früh an Krebs verstorben«, erzählen sie und bieten mir zu meiner Überraschung ein Stück Streuselkuchen an. »Das war sein Lieblingsgebäck, das wir auf allen Touren dabeihatten. Jetzt essen wir immer ein Stück zu seinem Andenken. Wollen Sie mal probieren?« Gerührt nehme ich das Angebot an. Kauend legen wir noch eine Gedenkminute ein, bevor wir in unterschiedliche Richtungen weiterziehen.

Das Riesengebirge erhebt sich bis weit über die Baumgrenze. Mit seinen steil abfallenden Gletscherkaren, den Bergseen und Felsenmeeren fühle ich mich fast wie im Hochgebirge. Doch die Sudeten sind genau wie die nachfolgenden Beskiden ein Mittelgebirge, große technische Herausforderungen für den Wanderer gibt es hier nicht. An sonnigen Wochenenden begegne ich daher auch wahren Heerscharen von Touristen, die auf gut ausgebauten Pfaden Berge wie die beliebte Schneekoppe oder den Altvater stürmen. Die Kammwege sind hervorragend markiert, selbst die schwer zu begehenden Blockfelder werden auf Wegen aus kunstvoll geschichteten Steinen gequert. Nur bei Gewitter möchte ich nicht auf den teilweise sehr ausgesetzten Bergrücken laufen, aber davon bleibe ich bei dieser Tour glücklicherweise verschont.

Nach der 400 Kilometer langen Strecke durch die Sudeten erreiche ich an der Mährischen Pforte den Übergang in die Beskiden. Doch bevor ich die in Angriff nehme, habe ich am 9. Juli etwas zu feiern: meinen fünfzigsten Geburtstag! Da im Sommer nun mal beste Wandersaison ist, habe ich diesen Tag seit Beginn meiner Outdoorlaufbahn fast immer auf irgendeinem Trail gefeiert, dieses Mal in dem Ort Hradec nad Moravicí, der zufälligerweise sogar die Mitte des EB markiert. Hradec, auf Deutsch Grätz, und das nahe gelegene Opava, zu Deutsch Troppau, symbolisieren besonders gut die wechselhafte Geschichte dieser Region, die mir der Besitzer meiner schicken Unterkunft begeistert erzählt: »Troppau gehörte seit dem 16. Jahrhundert zu Schlesien und damit zum Habsburgischen Österreich. Mit der Gründung der Tschechoslowakei nach dem Ersten Weltkrieg wurde die Stadt 1918/19 tschechisch, kam aber 1938 unter deutsche Verwaltung. Nach der Befreiung durch die sowjetischen Truppen wurde die deutschsprachige Bevölkerung vertrieben und das Gebiet wieder in die Tschechoslowakei eingegliedert, heute gehört es zu Tschechien.«

Als ich an meinem Ruhetag durch das idyllische Städtchen bummele, erinnern einige deutsche Schriftzüge an die Vergangenheit. Viele der Häuser sind auf Hochglanz renoviert, andere Gebäude hingegen dem Verfall nahe. In einem schicken Restaurant genehmige ich mir ein dreigängiges Geburtstagsmenü und beobachte auf der Sonnenterrasse das geschäftige Treiben auf den Straßen der Universitätsstadt. Spätestens beim Cocktail in der gegenüberliegenden Bar stelle ich wieder mal fest: »*Life is good* – das Leben ist schön!«

Ich komme dank der kleinen, aber feinen *trail community* des EB sogar noch zu einer nachträglichen Geburtstagsfeier und einem Überraschungsgeschenk. Mit Jana, genau wie ich Solowanderin, verabrede ich mich in der Bergbaude am 1129 Meter hohen Radhošť, zu Deutsch Radegast, benannt nach dem slawischen Kriegs- und Siegesgott. Das Hotel ist ein traditioneller Holzbau mit leicht antiquierten Zimmern, doch das Essen im Restaurant ist hervorragend. Ich ordere gleich zwei Nachtische, man wird ja nur einmal fünfzig. Jana ist aufgrund der günstigen Preise in Osteuropa wie die meisten EB-Wanderer ohne Zelt unterwegs, erschwingliche Unterkünfte gibt es an jeder Etappe. Ich bevorzuge wie immer Camping, bin angesichts ihrer lustigen und abenteuerlichen Erlebnisse in den unterschiedlichsten Herbergen allerdings fast ein wenig neidisch.

Kurz darauf kontaktieren mich Anne und Ulli, die einzigen anderen Wanderer in dieser Saison: »Durch deine Posts haben wir von deinem Geburtstag erfahren und wollen dir eine kleine Überraschung bereiten. Wenn du in der Slowakei durch Bardejov kommst, such bitte die Pension Hradby auf. Dort ist ein kleines Geschenk hinterlegt. Der Wirt wohnt im Haus, spricht englisch und weiß Bescheid.«

Das lasse ich mir nicht zweimal sagen! Wenige Tage später halte ich einen liebevoll bemalten und verschnürten Karton in den Händen. Auf die Vorderseite hat Ulli den Marktplatz von Bardejov gezeichnet, dessen Altstadt sogar UNESCO-Weltkulturerbe ist. Drinnen befinden sich alle möglichen slowakischen Leckereien, von dem Cola-Äquivalent Kofola bis zur einheimischen *studentska*-Schokolade mit Erdnüssen und Himbeergelee. Anne und Ulli treffe ich später nicht nur auf dem Trail, wir halten auch nach Abschluss unserer Wanderungen weiter Kontakt und feiern im Folgejahr gemeinsam mit Jana in Erfurt eine Thruhiker-Party, stilecht für den EB mit Thüringer Bratwurst und Rostbrätel.

Das Etappen-Highlight in den nun folgenden Beskiden ist der Nationalpark Malá Fatra. Schon beim unglaublich steilen Aufstieg aus dem Ort Strečno bin ich begeistert vom Blick auf den Domašín-Mäander, eine 180-Grad-Schlaufe des Flusses Waag. Weiter geht es mit einer atemberaubenden Gratwanderung mit Rundumpanorama über alle Gipfel, höchster Berg ist der 1709 Meter hohe Veľký Kriváň. Doch auf den beliebten Kammwegen tummeln sich nicht nur Wanderer und Mountainbiker …

Weil ich am nächsten Abend – schon am Rande der Hohen Tatra – partout kein sichtgeschütztes Wäldchen finden kann, schlage ich mein Zelt notgedrungen direkt auf dem Bergrücken inmitten von Blaubeersträuchern auf. Bei Sonnenaufgang werde ich äußerst unsanft geweckt, als ein Jeep auf dem Kammweg an mir vorbeibrettert. Ein Förster, der mich jetzt gleich zu einer Geldstrafe wegen illegalen Wildzeltens verdonnern wird? Oder gar ein Jäger auf der Pirsch? Ich lausche noch in die morgendliche Stille hinein, als plötzlich ein Donnerschlag mein Zelt wackeln lässt. Das klingt nicht nach Jagdgewehr, sondern eher nach Kanone!

Alarmiert werfe ich einen Blick hinaus und werde von zwei Männern mit einem freundlichen »*Dobrý deň* – Guten Tag!« begrüßt. Der Jeep parkt in ein paar Hundert Metern Entfernung, und mehrere Männer, Frauen und Kinder schwärmen gerade in alle Richtungen aus. Keiner von ihnen interessiert sich sonderlich für mich, sie sind voll konzentriert auf die Blaubeeren, die sie routiniert mit Beerenkämmen von den Büschen ziehen. Obwohl wir uns außerhalb des Nationalparks befinden, vermute ich, dass die Beerensammlertruppe ähnlich gesetzeswidrig unterwegs ist wie ich – der Jeep hat nämlich kein Kennzeichen.

Doch was sollen die Donnerschläge, die nun schon wieder den Boden zum Beben bringen? Als ich in Windeseile mein Zelt zusammenpacke, dämmert es mir: Hier in der Hohen Tatra, im Grenzgebiet zwischen der Slowakei und Polen, leben geschätzt hundert Bären. Einige der Tiere haben ihre natürliche Scheu vor Menschen verloren und wagen sich bis in die Städte vor, um in den Mülltonnen nach Futter zu suchen. In manchen Orten geht die Polizei sogar auf »Bärenpatrouille« und verjagt die Tiere mit Warnschüssen und Sirenengeheul. Um Meister Petz nicht zu überraschen und damit einen Angriff zu provozieren, haben die Beerensammler aber wohl eher Chinaböller im Einsatz. Nach meinem überstürzten Aufbruch begegne ich zwar keinem Bären, dafür liegt mitten auf dem Weg eine Kreuzotter. Wir ignorieren uns einfach gegenseitig.

Die Wandermetropole der Beskiden ist das polnische Zakopane, in das ich nun nach meinem fünften Grenzübergang gelange. Jetzt in der Hochsaison schieben sich Massen von Touristen durch die Fußgängerzone, wo sich Outdoorläden an Souvenirshops und Eisdielen reihen. Die zahlreichen Skilifte in der Umgebung lassen ahnen, dass nicht nur im Sommer viel los ist. An Verkaufsständen wird *Oscypek* angeboten, ein geräucherter Käse aus Schafsmilch, der für eine besonders dekorative Form in Modeln gepresst wird und sich hervorragend als Wanderproviant eignet. Mir wird der Trubel bald zu viel, und ich wandere nach einem Ruhetag weiter. Der EB führt mich jedoch nicht durch die Hohe Tatra, das flächenmäßig kleinste Hochgebirge der Welt, sondern streift bloß das Almenvorland, das Podhale.

Danach schlägt der Weg eine letzte 195 Kilometer lange Schlaufe, um am Duklapass wieder von Polen in die Slowakei zu wechseln; heutzutage kann man diesen riesigen Umweg auf dem Europäischen Fernwanderweg E3 auf gut fünfzig Kilometern abkürzen. Im für mich unaussprechlichen Sátoraljaújhely erreiche ich dann das fünfte Land am EB, Ungarn. Hier läuft der EB mit einem anderen Kultweg zusammen, dem Országos Kéktúra, übersetzt »Nationaler Blauer Weg«. Auf knapp 1100 Kilometern durchzieht er hervorragend markiert den gesamten

Norden Ungarns, der EB folgt ihm aber nur bis zur Hälfte nach Budapest.

Auf diesen letzten gut 550 Kilometern wird es für EB-Wanderer bergtechnisch sehr gemütlich. Die Route führt zwar über den höchsten Gipfel des Landes, doch der Kékes im Mátra-Gebirge ist lediglich 1014 Meter hoch. Neben der Gipfelmarkierung gibt es daher auch keine Gedenktafel für verunglückte Bergsteiger, sondern für Motorradfahrer. Freunde und Familien der Unfalltoten haben zum Andenken Motorradhelme und -reifen, bemalte Steine und vor allem jede Menge Fotos niedergelegt. Nachdenklich blicke ich in die strahlend lachenden Gesichter dieser viel zu früh verstorbenen jungen Männer.

Die fehlende Alpinkulisse wird in den ungarischen Mittelgebirgen Mátra und Bükk durch wunderschöne alte Buchenwälder wettgemacht. Nirgendwo sonst in Europa habe ich so viel Wild gesehen wie in Ungarn: Rot- und Damwild, Wildschweine und vor allem Mufflons laufen mir täglich über den Weg. Kein Wunder, dass mir eines Morgens zwei Jäger mit Filzhut und Schrotflinte begegnen, die sich erstaunlicherweise auf Deutsch unterhalten. Ungarn ist ein beliebtes Ziel für Jagdtouristen, auch hier handelt es sich um einen deutschen Jäger mit dem Revierförster als Führer. Angesichts der frühen Uhrzeit ist es ziemlich offensichtlich, dass ich im Wald übernachtet habe. Deshalb frage ich den einheimischen Forstbeamten ganz direkt: »Ist Wildzelten wirklich erlaubt?« Zu meiner großen Freude bestätigt er, was ich schon in meinem Wanderführer gelesen habe: »Ja, für maximal 24 Stunden darf man ganz offiziell im Wald zelten, ausgenommen natürlich in Schutzgebieten. Allerdings ist im Sommer offenes Feuer streng verboten.« Spätestens jetzt zählt Ungarn zu meinen liebsten Wanderländern!

Als ich am nächsten Tag an einem eingezäunten Freigelände vorbeiwandere, traue ich meinen Augen nicht. In knöcheltiefem Schlamm suhlt sich ein Dutzend Tiere, die wie eine Kreuzung aus Schaf und Schwein aussehen. Eine kurze Internetrecherche ergibt, dass es sich tatsächlich um sogenannte Wollschweine oder Mangalica handelt, mit bis zu siebzig Prozent Fettanteil an der Gesamtkörpermasse eine der fettesten und vor allem schmackhaftesten Arten der Welt. Aufgrund ihres Haarkleides und der dicken Speckschicht müssen sie nicht im Stall gehalten werden, sondern können den ganzen Winter über draußen verbringen. In den 1970er-Jahren schon fast ausgestorben, erfreut sich diese ungarische Schweinerasse heute wieder großer Beliebtheit bei Gourmets.

In Ungarn liegen außerdem gleich zwei UNESCO-Weltkultur- und -Naturerbestätten am Weg. Das Dorf Hollókő ist eine Art lebendiges Freilichtmuseum, denn die 58 weiß getünchten Walmdachhäuser werden noch immer bewohnt. Gut, dass ich nicht im April hier bin, denn zu Ostern übergießen die Junggesellen des Dorfes die Mädchen mit einem Kübel Wasser – sehr zur Belustigung der Touristen. Im Aggtelek-Nationalpark geht es dafür unter die Erde. 280 Höhlen gibt es, die 25 Kilometer lange Baradla-Höhle erstreckt sich sogar bis in die Slowakei. Die Besichtigung führt mich unter anderem in die riesige »Konzerthalle«, in der wegen der hervorragenden Akustik Musikveranstaltungen zwischen den Tropfsteingebilden stattfinden. Dazu sollte man sich allerdings warm anziehen, denn die Temperatur beträgt das ganze Jahr nur um die zehn Grad.

Mich persönlich begeistern allerdings am meisten die Thermalbäder. In Sárospatak, Eger und zum Abschluss in Budapest kann ich meine müden Knochen im heißen Wasser ausstrecken und dabei die Einheimischen beobachten, die auf schwimmenden Brettern Schach spielen.

Auf den letzten Etappen des EB steht die Donau im Mittelpunkt, die bei Visegrád mit der Fähre gequert wird. Und dann endet der Weg ganz unspektakulär in einem Außenbezirk von Budapest an der Endhaltestelle der Kindereisenbahn, die bis auf den Lokführer ausschließlich von zehn- bis vierzehnjährigen Kindern ehrenamtlich betrieben wird. Nur ein unscheinbares

Schild mit einer Karte, gestiftet von einer deutschen Wandergruppe, verweist auf den EB.

Warum sollte man nun ausgerechnet diesen Weg wandern? Die Website des EB gibt gleich mehrere Antworten: wunderbare Landschaft, günstige Preise, keine Kommerzialisierung, Gemeinschaft der Mitwanderer, historische Bedeutung. Und das stimmt auch alles. Doch am besten trifft es für mich immer noch der Satz: Der EB ist Kult!

Für wen:

- Wie kaum eine andere Strecke ist der EB ein faszinierender Rundgang durch einen Teil der **europäischen Geschichte.** Wegkreuze und Friedhöfe, Kriegerdenkmäler aus den letzten beiden Jahrhunderten und kommunistische Gedenktafeln bieten immer wieder Einblicke in die bewegte Vergangenheit Osteuropas, die Städte sind historische und kulturelle Schatzkästchen.
- Wer gerne etwas **luxuriöser** unterwegs ist, kann auf Zelt und Campingausrüstung verzichten. Schon für wenig Geld bekommt man hervorragende Unterkünfte und leckeres Essen. Die vielen Kurorte und Thermalbäder mit dem morbiden Charme vergangener Zeiten bieten dazu eine besonders mondäne Kulisse.
- Neben den verschiedenen Jakobswegen ist der EB der einzige europäische Fernwanderweg mit einer internationalen ***trail community*** – einschließlich jährlicher Treffen, Abzeichen und Internetbörse. Es gibt zwar keine *trail angels,* aber die braucht es angesichts der guten Versorgungslage und öffentlichen Verkehrsmittel auch gar nicht.

Für Abenteurer:

GREATER PATAGONIAN TRAIL

Land: Chile, Argentinien | *Länge:* 3200 km
Schwierigkeit: *** | *Budget:* €€€ | *Jahreszeit:* Winter
Natur: *** | *Kultur:* * | *Special Interest:* Wildnisabenteuer von Vulkanwüste bis Gletscher

Nach gerade mal zwei Stunden auf dem Greater Patagonian Trail (GPT) verfluche ich den Weg zum ersten Mal. Mit einer Woche Proviant im schweren Rucksack klettere ich durch dichten Bambusdschungel über umgestürzte Baumriesen, als plötzlich meine Augen jucken und meine Nase trieft. Alarmiert betrachte ich mit meiner Smartphone-Kamera mein fast komplett zugeschwollenes rechtes Auge und stelle fest: Ich bin wohl heftig allergisch gegen den Bambusblütenstaub!

Vier Stunden und 1500 Höhenmeter weiter sind die Allergieattacke und der steile Aufstieg über überwucherte Pfade und Altschneefelder bereits wieder vergessen. Der atemberaubende Ausblick auf die schneebedeckte Vulkanlandschaft des Antillanca verwandelt mein Stimmungstief in pure Euphorie.

Doch schon sechzig Minuten später schickt ein unpassierbarer Felsausbruch meine Gefühle erneut auf Talfahrt. Beim Versuch, das Hindernis zu umgehen, rutsche ich auf einem steilen Altschneefeld unkontrolliert mehrere Meter in die Tiefe. Als ich mit wackeligen Knien gerade noch rechtzeitig zum Stehen komme, hat der verharschte Schnee meine Hände aufgeschürft und meine Finger in Eisklumpen verwandelt. Auf den letzten hundert Metern bis zum ersten Zeltplatz dieser Tour stürze ich aus purer Erschöpfung weitere zwei Male im steinigen Gelände und reiße mir die Hose auf. Nach jämmerlichen 24 Tageskilometern sinke ich am Ende meiner Kräfte auf meine Isomatte und stelle fest, dass der GPT kein Trail wie jeder andere ist.

Der Schöpfer des Greater Patagonian Trail, der Deutsche Jan Dudeck, erklärt in seinem *Trail Manual* sogar ganz explizit: Der GPT ist kein Wanderweg! Er ist ein informelles Routennetzwerk aus *cross-country*-Abschnitten, Wegen und Straßen, die für alle möglichen Zwecke angelegt wurden, nur nicht zum Wandern. Die Idee für den GPT kam dem outdoorbegeisterten Ingenieur, als er für mehrere Jahre in Chile lebte und in diesem riesigen Land außer den bekannten Treks im weltberühmten Nationalpark Torres del Paine kaum Wanderwege finden konnte. Seine chilenische Freundin, eine begeisterte Reiterin, war jedoch oft zu Pferd auf alten Viehrouten unterwegs. Diese informellen Strecken sind zwar nicht auf offiziellen Landkarten verzeichnet, aber auf den Satellitenaufnahmen von Google Earth gut zu erkennen. Dudeck versuchte also am Computer, diese Pfade zu einer durchgängigen Route durch ganz Patagonien zu verknüpfen. Wo es aufgrund des dichten Waldes keine gangbaren Wege gibt, wich er auf Flüsse und Seen aus. Im Sommer 2013/14 wanderte und paddelte er zusammen mit seiner späteren Frau Meylin erstmals den per Satellitenbild geplanten Trail, damals noch ohne jegliche Erfahrung mit dem Packraft, einem leichten Schlauchboot für die Wasserpassagen.

Mittlerweile umfasst die Hauptroute des GPT gut 3000 Kilometer von den Außenbezirken der Hauptstadt Santiago de Chile bis zum Campo de Hielo Sur, dem größten Eisfeld Patagoniens. Dazu kommen eine Verlängerung nach Feuerland und Dutzende von Varianten, sodass das komplette Routennetzwerk aus 20 000 Kilometern besteht. 86 Prozent der Hauptroute verläuft in Chile, 14 Prozent in Argentinien. Während man im nördlichen Teil, vornehmlich Halbwüste und Vulkangebiete, gut allein zu Fuß durchkommt, benötigt man im dichten Regenwald und in den Gletschergebieten des Südens zwingend ein Packraft.

Ich habe für meine Tour allerdings keines dabei und bin nun am Lago Todos los Santos im Nationalpark Vicente Pérez Rosales auf den Bootstransfer eines Siedlers angewiesen. Der See ist in etwa so groß wie der Lago Maggiore in Italien und von dichtem valdivianischen Regenwald umgeben. Mit dem Bus oder Auto kann er nur über eine einzige Straße am Westufer erreicht werden, ich jedoch komme aus dem Süden.

Chile ist kein billiges Land, fast hundert Euro kostet die Bootsfahrt, zahlbar per Vorkasse. »Lauf schon mal voraus bis ans Ufer. Ich komme dann mit dem Pferd nach«, erklärt mir Rudy Yefy an seiner Hütte mitten im Regenwald, nachdem ich ihm das Geld übergeben habe. Verlaufen kann ich mich dabei nicht, denn der einzige Weg ist durch Erosion streckenweise bis zu zwei Meter tief in die Erde eingeschnitten. Hier regnet es dreimal so viel wie in Deutschland, sodass ich mehrfach knöcheltief im Schlamm versinke. Beim Furten einiger Bäche und Flüsse wird der Dreck immerhin wieder aus Schuhen und Socken gespült. Drei Stunden brauche ich zu Fuß für die sechs Kilometer von Yefys Hütte bis zum Strand. Der alte Siedler überholt mich unterwegs zu Pferd, doch am See finde ich zunächst niemanden vor. Erst nach einer halben Stunde nervösen Wartens nähert sich ein kleines Motorboot. Statt Cowboyhut und Poncho trägt Yefy jetzt Rettungsweste und Sonnenbrille.

»Ich musste noch mein Pferd parken und das Boot aus seinem Versteck holen«, erklärt er mir, als er geschickt Benzin aus einem Kanister in den Außenbordmotor nachfüllt. Erst jetzt stelle ich fest, dass an seiner linken Hand alle drei mittleren Finger fehlen, wahrscheinlich ein Arbeitsunfall. Das bringt mich ins Grübeln.

»Wie weit ist es denn von Ihrem Haus bis in die nächste Stadt zum Einkaufen oder ins Krankenhaus?«, frage ich vorsichtig beim Einstieg in das schwankende Boot. Als Antwort bekomme ich keine Kilometer-, sondern eine Stundenangabe: »Wenn das Wetter mitspielt, zwei Stunden mit dem Pferd zum See, dann mindestens eine Stunde mit meinem Boot zur Straße und von dort mehrere Stunden mit dem Bus in die Stadt.« Als wir durch die mannshohen Wellen ordentlich durchgeschüttelt am anderen Ufer anlegen, komme ich mir vor wie ein Weichei. In Deutschland kann ich bei jedem Wehwehchen einfach zum Arzt gehen oder sogar den Krankenwagen rufen, während diese Siedler im Notfall komplett auf sich allein gestellt sind.

Doña Luisa, in deren Küche ich einige Tage später sitze, braucht zu Pferd sogar anderthalb Tage bis zur nächsten Einkaufsmöglichkeit! Ihr Holzhaus liegt am Ende des Cochamó-Tals, das aufgrund der schroff aufragenden Granitfelsen Yosemite Chiles genannt wird und bei Trekkern sehr beliebt ist. Die gut sechzigjährige Siedlerin verdient sich ein kleines Zubrot, indem sie hungrige Wanderer wie mich auf ihrem Holzfeuerherd bekocht. Fleisch und Gemüse für den Eintopf kommen direkt von den Weiden rund ums Haus und aus dem Gemüsegarten – also reinste Bioqualität. Dazu stellt sie mir selbst gebackenes Brot und selbst gestampfte Butter auf den Holztisch mit der Wachstuchdecke. Stromanschluss gibt es nicht. Mit den ein paar Kilometer entfernten Nachbarn kommuniziert sie per Funkgerät. Auch ich hatte während der letzten drei Tage keinerlei Mobilfunkverbindung, ja, sogar mein Satellitenmessenger für den Notfall hatte unter dem dichten Blätterdach des valdivianischen Regenwaldes keinen Empfang.

Im südlichen Teil des Trails treffe ich noch in den abgelegensten Orten auf Siedler wie Doña Luisa. Die *colonos* kamen überwiegend im 19. und zu Beginn des 20. Jahrhunderts aus Europa nach Chile, um »Heimat zu machen«, wie man *hacer patria* aus dem Spanischen übersetzen kann. Nach heutigen ökologischen Maßstäben gingen sie dabei äußerst brutal vor: Anstatt kleine Parzellen zu roden, steckten sie riesige Waldgebiete in Brand und säten dort nach ein paar Jahren Gras für Kühe, Schafe und Ziegen. Auch die Pferde von Doña Luisa grasen noch immer zwischen umgestürzten Baumriesen und angekohlten Stämmen. In dem harschen Klima Patagoniens ist extensiver Ackerbau nicht möglich, aber die Siedler pflanzten rund um ihre Hütten Obst und Gemüse für den Eigenbedarf an. Nach einigen Jahren Bewirtschaftung erhielten sie automatisch das Grundrecht für das so urbar gemachte Land, ohne einen Kaufpreis zahlen zu müssen. Doch so fernab der Zivilisation ist das Leben hart. Die junge Generation ist in die Städte abgewandert, in den abgeschiedenen Gehöften treffe ich fast nur auf die Generation 60 plus.

Im trockeneren und unbewaldeten Norden hingegen begegne ich vor allem Cowboys, in Argentinien *gauchos* und in Chile *arrieros* genannt. Im Sommer leben sie monatelang von der Außenwelt abgeschnitten in behelfsmäßigen Hütten, den *puestos,* und beaufsichtigen zu Pferd das Vieh. Die *arrieros* sind nicht immer Nachfahren der europäischen Auswanderer, sondern stammen im Nordwesten Patagoniens oft aus dem indigenen Volk der Pehuenche. Dieser Name leitet sich von der indianischen Bezeichnung für die Chilenische Araukarie oder Andentanne ab, die im Englischen auch *monkey puzzle tree* genannt wird – angeblich, weil es wohl selbst für einen Affen eine unlösbare Aufgabe wäre, an ihren dachziegelförmig angeordneten, dolchartigen Blättern hochzuklettern. Dabei gibt es in Chile gar keine Affen … Mich erinnern diese urzeitlich aussehenden Bäume eher an eine Filmkulisse für »Jurassic Park«.

Die Pehuenche leben zusammen mit ihren Familien in den abgelegenen *puestos,* die weißen *arrieros* sind dagegen allein und sehen in einer vorbeiwandernden Ausländerin eine willkommene Abwechslung. Ständig werde ich zu Mate-Tee oder gar einem Stück Fleisch vom Grill eingeladen und neugierig ausgefragt. Spanischkenntnisse sind dabei unabdingbar, niemand hier spricht Englisch oder eine andere Fremdsprache.

Meinen Proviant besorge ich mir hauptsächlich in den chilenischen Supermärkten der größeren Orte, deren Angebot sich kaum von dem in den USA oder Europa unterscheidet. Auch das Preisniveau ist ähnlich oder bei importierten Produkten sogar deutlich höher. Hochwertige Schokoladensorten liegen zum Diebstahlschutz oft in verschlossenen Plastikboxen aus, die erst an der Kasse entfernt werden. Als Reminiszenz an die vielen deutschsprachigen Siedler trägt eine der bekanntesten chilenischen Marken sogar den Namen »Sahne Nuss«. Und selbst beim üppigen Tortenangebot in den Konditoreien merkt man den deutschen Einfluss: Wörter wie »Kuchen« und »Estrudel« wurden in den chilenischen Wortschatz übernommen.

In den Tante-Emma-Läden auf dem Land sucht man solche Luxusprodukte vergeblich. Davor parken gesattelte Pferde mit riesigen Packtaschen neben rostigen Pick-ups. Oft ist so ein »Laden« einfach nur ein abgetrennter Raum in einer Holzhütte mit ein paar Regalen, ein Taschenrechner dient als Kasse. Frisches Obst und Gemüse, Milchprodukte oder Eier werden selten angeboten, da sich die Landbevölkerung damit selbst versorgt. Stattdessen gibt es Hülsenfrüchte und Reis in Großpackungen. Wegen der kürzeren Kochzeit sind Nudeln allerdings besser geeignet für eine Trekkingtour, genau wie *harina tostada*, ein Standardgericht der Siedler. Wie der Name schon sagt, ist das nichts anderes als geröstetes Mehl, das mit heißem oder kaltem Wasser angerührt wird. Freundlich ausgedrückt schmeckt es nach gerösteten Cornflakes. Mich erinnert das Gemisch sowohl optisch als auch geschmacklich eher an abgestandenen Tapetenkleister. Wer freundlich nachfragt, kann manchmal direkt bei den Siedlern oder *arrieros* am Weg Proviant kaufen. Bei Frischfleisch ist die kleinste angebotene Einheit allerdings eine halbe Ziege.

Aus der Natur kann man sich zur richtigen Jahreszeit ebenfalls Zusatzverpflegung holen. Geschält und gekocht sind die

Samen der Araukarie sogar ein Hauptnahrungsmittel der Pehuenche. Die riesigen Zapfen werden mit dem Lasso geerntet und enthalten je 100 bis 200 dieser *piñones*, genug für eine ganze Mahlzeit. *Nalca*, auch Chilenischer Rhabarber genannt, sieht dem hiesigen Rhabarber nur ähnlich, ist aber nicht mit ihm verwandt. Die jungen Blattstiele kann man roh oder gekocht essen, in den Städten werden sie oft von Straßenverkäufern als Snack angeboten. Die bis zu zwei Meter großen *Nalca*-Blätter wuchern in Chile fast dschungelartig entlang von Flüssen und wären bestimmt auch im heimischen Garten sehr dekorativ, wäre die Einfuhr in die EU nicht strikt verboten.

Das gewaltige Routennetzwerk des GPT wird mittlerweile nicht mehr nur von Dudeck allein weiterentwickelt. Die etwa hundert Wanderer pro Jahr geben zum einen Feedback über den aktuellen Zustand der Hauptroute und verifizieren zum anderen die Begehbarkeit der zahlreichen Varianten. Auch ich erforsche einen solchen alternativen Zugang zum Nationalpark Puyehue, dabei hätten mich schon die Warnungen der Einheimischen stutzig machen sollen. »Hier gibt es keinen Wanderweg«, erklären sie mir eindringlich, als ich den Busfahrer bitte, mich an einer Abzweigung von der Hauptstraße abzusetzen. Dabei konnte ich doch auf den Satellitenbildern einen breiten Fahrweg ausmachen, der immer schmaler werdend direkt hinauf zum Vulkanplateau im Nationalpark führt. Erst als der Bus weitergefahren ist, sehe ich, was auf Google Earth nicht erkennbar war: Das Land rechts und links dieses Fahrweges ist eingezäunt und in regelmäßigen Abständen als Privatgrundstück gekennzeichnet. Die weidenden Kühe ignorieren mich gänzlich, aber mehrere entgegenkommende Autofahrer winken mir freundlich zu. Sind das Landarbeiter auf dem Nachhauseweg? Oder Touristen aus dem Nationalpark? Ich wandere auf dem breiten Fahrweg in die Abenddämmerung hinein – und werde nach vier Kilometern abrupt durch eine Schranke gestoppt. Zwei martialisch gekleidete Sicherheitsmänner treten breit grinsend aus einem

Wachhäuschen und verkünden: »Hier geht es nicht weiter. Privatgrundstück!«

»Aber es kommen doch ständig Leute raus!«, protestiere ich ungläubig.

»Die waren vom Eigentümer eingeladen«, erklären sie mir und setzen angesichts meines Wanderoutfits spöttisch hinzu: »Wir haben dich schon von Weitem kommen sehen, dich aber weiterlaufen lassen, weil du ja auch ein Gast hättest sein können.«

»Kann ich denn wenigstens zelten?«, wage ich wütend einen letzten Versuch, denn die Sonne geht bereits unter.

»Auf keinen Fall! Du musst erst die vier Kilometer zur Hauptstraße zurücklaufen«, erklären sie, und ich muss den Impuls unterdrücken, ihnen ein paar deutsche Schimpfwörter an den Kopf zu werfen. Das wäre erstens sinnlos, und zweitens führen die beiden lediglich die Anweisungen ihres Arbeitgebers aus, wohl einer der wenigen Superreichen des Landes. In Chile verdient das reichste ein Prozent der Bevölkerung mehr als ein Viertel vom Gesamteinkommen, in Deutschland ist es weniger als ein Achtel. Ein beliebtes Statussymbol dieser Superreichen ist ein möglichst großer Landbesitz, der als reines Urlaubsziel die meiste Zeit leer steht und von einem Verwalter betreut wird. Ich werde in den drei Monaten meiner Tour mehrere andere Großgrundstücke dieser Art völlig unentdeckt durchqueren – nur dieses Mal habe ich leider Pech gehabt. Resigniert drehe ich um. Es ist fast Mitternacht, als ich endlich einen Zeltplatz außerhalb des eingezäunten Grundstücks finde.

Aufgrund meines Berichts kennzeichnet Dudeck diese Routenvariante später als *exit only,* also als reine Ausstiegsroute im Notfall. Denn aus der anderen Richtung hätten mich die Sicherheitsleute ja bestenfalls zur Straße hinauseskortiert, und da will man dann ja sowieso hin.

Wasserkraftanlagen und Minen stellen mich leider vor ähnliche Probleme. Eine Etappe des GPT führt entlang der argentinisch-chilenischen Grenze durch das Vulkangebiet Laguna del Maule, wo es auf 500 Quadratkilometern 130 Spaltenvulkane gibt. Der gleichnamige tiefblaue See befindet sich auf einer Höhe von 2160 Metern in einer zwanzig Kilometer breiten Vulkancaldera. Nach dem extrem steilen Abstieg vom baumlosen Plateau kann ich schon die heiß ersehnte Landstraße sehen, von wo aus ich nach einer Woche Wildnis wieder zurück in die Zivilisation trampen will. Doch die staubige Zugangsstraße ist überraschenderweise mit einem imposanten Tor verschlossen und das Gelände weiträumig mit Stacheldrahtzäunen abgesperrt. Ich überlege gerade, wo ich am besten drunter durchkriechen könnte, als zu allem Unglück auch noch ein Wachposten aus der Hütte an der Einfahrt kommt. Ich setze mein freundlichstes Lächeln auf und bitte um Durchlass.

»Ich darf das Tor nicht öffnen«, erklärt mir der junge Mann mitleidig. »Hier wird ein neues Wasserkraftwerk gebaut. Wenn ich dich durchlasse, bekomme ich Ärger, weil die Überwachungskameras alles aufzeichnen.«

»Aber ich will doch nur raus aus dem Gelände«, flehe ich mit knurrendem Magen. Innerlich verfluche ich den GPT mit seinen ständigen Problemen zum hundertsten Mal, als es wie so oft auf diesem Trail zu einer unerwarteten Wendung kommt.

»Komm einfach mit hinter die Hütte und geh am Fluss entlang zur Straße«, meint der Wachposten und geht voran. »Dort reichen die Videokameras nicht hin. Wir lassen da auch immer die Angler rein und raus.«

Überrascht und erleichtert schlängele ich mich unter den wohlwollenden Blicken des Sicherheitsmannes an einem Zaunpfosten vorbei und stehe wenige Minuten später an der Landstraße. Schon das fünfte Auto hält an und nimmt mich mit. Keine zwei Stunden nach dieser kritischen Begegnung plansche ich entspannt in einem Pool des Thermalbades El Medano und finde, dass es kaum einen schöneren Trail als den GPT gibt.

Dieselbe Etappe beschert mir außerdem zwei Begegnungen mit chilenischen *Carabineros,* die auf Pferden die Grenze zu Argentinien patrouillieren. Nur ein unscheinbarer Trampelpfad führt zu ihrem Posten, einer kleinen, weiß-grün gestrichenen Holzhütte. Ich wäre um ein Haar daran vorbeigelaufen, wenn mir in der ansonsten baumlosen Flussebene nicht die drum herum gepflanzten hoch aufragenden Pappeln aufgefallen wären.

»*Buenos días!*«, begrüße ich die Männer, die in Shorts, T-Shirt und Badelatschen gerade an einem zusammengezimmerten Holztisch sitzen und in aller Ruhe frühstücken. Ein zwischen Hütte und Bäumen gespanntes Netz spendet Schatten. Wie üblich ernte ich bei meinem Überraschungsbesuch erst mal erstaunte Blicke, werde aber sofort zum Frühstück und einem eingehenden Plausch eingeladen. Die Grenzposten sind in der Regel mit sechs Personen bemannt, meist Polizisten aus der Stadt, die sich freiwillig für eine einmonatige Schicht im Patrouillendienst melden – und das nicht nur, weil es dafür eine Gehaltszulage gibt. »Hier können wir gemütlich fischen und Kaninchen jagen, oder wir kaufen den *arrieros* ein paar Ziegen ab«, erklären sie mir lachend. Den restlichen Proviant für ihren vierwöchigen Aufenthalt im Hinterland müssen sie allerdings selbst mitbringen: »Der Staat zahlt bloß das Futter für unsere Pferde.«

»Aber nach was genau sucht ihr denn während der Kontrollritte? Drogen, Schmuggelware?«, frage ich interessiert.

»Also, wenn wir unterwegs einen *arriero* sehen, schauen wir schon genau nach, was der in den Satteltaschen hat. Finden wir Marihuana, setzen wir uns erst mal gemeinsam hin und rauchen einen Joint«, antwortet der Sergeant mit so todernster Miene, dass mir vor Überraschung der Mund offen steht. Erst das wiehernde Gelächter seiner Truppe macht mir klar, dass ihr Anführer einen Scherz gemacht hat. Im Gegensatz zu vielen anderen südamerikanischen Gesetzeshütern gelten die chilenischen *Carabineros* als absolut unbestechlich.

»Also mal im Ernst«, fährt der Sergeant nun lächelnd fort. »Wir suchen nach Viehdieben, die Tiere von den großen Herden auf der argentinischen Seite nach Chile treiben und dadurch Tierseuchen verbreiten.« Die Angst vor eingeschleppten Krankheiten ist auf beiden Seiten groß. Auch die GPT-Wanderer dürfen keinerlei unbehandelte Tier- oder Pflanzenprodukte als Proviant ins Nachbarland bringen. Die über 5000 Kilometer lange Grenze zwischen Chile und Argentinien ist in den Bergen allerdings überhaupt nicht erkennbar, die offiziellen Übergänge liegen bis zu 200 Kilometer weit auseinander. Wer ohne gültigen Einreisestempel auf der falschen Seite erwischt wird, hat dennoch mit ernsthaften Konsequenzen wie sofortiger Ausweisung und Einreiseverbot zu rechnen.

Die Landesgrenze habe ich während meiner 1600 Kilometer auf dem GPT nie illegal überquert, dafür habe ich Dutzende von Zäunen und Absperrungen überklettert oder bin darunter durchgerobbt. In der Regel wurde ich dahinter zum Glück nur von weidendem Vieh oder neugierigen Siedlern empfangen. Wer absolut gesetzestreu unterwegs sein will, kommt auf dem GPT nicht weit. Hier braucht man eine gehörige Portion Risikobereitschaft und gute Spanischkenntnisse, um im Ernstfall seine Anwesenheit erklären zu können.

Da jedes Fehlverhalten eines Wanderers den guten Willen der Landbesitzer zerstören könnte, stellt Dudeck seine GPS-Tracks nicht frei zugänglich ins Internet, sondern gibt sie ausschließlich auf Anfrage heraus – nachdem man einem entsprechenden Verhaltenskodex ausdrücklich zugestimmt hat. Die erste seiner Regeln lautet: »Nimm nie an, dass du das Recht hast, auf den Wegen des GPT zu laufen, sondern tue alles in deiner Macht Stehende, dort ein angenehmer Gast zu sein!«

Regel Nummer zwei: »Benutzung auf eigene Gefahr!« Und in der Tat ist der GPT der riskanteste, weil technisch anspruchsvollste Weg meiner Wanderlaufbahn. Zum ersten Mal führe ich einen Satellitenmessenger für den Notfall mit und weiche sogar mehrfach von meinem ehernen Prinzip der *connecting footsteps* ab, weil mir einige Wegabschnitte zu gefährlich erscheinen.

So ist mir bereits nicht ganz wohl zumute, wenn ich abends vor dem Einschlafen Rauch aus einer nur wenige Kilometer entfernten Caldera aufsteigen sehe. Im Nationalpark Puyehue habe ich im wahrsten Sinne des Wortes sogar heißen Boden unter den Füßen, aus dem schwefelhaltige Dämpfe aufsteigen und mir die Sicht vernebeln. Ich sinke teilweise knöcheltief in den heißen Schlamm ein und bekomme schon Panik, bei lebendigem Leibe geröstet zu werden. Als die Behörden dann wenige Tage später auch noch eine orange Vulkanwarnung ausgeben, überspringe ich zähneknirschend eine Etappe.

Auch die gewaltige Laguna de la Laja, ein etwa 125 Quadratkilometer großer See, wurde durch den Ausbruch des Vulkans Antuco geschaffen. Die tiefblaue Wasseroberfläche wirkt bizarr inmitten einer absolut öden, grauschwarzen Vulkanlandschaft. Der starke Wind bläst mir unablässig feine Asche ins Gesicht, als ich schier endlose dreißig Kilometer am Ufer entlangwandere. So weit ich blicken kann, gibt es keinerlei Wetterschutz.

Trotz des blauen Himmels und der angenehmen Temperaturen bekomme ich bei dem Gedanken, völlig ausgesetzt in dieser monotonen Mondlandschaft zelten zu müssen, ein mulmiges Gefühl. Die wenigen Fahrzeuge, die mich auf der unbefestigten Piste mit einer aufgewirbelten Staubfahne passieren, halten allesamt kurz an, und die Fahrer erkundigen sich besorgt nach meinem Befinden. Nur mit der chilenischen Gastfreundschaft kann ich mir dieses auffällige Verhalten bald nicht mehr erklären. Als dann noch ein junges Pärchen energisch insistiert, gebe ich meinem alarmierenden Bauchgefühl nach und steige ein.

»Was sind das für merkwürdige Steinmännchen am Wegesrand?«, erkundige ich mich beiläufig auf der Fahrt zum nächstgelegenen Ort. Erstaunt betrachtet mich der Fahrer im Rückspiegel: »Hast du nie von der Tragödie von Antuco gehört?« Ich schüttle den Kopf und erfahre in den nächsten Minuten, dass es in der Tat eine gute Idee war, diese Etappe abzukürzen.

Am 18. Mai 2005 brachen drei Kompanien von der Kaserne Los Barros zu einem dreißig Kilometer langen Trainingsmarsch auf – im Schatten dieses riesigen, heute leer stehenden Gebäudes hatte ich vor wenigen Stunden noch meine Mittagspause gehalten. Der Kommandant bestand auf dem Abmarsch der gerade mal 18-jährigen, unerfahrenen Rekruten, obwohl an diesem Tag im Spätherbst ein heftiger Schneesturm angekündigt war und keiner der Soldaten über angemessene Winterausrüstung verfügte. Schon nach wenigen Kilometern fielen die Temperaturen auf minus 35 Grad Celsius, und die Männer versanken hüfthoch im Neuschnee. Im kompletten Whiteout verlor mehr als die Hälfte der Rekruten die Orientierung und schaffte es nicht bis zur Schutzhütte am Ende der Piste. 45 Soldaten erfroren, die kleinen Steinmännchen markieren den Fundort der Leichen.

»Wurden die Vorgesetzten denn für ihre Fehlentscheidung bestraft?«, frage ich mit einem Kloß im Hals. Wir passieren gerade das Denkmal zur Erinnerung an diese Tragödie, eine riesige Stele direkt am Ufer des Sees. Zahlreiche Autos parken davor, Touristen schießen Fotos. »Der Kommandant wurde wegen mehrfachen Mordes zu einer Gefängnisstrafe von fünf Jahren verurteilt, und die Überlebenden bekamen eine kleine Entschädigung«, erzählt die junge Beifahrerin und lacht bitter. »Aber das macht die Toten auch nicht wieder lebendig.«

So verheerend Vulkanausbrüche oder Blizzards sein können – sie treten glücklicherweise nur sehr selten auf. Und ein Gutes hat es, dass der GPT an fast allen neunzig aktiven Vulkanen Chiles vorbeiführt: Immer wieder passiere ich offizielle und wilde Thermalquellen. Es ist einfach göttlich, nach einem anstrengenden Wandertag mitten in der Wildnis im heißen Wasser zu entspannen – selbst wenn ich mir das Becken einmal erst mit einer alten Schaufel ausheben muss. Zu schaffen machen mir dafür die alltäglichen Probleme: Altschneefelder, reißende Flüsse, zugewucherte Pfade oder wegerodierte Wege. An manchen Steilhängen bietet mir nur ein einsames Grasbüschel etwas Trittsicherheit oder ein vertrockneter Busch eine Möglichkeit zum Festhalten. Dabei ist es nicht besonders hilfreich, dass ich nicht komplett schwindelfrei bin.

Am 10. Februar beginnt mein Wandertag im Nationalpark Radal Siete Tazas damit, dass ich glückselig und mutterseelenallein in den heißen schwefelhaltigen Quellen der Termas del Azufre bade. Als ich danach hinauf zum Paso Manantial Pelado wandere, zieht über mir am strahlend blauen Himmel ein Kondor lautlos seine Kreise. Außer meinem angestrengten Atem ist kein Laut zu hören. Die Sonne wird von der hellen Vulkanasche gleißend reflektiert und intensiviert alle Farben so sehr, dass ich trotz Sonnenbrille fast geblendet bin. Hunderte von Metern unter mir glitzert das tiefblaue Wasser der Laguna Mondaca, von wo aus sich der Río Lontué in einem tief eingeschnittenen Canyon seinen Weg durch die zerklüftete *precordillera* bahnt. Oben am Pass breite ich berauscht von so viel Schönheit die Arme aus und atme die trockene Luft tief ein, wie um diese einzigartige Landschaft in mich aufzusaugen.

Schon eine Stunde und wenige Kilometer später schlägt mein Glücksgefühl in blanke Angst um: Der gerade mal fußbreite Weg traversiert einen fast vertikal aufragenden Steilhang. Vor ein paar Wochen habe ich an einer ähnlichen Stelle abgebrochen und bin umgedreht. Doch während mich damals rutschige Steinchen auf einem ausgetrockneten Boden abschreckten, sinken meine Füße nun in die weiche Vulkanasche ein wie in frisch gefallenen Schnee. Mit angehaltenem Atem taste ich mich langsam über die etwa hundert Meter lange Gefahrenstelle. Als ich gerade erleichtert aufatme, kommt mir eine siebenköpfige Gruppe entgegen und begrüßt mich mit einer merkwürdigen Frage: »Hat es auf der Strecke irgendwo stark gerochen?«

Ich nehme verwirrt an, dass die sieben Chilenen zu den nach faulen Eiern duftenden Thermalquellen wollen, doch sie winken nur ab und ziehen ohne den üblichen Small Talk eilig weiter. Drei Stunden und zwei weitere Steilhänge später stoße ich auf die nächste Überraschung: An der Laguna de las Ánimas sitzt mutterseelenallein eine junge Frau, die mir schon aus der Ferne aufgeregt zuwinkt.

»Kann ich mit dir zusammen absteigen?«, fragt mich die Chilenin namens Verónica gleich zur Begrüßung. Sie gehört zu einer Gruppe Freiwilliger des Alpenvereins von Talca, die an diesem Wochenende das Militär bei der Suche nach einem Vermissten unterstützen. Leider hat sich die junge Frau bereits beim Aufstieg am Knie verletzt, sodass ihre sieben Vereinskameraden allein weiterzogen und dabei mich trafen. Natürlich stimme ich ihrer Bitte zu. Unterwegs erfahre ich, dass sich der vermisste 31-jährige Sebastián Jofré am 21. Januar von seinen beiden Wanderfreunden trennte, um eine neue Trekkingroute zu erkunden. Als er nach zwei Tagen nicht am vereinbarten Treffpunkt erschien, alarmierten die Freunde die Behörden. Trotz groß angelegter Suche mit Hubschraubern und Spürhunden blieb er unauffindbar. Nun dämmert mir auch der Sinn der Frage nach dem auffälligen Geruch: Fast drei Wochen nach Jofrés Verschwinden sucht man nun nach seiner verwesenden Leiche. Trotz der wärmenden Sonnenstrahlen fröstelt es mich plötzlich. Sebastián Jofrés Überreste werden erst am 12. April 2019 zufällig von *arrieros* gefunden werden. Zu dem Zeitpunkt bin ich schon seit mehreren Wochen wieder wohlbehalten zurück in Deutschland.

»Das Militär koordiniert die ganze Suchaktion vom Basislager im Tal aus«, erklärt meine neue Bekannte mir nun und zieht ein Funkgerät aus ihrem Rucksack. »Sie lassen mich aus Angst vor einem weiteren Unfall nicht allein absteigen und haben angeordnet, dass ich auf die Rückkehr meiner Gruppe warten muss. Doch jetzt kannst du ja mitkommen!« Bei dem folgenden Funkkontakt komme ich mir vor wie in einem Agententhriller.

»Basis von Verónica, ich habe eine deutsche Touristin getroffen, die mich beim Abstieg begleitet. Kommen!«, spricht sie in das knisternde Gerät.

»Hier Basis – du hast eine WAS getroffen? Kommen!« Verónica und ich grinsen uns unwillkürlich an. Für die chilenischen Soldaten ist es wohl unvorstellbar, dass eine Frau allein in der chilenischen Wildnis herumwandert. In der Kommandozentrale scheint man sich unterdessen zu beraten, erst nach ein paar Minuten kommt der nächste Funkspruch: »Verónica von Basis, Erlaubnis für Abstieg erteilt. Wir laufen euch entgegen. Ende!«

Seufzend packt die junge Chilenin das Gerät wieder ein: »Die holen uns nur ab, weil sie gerade Langeweile haben – und weil ein Sergeant sich ein bisschen in mich verknallt hat.«

Von Verónicas Knieverletzung kann ich beim Abstieg von fast 1000 Höhenmetern nichts bemerken. Ganz im Gegenteil ist sie deutlich schneller und trittsicherer unterwegs als ich. Doch als wir schon fast unten im Tal auf den Sanitätstrupp treffen, heben die Männer meine neue Bekannte über jedes noch so kleine Hindernis. Mir hingegen nimmt man nicht mal den Rucksack ab …

Keine Tour hat mich so sehr an meine körperlichen und psychischen Grenzen gebracht wie der GPT. Aus lauter Verzweiflung brüllte ich die Landschaft an und drosch weinend mit meinen Trekkingstöcken auf Bäume ein. Ja, der GPT ist brutal – aber auch brutal schön! Ob Halbwüste des Anden-Vorgebirges, valdivianischer Regenwald oder das subpolare Fjordland: Nirgendwo habe ich eine so spektakuläre Landschaft erlebt. Und so musste ich nicht nur aus Frust, sondern viel öfter noch vor lauter Glück weinen.

Für wen:

- **Survivalfreaks** finden hier einen idealen Abenteuerspielplatz, sollten allerdings verdammt sicher sein, dass sie den Anforderungen gewachsen sind. Für diesen Trail braucht es definitiv mehr Wandererfahrung als einen spanischen

Camino oder einen deutschen Premium-Wanderweg. Selbst erfolgreiche US-Thruhiker brechen den GPT oft ab, weil es in Chile keine unterstützende *trail community*, ja nicht einmal eine eindeutig definierte Route gibt. *Connecting footsteps* sind aufgrund von unberechenbaren Flussquerungen oder Vulkanausbrüchen kaum umsetzbar.

- **Technik-Nerds** können (und müssen) sich voll austoben! Ganz oldschool mit Kompass und Karte zu wandern wäre lebensgefährlich, denn es gibt keine aktuellen Papierkarten für die patagonischen Anden. Sie müssen ausschließlich mit GPS oder Smartphone anhand der 3600 (!) GPX-Tracks und 3000 Wegpunkte des GPT navigieren und ganz nebenbei noch aktuelle und historische Satellitenbilder auswerten. Kommuniziert wird über Satellitenmessenger, und damit Ihnen nicht der Strom ausgeht, dürfen Sie sich als Sahnehäubchen mit Solarpanels und Schnellladetechnologien von Powerbanks beschäftigen – natürlich alles in ultraleicht.
- Der südliche Teil des GPT ist ausschließlich für **Packrafter** geeignet. Hier paddeln Sie über riesige Gebirgsseen, reißende Wildflüsse und eiskalte Fjorde – und dürfen zusätzlich zur Wanderausrüstung nicht nur Boot und Paddel, sondern auch einen Trockenanzug herumtragen. Immerhin kann man den im verregneten Fjordland dann als Regenkleidung nutzen.

Für europäische Thruhiker:

SENTIERO ITALIA

Land: Italien | *Länge:* 4500 km
Schwierigkeit: *** | *Budget:* €€ | *Jahreszeit:* Frühjahr bis Herbst
Natur: *** | *Kultur:* *** | *Special Interest:* Kammwanderung durch ganz Italien

»Italien ist südlich der Alpen doch total flach und langweilig«, behaupte ich im Brustton der Überzeugung und ernte schallendes Gelächter.

»Von wegen! Die Apenninen durchziehen das ganze Land von Nord nach Süd und sind alles andere als flach und langweilig«, erklärt mir mein Wanderfreund Werner am anderen Ende der Leitung geduldig. Wir diskutieren gerade meine Tourenmöglichkeiten, die im Frühjahr 2020 durch Corona leider ganz erheblich eingeschränkt sind.

»Selbst wenn die Italiener mich reinlassen würden: Der Sentiero Italia existiert doch mehr auf dem Papier als in der Natur«, behaupte ich auf Basis der wenigen Reiseberichte, die ich über diesen relativ neuen Weg im Internet gefunden habe. Darin landeten die Wanderer aufgrund fehlender Markierungen oder überwucherter Wege allesamt früher oder später auf Asphaltstraßen.

»Stell dich mal nicht so an! Du hast ja schließlich ein GPS«, muntert mich Italienliebhaber Werner auf und fügt den ultimativen Anreiz hinzu: »Wenn du den Sentiero Italia läufst, schaue ich mir aus Neugier auch täglich deine Social-Media-Posts an.« Den Ausschlag für meine Entscheidung gibt letztlich aber etwas ganz anderes: Italien öffnet als eines der ersten europäischen Länder bereits Anfang Juni 2020 seine Grenzen für Touristen.

Der Sentiero Italia verläuft erst von Ost nach West über den gesamten Alpenbogen und führt dann von Nord nach Süd immer auf dem Kamm der Apenninen durch das ganze Land. Im Süden endet eine Variante im Stiefelabsatz, eine zweite in der Stiefelspitze, und selbst Sizilien und Sardinien werden komplett durchzogen. Mit allen weiteren kleinen Varianten ist das Wegenetz in etwa 7000 Kilometer lang. Der italienische Alpenverein CAI hatte dieses Mammutprojekt bereits in den 1990er-Jahren ins Leben gerufen, aber schon bald wieder aufgegeben und nichts instand gehalten. Erst seit 2018 entwickelt er die Strecke wieder aktiv weiter – und weiß bisher selbst nicht ganz genau, wie lang sie eigentlich wirklich ist …

Meine Wanderung auf dem Sentiero Italia beginnt in den ligurischen Apenninen mit einer positiven Überraschung. Nachdem mich eine uralte Schmalspurbahn von Genua hinauf zum Bahnhof Canova Crocetta befördert hat, finde ich die Strecke entgegen all meiner Befürchtungen geradezu vorbildlich markiert vor. Hier in Norditalien folgt sie nämlich den rot-weißen Streifen des bekannten Ligurischen Höhenwegs und später der Grande Escursione Appenninica. Meinen normalen Tagesschnitt von 30+ Kilometern kann ich trotzdem nicht halten, denn die ständigen Auf- und Abstiege schlauchen mit Proviant für acht Tage auf dem Rücken gewaltig. Dabei hätte ich gar nicht so viel mitnehmen müssen, denn an fast jedem Pass mit Straße lädt ein Gasthaus zur Pause ein. Neben Eis und Panini werden manchmal sogar einheimische Wurst- und Käsespezialitäten zum Mitnehmen angeboten. Damit die vielen Rennradfahrer vor der Abfahrt noch mal ihre Flaschen auffüllen können, ist in der Regel ein öffentlich zugänglicher Wasseranschluss installiert.

Das kommt auch mir als Wanderin zugute, denn oben auf dem Gebirgskamm gibt es keine natürlichen Quellen. Glücklicherweise finde ich selbst in den kleinsten Dörfern einen Wasserspender, entweder am Marktplatz oder auf dem Friedhof für die Grabpflege. Die Toten verzeihen mir hoffentlich das gelegentliche Wasserzapfen und die anschließende Katzenwäsche.

Leider warten auch ein paar unangenehme Überraschungen auf mich. Als ich auf einer Weidelandschaft in den Bergen nichts ahnend um eine Ecke biege, rasen plötzlich sechs riesige weiße Hunde auf mich zu. Bellend und zähnefletschend stellen sie sich schützend vor eine Herde Ziegen und machen mir sehr eindringlich klar, dass kein Durchkommen ist. Was nun? Der Hang ist so steil, dass ich weder rechts noch links an ihren Schützlingen vorbeiwandern kann. Da weit und breit kein Hirte zu sehen ist, muss ich notgedrungen in sicherer Entfernung warten, bis die Herde weiterzieht. Und das dauert, denn ausgerechnet an diesem Weg sind die Gräser wohl besonders saftig. Als sich mein Herzschlag wieder etwas beruhigt hat, tue ich es den Ziegen gleich und nutze die Zwangspause für eine kleine Brotzeit.

Die weißen Maremmen-Abruzzen-Schäferhunde sind am Sentiero Italia fast allgegenwärtig, meist sind sie ohne menschliche Begleitung mit ihrer Herde unterwegs. Bei den Begegnungen schnellt mein Puls zwar immer erst mal in die Höhe, aber die intelligenten Tiere lassen mich stets in Ruhe, solange ich ihren Schützlingen nicht zu nahe komme.

Im Parco Nazionale dell'Appennino Tosco-Emiliano blockieren dann nicht Hunde, sondern Pferde meinen Weg. Normalerweise kein Problem, doch der Sentiero Italia verläuft hier direkt auf dem schmalen Grat des aufgefalteten Gebirges, rechts und links geht es steil nach unten. Gutes Zureden, sanftes Schubsen, nichts hilft: Die zwei frei laufenden Pferde rücken keinen Zentimeter zur Seite. Ein paar Tagesausflügler aus der Gegenrichtung beobachten schon amüsiert mein Dilemma, als die Vierbeiner endlich ein wenig Platz machen und ich mich mit angehaltenem Atem vorbeischlängeln kann. Im Gegensatz zu mir sind sie wohl komplett schwindelfrei. Bei einigen ausgesetzten Gratabschnitten muss ich zur Beruhigung schon mal tief durchatmen, nennenswerte technische Schwierigkeiten oder gar Klettersteige weist der Weg aber zum Glück nicht auf. Und ich werde für meine Bemühungen stets mit beeindruckenden Panoramablicken belohnt, die den Alpen oder Pyrenäen in nichts nachstehen.

Im Norden Italiens stoße ich immer wieder auf Spuren des Zweiten Weltkriegs. Gedenktafeln erinnern an gefallene Partisanenkämpfer, am Passo della Futa befindet sich sogar der größte Militärfriedhof Italiens: 30 800 deutsche Soldaten liegen hier auf zwölf Hektar begraben. Über eine Stunde wandere ich mutterseelenallein durch die schier endlosen Grabreihen und frage mich, welche Schicksale sich hinter den Namen auf den schmucklosen Granitplatten wohl verbergen.

Ähnlich an die Nieren geht mir der nächste Streckenabschnitt durch die Erdbebengebiete Mittelitaliens. Auf dem Weg nach Norcia, einem der Epizentren der Erdbebenserie von 2016, führt mich ein alter Track durch komplett menschenleere, halb zerstörte Dörfer. Erst hinterher stelle ich fest, dass der CAI die Route mittlerweile verlegt hat. Kein Wunder, denn auf der alten Strecke muss ich teilweise über meterhohen Bauschutt klettern, in dem ich noch die Wohnungseinrichtung der eingestürzten Häuser ausmachen kann. Die Türen der wenigen intakten Gebäude sind verrammelt, zerborstene Fensterscheiben notdürftig mit Plastikplanen verschlossen, die rissigen Fassaden mit abenteuerlichen Holzkonstruktionen abgestützt. In dem winzigen Dörfchen Pie' la Rocca entdecke ich ein Gebäude ohne Vorderfront, sodass ich in die drei Stockwerke hineinschauen kann wie in ein Puppenhaus. Im Schlafzimmer steht ein Ehebett mit Bettwäsche. Die zurückgeschlagene Decke wirkt, als ob die Bewohner nur mal kurz weggegangen wären, dabei liegt das Erdbeben schon mehr als vier Jahre zurück.

Die obdachlos gewordenen Menschen leben nach wie vor in Containersiedlungen an den Rändern der zerstörten Städte, jede Wohneinheit mit Klimaanlage auf dem Dach und einem handtuchgroßen Vorgarten. In Accumoli ist selbst die Dorfkirche in einem Container untergebracht, die Gläubigen sitzen auf billigen Plastikstühlen statt auf Holzbänken. Unter dem Kruzifix neben dem Altar lese ich die Inschrift »Das Golgatha unserer Heimat«, darunter sind als Erinnerung Mauerbrocken aus den zerstörten Kirchen der Gemeinde ausgestellt.

Das Versagen der italienischen Regierung wird mir bei meinem Ruhetag in L'Aquila noch deutlicher vor Augen geführt. Die Stadt wurde bereits 2009 von einem Erdbeben heimgesucht, 308 Menschen starben, mehr als 33 000 Bewohner mussten ihre Häuser verlassen. Fünf Jahre später leben zwei Drittel davon immer noch in staatlichen Wohnprojekten. Korruption und die Mafia hemmen bis heute den Wiederaufbau, die Stadt wirkt selbst elf Jahre nach der Katastrophe wie eine einzige Großbaustelle.

Zurück auf dem Sentiero Italia lasse ich auf den grasbewachsenen Höhen des Nationalparks Sibillinische Berge Menschen und Orte hinter mir. Hier beschränkt kein einziger Baum den 360-Grad-Panoramablick. Wilde Pferde galoppieren über die weite Landschaft, Paraglider schweben am wolkenlosen Sommerhimmel, und in mir kommt ein Gefühl von grenzenloser Freiheit auf. Doch selbst in dieser scheinbar perfekten Idylle haben die Erdbeben ihre Spuren hinterlassen. Das Steingebäude des Rifugio Perugia ist eingestürzt, der Wirt bedient die Gäste nun nebenan in einem Container.

Am Sentiero Italia gibt es auch abseits der Alpen erstaunlich viele bewirtschaftete Schutzhütten, die ich als überzeugte Wildzelterin nur selten zum Übernachten aufsuche. An einem besonders ungemütlichen Tag Anfang September finde ich allerdings partout keinen geeigneten Zeltplatz und muss trotz Dauerregen und Nebel bis weit in die Dunkelheit hineinwandern. Als ich dann auf meiner Karte im Regionalpark Monte Cucco ein *rifugio* entdecke, gebe ich die Zeltplatzsuche auf und steuere bibbernd das Dach über dem Kopf an. Bei Vollmond und Nieselregen wirkt die grasbewachsene Karstlandschaft eher wie ein schottisches Hochmoor denn wie ein sonniger Landstrich in Umbrien.

Laut GPS bin ich meinem Ziel schon sehr nah, als mir bei einer kurzen Orientierungspause ganz unerwartet etwas Nasses und Kaltes von hinten in die Kniekehlen stupst. Erschrocken fahre ich herum und starre im dichten Nebel auf die gespenstischen Umrisse eines riesigen weißen Hundes. Ich stoße einen so gellenden Schrei aus, dass selbst mir die Ohren klingen. Während der Hund mich trotz meines hysterischen Auftritts weiter still anstarrt, geht in hundert Metern Entfernung plötzlich ein Licht an, und ein Schäfer stürzt in langen Unterhosen und mit einer Taschenlampe bewaffnet aus der Wellblechhütte. Seinen italienischen Wortschwall interpretiere ich als: »Was zur Hölle hast du mitten in der Nacht bei meiner Schafherde zu suchen?«

Peinlich berührt stammele ich etwas von *»Germania«* und *»escursione«*, garniert mit vielen *»scusi«*, denn mir werden jetzt zwei Dinge klar: Ich bin nicht etwa dem Hund von Baskerville, sondern einem gut erzogenen Maremmano-Schäferhund begegnet, und das *rifugio* ist keine allgemein zugängliche Schutzhütte, sondern die Behausung des Schäfers. Ganz Kavalier bietet der mir sogleich einen Schlafplatz auf dem Boden seiner Unterkunft an, wo allerdings ein ziemliches Chaos aus leeren Weinflaschen und Zigarettenkippen herrscht. Als ich sein Angebot freundlich kopfschüttelnd ablehne und weiterlaufen will, ruft er mir eindringlich hinterher: *»Lupi! Lupi!«* Ich spreche zwar kaum ein Wort Italienisch, aber dank vier Jahren Lateinunterricht verstehe ich ihn sofort: »Wölfe! Wölfe!«

In Italien sind tatsächlich geschätzte 2000 Wölfe und fast 100 Bären heimisch. Da Wölfe im Gegensatz zu kettenrauchenden Schäfern nicht schnarchen, wandere ich trotzdem lieber noch einen Kilometer weiter und schlafe allein in meinem Zelt. Als Schaf hätte ich vermutlich anders entschieden.

Obwohl Wildzelten in Italien offiziell verboten ist, ist der Sentiero Italia wie dafür gemacht – es ist niemand da, der einen entdecken könnte. Dicht bevölkert waren die Apenninen wohl nie, doch wegen der modernen Landflucht prangen in den Dörfern heute unzählige »Zu verkaufen«-Schilder an den Häusern, und entlang des Weges verfallen aufgegebene Gehöfte und Steinmauerterrassen. Perfekt für mein Nachtlager. Die nun herrenlosen Obstbäume und verwilderten Weinstöcke nebenan laden förmlich zur Selbstbedienung ein. Äpfel, Birnen, Pflaumen, Trauben, Kaki, Kiwis und vor allem Feigen wachsen mir quasi in den Mund, sodass ich wahrlich nicht über Vitaminmangel klagen kann.

Nur ein einziges Mal habe ich beim Wildzelten Pech. Obwohl ich mich außer Sichtweite des nächsten Bauernhofes gut versteckt am Waldrand niedergelassen habe, höre ich bei Sonnenuntergang Schritte. Die späten Spaziergänger haben zwei Hunde dabei, die neugierig mein Zelt beschnüffeln, erstaunlicherweise ohne zu bellen. Als ich dazu noch englische Gesprächsfetzen in unmittelbarer Nähe vernehme, öffne ich entschlossen den Reißverschluss. Mir hecheln prompt zwei riesige Labradore ins Gesicht, und in gerade mal fünf Metern Entfernung ist ein Paar mittleren Alters so in eine Diskussion vertieft, dass sie mich in der Abenddämmerung gar nicht entdeckt haben. Ich will gerade durch diskretes Räuspern auf mich aufmerksam machen, als sich die Frau zufällig zu mir dreht und erstaunt ausruft: »Ich glaube, da steht ein Zelt!«

»Hallo! Wenn Sie wollen, bin ich sofort weg!«, sekundiere ich da schon von meiner Isomatte aus und wundere mich, was zum Teufel zwei offensichtliche Nicht-Italiener um diese Uhrzeit mitten im Wald zu suchen haben. Dasselbe fragen sich die zwei wahrscheinlich auch in Bezug auf mich. Die beiderseitige Verwirrung löst sich glücklicherweise im folgenden Gespräch schnell in Wohlgefallen auf. Der nahe gelegene Bauernhof steht samt Wiesen, Wald und Feldern zum Verkauf, und das englische Ehepaar will darauf eine Luxusferiensiedlung errichten. Vor der endgültigen Unterzeichnung des Kaufvertrages durchstreifen sie gerade alle Winkel des Grundstücks auf der Suche nach der geeigneten Lage für Schwimmbecken und Reitställe. »*Good night!*«, verabschieden sie sich schon nach wenigen Minuten und versichern mir schmunzelnd, dass sie dem Noch-Eigentümer nichts von meiner Anwesenheit erzählen werden. Bis auf ein paar grunzende Wildschweine verläuft der Rest meiner Nacht zum Glück ruhig.

Wie üblich gönne ich mir einmal pro Woche einen Ruhetag in der Zivilisation, wobei angesichts der vielen Palazzi, Kirchen und Museen meist zwei daraus werden. Genua, Pistoia, Gubbio, Spoleto, Faenza, Cosenza – all diese Orte liegen nur eine kurze Bus- oder Zugfahrt vom Trail entfernt. Eine mehrtägige Schlechtwetterphase kann ich entspannt mit Sightseeing in Neapel aussitzen, wo die sintflutartigen Regenfälle sogar die U-Bahn-Stationen unter Wasser setzen. Ich bin heilfroh, dass ich dank des Wetterberichts nicht in den Bergen davon überrascht wurde.

Auch in den postkartenidyllischen Dörfern und Städtchen direkt am Weg lege ich so manche ungeplante Übernachtung ein, um zum Abendessen mal Pasta und Pizza statt Tütengerichte zu genießen. In den Kurorten Bagno di Romana und Contursi Terme kann ich meine müden Glieder sogar abends im heißen Thermalbad ausstrecken. Trotz meines Hiker-Looks reagieren die Hotelbesitzer durchaus freundlich auf meinen Besuch.

So erklärt mir Hotelier Roberto, der schon mal auf dem Camino in Spanien gepilgert ist: »Wir Wanderer müssen zusammenhalten«, und fährt mich mit seinem klapprigen Fiat im strömenden Regen zehn Kilometer in die nächste Stadt, damit ich dort den Waschsalon benutzen kann. Und weil ich aufgrund des schlechten Wetters so gut wie nichts von der tollen Landschaft im nahe gelegenen Nationalpark Pollino mitbekommen habe, sendet er mir zum Abschluss meiner Tour einen Bildband nach Deutschland. In Marcellinara steckt mir der Hotelbesitzer beim Check-out gar einen halben Kuchen in den Rucksack: »Der ist am Frühstücksbüfett übrig geblieben.« Ich muss wohl einen ziemlich verhungerten Eindruck gemacht haben.

Der Sentiero Italia ist zwar alles andere als ein Pilgerweg, führt aber an zahlreichen Heiligtümern und Einsiedeleien vorbei. Die Eremo di Serrasanta bei Gualdo Tadino ist verschlossen, doch der Vorraum dient Wanderern ganz offiziell als Notunterkunft. Sogar einen Holzofen sowie Tische und Bänke gibt es. Ich koche mein Mittagessen windgeschützt auf dem Campingkocher und genieße den überwältigenden Blick hinunter ins Tal. Die Liste der früheren Einsiedler liest sich wie ein »Who's Who« der italienischen Heiligen – kein Wunder bei dieser inspirierenden Aussicht.

Das Santuario della Santissima Trinità, sechzig Kilometer östlich von Rom, liegt auf 1337 Metern wie ein Adlernest scheinbar unzugänglich auf einem Felsvorsprung, der nächstgelegene Parkplatz ist zwanzig Minuten Fußmarsch entfernt. Da die winzige Kapelle mit einer ungewöhnlichen Darstellung der Dreifaltigkeit viel zu klein ist für die gewaltigen Pilgermassen, wird die Messe auf einer überdachten Terrasse gefeiert – mit grandioser Aussicht auf die Monti Simbruini, die wegen ihrer Nähe zur Hauptstadt auch die »Alpen Roms« genannt werden. Mit den zahlreichen anderen Heiligtümern am Weg hat dieses Santuario zwei Dinge gemein: Unzählige Souvenirstände, die dem Pilger alle möglichen Devotionalien vom Babylätzchen bis zum Rosenkranz anbieten, und einen wunderschönen alten Pilgerweg, der mit Kreuzwegstationen zu den meist hoch oben am Berg liegenden Wallfahrtsorten hinaufführt. Da die Besucher heutzutage größtenteils mit dem Auto vorfahren, bin ich fast immer allein unterwegs.

An Einsamkeit kaum zu überbieten ist die Grotta di San Simeone am Südhang des Monte Taburno. Beim Abstieg vom gleichnamigen Regionalpark stoße ich mitten im Wald auf diese Höhle, an deren Felswand ein lebensgroßes Fresko des heiligen Simeon aus dem Jahr 1601 prangt. In früheren Jahrhunderten war die Grotte eine Wallfahrtskapelle, im Zweiten Weltkrieg Zufluchtsort der lokalen Bevölkerung. Heutzutage muss ein Gitter die Bemalung vor Vandalismus schützen.

Je weiter ich Richtung Sizilien vordringe, desto schlechter wird leider der Zustand der Route. Im Süden des Landes kann der CAI nämlich nicht auf bereits existierende Wanderwege zurückgreifen, sondern muss alte Feldwege nutzen, selbst neue Pfade anlegen oder auf Asphaltstraßen ausweichen. Auf denen herrscht immerhin kaum Verkehr, was mich angesichts tiefer Schlaglöcher, eingebrochener Teerdecken und Kühen auf der Fahrbahn auch nicht besonders wundert. In der Nähe von Cosenza verläuft die Route gar offiziell auf den Gleisen einer Schmalspurbahn. Glücklicherweise überprüfe ich vorher, ob die Strecke wirklich stillgelegt ist, und stelle voll Erstaunen fest, dass pro Stunde zwei Züge durch die engen Tunnel und Brücken donnern. Keine Ahnung, was sich der CAI bei dieser selbstmörderischen Routenführung gedacht hat. Ich jedenfalls hänge an meinem Leben und fahre die 14 Kilometer lieber mit dem Zug.

Erfreulicherweise ist der Weg selbst im Süden weitgehend mit rot-weißen Streifen gekennzeichnet. Allerdings habe ich manchmal den Eindruck, dass der Wegewart bei den Markierungsarbeiten zugleich der letzte Mensch war, der hier durchgekommen ist. Allzu oft muss ich mir mit meinen Stöcken einen Durchgang durch Brombeergestrüpp oder Brennnesseln freihauen, Dornen zerreißen mein Wanderhemd, und an besonders überwucherten Stellen fließt auch mal Blut.

In einem Windpark in Kalabrien zeigen mir ein paar vereinzelte Markierungen an den wenigen Bäumen zwar, dass ich richtig bin, doch der Weg ist an den steilen Sandhängen in mehreren Abschnitten komplett wegerodiert. In der Hoffnung, mich bei einem mehr als hundert Meter tiefen Absturz auf dem weichen Untergrund nicht allzu sehr zu verletzen, wage ich die erste Traverse, nur um kurz darauf wieder umzukehren, weil undurchdringliches Gestrüpp den Weitermarsch unmöglich macht. Ein Blick auf die Karte zeigt, dass die einzige Alternativstrecke einen Umweg von dreißig Kilometern auf Asphalt bedeutet, wo ich jetzt in der Dämmerung bestimmt keinen Zeltplatz mehr finde. Mit dem Mut der Verzweiflung klettere ich den Steilhang schließlich über blutrünstige Brombeerbüsche und umgestürzte Bäume querfeldein nach oben und brauche für die letzten zwanzig Höhenmeter bis hinauf auf den Kamm fast eine halbe Stunde. Trotz der laut rotierenden Windkraftanlagen schlafe ich in dieser Nacht vor lauter Erschöpfung tief und fest. Das bittere Ende kommt am nächsten Morgen: Über eine Stunde dauert es, bis ich mir sämtliche Dornen und Splitter mit der Pinzette aus meinen Gliedmaßen herausoperiert habe.

Doch der CAI scheint eifrig an der Verbesserung der Strecke zu arbeiten. Mehrfach weichen meine Tracks, die ich mir zu Tourenbeginn auf mein GPS-Gerät geladen habe, von den Markierungen ab. Auf diesen Etappen wurde die Route in den fünf Monaten seit meinem Aufbruch also bereits umverlegt, auf der Website des CAI kann ich sogar schon die aktualisierten Daten abrufen. Nur blöd, wenn ich die Änderung zu spät bemerke und dann im Wald keinen Internetempfang habe.

Leider verstärkt sich im Süden Italiens auch das Müllproblem. Mehr und mehr wilde Deponien »zieren« meinen Weg. Da im Regionalpark Monti Picentini der Uferpfad am Fiume Sabato wegerodiert ist, laufe ich einfach im steinigen Flussbett, das jetzt im Herbst ausgetrocknet daliegt. Menge und Art des angetriebenen Unrats sind erschreckend: Dutzende von Badelatschen und Kindergummistiefeln, unzählige Shampooflaschen und Plastiktüten, ja sogar eine Computertastatur.

Als ich mehrere Wochen später an einer einsamen Landstraße mal wieder auf Zeltplatzsuche bin, folgt mir in der Dunkelheit ein Wagen im Schritttempo. Alarmiert schalte ich meine Stirnlampe aus und biege auf einen schmalen Pfad ab, der die Straßenserpentinen abkürzt. Doch mein Verfolger braust nicht davon, sondern stellt den Motor ab und steigt aus! Ich höre ein dumpfes Rumpeln, dann Türenschlagen, der Wagen wendet in halsbrecherischem Tempo und verschwindet in der Nacht. Als ich gerade erleichtert aufatme, rollen mehrere blaue Säcke den Hang hinunter auf mich zu. Mein Verfolger war kein Triebtäter, sondern hat »nur« illegal Müll verklappt. Gut, dass ich hier nicht mein Zelt aufgeschlagen hatte – ein paar Kilo Unrat auf den Kopf hätten mir ein böses Erwachen beschert.

Der Schönheit der Landschaft tut all dies keinen Abbruch: Der Sentiero Italia verläuft bis in die Stiefelspitze hinein immer auf dem Kamm der Apenninen, sogar in Kalabrien komme ich noch an Skigebieten vorbei. Bei der Tourenplanung hatte ich mir die südlichste Provinz Italiens als völlig ausgedörrte Landschaft vorgestellt und war besorgt, wie ich Wasser finden sollte. Tatsächlich führt mich die Route nun bei Nieselregen durch den Nationalpark Aspromonte, der mit seinen alten Bäumen und sprudelnden Bächen eher an den Schwarzwald als an Süditalien erinnert. Das feuchte Herbstwetter bringt Heerscharen von Pilzsammlern in den Wald, die schon vor Sonnenaufgang in klapprigen Kleinwagen über die Forststraßen rumpeln und dann mit Körben bewaffnet in alle Himmelsrichtungen ausschwärmen. Um erstaunten Fragen aus dem Weg zu gehen, breche ich mein Lager noch in der Dunkelheit ab.

Anfang November wird es wegen der Höhenlage nachts schon empfindlich kalt, zusätzlich setzen mir Dauerregen und das schwindende Tageslicht zu. Vor allem aber quält mich die Frage, ob ich meine Wanderung trotz steigender Corona-Zahlen überhaupt wie geplant beenden kann. Jede Woche gehen weitere Provinzen in den Lockdown. Im dünn besiedelten Kalabrien bin ich bisher zwar kaum von Restriktionen betroffen, doch dann werde ich das knappste Timing meiner gesamten Wanderlaufbahn erleben …

Am 4. November 2020 sehe ich am Horizont schon den Gipfel des Ätna und die Küste Siziliens am Horizont, als ich auf dem Smartphone die Horrormeldung lese: »Kalabrien ab morgen Rote Zone!« Mein wohlverdienter Ruhe- und Feiertag am Strand von Reggio Calabria löst sich damit in Luft auf. In der Stadt schaffe ich es gerade noch, bei Sonnenuntergang ein Abschlussfoto am Meer zu schießen.

In meinem vorgebuchten Hotel erklärt mir die aufgeregte Besitzerin sofort: »Lockdown! Ich weiß gar nicht, ob Sie morgen überhaupt noch wegkommen.« Während ich unter der heiß ersehnten Dusche stehe, ruft sie für mich beim Bahnhof und bei der Polizei an und bringt nach einer halben Stunde die erlösende Nachricht: »Die Züge verkehren morgen nach regulärem Fahrplan. Die Einheimischen dürfen nicht mehr reisen, aber als Touristin können Sie die Provinz noch verlassen.« Glück für mich – auch wenn ich die 34-stündige Heimfahrt mit der Bahn in stinkigen Wanderklamotten antreten muss, weil die Waschsalons am Abend schon im Lockdown waren.

Für wen:

- Für **Thruhiker** ist der Sentiero Italia die perfekte europäische Alternative zu den drei großen US-Trails: Er führt durchgängig über Gebirge und ist bei einer Komplettdurchwanderung von den Alpen bis Sardinien etwa 4500 Kilometer lang. Ich kenne keinen anderen europäischen Fernwanderweg, der über eine solch lange Distanz dauerhaft so spektakulär und naturnah verläuft.
- Gleichzeitig verlangt er dem Wanderer einiges ab. Tagesetappen mit 1500 Höhenmeter Anstieg und mehr sind die

Regel, Navigationskenntnisse mit Smartphone und GPS absolut essenziell. Die Karten geben leider keine zuverlässigen Informationen über die Wassersituation, dazu können Quellen ausgetrocknet und Viehtränken abgestellt sein. Nur **erfahrene Wanderer** werden hier Spaß haben – und sollten sich überlegen, eine ultraleichte Machete einzupacken.

- Der Sentiero Italia ist selbst bei europäischen Wanderern noch gänzlich unbekannt. Bisher gibt es bloß eine Handvoll Thruhiker, aber keine Art von *trail community.* Kurzum: Es braucht **Mut zum Risiko, Improvisationstalent** und eine gehörige Portion **Entdeckergeist** für diesen Trail.

QUELLEN UND WEITERFÜHRENDE LITERATUR

Alle Links zuletzt abgerufen am 5.1.2023

Für Pilgeranfänger: Pilgerweg Berlin–Bad Wilsnack

Kühne, Hartmut und Ziesak, Anne-Katrin: *Wunder Wallfahrt Widersacher. Die Wilsnackfahrt.* Verlag Friedrich Pustet 2005

Oefelein, Cornelia und Rainer: *Brandenburg: Mittelalterlicher Jakobsweg Berlin – Wilsnack – Tangermünde.* Conrad Stein Verlag 2020

www.wegenachwilsnack.de

Für Weintrinker: Welterbesteig Wachau

Hauleitner, Franz: *Welterbesteig Wachau.* Rother 2022

www.donau.com/de/wachau-nibelungengau-kremstal/ausflug-bewegen/bewegung/welterbesteig-wachau/

Für Entdecker des australischen Outbacks: Larapinta Trail

www.larapintatrail.com.au

Für Esel- und Literaturliebhaber: GR70 Stevensonweg

Kämper, Véronique: *Frankreich: Cevennen Stevensonweg GR 70.* Conrad Stein Verlag 2017

Mig, Jacint: *Trekking the Robert Louis Stevenson Trail.* Cicerone 2021

Rölcke, Michael: *Robert Louis Stevenson.* Deutscher Kunstverlag 2014

Stevenson, Robert Louis: *Reise mit dem Esel durch die Cevennen.* Éditions La Colombe 2000

Für Geschichtskenner und Weltkriegstouristen: GR14 Sentier de l'Ardenne

Topo-Guide du sentier de Grande Randonnée: *Sentiers de l'Ardenne. De l'Eifel aux Ardennes françaises.* Les sentiers de la Grande Randonnée 2018

Für Englandfans und Zeichenfreunde: Wainwright's Coast to Coast

Davies, Hunter: *Wainwright. The Biography.* Michael Joseph Ltd 1995

Lorenz, Erik: *Lesereise England: Von Küste zu Küste.* Picus Verlag 2021

Marsh, Terry: *The Coast to Coast Walk: St Bees to Robin Hood's Bay.* Cicerone 2017

Wainwright, Alfred: *Wainwright's Coast to Coast Walk: From St Bees Head to Robin Hood's Bay.* Frances Lincoln 2017

Für Frühgeschichtler und Korngenießer: Hünenweg

Download eines kostenlosen Routenführers unter www.huenenweg.com/etappen

www.huenenweg.com

Für Nordland- und Survivalfreaks: E1 Kautokeino–Nordkap

Danielsson, Sara Anna: *E1 Kautokeino – Nordkap.* Conrad Stein Verlag 2017

Für Skandinavisten: Südlicher Kungsleden

Hennemann, Michael: *Schweden: Kungsleden.* Conrad Stein Verlag 2022

Für Moorenthusiasten: Oandu-Ikla-Trail

www.loodusegakoos.ee/where-to-go/hiking-route/oandu-aegviidu-ikla-hiking-route

Für Menschen mit Wurzeln im ehemaligen Ostpreußen: E11 durch Nordostpolen

Kossert, Andreas: *Gebrauchsanweisung für Masuren.* Piper 2022

Für Schweiz- und Bahnfans: Trans Swiss Trail

Beyer, Brigitte: *111 Gründe, die Schweiz zu lieben.* Schwarzkopf & Schwarzkopf 2019

Hagmann, Luc: *Trans Swiss Trail.* AT Verlag 2019

Für (seh-)behinderte und blinde Menschen: Camino Lituano

www.caminolituano.com

Für Griechenlandschwärmer und Strandliebhaber: E4 durch Kreta

Gianotti, Luca: *The Cretan Way E4.* Anavasi Editions 2017

Für Biertrinker: Frankenweg

Höllhuber, Dietrich: *Der Frankenweg: Vom Rennsteig zur Schwäbischen Alb.* Hans Carl Fachverlag 2008

www.frankenweg.de

Für Vulkanologen: GR131 über alle Kanarischen Inseln

Dillon, Paddy: *Trekking in the Canary Islands: The GR131 island-hopping route.* Cicerone 2020

Für Schafskäsegourmets: Bergwanderweg der Freundschaft Kom–Emine

Momchev, Zhivko: *Kom-Emine: A guidebook along the main ridge of the Balkan Mountains.* Oilaripi 2016

Für fortgeschrittene Pilger: Franziskusweg

Elsner, Susanne und Walter: *Franziskusweg.* Rother Wanderführer 2019

Simon, Martin: *Italien: Franziskusweg: von Florenz nach Rom.* Conrad Stein Verlag 2020

Für Wildwestromantiker: Oregon Desert Trail
www.onda.org/regions/oregon-desert-trail

Für Kakteenzüchter: Arizona Trail
www.aztrail.org

Für Dracula-Begeisterte und Zeitreisende: Via Transilvanica
www.viatransilvanica.com

Für Reptilienfreunde: Florida Trail
www.floridatrail.org
Friend, Sandra: *The Florida Trail Guide.* Watula Press 2021

Für Ostalgiker: Internationaler Bergwanderweg der Freundschaft Eisenach–Budapest
Salentin, Rebecca Maria: *Klub Drushba. Zu Fuß auf dem Weg der Freundschaft von Eisenach bis Budapest.* Verlag Voland & Quist 2021
Simon, Martin: *E4: Eisenach – Budapest – von Putnok nach Budapest.* Conrad Stein Verlag 2014
Simon, Martin: *Eisenach – Budapest: Der Weg im Erz- und Elbsandsteingebirge.* Conrad Stein Verlag 2014
www.eisenach-budapest.de
www.eb.stadtigel.de

Für Abenteurer: Greater Patagonian Trail
www.wikiexplora.com/Greater_Patagonian_Trail

Für europäische Thruhiker: Sentiero Italia
www.sentieroitalia.cai.it
www.vasentiero.org/en/home

Die Bibel des Langstreckenwanderns

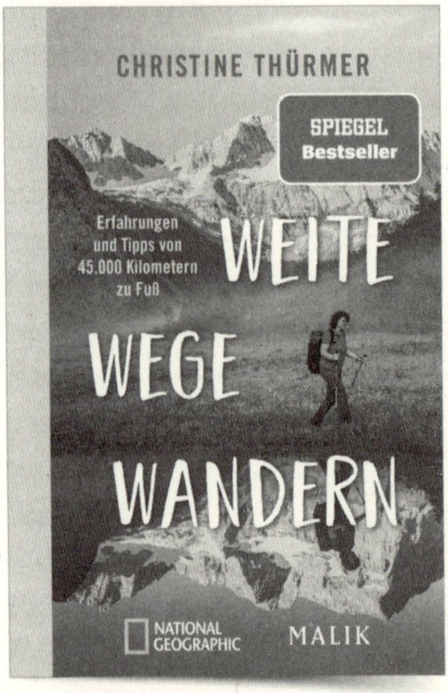

Coveränderungen vorbehalten

Hier reinlesen!

Christine Thürmer

Weite Wege Wandern

Erfahrungen und Tipps von 45.000 Kilometern zu Fuß

288 Seiten

ISBN 978-3-492-40663-5

Nach über 45000 Kilometern zu Fuß gilt Christine Thürmer als die Expertin fürs Langstreckenwandern und hat Antworten auf alle Fragen rund ums Weitwandern: Warum bereite ich mich besser am Computer als im Fitnessstudio auf eine Tour vor? Und wieso sollte ich keine Unterhose, aber einen Müllsack mitnehmen? Ein Muss für alle, die selbst den Rucksack schultern möchten, oder immer mal wissen wollten, wie das Leben unterwegs tatsächlich aussieht.

NATIONAL GEOGRAPHIC MALIK